JAMES DOUGLAS

*Atemlos nach Casablanca*

Das Buch wäre ohne die Mitwirkung verschiedener Helfer nicht zu Stande gekommen. Ich danke Larry Johnson aus Virginia, der mich über die *USS Dwight D. Eisenhower* (CVN 69) führte, Lt. John A. Oliveira, dem Public Affairs Officer und Webmaster der *USS Theodore Roosevelt* (CVN 71) und seinen Kollegen an Bord des *Großen Knüppel* für die technischen Erläuterungen. Wichtige Informationen über ihre Länder erhielt ich von Petár Ivanoviç, Jugoslawien, und Souhad Laanibri, Marokko. Markus Chiappolini und Stefan Bosshart gaben mir Hinweise zu Computer- und Verschlüsselungstechnik. Axel Poldner war wie immer für das Lektorat besorgt. Viele, die mich beim Recherchieren unterstützten, wie jener ehemalige Stellvertretende Direktor des FBI oder Kenner militanter Freiheitsbewegungen, wollten nicht genannt werden. Ihnen sei an dieser Stelle anonym gedankt.

*James Douglas*

James Douglas

# *Atemlos nach Casablanca*

Roman

edition bernburg

Vertrieb über F. A. Herbig Verlagsbuchhandlung GmbH, München

Lektorat: Literatur-Agentur Axel Poldner, München
Umschlaggestaltung: Wolfgang Heinzel
unter Verwendung eines Motivs von Image Bank München
Gesetzt aus 10/13,75 Punkt Giovanni, Atelier Numberger
Druck: Huber KG, Dießen
Binden: R. Oldenbourg, München
Printed in Germany
ISBN 3-00-006345-5

# Inhaltsverzeichnis

# Erster Teil

# 1.

Mit ihren roten Mauern war die Armory ein nicht zu übersehendes Gebäude im Zentrum von Manhattan, obschon das alte Zeughaus gar nicht hoch in den Himmel ragte, sondern nur fünf recht unscheinbare Stockwerke aufwies. Es erstreckte sich längs der 67. Strasse von der Lexington Avenue hinüber zur Park Avenue und beherbergte unter anderem einen Army-Club. Um die fensterlosen Räume in den oberen Etagen rankten sich Legenden und Gerüchte. Sicher wussten viele nur, dass die Armory früher dem FBI als Abhörzentrale für die nicht weit entfernte sowjetische UNO-Mission gedient hatte. Heute, munkelten Kenner der Szene, habe sich daran nicht viel geändert, einzig vielleicht, dass Geräte und Einrichtungen auf den höchsten Stand der Technik gebracht worden seien. Nach wie vor verberge sich in den oberen Gefilden der Armory eine der best organisierten Überwachungs- und Abhörzentralen der vereinigten Geheimdienste der USA. War es Zufall, dass nur einen Häuserblock entfernt die Polizeistation des 19. Precincts untergebracht war? Streifenwagen parkten dort in zwei Reihen vor dem massiven Gebäude. Auf der kleinen Brüstung, die als Aufgang diente, standen drei Polizisten in dunkelblauen Uniformen herum und machten ein paar Minuten Pause.

Als junger Absolvent der Akademie von Quantico, der Talentschmiede des FBI, hatte Rick seine ersten Dienstjahre in der Abteilung Inlandsterrorismus abgesessen. Dann hatten sie ihn nach Manhattan in die Armory versetzt. Sein blondes Haar stand in dichten Wellen um den Kopf, was seinem ohnehin runden Gesicht mit der kleinen Brille ein noch breiteres Aussehen verlieh. Von Staubteilchen durchflutet, fielen letzte Sonnenstrahlen auf die Telefonapparate und Verschlüsselungsgeräte, die Ricks Schreibtisch förmlich überwucherten. Leicht gelangweilt schaute er den Staubflöckchen zu, die wie winzige Mücken auf Lichtfäden tanzten. Ein Faxgerät begann zu surren. Rick blickte routinemäßig auf die Uhr. Sein Arbeitsplatz zwischen anderen Schreibtischen mit Computern gehörte zum administrativen Bereich, während die eigentliche Kommunikationszentrale im vierten Stock lag und hermetisch gegen jegliche Abhörmaßnahmen von der Außenwelt abgeschottet war. In ihrer Wichtigkeit tiefer eingestufte Nachrichten kamen über Ricks Fax herein. Meistens handelte es sich um organisatorischen Bürokram.

Doch heute war alles anders. Rick nahm das Blatt aus dem Papierhalter. Schon als er zu lesen begann, stockte ihm der Atem.

Die automatisch entschlüsselte Nachricht stammte vom CIA-Stationsleiter in Taschkent, der Hauptstadt von Usbekistan, nördlich von Afghanistan.

853 MELDET, DASS HEUTE, 18.00 UHR ORTSZEIT NEW YORK, VON ISLAMISTISCHEN FUNDAMENTALISTEN EIN BOMBENANSCHLAG AUF DIE GREAT CENTRAL STATION AUSGEÜBT WIRD.

Trotz des kleinen Schreibschnitzers von GREAT statt GRAND, den Rick automatisch korrigierte, zuckte ihm der Schreck durch die Glieder. Seine silbern schimmernde Armbanduhr wies auf 17:30 Uhr. Er fröstelte, bekam Gänsehaut, als säße er irgendwo in einer eiskalten Gruft. Gewiss war er für Krisensituationen geschult worden, aber so eine Nachricht warf selbst den härtesten Profi um. Tief durchatmend drückte er die Taste mit der direkten Verbindung zum Chief of Operations (COP) der Anti-Terroreinheit des New York City Police Departments. Gleichzeitig aktivierte er mit der anderen Hand auf dem Computer einen Suchlauf. Als er die Alarmmeldung ruhig und bestimmt an den Einsatzleiter der Sondereinheit im NYPD weitergab und sich deren Inhalt bestätigen ließ, beantwortete sich die Frage nach dem Wem und dem Warum dieses 853: Der Hinweis kam von CIA-Agent Benn Sweeney, der irgendwo in Afghanistan insgeheim die Organisation des Terroristenführers bin Golem infiltriert hatte.

Dass Agent Sweeney sein Leben riskierte, indem er einen so markanten Fehler in seine Nachricht einfließen ließ, hätte außer Rick niemand ahnen können. Sollte jemand in bin Golems Organisation den richtigen Namen der Grand Central Station in New York zu kennen glauben, wollte Sweeney einfach dreist dagegen halten: Habe jahrelang in New York gelebt und werde zum Teufel doch wohl wissen, ob's *Grand* oder *Great* Central Station heißt!

Doch schon Augenblicke, nachdem er die Nachricht mit dem Fehler durchgegeben hatte, bedauerte er es zutiefst. Er hatte die Lage dadurch nur verwirrt, die Anzahl möglicher Szenarien vervielfältigt! Wohl würde ein geschulter Agent sofort verstehen, dass Sweeney unter Zwang arbeitete. Aber hieß das nun, die Warnung war zutreffend? Oder nicht? Sweeney wusste, er war schwach geworden: er hatte höchst unprofessionell seine eigene Lage über den präzisen Inhalt einer Nachricht gestellt.

## 2.

Um 17.45 Uhr stoppte an der Lexington Avenue zwischen der 42. und der 43. Straße in der für Busse und Taxis reservierten Fahrspur ein schwarzer Range Rover. Der Fahrer kümmerte sich nicht um das Gehupe eines Yellow Cabs, das hinter ihm stecken blieb. Mit leuchtenden, schwarzen Augen schaute er berechnend nach rechts auf die Reihe von Flügeltüren, durch die Fußgänger in den Bahnhof hinein- und hinausfluteten.

Der junge Dschihadkämpfer am Steuer knautschte nervös die Lippen. Mit dem Sirenengeheul, das plötzlich die Straßenschluchten erfüllte, hatte er nicht gerechnet. Auch gefielen ihm die zwei Polizisten nicht, die weiter unten an der Mauer lehnten und zu ihm hinaufblickten.

Die Menschen, die mit unbeteiligten Mienen ihrer Wege gingen – Lärm und Krach gehörten zum Alltag der dynamischen Metropole – nahm er kaum wahr. Es herrschte Stoßzeit in der Grand Central Station. Marschkolonnen von Pendlern eilten zu ihren Zügen, die hinter einem Wirrwarr von Eingängen auf den unterirdischen Bahnsteigen warteten, hasteten hinunter in die Subway oder machten sich auf zu den Gehsteigen der Überlandlinien.

Der junge Yassir wusste, dass die Flügeltüren zur 42. Straße in massiven Stahlrahmen hingen, während die Türfront des Graybar Buildings, die er nicht aus den Augen ließ, nur aus dünnen Holzrahmen bestand. Er hatte sämtliche Eingänge zur Grand Central Station gut ausgekundschaftet, rasch die schwache Stelle auf der Lexington Avenue-Seite des gewaltigen Bahnhofskomplexes ausgemacht.

Gezielt und unmissverständlich hupend fuhr ein weißer New York City Bus auf das Heck des Range Rovers auf. Ein paar Leute schauten sich kurz um, schritten apathisch weiter. Dies hier war schließlich Manhattan, das Zentrum der Welt! Oder zumindest das Zentrum jener Welt, die sich wie Ruhm und Reichtum buchstabierte.

Sofort nach dem Eingang von Ricks Alarmmeldung hatte der Einsatzleiter der Anti-Terroreinheit des NYPD den Bezug einer vorbereiteten Abwehrstellung angeordnet. Auf der östlichen Seite des Bahnhofs sperrten Streifenwagen die Vanderbilt Avenue und die 43. Straße ab. Aus Mannschaftswagen stiegen Polizisten in Kampfmontur. Berittene Streifen trabten heran. Aus Megaphonen erhielten verdutzte Pendler erste Anweisungen, das Gebäude nicht zu betreten. Ein Helikopter pochte tief über den Dächern. Trotz all dieser Aktionen hatte die Polizei viel zu wenig Zeit gehabt, um die wichtigsten Positionen zu beziehen, den Strom von tausenden von Menschen von der riesigen Bahnhofshalle fernzuhalten, von deren hohen Kuppel das laute Stimmengewirr wie dumpfer Kampflärm großer Armeen der Antike zurückschlug. Der Bombenanschlag würde ein fürchterliches Blutbad unter all den New Yorkern anrichten, die hier ahnungslos ihrem wohlverdienten Feierabend zustrebten.

Im Durchgang von der Lexington Avenue zur Bahnhofshalle steht Officer 5017 Phillips mit mulmigem Gefühl im Magen. Eben hat er über Polizeifunk vom angekündigten Bombenattentat erfahren. Was soll er tun? Er hat einen Routineüberwachungsauftrag, genau wie zahlreiche andere Polizisten, die im ganzen Bahnhofsareal jeden Abend unauffällig Posten schieben. Wo die Kollegin wohl bleibt, die den Zeitungsstand überprüfen wollte? Phillips spähender Blick durch die Glasscheiben fällt auf den schwarzen Range Rover, der sich am Straßenrand nicht vom Fleck bewegt.

5017 ist ein großer, breitschultriger Mann mit einem Nacken wie ein Stier. Sein Mund mit der wulstigen, von einem dünnen Schnurrbart verzierten Oberlippe ist halb geöffnet, als kriege er selbst durch seine klobige Nase zu wenig Luft. Über der Polizeimarke auf seiner Brust leuchten drei schmale Ordensbänder. Außer dem Weiß seiner Augen ist an Phillips alles dunkel, braun oder schwarz.

Draußen auf dem Gehsteig sieht Yassir zwei Polizisten sich raschen Schrittes seinem Range Rover nähern. In diesem Moment weiß er, dass er handeln muss. Entschlossen reißt er das Steuer herum, tritt das Gaspedal durch. Der Motor heult auf. Schlagartig ändert sich die Teilnahmslosigkeit der Fußgänger, als der schwere Wagen mit den Rammbügeln auf den Gehsteig hinauffährt, scharf nach rechts schwenkt, mit heulendem Motor beschleunigt. Yassir nimmt nur Konturen wahr. *Da, die fünf Glastüren!* Leiber prallen dumpf gegen die Motorhaube. Zwei Cops hechten zur Seite. Holz, Glas, Metall splittern weg. Drinnen im Gebäude gewinnt der Range Rover wieder an Fahrt. Sich mit wildem Blick ans Lenkrad klammernd, schreit Yassir Unverständliches. Wie berauscht tritt er das Gaspedal bis auf die Bodenplatte durch. Das Donnern der acht Zylinder tönt wie Schlachtgesang in seinen Ohren.

Sie hatten ihm genaue Instruktionen erteilt. Er sollte kurz vor sechs Uhr in den Bahnhof einbrechen und genau vor dem Informationsrondell im Zentrum der Halle voll bremsen. Ein halbes Dutzend Männer der Organisation, die dort als harmlose Reisende verkleidet herumstanden, würden in diesem Augenblick ihre Waffen ziehen, in die Menge ballern. Im allgemeinen Chaos sollte Yassir die Flucht gelingen. Er hatte eine wichtige Mission zu erfüllen. Wenn alles klappte, würde ihn der Boss sicher in den begehrten Dynamit-Club aufnehmen: Eine Ehre, die nur denen zuteil wurde, die unter Lebensgefahr eine Sprengladung gelegt und erfolgreich zur Explosion gebracht hatten.

Halb von Sinnen rast Yassir also auf dem hellen, glatten Steinboden zur vor kurzem restaurierten Bahnhofshalle. Wild späht er nach den Männern, die ihn beschützen sollten. Wie ein Rudel Gazellen vor dem hungrigen Löwen stiebt die Menge auseinander. Yassir ahnt nicht, dass weit und breit keine Verstärkung bereitsteht. Sie haben einfach gelogen. Haben ihm verschwiegen, dass er völlig auf sich allein angewiesen sein würde.

Jetzt ist er auf der Höhe der gewölbten Durchgänge zu den Bahnsteigen. *Track 28* liest er im Vorbeirauschen automatisch ab. Die viereckige Uhr auf dem Dach des Rondells zeigt 17:58 Uhr.

Officer 5017 Phillips tut das, was – wie er später sagen wird – jeder New Yorker Cop getan hätte. Er tritt dem Amokfahrer in den Weg, hebt kaltblütig mit beiden Händen die Dienstpistole in Schussstellung, zielt sorgfältig.

Yassirs Gedanken rasen. Der Erfolg ist ihm sicher. Da sieht er diesen Kleiderschrank von einem Bullen!

*Was für 'n Brocken! Goodbye, Brocken!*

Der Range Rover hält genau auf den Cop zu. Phillips behält die Nerven, feuert in schneller Reihenfolge. Die Neunmillimeter-Geschosse aus der Glock Dienstautomatik zertrümmern die Windschutzscheibe, Yassirs Gesicht. Phillips wirft sich gerade noch rechtzeitig zur Seite. Das Fahrzeug rauscht weiter, prallt in den achteckigen Informationskiosk.

Einen Augenblick herrscht fast Totenstille, als dieser wüste Fremdkörper von einem bulligen Geländewagen in der hohen Halle rauchend zum Stillstand kommt. Die Zeiger der großen Messinguhr mit den vier Zifferblättern springen auf 17:59 Uhr.

Die Schüsse aus Philipps Waffe haben die große Bahnhofshalle bis auf ein paar abgebrühte Großstadtgaffer leer gefegt.

Phillips rappelt sich hoch, rennt los. Von der andern Seite der Halle preschen schwarz gekleidete Männer mit Helmen und Maschinenpistolen heran. Sie gelangen gleichzeitig wie Phillips zum Wagen, umzingeln das Fahrzeug mit angeschlagenen Waffen. Phillips reißt die Fahrertür auf. Der schlaffe Körper des Terroristen kippt heraus, rutscht weich auf den Steinboden nieder. Das Gesicht ist bis zur Unkenntlichkeit entstellt, gleicht einem Knochen am Hackbeil des Metzgers. Vorne am Hosengürtel des Erschossenen baumelt ein viereckiges, schwarzes Gerät.

»Der Zünder!«, keucht Phillips. Auf dem roten Display laufen die Sekunden ab: 14, 13, 12 … »Rasch, macht was!«

Mühsam, mit klobigen Fingern, löst er das Gerät vom Leibe des toten Fahrers, reißt es hoch, stiert wild auf das Display: 5, 4, 3 …

*Jetzt geht's hoch in's Dein Reich komme …*

Eine Hand fährt über seine Schulter. Ein Finger drückt auf eine Taste im Gerät. Das Display erlischt, die Zahlen verschwinden. Zitternd starrt Phillips auf die Taste, die der Spezialist vom SWAT-Team betätigt hat: Cancel – Löschen, steht da. *So einfach war das!* Phillips stößt die Luft aus, wuchtet sich mit beiden Armen hoch, steht, leicht schwankend. Sein Blick streift über die Bahnhofshalle, die frisch gemalte Decke, die eleganten Seitenaufgänge … alles steht noch. Erleichtert tritt er zur Seite, um den Paramedics Platz zu machen, die behende neben der Leiche des Fahrers knien, den Tod offiziell feststellen. Der junge Ambulanzarzt trägt als Todeszeit 18:03 Uhr ein.

## 3.

Der Zutritt zur Armory ist von beiden großen Avenuen her möglich, während für Fahrzeuge nur das Garagenportal an der Lexington Avenue offen steht. Normalerweise, wie an diesem Abend im April, ist die breite Einfahrt öffentlich zugänglich. Keine Schranke muss mit einem Zutrittsausweis überwunden werden. Kein Pförtner kontrolliert die Wagen.

Muzhir wischt sich den Schweiß von der Stirn, bevor er vorsichtig über den Bürgersteig in die Einfahrt manövriert, dann langsam in die große Einstellhalle rollt. Es ist 17:47 Uhr.

Der Portier am anderen Ende bemerkt den Lieferwagen mit geübtem Auge, während er sich mit einer aufgetakelten Dame unterhält, die ihm gebieterisch ein Paket über den Tresen seiner Loge geschoben hat. Er hat auch den Namen des Blumengeschäfts registriert: LENOX HILL FLORISTS steht in dicken roten Buchstaben auf dem hellgrünen Fahrzeug, das jetzt nach rechts in ein Parkfeld einbiegt.

Der schlanke, dunkelhäutige Muzhir steigt rasch aus, fährt sich mehrmals durch die schwarzen Kraushaare. Er geht nach hinten, öffnet die Hecktüre. Locker gegen den Wagen lehnend, steckt er sich eine Zigarette an, dabei schräg zu dem Portier hinüberspähend, der nicht mehr als einen kurzen Steinwurf entfernt das Paket wägend in den Händen hält und auf die aufdringliche Mieze einredet.

Muzhir stellt eine buschige, durchsichtig verpackte Topfpflanze auf den Asphalt, schließt die Hecktür, schaut sich um. Sein Herz pocht heftig. Gierig zieht er an der Zigarette, inhaliert tief, bläst den Rauch mit schlecht gespielter Nonchalance in die Luft.

In der großen Garage stehen immer ein paar Army-Fahrzeuge herum. Muzhir hat neben einem dieser protzigen Hummer geparkt, bestaunt jetzt den populären Jeep-Nachfolger. Insgeheim wünscht er sich ein solches Vehikel, in dem er sich einen Wohn- und Schlafraum einrichten und dann damit durch ganz Amerika ziehen würde. Bestimmt fände er unterwegs ein Mädchen, das ihm Gesellschaft leisten und seine wilden Sexträume erfüllen würde. Eine *American woman*. Eine richtig enthemmte Amerikanerin wie er sie aus Pornovideos kennt. Eine, die rückhaltlos die Beine spreizt. Eine, die sofort zum Lutschen auf die Knie geht. Abrupt wendet er sich ab.

Zum Erstaunen des Portiers schlendert der Fahrer des Lieferwagens jetzt zum Ausgang. Bevor Muzhir sich unter die Fußgänger auf der Lexington Avenue mischt, wirft er dem Mann in der Loge noch lässig eine Handbewegung zu, die besagen soll: *Bin gleich zurück!*

Der Portier bemerkt die Topfpflanze neben dem Lieferwagen, schüttelt ungehalten den Kopf. *Was macht der Kerl? Ich soll ihm wohl sein Gestrüpp bewachen! Werd mir den Burschen mal vorknöpfen!*

Da kurvt ein Velo-Kurier heran, knallt ihm einen Stapel Briefe auf den Tresen. Momentan abgelenkt, wendet er sich dem neuen Anliegen zu. Der Minutenzeiger der Wanduhr springt auf 17:53 Uhr.

Unter der Bodenabdeckung im Innern des Lieferwagens zeigt die Digitaluhr des Zünders 17:54. Mehrere ineinander verwickelte farbige Kabel laufen zu zwei Buchsen, von wo die Kabelstränge durch kleine Öffnungen in den Laderaum führen. Öffnete jemand zufällig die Hecktür, könnte er nur mit Mühe die vier Kanister ausmachen, die durch Blumenkisten, Töpfe und Düngersäcke getarnt an der Rückwand der Fahrerkabine liegen. Den aufgeklebten Etiketten nach zu schließen, enthalten die Behälter einen im Handel erhältlichen Unkrautvertilger.

In kurzen Schüben Adrenalin pumpend, eilt Muzhir die Lexington Avenue hinauf, nähert sich der schwarz glänzenden Limousine, die drei Häuserblocks weiter oben am Randstein parkt. Trotz der inneren Anspannung ist er erleichtert. Ein Stein ist ihm vom Herzen gefallen. Zwar haben sie ihm versichert, das Nitroglyzerin in den Kanistern sei sicher, außer bei einem schweren Crash. Trotzdem hat er während der ganzen Fahrt von Queens nach Manhattan hinein ein mulmiges Gefühl im Magen gehabt, das jetzt langsam einem Bärenhunger weicht. An der Straßenecke tritt der junge Krieger Allahs an einen Verkaufsstand, bestellt ein Hotdog mit viel Senf und Sauerkraut. Genüsslich beißt er hinein und geht rasch weiter.

Der livrierte Chauffeur steigt aus dem schwarzen Wagen, betritt den schmalen, zwischen einer Wäscherei und einer Schuhmacherei eingeklemmten Zeitungsladen. Er kauft die New York Times und kehrt zufrieden nickend zum Wagen zurück. Als er eingestiegen ist, hört er seinen Boss aus der Tiefe des Fonds raunen: »Es ist Zeit!« Der Chauffeur schaut auf die Uhr am Instrumentenbrett: 17:59 Uhr. Da öffnet Muzhir den Schlag, setzt sich neben Khalid und meldet kauend: »Alles in Ordnung, Boss.«

Der Portier in der Armory entschließt sich, am Kastenwagen nach dem Rechten zu sehen. Eigentlich sollte dieser Arsch von Fahrer längst mit 'nem Kaffeebecher in der Hand zurück sein. Mit einem missbilligenden Blick wälzt der Mann seinen vom vielen Sitzen, von zuviel Milkshakes und Junkfood aufgeschwemmten Körper um den Tresen herum – weiter kommt er nicht. Ein grellroter Feuerball schlägt ihm entgegen. Ihm bleibt keine Zeit zu schreien.

Im dritten Stock der Armory hat Rick gerade den Hörer aufgelegt und schaut gebannt auf den Fernseher. Die Kamera im Fernsehkopter vermittelt ein Bild totaler Belagerung der Grand Central Station durch Sicherheitskräfte. Polizei- und Feuerwehrwagen blinken rot, blau, gelb. Gestalten eilen schattenhaft herum. Scheinwerfer blitzen auf.

Ein gewaltiger Schlag würgt Ricks Sinne ab. Eine unmenschliche Kraft hebt ihn an, schleudert ihn an die Decke, dann zurück auf den Fußboden. Stechender Schmerz durchzuckt seinen Leib. Todesangst packt ihn. Das letzte, was er wahrnimmt, ist eine schwarze Wand, die schwer und vernichtend wie ein Steinschlag auf ihn niederstürzt.

Die gewaltige Explosion in der Armory erschütterte die Häuserschluchten Manhattans im weiten Umkreis. Das alte Gebäude fiel wie ein Kartenhaus in sich zusammen, begrub die ganze Einstellhalle. Auf der Westseite brach das Gemäuer auseinander, verspritzte Steintrümmer, Schutt, verbogene Computergehäuse, Glas, Aluminium, blutige Körperteile auf die Park Avenue. Auf den Straßen lagen Menschen regungslos in ihrem Blut, andere wälzten sich schreiend. Autos prallten aufeinander. Ein Bus kenterte und schlitterte schräg auf den Gehsteig. Ein Tanklastwagen rammte frontal in eine Modeboutique, kurz bevor die Ladung in einem Flammenmeer hochging.

In der Polizeistation des 19. Precinct barsten die Fensterscheiben. Glassplitter bohrten sich wie Geschosse in die Körper der Polizeibeamten. Die Erschütterung fegte Computer wie Papierbecher von den Tischen. Telefonverbindungen rissen ab.

In all diesem Chaos glitt die schwarze Limousine in sicherer Entfernung vom Straßenrand weg, bog nach links ab und fuhr ein paar Häuserblocks weiter östlich die Madison Avenue hinauf Richtung Central Park.

»Gut gemacht, Muzhir«, lobte der Boss im Fond hinter dunkel getönten Scheiben. Der junge Terrorist biss herzhaft in den Rest des Hotdogs. Er hatte es tatsächlich geschafft. *Cool!* Jetzt gehörte er bestimmt bald zum exklusiven Dynamit-Club!

Seit dem misslungenen Anschlag auf das World Trade Center vor ein paar Jahren hatte die Organisation viel dazugelernt. Muzhir gehörte zu den Eingeweihten. Damals hatten die Dschihad-Kämpfer im heiligen Krieg gegen Amerika eine viel zu kleine Menge Sprengstoff ins Gebäude geschleppt. Der Fehler sollte sich nicht wiederholen. Heute besaß die Qaida den besten Sprengstoff, das Neueste, was die Hightech-Laboratorien der Welt zu bieten hatten.

*Phantastisch!* Muzhir drehte sich mit triumphierendem Lächeln zum Boss um. Erstarrte. Schwarz gähnte die Öffnung einer Pistolenmündung. Khalid grinste: »Hast gute Arbeit geleistet, mein Sohn. Gott wird dich belohnen.« Er drückte ab. Der schallgedämpfte Schuss – wie ein fernes, trockenes, heiseres Bellen – traf den jungen Kämpfer mitten ins Herz. Der Fahrer schluckte trocken, konzentrierte sich auf den Verkehr. Seinen Kill voll auskostend blickte Khalid verächtlich in Muzhirs flehende Augen, ergötzte sich an dem langsam verlöschenden Lebenslicht. Keine Zeugen, hatte bin Golem befohlen. Der Vollstrecker fühlte sich stark und gut drauf wie noch nie. Die Ablenkung in der Grand Central Station hatte geklappt wie am Schnürchen.

*Meine Idee! Ich bin der Größte! Herr über Leben und Tod.*

Bin Golem hatte allen Grund, mit seinem Vollstrecker zufrieden zu sein. Der Doppelanschlag auf das Nervenzentrum Manhattan erwies sich als genialer Streich. Zunächst war es, dank Benn Sweeneys Wissen um die Geheimdienstzentrale, gelungen, ein hochergiebiges strategisches Ziel im Zentrum von Amerika zu zerstören. Zugegeben, die Armory war nicht Langley, der Hauptsitz der CIA in Virginia. Dennoch würde der Schock tief sitzen: Ein Messerstich dicht am Herzen des Feindes vorbei! Gleichzeitig wurde Benn Sweeney innerhalb der CIA vermutlich gerade als Held gefeiert, hatte doch sein entscheidender Hinweis New York City in letzter Minute vor einem beispiellosen Massaker in der Grand Central Station bewahrt. Der Plan war aufgegangen, und die Verluste ließen sich sehen: einundachtzig Tote in den Straßen Manhattans.

Bei all dem blieb bin Golem Realist. In den Staaten und in Europa würden diese Bombenanschläge extreme Reaktionen auslösen. Mit schweren Angriffen auf Stützpunkte der Taliban in Afghanistan war zu rechnen. Deshalb hatte der Araber sein Hauptquartier in die Berge verlegt. Seine Getreuen bezogen neue, bereits vorbereitete Unterkünfte und Verbindungszentralen.

Die Tomahawk-Marschflugkörper der Amerikaner würden zwar beachtliche materielle Zerstörungen anrichten, aber keine Dschihad-Kämpfer treffen. Die ehemals wichtigen Siedlungen lagen öde und verlassen. Jeder Schlag des Großen Satans war dazu verdammt, ins Leere zu gehen!

# 4.

Die Sonne brannte unerträglich heiß auf die kleine Zeltstadt am Ufer des Flusses tief im afghanischen Hochland. Yussef bin Golem, der gefürchtete Führer, saß auf dunkelblauen Kissen aus feinster Seide und klopfte mit dem kostbar verzierten Stock aus Ebenholz auf die große Landkarte. Er hatte zwei Probleme an diesem schwülen Nachmittag: dass er sich seiner Angst vor der Seekrankheit schämte und einen korrupten Amerikaner in seinen Reihen wusste.

»New York, Männer, war nur der Auftakt. Die große Abrechnung findet an dieser Stelle statt. Hier!« Yussef legte die Spitze seines Stocks auf die Meerenge von Gibraltar, schaute seinen Männern dann einem nach dem andern tief in die Augen. Er hatte diese, seine engsten Vertrauten allesamt persönlich nach strengsten Kriterien ausgewählt. Die Männer wussten es. Sie schuldeten ihrem Führer blinden Gehorsam, vollkommene Hingabe bis in den Tod, und das Einbringen all jener speziellen Fähigkeiten, die ihnen den Zugang zum innersten Kreis der Qaida, der Basis, eröffnet hatten. An all dieses rührte, all das besiegelte der gleichermaßen ekstatische wie vernichtende Blick bin Golems. Nur die hervorragendsten Männer waren für das große Projekt Megiddo, benannt nach dem apokalyptischen Schlachtfeld in Israel, gut genug. Und nicht einer unter diesen Härtesten der Harten hätte dem Blick des großen Führers standhalten oder gar trotzen können.

»Die *Shiraz* läuft morgen Nachmittag planmäßig aus dem Hafen von Lagos aus«, begann bin Golem. Seine klugen, tief liegenden Augen unter der breit gewölbten Stirn funkelten listig, als er schmunzelnd hinzufügte: »Mit der bitteren Wunderpille unseres Medizinmannes bin ich bereits eingedeckt.«

Zum Beweis griff er in seine Tasche und klaubte eine vergoldete Dose hervor. Er schüttelte sie, dass es klimperte.

»Seekrank sein kann ich mir nicht leisten, wenn es zum großen Gefecht kommt!«

Die Männer grinsten höflich: Ein lebhaftes Gemurmel setzte ein. Der bärtige, untersetzte Leibarzt steckte seinen Kopf mit dem vollen weißen Haar durch den Vorhang und rief: »Lacht nur! Wenn ihr erst grün im Gesicht über der Reling hängt, werdet ihr noch nach meiner Medizin winseln.«

Khalid war im Gegensatz zum Arzt eine grimmige, hochgewachsene Erscheinung, mit einem Schopf kurzer schwarzer Locken. Seine schattigen Wangen verrieten starken Bartwuchs. Er warf sich in die eingeübte Machopose des Vollstreckers, meinte abschätzig: »Deinen grausigen Mist kannst du dir bei mir sparen.«

»Was soll man dann fressen vor einer Seereise?«, fragte daraufhin der als Landratte bekannte Finanzchef mit gerunzelter Stirn.

»Bananen«, antwortete der Arzt.

»Bananen? Wegen des Potassiums?«

»Nein, wenn sie wieder hochkommen, schmecken sie besser als beim Runterschlucken«, sagte der Medizinmann, was Gelächter auslöste.

Der Führer gebot schließlich Ruhe, indem er ein paar Mal mit dem Stock auf die hölzerne Gewehrkiste klopfte.

Die momentane Ausgelassenheit war im Nu verflogen.

»Leute, jetzt steht *alles* auf dem Spiel. Wir können uns kein Risiko leisten. Es darf keine Leaks geben«, warf bin Golem in die Runde. Die Männer blickten scharf auf, furchten die Stirnen. Doch ihr Anführer winkte gelassen ab: »Ich weiß, auf jeden von euch kann ich mich verlassen wie auf mich selbst. Doch unser Feind, der große Satan Amerika, hat die Mittel, uns zu belauschen. Zum richtigen Zeitpunkt erfahrt ihr, wie der Plan genau abläuft. Seid sicher, dieser Schlag verändert alles. Kommende Generationen werden die Zeitrechnung in vor und nach Megiddo einteilen.«

Das Pathos seiner Rede mochte übertrieben sein, passte aber nicht nur ins aufpeitschende Vokabular des charismatischen Führers, sondern spielte auch auf eine historische Parallele an: Gelang der tollkühne Plan, erstmals einen amerikanischen Flugzeugträger, dieses stolze unantastbare Symbol amerikanischer Großmachtpolitik mit Mann und Maus zu versenken, säße in den USA der Schock tiefer als nach dem Überraschungsangriff auf Pearl Harbor. Und Yussef bin Golems Platz in der Geschichte des Islams als Held aller Zeiten wäre auf ewig gesichert.

Eigentlich stand das sanfte, bedächtige Gesicht des Islamistenführers in scharfem Kontrast zu seiner martialischen Rede. Ganz in Weiß gekleidet, wirkte der achtundvierzig Jahre alte Saudi eher wie ein Prophet, der sieben fette Jahre voraussagt, als wie der Qaida zorniger Herrscher, der den Vereinigten Staaten die Dschihad, den heiligen Krieg, erklärt hatte.

Die Männer saßen mit ernsten Gesichtern um den Tisch, der aus mehreren Schichten kostbarer Teppiche bestand. Sie nickten bedächtig und starrten schweigend in die dunklen, Ehre, Rettung und Martyrium verheißenden Augen Yussefs. Und doch steckte Angst und Schrecken in jedem der vier Männer: Zwischen Khalid und dem Finanzchef kauerte im Schneidersitz Riaz, der Nachrichtenchef, verächtlich auf Sweeney, den abtrünnigen Amerikaner, stierend, der sich unter Riaz' stechendem Blick voller Argwohn zu ducken schien.

*Die halten mich alle für einen Verräter im Solde bin Golems.*

Doch Benn Sweeney sah sich nicht als Verräter. Als junger CIA-Agent hatte es ihn 1988 nach Pakistan verschlagen. Und als Neuling musste er in den Flüchtlingslagern an der Grenze zu Afghanistan Verhöre durchführen. Die afghanischen Flüchtlinge nannten die Camps *Madrasa* – Seminare – und sich selbst *Taliban* – Studenten. Sweeney fragte die

Flüchtlinge über sowjetische Waffen aus, über Truppenbewegungen, die Kampfmoral der Sowjets, Namen von Kommandanten. Seine Berichte gab er dem Bereichsleiter weiter, der sie vermutlich ans CIA-Hauptquartier in Langley, Virginia, weiterleitete.

Im Kampf gegen die sowjetischen Invasoren hatte die CIA schon 1980 Afghanistan massiv infiltriert. Gemeinsam mit dem pakistanischen Geheimdienst ISI wollte Washington damals den heiligen Krieg der Afghanen zu einer Schlacht aller muslimischen Staaten gegen die Sowjetunion expandieren. Diese subversiven Anstrengungen fruchteten dann auch: Zwischen 1982 und 1992 kämpften rund 35 000 radikale Moslems aus 40 Staaten in Afghanistan. Zehntausende studierten in den Madrasa, wo Sweeney mit der Zeit auch die Taliban mit ihrer strikten Vorstellung von Religion näher kennenlernte.

Benn Sweeney hatte sich nie als Verräter gefühlt. Er tat, was bis 1989 auch die USA offiziell gemacht hatten: die afghanischen Freiheitskämpfer unterstützen. Der Erfolg blieb nicht aus: 1989 zogen die sowjetischen Truppen aus Afghanistan ab. Die Studenten der islamischen Madrasa kehrten aus Pakistan zurück, um in ihrem eigenen Land Ruhe und Ordnung zu schaffen. Sie entwaffneten die Bevölkerung und führten die *Sharia* – das islamische Recht – ein, wobei der Fanatismus der heiligen Krieger sich nun gegen die Amerikaner richtete.

*Die ich rief, die Geister, werd ich nun nicht los.* Von diesem Spruch, der Sweeney in den Sinn kam, hätte er ein Liedchen singen können!

Dann geschah das Unerwartete: im Flüchtlingscamp hatte Sweeney sich in die rassige junge Farah verliebt. Mit ihrer außergewöhnlichen Ausstrahlung und ihrem liebenswürdigen Wesen raubte sie ihm fast den Verstand. In Amerika war er nie einer Frau mit solchem Liebreiz begegnet. Sweeney selbst entsprach eher dem klassischen Feindbild eines Geheimagenten: egoistisch, skrupellos, raubeinig. *Les extrêmes se touchent!*

Farah stammte aus Herat, der Stadt im Norden Afghanistans, die Alexander der Große 330 v. Chr. gegründet hatte. Heute steht auf dem gewaltigen, mit Stützmauern und Terrassen gesicherten Trümmerberg des antiken Forts eine imposante Zitadelle. Farah konnte dem CIA-Agenten Sweeney präzise Angaben über die sowjetischen Nachschubwege in dieser militärisch wichtigen Region machen. Eines Tages hatte sie ihm dann über den Anbau von Opium erzählt. Er reagierte abweisend, entsetzt, wie es ihm die Trainingsbullen in Langley eingetrichtert hatten, während er sich überlegte, wie die beschriebenen Pflanzgebiete zerstört werden könnten.

Über solche, charmant-nebensächlich zugetragenen Informationen hinaus eröffnete Farah dem Agenten aber auch eine ganz neue Kultur. Das sture westliche Denkschema Sweeneys zerbrach dabei wie ein erhitzter eherner Topf. Langsam vertauschten sich auch die Rollen. Immer öfter sprach sie mit ihm über Deobandi.

*Deobandi? Deo ... Deo ... Deobanditen? Banditen Gottes?*

Deobandismus war ursprünglich eine Reformbewegung zur Erneuerung der muslimischen Gesellschaft unter britischer Kolonialherrschaft gewesen.

»Wir haben unsere strikte Lehre des Islams von der Auslegung des Deobandismus abgeleitet«, erklärte Farah. Wobei sie ihm allerdings verschwieg, dass die Mullahs in den Camps eine extreme Auslegung der Reformlehre verbreiteten, während die Studenten in erster Linie Ausbildung, Essen, Schutz und militärisches Training suchten.

Dann wurde Farah schwanger. Kurz vor Abzug der Sowjets gebar sie Benn einen Sohn, den sie Ahmed tauften. Nach Kriegsende zogen sie in ein Dorf bei Kandahar, im

Süden Afghanistans, wo die Kämpfe weniger tiefe Wunden hinterlassen hatten.

Doch nun radikalisierten die Taliban das Land. Sie verbannten das Fernsehen und Videos, führten die harten Strafen der Sharia ein: Steinigung und Amputation. Sie ermordeten fromme Schiiten, zwangen den Frauen strenge Bekleidungsvorschriften auf. Plötzlich war Sweeney in Ungnade gefallen. Als Ungläubiger eine Talibanin geschwängert zu haben, wurde ihm, dem verhassten Amerikaner, als Todsünde angekreidet. Hitzköpfe machten beiden einen kurzen Prozess. Das Gericht hatte aus einer eilig zusammenkommandierten Versammlung von Dorfbewohnern bestanden, die beschlossen, was ihnen ihr Rädelsführer vorschlug: Tod durch Steinigung lautete das Urteil…

Vor drei Monaten war die *Shiraz* aus dem iranischen Hafen Bandar Khomeiny ausgelaufen.

Mit einer Tagesproduktion von 3 700 000 Fässern zählte der Iran zu den drittgrößten Erdölexportländern der Welt. Die National Iranian Tanker Company umfasste elf Großtanker und neun Frachter. Das Auslaufen der *Shiraz* aus dem Ölhafen am nördlichen Zipfel des Persischen Golfs fand keine sonderliche Beachtung. Schon am nächsten Tag, die *Shiraz* lief bereits ruhig durch die Straße von Hormuz, hatte der Vertreter von Lloyd's wie üblich seine Meldung über diese Schiffsbewegung an die Zentrale gegeben.

Yussef sehnte sich nach der Dunkelheit, die sich im Westen über die riesige Weite der arabischen Halbinsel legte. Saudi-Arabien war sein Heimatland. Dort war er aufgewachsen, hatte die Schule besucht, studiert. Später spielte er eine wichtige Rolle bei der Rekrutierung arabischer Kämpfer für den Krieg in Afghanistan. Als reicher und angesehener Saudi hatte er rasch das Wohlwollen der Pakistani und des saudischen Nachrichtendienstes gefunden, die ihm mit Wissen der CIA jede erdenkliche Hilfe im Kampf gegen die sowjetischen

Besatzer zukommen ließen. Er verließ Afghanistan 1990 und kehrte dann im Mai 1996 zurück. Überraschend wandte er sich nun gegen seine einstigen Freunde und rief mit der ersten Deklaration zum heiligen Krieg gegen die königliche saudische Familie und die Amerikaner auf.

## 5.

Während bin Golem sich in seinem Zelt über den Stand der Vorbereitungen informieren ließ, schirmten Veteranen aus dem Afghanistankrieg die Umgebung ab. Auf einer kleinen Anhöhe am jenseitigen Ufer des Flusses drehten sich die Radarschirme moderner Flugabwehrlenkwaffen, die im Umkreis von sechs Kilometern das geheime Hauptquartier vor jederzeit möglichen Luftangriffen der Amerikaner schützten.

»Wir haben die besten Raketen, die auf dem Weltmarkt erhältlich sind. Was uns fehlt sind die Codes«, erklärte bin Golem sanft, seinen Stab dabei doch bedrohlich anhebend.

Sweeney fühlte sich von einem stechenden Blick durchbohrt. Nervös netzte er mit der Zunge seine ausgetrockneten Lippen. Er wusste, was kam. Der bärtige Scheich spielte auf Nadine Moran an, die ebenso gefährliche wie mysteriöse Schlüsselfigur in seinem kühnen Plan. Sie war die Dame im verrückten Schachspiel des Arabers, während für Sweeney, den seit Tagen eine dumpfe Vorahnung heimsuchte, wohl nur die Rolle des Bauernopfers übrigblieb.

»Diese Frau ist hochintelligent, hochmotiviert, dynamisch«, mahnte der Anführer. Sein schwarzes, unter dem weißen Turban hervorquellendes Haupthaar ging in einen dichten Vollbart über, der ihm bis auf die kräftige Brust reichte. Ein ausgezeichneter Menschenkenner, hatte er die Fakten im Dossier Nadine Morans und den Eindruck, den ihr Bild und geheime Videoaufzeichnungen auf ihn gemacht hatten, zu eben diesem schmeichelhaften Fazit kombiniert.

Tatsächlich zählte diese von dem klugen bin Golem so außerordentlich lobend erwähnte Frau in den Forschungslabors von Los Alamos zu den hochgeschätzten Spitzenkräften der Wissenschaft. Gerade deswegen wurde sie auch von den Amerikanern mit Misstrauen und Argwohn überwacht. Schließlich war sie Französin und damit Ausländerin: bildhübsch noch dazu. Sie sprengte jenes sexistische Klischee, das besagte, dass blonde Frauen es zu nichts bringen. Auch entsprach sie keineswegs der üblichen Vorstellung eines zerzausten Hackerkopfs mit wirrem Blick oder der einer schrillschrulligen Tüftlerin. Es gehörte zu bin Golems raffiniertem Plan, die Französin an ihrem Arbeitsort bloßzustellen. Sie sollte sich nur durch Flucht aus einer ausweglosen Situation befreien können ... Flucht nach vorn in die offenen Arme Yussefs!

Sweeney räusperte sich, seine Worte sorgfältig wählend: »Das Netz ist ausgeworfen, Sir, der Köder gelegt. Die Frau *wird* anbeißen. Sie kann nicht anders. Es liegt in ihrer Natur.«

Die Augen des Führers im weißen Gewand glänzten tief in den Höhlen.

Seine Hand umfasste den aus Rhinozeroshorn gearbeiteten Stockknauf fester, so dass die Knöchel weiß durch die Haut schimmerten. »Je intelligenter, motivierter, dynamischer und schöner eine Frau, desto unverlässlicher ist sie«, meinte der Araber, dem Amerikaner dabei gezielt zuzwinkernd.

»Igor, der Russe hat sie kontaktiert. Es läuft nach Plan, Sir.« Sweeney rutschte unbehaglich herum, schluckte trocken. Bin Golem blickte ihn unverwandt, obschon nicht unfreundlich an. Sweeney hatte das Gefühl, er selbst sei eine Art Insekt, vielleicht eine Grille, ja, ein Grillchen in einem kleinen perforierten Kästchen, und bin Golem ein ehrwürdiger Potentat, der das muntere Fiedeln dieses Grillchens unterhaltsam fand.

»Dein Leben hängt an einem Faden, Yank, du weißt das. Sollte der Plan misslingen, ziehen wir dir die Haut ab und werfen dich den Wölfen zum Fraß vor, genau wie es dein verderbtes Volk einst mit den Indianern gemacht hat.«

Sweeney biss sich auf die Zunge. *Dieser Hund hat dir und Farah das Leben gerettet. Vergiss das nie.*

Nie in seinem Leben würde Sweeney den Anblick des Mannes vergessen, der aus einem Land Rover stieg, als die ersten Steine flogen. Sogleich hatte sich eine respektvolle Stille in der aufgebrachten Meute ausgebreitet, die dabei war, sie zu lynchen. Eine Gasse öffnete sich in der krakeelenden Menge. Sweeney hielt Farah schützend im Arm. Blut rann von seiner Schläfe auf ihren weißen Tschador. Der sanft dreinblickende Mann mit dem langen Bart hatte kurz mit dem Anführer gesprochen. Harte Hände hatten Sweeney dann gepackt, ihn weggezerrt.

*Erschießen statt Steinigen? Gnade vor Recht ergehen lassen?* Erst als er und Farah hinten im Geländewagen saßen, die Menge draußen ehrfurchtsvoll gebeugt, wagte Sweeney den Gedanken an eine wundervolle Rettung in letzter Minute.

»Du hast die Wahl, Mister CIA-Yankee. Du arbeitest für mich – oder du stirbst«, hatte ihm bin Golem noch in der gleichen Nacht eröffnet. Genau hier, in diesem Zelt.

»Ich bin das Gesetz. Wir sind die Qaida. Die Sammlung. Die Basis. Du lieferst mir die Informationen, die du von der CIA erhältst. Du machst Spionageabwehr. Du unterrichtest mich über die Pläne Washingtons. Du lieferst den Leuten dort die gewünschten Nachrichten, damit die nicht misstrauisch werden. Fliegt dein Doppelspiel auf, bist du Staub.«

Was der Mann da gemacht hatte, war eine Art klassische Schnellanwerbung durch brutale Erpressung.

»Farah und Ahmed wird es gut gehen, solange sie gehorchen«, hatte er gönnerhaft hinzugefügt. Sweeney hatte all das mit trockenem Schlucken quittiert.

*Ich bin ihm auf Gedeih und Verderb ausgeliefert.*

»Und bedenke, Sweeney, ich schenke dir nicht nur dein Leben, du wirst außerdem noch gut bezahlt.« Amüsiert die Lippen schürzend, balancierte bin Golem seinen Stock auf der rechten Handfläche. Sweeney erschien er wie ein alttestamentarischer Richter, der gleichmütig über Leben und Tod entschied. »Allerdings nicht von mir«, setzte der Araber fort. »Sondern von den Drogenhändlern. Du warnst die Bosse rechtzeitig, hilfst ihnen im Kampf gegen das amerikanische Militär.«

*Wo war der Haken? Was kam noch?*

»Deine Frau und dein Sohn dienen mir als Sicherheit für die Erfüllung deiner Pflichten. Sie sind mein lebendes Pfand, Yank.«

*Geisel wäre der richtige Name, du Bastard.*

»Du wirst das Leben deines Sohnes doch nicht aufs Spiel setzen.«

Das war keine Frage, keine Drohung. Es war ein verdammtes *Urteil*! Dieser Bastard hatte ihn damals genauso durchdringend mit forschendem Blick gemustert wie jetzt im Zelt.

*Nur dem Blick standhalten. Das kannst du doch!* Sweeney nickte und wiederholte: »Den Wölfen zum Fraß, Sir.«

Yussef bin Golem machte eine leichte, jedoch zwingende Bewegung mit dem Kopf, worauf die Männer niederknieten und symbolisch den Boden küssten. Dann verkündete er mit Inbrunst: »Bekämpft zusammen alle Heiden, wie sie euch bekämpfen. Führt den Kampf so lange, bis es keinen Aufruhr mehr gibt und keine Unterdrückung. So lange, bis Gerechtigkeit herrscht und der Glaube an Gott, der uns zur Seite steht im Kampf gegen die mächtigen, gut ausgerüsteten Truppen des großen Satans.«

Zustimmung murmelnd verbeugten sich die Männer erneut. Gezwungenermaßen machte Sweeney die Gebärden respektvoll mit, jedoch ohne den geringsten frommen Gedanken. Erregung durchströmte ihn, als er sich die junge Frau vor Augen führte, wie er sie in Los Alamos nachts an einem Fenster erspäht hatte, völlig unbekleidet, sich anmutig kämmend. Aus sicherem Abstand im dunklen Garten hatte er ihr fasziniert zugeschaut. Bin Golem hatte untertrieben: *Alles* war rassig an Nadine Moran. So wie Benn Sweeney sie einschätzte, würde sie ihr Leben riskieren, um den geliebten Papa, ihren *père mystère*, zu finden, der seit ihrer frühesten Kindheit verschollen war. Die Falle war gestellt …

Bevor die Sitzung im Zelt zu Ende ging, legte der zwei Meter große Riaz die Nachrichtenlage dar. Mit wildem Blick unter buschigen Brauen erläuterte er die Standorte von amerikanischen Militäreinrichtungen, die zu den Angriffszielen zählten. Viele seiner Informationen stammten direkt aus Teheran, wo sich Riaz in die Computer des Iranischen Ministeriums für Information, einem der brutalsten aller Geheimdienste, einloggen konnte. Stückweise klaubte er unzählige Informationsdaten aus dem Telefon- und E-mailverkehr der Armeeangehörigen und Besatzungen der Air Force und Navy zusammen. Aus diesem unbefangenen Geschwätz ließen sich bestens Schlüsse über den Einsatz amerikanischer Truppen und Verbände ziehen.

Bin Golem hörte aufmerksam zu, die Lider gesenkt, als schliefe er. Doch der Schein trog, denn plötzlich sprang er auf. So unerwartet war der Übergang, so blitzschnell die Bewegung, dass seine Männer erstarrten, als hätte sich eine

Giftnatter vor ihnen erhoben. Bin Golems sanft herrischer Blick blieb auf Khalid haften. »Du hast noch viel zu tun, mein Sohn. Ich verlasse mich auf dich.«

Der Vollstrecker nickte zweimal wortlos. Sein Auftrag war glasklar. Auf Khalids Liste war der Name des alten Offiziers in Zürich, der die Ziele der Qaida hätte vereiteln können, dick durchgestrichen. Doch der Killer hatte noch ein gerütteltes Maß an Arbeit. Zunächst in Casablanca ...

*In Casablanca lande ich einen Coup, dass mein Name künftig in einem Atemzug mit Humphrey Bogart genannt werden wird,* schwor er sich in aller Stille.

Halb abgewandt sagte bin Golem zu den Männern: »Ah ... mein Kopter ist schon da.«

Tatsächlich war bereits aus der Ferne das typisch hohle Pochen eines Hubschraubers zu hören.

Benn Sweeney kannte weder die Operation Casablanca, noch ahnte er, was Khalid in Zürich erledigt hatte. Die eiserne Geheimhaltung der Taliban reichte tiefer als bis in den innersten Kreis: Sie drang in jeden einzelnen Kopf, jede Brust, jedes Gewissen. Keiner erfuhr ein Tüpfelchen mehr, als er unbedingt wissen musste.

Ins Freie tretend genoss bin Golem den Blick über die rot und blütenweiß gesprenkelten grünen Mohnfelder, die bis hin zum Horizont wogten. Sie gehörten zu einer Musterfarm, auf der die Taliban den afghanischen Bauern die beste Methode des Mohnanbaus beibrachten. Nach einem UNO-Bericht warf Afghanistan 1999 nicht weniger als rund 4 600 Tonnen Opium auf den Weltmarkt – doppelt so viel wie in den Vorjahren.

Bin Golem freute sich über die enorme Leistung. Fast kindisch ergötzte er sich an dem Ärger, den er den Amerikanern damit bereitete. Die Anekdote ging um, er habe einmal eine Mohnblume vom Stengel gebrochen, sie gen Himmel gestreckt, dann inbrünstig geküsst und ausgerufen: »Ich küsse dich, süßer Tod! Tod dem großen Satan!«

Afghanistan produzierte heute dreimal so viel Rauschgift wie die gesamte restliche Welt. Über 96 Prozent davon wurde in von Taliban kontrollierten Gebieten angebaut, was diese zu den größten Heroinproduzenten der Welt machte. Dabei kassierten sie zwanzig Prozent Steuern von den Rauschgifthändlern und Transporteuren, Geld das direkt in die Kriegskasse floss. Und das einzige Kreditsystem des Landes wurde von den Drogenbossen selbst betrieben: Sie gewährten den Bauern Vorschüsse auf ihre Opiumernten.

Bin Golem störte es kaum, dass seine Bankkonten im Westen vom Todfeind USA gesperrt worden waren. Er finanzierte seine Operation Megiddo mit Millionen aus dem Opiumgeschäft. Und daneben blühte ja noch der Schmuggel mit Konsumgütern, Zigaretten, Treibstoff und Esswaren: Nach Russland, in den Kaukasus, nach Zentralasien, Iran und Pakistan. Die Weltbank schätzte den jährlichen Umsatz des Schmuggels auf fünf Milliarden Dollar.

*Und der Westen schlief …*

Ein stolzes Lächeln erhellte die dunklen Züge des großen Patrioten. *Gott ist groß. Die Dschihad heiligt alle Mittel!*

Mittlerweile war der Mi 26-Helikopter vor dem Zelt gelandet. Zeltplane und Tücher blähten sich, Staub und dürre Blätter wirbelten herein. Lächelnd winkte bin Golem seinen Getreuen zum Abschied. In Gedanken weilte er schon an Bord der *Shiraz* im Hafen von Lagos, der Hauptstadt Nigerias, an der Westküste Afrikas. Oder sinnierte er gar über Nadine Moran? Fantasierte er womöglich, wie das reizende Geschöpf mit dem lieblichen Gesicht sich in den frühen Morgenstunden eines neuen Tags im entfernten Los Alamos nackt im Bett räkelte? Er würde dieses Wunder einer Frau, diese Nedella, wie er sie insgeheim kosend nannte, schon kriegen und gefügig machen. Da war er sich sicher …

## 6.

Dass ich an diesem Freitag in Zürich ein Problem hatte, wusste ich nicht erst nach dem zweiten Glas. Steinlin, mein Strafverteidiger, starrte düsteren Blicks in seinen Weißwein der billigeren Sorte. Ich hörte, wie der Barkeeper dem Gast neben mir zum zweiten Mal versicherte: »No hay problemas«, und der Engländer mit dem Babygesicht lehnte sich über seinen Espresso und brüllte ins Handy: »No problem«. Nur ich hatte scheinbar Probleme. Was mich normalerweise kaum gestört hätte. Normalerweise!

Langsam bevölkerte sich die Montag-Bar mit den Habitués aus dem Gerichtsgebäude und den umliegenden Anwaltskanzleien.

Im Mordfall de Diesbach hatte Gerichtspräsident Righetti Verteidiger Steinlin einen Teilerfolg beschert, indem er das Verfahren unterbrochen und mir eine Frist bis übernächsten Donnerstag gewährt hatte, um meine Unschuld zu beweisen.

Steinlins Magen knurrte und sein Gesicht nahm gequälte Züge an, als hätte er in eine Zitrone gebissen. Ich sah den Gerichtsschreiber beim Hereinkommen eine Sekretärin anlachen und mir wurde übel. Das Gericht hatte uns eine viel zu kurze Frist angesetzt, der Fall war praktisch verloren und ich fühlte, wie Steinlin vor Wut kochte.

»Noch einen, aber subito«, herrschte ich den Barkeeper an. »Sofort, no hay problemas, Mister«, sagte der Kerl völlig ungerührt.

Gut, dass ich die Tage hinter mir hatte, wo ich zuweilen in Bars beim Anblick von Gesichtern wie seinem plötzlich ausrasten konnte!

»Saufen hilft auch nicht weiter«, brummte Doktor Steinlin.

Mitnichten! Gin beruhigt, öffnet Perspektiven. Ich musste mir eingestehen, dass alle guten Taten der Vergangenheit einem nicht helfen, wenn es Unannehmlichkeiten gab. Niemand fragte nach dem Vollbrachten, was zählte, war immer nur die gegenwärtige aktuelle Situation.

Ausruhen auf den Lorbeeren bringt dich keinen Zentimeter weiter, Polinsky, brummte ich leise vor mich hin. Polinsky, so heiße ich. Alle nennen mich beim Nachnamen.

Am Armeetag der Landesausstellung 1964 stand mein prominenter Onkel Edouard de Diesbach auf der Ehrentribüne neben dem groß gewachsenen Waadtländer, dem Chef des Militärdepartementes. Edouard de Diesbach, Kommandant der Flugwaffe, trug auf seinem leicht geröteten Kopf die steife, mit Eichenlaub bekränzte Mütze eines Korpskommandanten. Seit ein paar Monaten befehligte er die Schweizer Flugwaffe, deren neuestes Kampfflugzeug, eine *Mirage*, eben im Tiefflug über die ausgedörrte Piste des Waffenplatzes donnerte. Ein großer Augenblick für meinen Onkel, ein Fest für die Tausende sommerlich bunt gekleideter Zuschauer, die auf der fast kilometerlangen Tribüne mit Ausrufen der Bewunderung den schnittigen Silbervogel mit dem Schweizerkreuz auf der Schwanzflosse begrüßten. Der Waadtländer hielt mit einer Hand die Krempe seines schwarzen Zylinders fest, während er sich stolz ins Kreuz werfend den magistralen Bauch nach vorne gegen die Jurahöhen auf der andern Seite der Piste drückte. Die olivgrünen Weiden schimmerten im Dunst des heißen Kerosinschweifs verschwommen aus der Ferne, Staub wirbelte auf, den der Westwind rücksichtsvoll von den begeisterten Zuschauern wegblies. Ein herrlich blauer Himmel wölbte sich als Märchenkulisse über dem martialischen Schauplatz, als die *Mirage* in einer Schlaufe elegant, fast federleicht wendete und zum zweiten Mal im langsamen Tiefflug über den Platz brauste.

Korpskommandant de Diesbach wirkte mit seinem drahtigen Körper neben dem breiten Chef des Militärdepartements wie die stramme Birke im Schatten der sturmgeprüften Eiche. Doch die Eiche stand nicht mehr gleich unerschütterlich in der politischen Landschaft wie noch vor einem Jahr. Eifrig sägten des Waadtländers Widersacher am Wurzelwerk. Schuld hatte der neue Donnervogel, der jetzt lautlos als schmale Silhouette heranzischte, aufzog, den Nachbrenner einschaltete und mit ohrenbetäubendem Lärm vor der Ehrentribüne steil in den Himmel stieg, dabei unzählige Kinnladen verblüffter Betrachter herunterklappen ließ. Gleichzeitig setzte sich am Pistenanfang pünktlich nach Drehbuch die mechanisierte Formation mit den eben in Amerika eingekauften Panzerfahrzeugen in Bewegung.

Die aufwendige Demonstration einer modernen Armee verbuchte an diesem Tag im Jahr 1964 einen vollen Erfolg. Ich stand damals als schlaksiger Jüngling nur knapp einen Steinwurf von meinem Onkel entfernt mitten im gewöhnlichen Fußvolk und schielte immer wieder mit heimlichem Stolz zu meinem berühmten Verwandten hinüber. Seine magnetisierenden blauen Augen glänzten im zufriedenen, von anmutigen Zügen geprägten Charaktergesicht. Stockgerade, mit der Hand an der Mütze zum Gruß nahm er das Defilee der vorbeirollenden, zentimetergenau ausgerichteten Formationen ab.

Wer denn das hohe Tier sei, der wie ein aufgeschossener Stengel neben dem Bundesrat stehe, fragte mich mein mit einem Feldstecher ausgerüsteter Nachbar, wobei er mit dem Ellbogen ruppig in meine Seite stieß, als müsste ich ihm wie ein Pferd aufs Wort gehorchen. Das sei mein Onkel, jawohl, der Fliegerchef der Armee, antwortete ich mit unverhohlenem Stolz. Der Bruder meiner Mutter, wollte ich anfügen, doch der Typ lachte mich nur aus. »Witzbold«, meinte er kopfschüttelnd und suchte den Himmel nach der *Mirage* ab.

Dass mein Onkel ein hoher Offizier der Armee war, erfüllte mich damals mit nonchalanter Genugtuung, die sich mit den Jahren in eine heimliche Bewunderung wandelte, als ich mich anschickte, Fakten über sein bewegtes Leben in der Armee, im Geheimdienst und als Freund der Russen zusammenzutragen. Ich tat es in der nicht ganz uneigennützigen Hoffnung, eines Tages die Öffentlichkeit mit einer Enthüllungsgeschichte über das Doppelleben des alten Knackers zu verblüffen.

Als der Kampfjet zum vierten Mal über die Tribüne donnerte, der Wind kehrte und den von den Raupenfahrzeugen aufgewirbelten Staub respektlos in die illustren Reihen auf der Ehrentribüne hineinblies, nahm der stämmige Waadtländer gelassen seinen Hut ab, klopfte damit hustend die Nadelstreifen seiner Staatshose ab, strich die einzige kümmerliche Haarsträhne auf seinem breiten Schädel zurück, setzte den Hut würdevoll wieder auf und zupfte kurz an seinem schmalen schwarzen Lippenbärtchen. Dann raunte er meinem Onkel zu, dieser verfluchte Vogel werde ihn noch ins Grab bringen. Er hatte nicht ganz Unrecht. Der Kauf der *Mirage*-Kampfflugzeuge ging als politischer Skandal in die Geschichte der Eidgenossenschaft ein. Die hundert Maschinen kosteten zuviel. Viel zuviel. Gelder flossen wie auf Gottes Wegen in seltsame Richtungen. Das aufgeschreckte Parlament gebot Einhalt und strich in einem politischen Kraftakt die Anzahl Flugzeuge auf siebenundfünfzig zusammen. Köpfe rollten. Der des Generalstabschefs zuerst. Der Stuhl des Verteidigungsministers wackelte. Der Wirbel um die Beschaffung der stolz präsentierten *Mirage* setzte dem populären Waadtländer trotz seiner robusten Winzernatur mehr zu, als es den Anschein machte. Später, nur zwei Jahre nach diesem glorreichen Tag der Armee, kehrte er der Politik in Bern den breiten Rücken und zog sich ohne Groll auf seinen Landsitz im Weinberg hoch über dem Genfer See zurück.

Mein Onkel überlebte den *Mirage*-Skandal. Er überlebte auch den Waadtländer. Um Jahrzehnte. Doch jetzt hatte es Edouard de Diesbach auch erwischt. Tot. Im Bett verbrannt. Ein flambierter General. Aber darüber später … Wen Gott liebt, lässt er als alten Knaben sterben, tröstete ich mich. Doch sein plötzliches Ableben unter tragischen Umständen trug die Hauptschuld an meiner äußerst misslichen Lage.

»Bringen Sie es bis in zehn Tagen fertig?«, unterbrach Doktor Steinlin ohne aufzublicken meine Grübelei, das Glas in der Hand rotierend.

Ein Reporterteam mit Kameramann zwängte sich durch die Tür. Flunkerer, der Gerichtsreporter (er hieß tatsächlich so), ging auf Nahkampf, fixierte Steinlin.

»Gehen wir? Zahlen!«, rief ich. Der Barkeeper eilte heran und brachte zum vierten Mal seinen Lieblingsspruch an: »No hay …«

»Wie wollen Sie Ihre Theorie des dritten Mannes beweisen?«, fragte hinter mir eine Stimme, die nach ihrem knirschenden Ton zu schließen Flunkerer gehörte.

Steinlin drehte sich langsam um. Mit gesenktem Haupt streng in die Kamera blickend, intonierte er: »Wer das erste Knopfloch verfehlt, kommt mit dem Zuknöpfen nicht zu Rande.«

»Was meinen Sie damit, Doktor Steinlin?«, presste Flunkerer atemlos heraus.

»Goethe.«

»Was hat Goethe mit dem Mordfall zu tun? Haben Sie die Beweise? Oder spielen Sie bloß auf Zeit?«, bohrte der aufdringliche Wicht weiter.

»Sehen Sie, wenn der Staatsanwalt den Strafprozess mit einer Panne beginnt, wie dies hier geschehen ist, dann lässt sich der Lauf seiner Anklage nicht mehr korrigieren. Der

Staatsanwalt muss sein Flickwerk zusammenhalten und laufend Blößen zudecken«, sagte der Meister psychologischer Kriegsführung geheimnisvoll.

Flunkerer machte ein Gesicht, als sei ihm die Spucke weggeblieben.

»Haben Sie eine Ahnung, wer der dritte Mann ist?«, fragte er nach einer Weile.

»Der dritte Mann ist der Täter. Wir werden ihn finden, darauf können Sie sich verlassen, Herr …« Er brach mit einem Achselzucken diplomatisch ab. Niemand sollte ihn bezichtigen können, den durchaus treffenden Namen dieses erbärmlichen Paparazzo in aller Öffentlichkeit ausgesprochen zu haben.

Mein Anwalt hatte natürlich Recht. Die Staatsanwaltschaft hatte sich in die sture Behauptung verrannt, Korpskommandant Edouard de Diesbach, der frühere Fliegerchef der Armee, sei keines natürlichen Todes gestorben, sondern ermordet worden. Mir kam die zweifelhafte Ehre zu, als Hauptverdächtiger den Kopf hinzuhalten. Und niemand anderer als ich konnte die Wende herbeiführen – wie, blieb mir freilich völlig schleierhaft. Ich musste, so Steinlin, unbedingt den Burschen ausfindig machen, der mich am Tatort zur Tatzeit praktisch über den Haufen gerannt hatte. Genau zehn Tage hatte ich für den kleinen Job und tappte dabei völlig im Dunkeln, ohne die geringste Spur vom mysteriösen dritten Mann, den Steinlin dem Gericht in einer dramatischen Schilderung der Tat aufmystiziert hatte. Ich hatte keinen blassen Dunst, wie er hieß und wo ich ihn finden konnte. Mir schauderte, als ich mir den Zorn von Richter Righetti ausmalte, wenn wir in genau zehn Tagen mit leeren Händen in den Gerichtssaal zurückkehrten: kleinlaut, ein Gespött der Menge und der Medien …

»Polinsky, Ihr Onkel hatte Verbindungen zum Geheimdienst. Glauben Sie, es könnte sich um eine späte Abrechnung handeln?«, rief Flunkerer, mir das Mikrophon entgegenstreckend. Ich hatte wirklich keine Lust, meine finstere Miene in einer nicht unbeträchtlichen Anzahl Wohnzimmer dieser Stadt zur Schau zu stellen.

Halb von der Kamera abgewandt antwortete ich: »Wenn Sie den Heiligen Geist zum französischen Geheimdienst zählen, mag Ihre These stimmen«, stand ungehalten auf und ging zur Tür.

»Wenn Sie aber Mord ausschließen, Herr Polinsky, wie erklären Sie sich dann die Verwüstung der Wohnung des Korpskommandanten?«, rief Flunkerer mir dreist nach.

Was immer man von Steinlin sagen mochte, er war kein Drückeberger. Das Namensproblem mit diesem Flunkerer geschickt umgehend dozierte er: »Bitte, Herr Fluckiger, die Polizei ist nun mal dazu da, bei Mordverdacht alle Tatortspuren auszuwerten, statt mit medienwirksamen Auftritten, wie dies Bossandey ständig tut, der Vorverurteilung meines Klienten Vorschub zu leisten.« Dies im Brustton der Überzeugung verkündet, ließ er den Reporter stehen und schob mich zur Tür hinaus.

Frische Luft traf kühlend auf mein erhitztes Gesicht.

»Der Fall schlägt hohe Wellen«, meinte Steinlin. Ich nickte und schwieg.

»Nicht nur in der Schweiz. Auch im Ausland. Vor allem in Italien und Frankreich, wo Diesbach viele einflussreiche Freunde hatte. Wenn wir verlieren, Polinsky…«

»Ja?«

»Haben wir diese Freunde, die alle ihre Hoffnungen auf uns setzen, kläglich im Stich gelassen.«

»So sehen Sie das also.«

»Haben sie Colossimos Leute im Gerichtssaal noch vor Augen?«

»Wie können Sie nur fragen«, maulte ich.

»Der Mafioso hat seine erste Garnitur geschickt«, ließ Steinlin nicht locker.

»Ihnen scheint's nicht unbedingt um meinen Ruf zu gehen, Doktor Steinlin«, sagte ich, wobei mir meine Stimme jetzt doch recht bitter vorkam.

»So?«

»Wenn mir der Unschuldsbeweis misslingt, ist Ihr Ruf bei Colossimo und Konsorten angeschlagen, stimmt's?«, setzte ich etwas selbstsicherer hinzu.

Der Anwalt blieb an der Ecke vor dem Eingang zum Parkhaus stehen, wandte sich um und sagte: »Sagen wir es mal so: Ich werde leiden, weil ich nun mal nicht gerne einen Prozess verliere. Und Sie, Polinsky, Sie werden sich Ihr Leben lang etwas vorzuwerfen haben. Diesmal handelt es sich nicht um ein Spiel, sondern um Schicksale. Da beginnt der Ernst des Lebens, Polinsky.«

Er hob zum Abschied eine Hand und schritt energisch davon. »Hoffen wir auf ein Wunder«, murmelte ich gezwungen optimistisch, aber Steinlin hörte mich nicht mehr.

Zerknirscht stiefelte ich über den Gehsteig zum Taxistand. Was ich brauchte, war Natur: Jene Natur, der alles gleich ist, ob Mord oder Totschlag, Vergewaltigung oder Schäferstündchen. Beim letzteren Gedanken schien es, allerdings etwas wehmütig, in meiner Hose zu ruckeln. Sicher eine Illusion. Seit ein paar Wochen war auch mein Liebesleben im Eimer. Na ja …

»Fahren Sie zum See!«

Der Fahrer musterte mich im Rückspiegel. »Ah, Sie sind der vom Diesbach-Prozess. Kommen Sie gerade vom Gericht?«, erkundigte er sich und legte den Gang ein.

In Zürich kosten die Taxis schon ein kleines Vermögen, bevor sie sich überhaupt in Bewegung setzen.

"Ham Sie diesen schon gehört?«, fragte der Taxichauffeur dann munter. »Ein Klient fragt seinen neuen Anwalt: ›Wie viel kostet eine Beratung?‹ ›Für tausend Franken beantworte ich drei Fragen‹, antwortet ihm der Anwalt. ›Ist das nicht ein bisschen viel?‹, fragt der Klient. ›Nein, aber jetzt haben Sie nur noch eine Frage‹, meint der Anwalt, Hahaha!«

Ich verzog keine Miene und stierte nach vorne, als fände sich irgendwo auf der Straße die Lösung meines Problems.

Wie ich später herausfinden sollte, war mein Gedankengang in diesem Augenblick durchaus nicht abwegig. Die Lösung fuhr nämlich zwei Wagen vor uns hinter der Straßenbahn her. Der dunkelgrüne Van mit den schwarzen Scheiben und den kleinen Antennen über der Hecktüre verriet den Wagen einer Sondereinheit der Sicherheitspolizei. Allerdings kam ich in diesen Sekunden nicht im Traum auf den Gedanken, das Fahrzeug könne mit der Lösung meines Problems auch nur das Geringste zu tun haben. Ich klammerte mich einfach an die Hoffnung auf einen Deus ex machina, der alles richten würde. Neben mir auf dem Rücksitz lag eine vergessene Zeitung. Das bärtige Gesicht eines Arabers glotzte mich von der Titelseite an. Stirnefurchend schaute ich genauer hin: Es war Yussef bin Golem, der Terrorist. Lag nicht Spott in seinen Augen? Irritiert hob ich den Blick und schaute nachdenklich geradeaus. Der dunkelgrüne Kastenwagen bog rechts zur Brücke ab. Heitere Gelassenheit, hieß es, sei mein Markenzeichen. Bleib also besonnen, Polinsky, redete ich mir zu. Besinn dich auf deine Stärken. Nur die Ruhe kann es bringen. Mein Seufzer ging im Fahrgeräusch unter, als das Taxi beschleunigte.

»Jeder kennt Sie«, versuchte es der Chauffeur erneut. Dann, nach einer Weile: »Sie haben einen cleveren Anwalt, der Sie auf Kaution freibekam. Ich meine, ich bin da voll und ganz einverstanden. Bekommen Sie nicht laufend Fanpost?«

»Ich? Wieso?« Ich schüttelte den Kopf. »Ein Verrückter hat mir anonym eine Pistolenkugel zugeschickt.«

Der Chauffeur starrte mich mit offenem Mund an.

»Halten Sie an! Hier!«, kommandierte ich genervt. Er zuckte zusammen. Fast wäre er dabei einem Bus aufgefahren. Verstimmt zahlte ich einen Betrag, bei dessen Anblick jedem Obdachlosen Tränen in die Augen gestiegen wären, und machte mich zu Fuß auf den Heimweg.

Die Natur fängt bei den Füßen an. Wer hatte das wohl gesagt? Goethe? Doktor Steinlin hätte mir sicher gerne Auskunft gegeben. Plötzlich fehlte er mir. Wo der wohl steckte? Die weitaus bessere Frage hieß: Wo steckte ich?

Up shit creek without a paddle, wie man drüben so schön sagte.

## 7.

Mein Verhängnis begann Samstagmorgen vor fünf Tagen.

Ich wollte gerade unter die Dusche, als das Telefon klingelte. Konnte nur die Redaktion sein. Flunkerer. Der wollte sicher einen heißen Tip. Ich nahm ungehalten ab und rief: »Verdammt, Flunkerer, was gibt's denn nun schon wieder?«

»Herr Polinsky, Ihr Onkel«, ertönte da die schüchterne Stimme der Haushälterin. »Sie sollten vorbeikommen, es geht ihm nicht gut.« Ich stellte mir die spindeldürre Alte vor, wie sie den Hörer zitternd in der Hand hielt und auf den Mann starrte, der bald eine Leiche sein würde.

»Bin gleich da, beruhigen Sie sich. Und lassen Sie niemanden rein«, wies ich sie an. »Hören Sie, dass mir absolut *niemand* in die Wohnung kommt. Und Sie, Sie warten auf mich!«

Knallte den Hörer hin, stieg in die Jeanshosen, streifte über, was gerade von letzter Nacht herumlag. Im Hinauseilen riss ich die Wetterjacke vom Haken. Der April gab sich garstig dieser Tage, in den Bergen schneite es. Zürich lag grau verhangen, nass, am kalten See. Ab und zu drang die Sonne durch, aber es blieb elend kühl.

Mein Alfa Romeo stand mit Taubendreck auf dem Dach unten auf der Straße. Ich riss den Strafzettel vom Wischer und rauschte los. Siebzehn Minuten später betrat ich das hellgrün gestrichene Apartmenthaus, in dem mein Onkel seit Jahren in seiner komfortablen Penthouse-Wohnung residierte. Nebenan in einem verwilderten Park zerfiel langsam ein altes Holzhaus mit zwei Holztürmchen. Auf der andern Straßenseite dagegen hatte, mit einem aus Aluminium und Glas geformten Hochhaus, die Moderne Einzug gehalten.

## 8.

Mein Onkel war ein Gaukler am Lebensabend, mit zerfurcht gebräuntem Gesicht und gebeugtem Rücken. Die Wände voller Bücher über Fliegerei, Kriege, Waffen, die CIA, eine schöne Bibliothek, um die ich ihn beneidete. Jetzt lag er bleich, mit sanftem Lächeln auf blassen Lippen, im Bett. Auf dem Nachttisch türmten sich Zeitungen und Bücher in bunten Schutzumschlägen.

Ich setzte mich auf den Bettrand: »Wie geht's dir, Onkel Edouard?«

Er tastete mit der Hand nach dem Stock, fand ihn, legte zitternd damit auf mich an. Stieß plötzlich zielsicher zu, traf mich in der Brust. »Nimm das Dokument«, krächzte er, sank ermattet zurück. Schon dachte ich, es habe ihn erwischt, da blitzten seine Augen wieder auf. Mit dem Finger der knorrigen Hand zeigte er auf einen Punkt hinter mir: »Da. In der Hose. Der kleine Schlüssel. Hinter Nabokov findest du das Geheimfach. Mach's auf, nimm die Akte. Es ist mein Testament. Hilf mir ...«

Er starrte mich an. Sein Blick umflorte sich.

»Onkel Edouard, warte!« Ich schaute mich um. Wir waren allein. »Was ist mit dem Dokument?« Ich beugte mich zu ihm nieder, legte mein Ohr an seine bebenden Lippen.

»Ich sehe viel, viel Blut. Tausende von Tote ... Er wird treffen ... Diesmal wird er treffen ...«

»*Wer* wird *wen* treffen? Von wem sprichst du, Onkel Edouard?«

Seine Hand hob sich zitternd um eine Zigarrenlänge. Mit halb geschlossenen Augen begann der Korpskommandant zu hecheln. Mich vorbeugend, erhaschte ich nur Satzbrocken: »Lass sie nicht im Stich … Hilf dem Mädchen … Der Auftrag ist wichtig … lass sie nicht aus den Augen … Sie hat den Schlüssel.«

»Wen? Wer ist sie? Wie heißt das Mädchen?«, fragte ich atemlos.

»Nadine, die Schöne … sie gehört zur Familie«, lallte er. Die wesentliche Information, wessen Tochter sie sei, verschluckte der Alte. Gerade wollte ich nachsetzen, als er mit plötzlich wieder kräftiger Stimme hinzufügte: »Versprich mir, Polinsky, dass du für sie da bist. Gib mir dein Ehrenwort.«

»Ich verspreche es. Sie heißt *Nadine*. Wo kommt sie her, Onkel Edouard?«

Der Alte sank ins Kissen zurück, schaute mich aus fieberblanken Augen immer noch verschlagen an. »Sie ist schön, Polinsky. Très, très belle.«

Dann noch ein Wort, das er mir an die Wange hauchte, als wäre es seine Seele. Mir machte es ebenso wenig Sinn, wie dieses langsame Verscheiden des großen, zähen Löwen. Drei Silben formte er mit zitternden Lippen: »Kon-kor-ski.« Sein letztes Wort an dieses schöne Jammertal.

## 9.

Ich erinnerte mich, wie ich lange sein Gesicht betrachtet hatte. Friedliche Züge verklärten das runzlige Antlitz und das sanft Verschmitzte seines Wesens lag noch auf den Lippen. Einzig der Blick war starr geworden.

*Konkorski? Nadine? Schlüssel?*

Ich hatte ihm beide Augen zugedrückt und mich seufzend umgesehen. Schließlich griff ich widerwillig nach seiner maßgeschneiderten Hose, durchsuchte die Taschen. Der kleine Schlüssel hing an einer dünnen Goldkette. Ich drehte ihn aus dem Ring heraus, stand auf und ging ins Wohnzimmer hinüber, um nach Nabokov zu suchen.

Es klopfte. Ich ging hin und öffnete. Die Haushälterin schaute mich mit großen Augen an. Ich nickte mit todernstem Gesicht, senkte den Blick. Ein jammernder Schluchzer, dann verbarg sie ihr blasses Gesichtchen in zittrigen Händen. Ich legte einen Arm um ihre Schulter, begleitete sie in die Küche. »Er ist friedlich eingeschlafen. Rufen Sie den Arzt. Und setzen Sie bitte Wasser auf.«

Immer noch leise schluchzend griff sie nach der Teekanne, während ich zu Nabokov zurückkehrte. Dreiundzwanzig dunkelbraune Bände standen wie ein Schutzwall auf dem Regal. Darüber reihten sich zierliche Bändchen Lyrik und Erotik. Balzac, Baudelaire, Voltaire, Hugo standen in Reih und Glied. Hatte er die alle wirklich gelesen? Noch im Tode überraschte er mich, der alte Haudegen!

Hinter mir hörte ich die Haushälterin telefonieren. »Doktor Gemperli? Bitte, kommen Sie rasch. Der Korpskommandant ist versch … der Herr Kommandant ist tot!«

Onkel Edouard war am Schluss 3-Sterne-General gewesen. Chef der Luftwaffe. Alle um ihn herum sprachen ihn mit seinem einstigen militärischen Rang an.

Bingo! Direkt hinter ›Lolita‹, ›Pale Fire‹ (Fahles Feuer?) und ›Speak, Memory!‹ (Erinnerung, Sprich!?) kam eine kleine stahlgraue Tür zum Vorschein. Das Schlüsselchen passte: die Tür sprang auf. In einem Fach lag ein Umschlag. Ich nahm ihn heraus, überzeugte mich, dass das Fach jetzt leer war, drückte die Tür wieder zu und baute den Schutzwall mit Nabokov wieder auf. Die Haushälterin kam mit einem Tablett herein, stellte Tee auf den Couchtisch. Sie schien sich gefasst zu haben.

»Aber Herr Polinsky, was machen Sie denn da?«, rief sie erschrocken aus.

»Onkel Edouards Testament.« Ich hob den Umschlag hoch. »Wollen Sie Herrn de Diesbach jetzt sehen?«, fragte ich ernst, zum Schlafzimmer hinüberdeutend.

Gerade als sie wieder zu schluchzen anfing, klingelte die Hausglocke. »Das ist Doktor Gemperli«, nahm die Alte sich zusammen und eilte in den Flur hinaus.

Im Umschlag fand ich neben losen Blättern eine dicke rote Schließakte. Während ich das Schloss prüfte, das die Akte mit einer Zahlenkombination zu sichern vorgab, ging der Arzt mit einem Kopfnicken an mir vorbei ins Schlafzimmer. Ich steckte die Akte unter meine Jacke und trat in die Schlafzimmertür.

»Exitus. Der Korpskommandant ist tot«, stellte Gemperli gerade ruhig fest, den Rüssel von einem Hörgerät einsteckend. »Hat es lange ausgehalten. Ein zäher Bursche«, fügte er hinzu. »Sie sind sein Sohn?«

Während ich noch den Kopf schüttelte, verriet die Alte meine Identität: »Herr Polinsky ist der einzige Neffe des Herrn Kommandanten.«

Der Arzt schaute sich um, als begutachte er, was ich alles erben würde.

»Eine schöne Wohnung. Und viele Bücher. Was machen Sie damit?« Die Achseln leichthin bewegend sagte ich: »Es gibt zu viele Bücher auf der Welt. In den Kamin gehen die. Da spenden sie wenigstens noch ein bisschen Wärme.« Gemperli schüttelte missbilligend den Kopf und begann den Totenschein auszuschreiben. Das war schließlich sein Job, dafür wurde er bezahlt. Als Todesursache kritzelte er Herzversagen hin. Ich drückte der Haushälterin noch ein paar Geldscheine in die Hand und verließ dann die Wohnung.

Unten an der Eingangstür trat ein Mann in einem blauen Arbeitsmantel auf mich zu: »Das da, ist das Ihre Karre, direkt vor dem Aufgang?« Er überragte mich um einen Kopf, was es mir erleichterte, ihn einfach stehen zu lassen.

Aber der Typ lief mir nach. Ich öffnete die Wagentür, als wäre er Luft. Aufgebracht legte er seine Pranke auf den Rand der Autotür: »Hören Sie, das ist kein Parkplatz hier. Nicht für eine Scheißkarre wie Ihre.«

»Sachte, Mann. Machen Sie keinen Ärger.«

»*Sie* machen Ärger.« Er rüttelte an der Tür. »Hab Sie was gefragt. Also?«

»Ich bin Ihnen keine Anwort schuldig. Mein Wagen steht auf öffentlichem Grund.«

»Sie sind wohl 'n Klugscheißer, was?«

»Lassen Sie mich einsteigen.«

»Würde Ihnen so passen, he? Ich will 'ne Antwort.«

Mit der freien Hand packte mich der Choleriker am Revers. Ich riss mich los, der Umschlag fiel auf den Boden. Die rote Akte rutschte der Länge nach heraus. Der Typ setzte seinen Fuß drauf.

»Na, was haben wir denn hier?«, grunzte er triumphierend.

Das war's für meinen Teil, da meine Lunte kurz war und ohnehin schon glimmte. Ich schlug einfach die Tür zu, so dass seine blöden Wurstfinger eingeklemmt wurden. Mein Knie fuhr hoch, die linke Faust bohrte sich in seinen Solarplexus. Kehlige Laute ausstoßend knickte der Kerl zusammen. Wimmernd hielt er sich die Weichteile und lutschte an den zerschundenen Fingern. Ich hob die rote Akte vom Boden auf, stieg ein, atmete tief durch.

Als ich anfuhr, fiel mir ein dunkelhäutiger Mann auf, der den Gehsteig entlanggeschlendert kam. Als er stehen blieb und sich umschaute, sah ich einen Augenblick lang sein Gesicht. Schattige Wangen, kohlschwarze Augen, die Nase … Ahnungslos gab ich Gas. Im Rückspiegel schien mir, dass der Kerl im Begriff war, den Vorgarten zu betreten, um auf das Haus meines Onkels zuzugehen.

# 10.

Was ich nicht ahnen konnte: Es war Killer Khalid, der ein paar Minuten später tatsächlich das Haus betrat. Wie gewöhnlich lamentierte der Pförtner lauthals über irgendeine Belanglosigkeit hinter einer Tür im Vorraum. So erreichte Khalid völlig unbemerkt den Lift und fuhr allein zum obersten Stock hinauf. *De Diesbach* stand auf dem diskreten Messingschild der vornehmen Wohnungstür. Der Vollstrecker bin Golems nahm die Sonnenbrille ab. Er klingelte, lauschte. Drinnen regte sich nichts, die Tür war nur angelehnt. *Mein Glückstag*, entschied er, leichtfüßig eintretend. Im Schlafzimmer entdeckte er sein Opfer: jedoch, der leichenblasse Mann ruhte bereits auf ewig friedlich in feinstem Linnen. Eine Stimme bebte verschüchtert hinter ihm: »Sind Sie vom Bestattungsamt?«

Khalid fuhr herum und starrte auf die zierliche Figur einer gepflegten Dame. Ihre kleinen runden Brillengläser spiegelten einen krumm verzerrten Kerl, der sich fasste und freundlich antwortete: »Bestattungsamt? Jawohl, natürlich. Und Sie?« Er trat rasch hinter sie, ihr geschickt den Weg zur Tür abschneidend.

»Ich … ich bin die Haushälterin des Herrn Kommandanten. Ich war gerade in … in der Vorratskammer.«

»Sonst jemand hier?«, fuhr Khalid sie an.

»Nein … *doch*. Der Arzt. Herr Doktor Gemperli.«

»Wer noch?« Khalid fasste sie hart am Oberarm.

»Herr Polinsky war da … Sein Neffe … Er …« Sie deutete mit zittriger Hand auf die Bücherwand.

»*Polinsky?* Gut.« Er schubste sie Richtung Flur. »In die Küche!«

Eingeschüchtert machte sich die Alte an der Anrichte zu schaffen. Als Khalid Geschirr klappern hörte, trat er zur Bücherwand. Mit einer heftigen Handbewegung fegte er die braunen Bände auf den Boden. Der Wandsafe, der zum Vorschein kam, entlockte ihm ein paar Grunzlaute. Mit finsterem Blick riss er die angelehnte Panzertür auf. Leer gähnte ihm der Hohlraum entgegen.

*Polinsky, dieser Hurensohn! Hat mir die Beute vor der Nase weggeschnappt!*

Eine Spülung gurgelte und rauschte, eine Tür fiel ins Schloss. Ein Mann betrat schweren Schrittes das Zimmer. »Was zum Teufel haben Sie denn hier zu suchen«, entrüstete sich Doktor Gemperli mit dröhnendem Bass, unerschrocken auf den Eindringling zugehend.

Khalid blickte kaum auf, nahm den Arzt nicht richtig wahr. Diese Witzfigur eines Quacksalbers fehlte ihm gerade noch! Ohne eine Silbe zu sagen, griff der Killer in die Jackentasche, umfasste das ihm so vertraute kalte Metall. Der Schalldämpfer war montiert. Genüsslich die Waffe ziehend, zielte er auf die Brust des Arztes.

»Sie werden sich unterstehen, Sie unverschämter ...«, polterte der Arzt noch, als die Kugel mit einem sanften Plopp in sein Herz eindrang. Es warf ihn nach hinten. Stöhnend schwankte der breite, große Mann einen Augenblick und stürzte dann über den Glastisch, der krachend unter seinem Gewicht barst.

Khalid machte seiner Wut Luft, indem er die Cognacflasche auf der Bar ergriff und sie gegen die Bücherwand schmiss, wo sie in tausend Stücke zerschellte. Der Brandy spritzte über Nabokov, lief an den Bänden herunter. Khalid schleuderte den Wodka wie eine Handgranate hinterher, spritzte fluchend Whiskey gegen die Decke, begoss die Leiche des Arztes über und über mit Gin, ließ schließlich eine Flasche köstlichen Armagnac, Jahrgang 1961, am Türpfosten zerschellen. Zum Schluss tränkte der Unhold einen seidenen Vorhangfetzen in hochprozentigem Kirschwasser und riss ein Streichholz an. Die lodernde Fackel warf er gegen die Bücher, an denen reichlich Likör heruntertropfte. Flammen züngelten an Nabokovs fahlem Feuer hoch, fanden rasch Nahrung in den unzähligen trockenen Bändchen und Stapeln von Zeitschriften. Knisternd breitete sich das lodernde Feuer mit solcher Geschwindigkeit aus, dass Khalid sich mit einem Sprung auf den Flur retten musste, wo schon Hitze gegen die Wände wallte und die Küchentür ansengte. Unbekümmert um die alte Haushälterin zog er an der Eingangstür den Schlüssel aus dem Schloss und verließ die Wohnung, die er von außen abschloss. Den Schlüssel steckte er in die Hosentasche. Endlich im Freien, warf er ihn in weitem Bogen in den verwahrlosten Park des Nachbargrundstücks mit seinem alten Holzhaus, das im Frühlingswind gespenstisch ächzte.

## 11.

Der Vorfall mit dem blöden Kerl von Hauswart hatte mich geärgert. Ich erinnerte mich, wie dringend ich einen Drink brauchte, als ich ein freies Parkfeld erspähte, an den Straßenrand driftete und in die Lücke kurvte. Weiter vorne sah ich das Schild einer Bar. Das Lokal hielt sich im Dunkeln. Ich setzte mich auf einen Barhocker, schaute mich um. Gut, außer dem Bartender war ich mit mir selbst allein!

»Einen Gin Tonic mit einem Schnitz Zitrone«, rief ich dem Barmann zu, als er heranschlurfte. Er machte kehrt und brachte nach einer Weile das Getränk.

»Kennen Sie Konkorski?«, fragte ich ihn aus einer plötzlichen Eingebung heraus.

»Hö?«

»*Konkorski.* Schon mal gehört?«

»Nö. Wer soll das sein?« Der Barmann sprach mit slawischem Akzent. Automatisch schaute ich an ihm herunter, wo er wohl das Messer versteckt hatte. Mein kurzer Blick missfiel ihm offenbar.

»Mensch, bist du ein Schnüffler? Die werden hier nicht bedient.«

»Hast du aber schon.«

Am Hintereingang erschien eine breite Gestalt unter dem Türrahmen. »Was gibt's, Slobodan?«, fragte die dunkle Masse.

»Der Schösser hier stellt blöde Fragen. Nach einem Kongorsi.«

»Konkorski«, berichtigte ich und nahm einen großen Schluck. Der Drink war gut.

Der massige Typ kam näher, versuchte mich aus einem wulstigen Gesicht mit Dreieinigkeitskinn durchdringend anzublicken. »Trink aus und zieh Leine.«

»Denk nicht dran.«

»*Was?!* Suchst wohl Ärger, oder?« Er kam um den Tresen herum auf mich zu. Frei nach Nabokov mahnte ich meine Erinnerung zu sprechen! In solchen Situationen reichte es normalerweise, subtil meine intellektuelle Überlegenheit zu demonstrieren.

»Leute, Leute! Ich komme hier rein, will in aller Ruhe einen hinter die Binde gießen. Und was passiert? Man lärmt mich an«, protestierte ich.

»Er ist ein Schnüffler«, warnte der Barmann. »Er sucht Kongorsi.«

»*Konkorski* heißt das, Freund. Hast wohl Mühe mit dem Buchstabieren, was?«

Der Große stand jetzt dicht neben mir. »Zahl und mach Fliege!«, kommandierte er.

»Okay, okay, warte nur drauf, dass mir Flügel wachsen.« Ich legte einen Schein auf den Tresen, presste den Zitronenschnitz drauf, dass es spritzte, und schob das Ganze dem Barmann zu. Draußen verklang das Geheul von Polizeisirenen. Feuerwehrwagen rasten vorbei. Dann griff ich in die Jacke und raunzte den Großen an: »Schieb jetzt deinen wunderschönen Bierranzen beiseite, sonst puste ich dir mit meinem

Wunderrohr deine Schlabberlippen aus der Fratze.« Der Kerl machte große Augen, sein Dreieinigkeitskinn klappte herunter. Langsam zog er sich zurück: »Schon gut. Ich machte doch nur Spaß. Verstehen Sie keinen Spaß?«

»Hör mal, Spaß ist mein Mittelname. Willst du etwa behaupten, ich verstehe meinen eigenen Mittelnamen nicht, Blödmann? Dein Hirn hat wohl bei der letzten Dünnschisslotterie den großen Preis gewonnen, was?« Sprach's, stand auf und ging hinaus.

Dies war wirklich nicht mein Tag! Noch vor ein paar Wochen hätte ich Typen wie diese charmant um meinen kleinen Finger gewickelt. Quo vadis, Polinsky?

Zu Hause angekommen, parkte ich halb auf dem Gehsteig, ging auf die Haustür zu. Nach dem Zoff etwas Stoff! Ein starkes Kraut einziehen, eine gute Zigarre! Ich machte wieder kehrt. Da mich der verfluchte Umschlag störte, zwängte ich ihn durch den Schlitz meines Briefkastens und trabte dann über die Straße zu Marios Tabakladen hinüber.

»Hallo, Faulenzer, sagt dir *Konkorski* etwas?« Mario, der mich stets in politische Diskussionen verwickelte, wusste vielleicht mehr als die beiden stolzen Söhne der Puzsta. Doch er schüttelte bedauernd den Kopf, hielt mir eine offene Schachtel Havannas hin. »Rauch die hier, statt deine verdammten Sargnägel. Klasse Tabak. Probier eine. Ich schenk sie dir, weil heute mein Hochzeitstag ist.«

»Kondoliere«, spottete ich, eine kleine, kurze Zigarre herausklaubend. Er entzündete ein Streichholz und gab mir Feuer.

»Mmmh, not bad.« Paffend bezahlte ich zwei Schachteln.

»Konkor Ski sagt mir gar nichts. Frag' doch mal im Sportgeschäft nach«, meinte Mario hilfsbereit. Er drückte mir das Wechselgeld in die Hand, während ich diskret nach meinen Taschenbüchern schielte. Sah nicht aus, als ob sich da viel gerührt hätte. Im Geiste sah ich mich bei Mario beflissen Staub wischen und dabei eine kleine Spinne, die gerade zwischen zweien meiner Bücher ihr Netz bastelte, um sich ihr ehrliches täglich Brot zu verdienen, zwischen Daumen und Zeigefinger zermanschen.

Dieses morbide Bild verblasste Gott sei Dank rasch: Ich musste wieder an meinen verschiedenen Onkel Edouard de Diesbach denken, den ehemaligen Luftwaffenchef.

»Gib mir *Militäraviatik*, da.« Dann blätterte ich noch ein paar Herrenmagazine durch und entschied mich für *Playhouse*.

»Die neue Story läuft?« Mario nahm den Zwanzigfrankenschein entgegen und stopfte die Magazine in eine Rolle aus Pappkarton.

»Es geht um die Konkorski, die russische Tupolev, die der Concorde nachgebaut wurde«, erläuterte ich. »Mein Onkel hatte da so seine Hände im Spiel. Ich frage bloß herum, wer den Begriff Konkorski noch kennt.« Griff meine Zigarren und die Rolle, marschierte ab.

In meiner Wohnung im vierten Stock, zwischen der Versicherungsagentur im dritten und dem Massagesalon im fünften, legte ich die Jacke ab und fiel in meinen Drehstuhl hinter dem Schreibtisch. Dann erweckte ich den blinden, schwarzen Computerschirm zum Leben. *Konkorski?* Der Rauch meiner Havanna kringelte zur Decke. Während die Internet-Suchmaschine summte, öffnete ich die Schublade, nahm das Schulterhalfter mit der Sauer Neunmillimeter Automatik heraus, legte es mir um. *An einem Tag wie heute trägst du lieber die Waffe*, sagte ich mir gerade, als zweimal scharf die Klingel schrillte. Sicher die Post. Als ich vorsichtshalber erst mal durch den Spion auf den Flur hinausspähte, entdeckte ich ganz nahe einen rechteckigen Kopf, einen Lippenbart und zwei stechende Augen. Dahinter eine Menge Gestalten mit und ohne Uniform.

*Mist! Nicht mal in Ruhe eine rauchen konnte man heutzutage!*

Obwohl ich genau wusste, wer da war, schrie ich: »Wer ist da?« durch die Tür. So was tut niemand, dessen Mittelname *Spaß* ist. Vielleicht sollte ich bei den locker formulierten Lügen meiner Knüller bleiben!

»Polinsky, Kriminalpolizei. Machen Sie auf!«

»Kann jeder sagen. Der Puff ist eine Etage weiter oben. Haut ab!«, schrie ich und schlurfte an meinen Schreibtisch zurück.

Schon krachte es. Sie hatten die Tür eingetreten, stürmten herein. Das Überfallkommando bestand aus zwei schwarz vermummten Burschen mit Kugelwesten und Maschinenpistolen. Die drehten mir einen Arm auf den Rücken, pressten mich auf den Schreibtisch nieder. Einer riss mir die Waffe aus dem Halfter, der andere drückte mir den Lauf an die Schläfe.

»Du hast uns bedroht, Mistkerl«, zischte der mit der Waffe, wobei er mir in die Niere hieb. Aua, das tat weh!

»Aufhören«, befahl der Zivilist mit dem kantigen Schädel. Es war Bossandey, der neunmalkluge Untersuchungsrichter, den sie nur »Bossi« nannten.

»Der wollte die Waffe ziehen«, keuchte der vom Sturmtrupp, die Strumpfmaske aus dem erhitzten Gesicht schiebend.

»Hör mal, Betty Bossi«, sagte ich zu Bossandey, »zieh deine Rambos ab und erkläre mir mal, warum du diese Schweinerei eines eklatanten Polizeiübergriffs anrichtest!«

Der rechteckige Schädel kam bis auf Zigarrenlänge an mich heran. In seinem feuchten Atem roch ich die Mischung von Rotwein und Knoblauch. Seine Augen glänzten, als er heiser flüsterte: »Nenn mich nicht noch mal so, Polinsky. Hier ist der Durchsuchungsbefehl.«

Er zückte einen Wisch und hielt ihn mir unter die Nase. Mittlerweile standen im ganzen sechs Leute in meinem Arbeitszimmer, darunter eine dünne, zierliche Polizistin. Vom Flur gaffte die Nachbarin herein. Nach ihrer geilen

Grimasse zu schließen, hungerte sie danach, mich gleich als Leiche zu sehen.

Das Durchsuchungsteam machte sich ohne viel Federlesen an die Arbeit: Sie rissen Schubladen auf, schütteten den Inhalt auf den Fußboden, rollten Teppiche weg, klopften das Parkett ab und rissen am Fenster ein paar Planken auf. Im Schlafzimmer stürzten sie sich übers Bett, schlitzten die Matratze auf, während einer den Fernseher auseinandernahm, ein anderer den Videorecorder aufbrach. Inzwischen ging die Polizistin wie eine Furie auf meinen Computer los.

Meine aromatische Havanna war erloschen. »He, Betty Bossi«, rief ich, »dein Haftbefehl ist illegal. Die Adresse ist falsch. Ich wohne in Nummer 31 nicht in 13, wie es hier steht. Ich fürchte, du hast dir eine Menge Ärger eingehandelt. Mein Name ist auch falsch geschrieben. Mit i statt y am Schluss. Deine Analphabeten sollten besser abhauen, bevor ich meinen Anwalt rufe.« Um meinen hohlen Worten Nachdruck zu verleihen, fuchtelte ich drohend mit dem Handy.

»Wo ist das Dokument, Polinsky? Rück' es raus, und wir lassen dich in Ruhe«, bot sich Bossandey an.

»Wovon sprichst du, liebe Betty?«, fragte ich und erinnerte mich, dass ich den Umschlag von Onkel Edouard unten im Briefkasten vergessen hatte.

»Hör mal gut zu, Polinsky, es ist ernst. Verdammt ernst. Vor einer knappen Stunde brannte das Appartement von Korpskommandeur Edouard de Diesbach vollständig aus. Vorher hatte der alte Herr noch Besuch. Jetzt ist er mausetot. Im Salon liegt eine verkohlte Leiche. De Diesbachs Haushälterin liegt mit einer schweren Rauchvergiftung im Koma. Ganz schlimme Sache. Die Wohnung sieht aus wie nach dem Golfkrieg. Wir wissen, dass jemand an den Safe ging und Dokumente klaute. Wir ermitteln in einer Mordsache. Also, raus mit der Sprache!«

Die Hausdurchsuchung hatte immerhin den Vorteil, dass ich aus erster Hand Neuigkeiten vernahm. Langsam, umständlich, schaute ich auf die Uhr. Wenn ich diese Sturmtruppler nicht rasch los wurde, fiel mein Rendezvous ins Wasser.

»Nun mal langsam, Bossi. Klar habe ich meinen Onkel besucht. Er lag im Sterben, wechselte die Große Straßenseite, als ich bei ihm auf der Bettkante saß. Danach verdünnisierte ich mich, ging friedlich nach Hause. Von einem Dokument habe ich keine Ahnung. Was soll denn drin stehen?«

»Hier stelle *ich* die Fragen«, schnappte Bossi zurück. »Da gibt es einen Hauswart mit zerschundenen Fingern, der aussagt, du seist mit einem Dokument aus dem Haus gerannt. Klingelt's jetzt?«

»Ach, natürlich«, machte ich beiläufig und bewegte mich auf den Schreibtisch zu. Alle Schubladen waren herausgerissen, der Inhalt über das Parkett verstreut.

»Stillgestanden«, schrie einer der Bullen. »Nichts anfassen.«

Ich zuckte die Schultern. »Na, dann eben nicht.« Bossandey winkte den Kerl in der Kugelweste weg, nickte mir ermunternd zu. Ich hob Marios Rolle auf, schüttelte die Zeitschriften heraus. Der Untersuchungsrichter griff sie sich. »*Militäraviatik* und … sieh mal an … Ein kleiner Lustmolch, was?« Er hielt *Playhouse* in der Hand, blätterte ostentativ darin herum.

»Das war es«, gestand ich kleinlaut. »Hab die Zeitschriften mitlaufen lassen. Erkläre mich schuldig. Schlimm?«

Bossandeys schwarze Äuglein funkelten misstrauisch. Er schaute sich um und rief dann einen der Männer zu sich. Sie steckten die Köpfe zusammen. Der Polizist schüttelte den Kopf.

»Und?«, fuhr ich die Kerle an. »Habt ihr das Dokument gefunden? Im Klo schon gecheckt, im Spülkasten?«

Auf ein Zeichen von Bossandey machte die Truppe kehrt, stampfte ab. Der Untersuchungsrichter trat nahe an mich heran und giftete: »Wir bleiben dran, Polinsky.« Er warf

*Militäraviatik* auf den Schreibtisch. *Playhouse* klemmte er sich unter den Arm.

»Wer bezahlt die Schweinerei?«, rief ich ihm nach, über umgeworfene Möbel stolpernd. In der Küche hatten sie den Müllsack ausgeschüttet, das halbe Geschirr zerschlagen.

»Du kannst ja eine Eingabe ans Gericht machen. Vielleicht kriegst du Schadenersatz.« Bossandey lachte. Spöttisch den Finger zum Gruß an die Schläfe hebend, stolzierte er siegessicher hinaus.

## 12.

Wirklich turbulent, wie schon lange nicht mehr, hatten sich die Ereignisse an jenem schicksalhaften Samstag überstürzt. Seit ich vorhin aus dem Taxi gestiegen war, drehten sich meine Gedanken nur noch um meine missliche Lage. Immerhin war es Doktor Steinlin gelungen, meine Verhaftung abzuwenden. Ein kleiner Lichtblick …

Als ich ziemlich bedrückt bei Mario um die Ecke bog, glitt auf der andern Straßenseite der dunkelgrüne Mini-Van auf das gelb markierte Feld der Bushaltestelle. Ich schaute kurz hinüber, ein Gedanke kroch hoch, schob ein Wort auf meine Zunge, doch die Idee zündete trotz fruchtlosem Stirnefurchen nicht. Ging in den Laden. Mario grüßte mich wie immer überschwänglich: »Polinsky, Mensch, hallo, wie geht's? Wo steckst du? Siehst gut aus. Trinken wir Kaffee?« Als er merkte, dass ich weder gut aussah noch zu Small Talk aufgelegt war, reichte er mir meine Zigarren und das Boulevardblatt. Ich legte Geld hin, er grinste: »Wieder zwei Stück verkauft, Mister Erfolg!«

»Heute?«, fragte ich hoffnungsvoll. Trotz Marios schmeichelndem Flachs verkaufte sich das eben aufgelegte Taschenbuch meines vierten Romans recht mäßig. Mario bot es in seinem Allerweltsladen zwischen Zeitschriften und Raucherwaren an vorderster Stelle feil, gleich neben den krummen Brissagos. »Zwei diese Woche«, korrigierte er sanft.

Mein Kinn knetend blickte ich skeptisch in den kleinen Spiegel über dem Sonnenbrillengestell, als würde die rasche Massage helfen, mein Aussehen aufzufrischen. Ich kam mir alt und grau vor. Und zu den Tränensäcken unter den Augen noch dieser müde Blick!

»Mensch was ist mit dir? Das Schreiben läuft doch, oder?« Marios besorgte Miene schien echter Anteilnahme zu entspringen.

»Ach, weißt du, mir fehlt ein … Kick.«

Wenn einem Schreiber meiner Klasse ein Kick fehlte, hatte das meist mit Moneten zu tun. Stünde ich oben auf den Listen, riefe mich Waldi, mein netter, fetter Verleger, zweimal am Tag von seinem einem alttürkischen Diwan gleichenden Wippstuhl aus an, um auf mehr Produktion zu drängen oder mir dringlich einen Fernsehauftritt zu empfehlen, dann wäre das ja schon der Kick, der mir fehlte.

»Eh, Mamma mia, wo ist denn die Irina?«, meinte Mario, mit gespielter Besorgnis die Hände ringend.

»Da raschelt momentan nichts im Laub, Mario. Bin so geil wie ein Greis auf die Achterbahn.«

Mario grinste. Er kannte seine Pappenheimer, glaubte mir kein Wort. Mit ernster Miene gab er den letzten Klatsch weiter: »Hör mal, etwas raschelt schon im Laub, man munkelt nämlich, Colossimo selbst hätte für dich die Kaution gestellt. Fünfhundert Rieseneier.«

»Ne halbe Million Windeier vielleicht, Mario. Und wenn schon! Hauptsache, ich kann frei rumlaufen.«

Mir den Rücken kehrend hantierte Mario betont langsam an seiner Espresso-Maschine in der Ecke. Tatsächlich hätte ich viel darum gegeben zu wissen, wer mich freigekauft hatte. Steinlin schwieg zu diesem Punkt wie ein Grab, was der Theorie von Mario Auftrieb verlieh.

»Hoffentlich ist nicht alles verbrannt«, meinte er kopfschüttelnd. Zur Antwort schaute ich abwechselnd auf den Brennkopf meiner Zigarre und die dampfende Kaffeemaschine.

Gewöhnlich fiel es mir leicht, gewisse Aspekte meines Lotterlebens in Fiction – nicht Belletristik – umzuwandeln. Aber die Suppe, in der ich jetzt steckte, war dick, undurchschaubar, dünstete bittere Giftschwaden aus. Wieder fiel mir Steinlin ein. Mit seinem Talent für Titel sollte der Mann in die Taschenbuchbranche umsatteln! *Da beginnt der Ernst des Lebens, Polinsky.* Nicht schlecht, zumindest als Arbeitstitel meines neuen Knüllers: *Stan Polinsky: Der Ernst des Lebens!*

»Ich meine, du hattest doch viel Material für eine Enthüllungsstory über den Herrn Korpskommandanten gesammelt«, gab Mario zu bedenken. Er stellte die kleine Tasse auf den Tresen neben den roten Aschenbecher.

»Ach so, na ja. Ich versacke in Arbeit und jetzt noch diese saublöde Geschichte, du weißt ja …« Weiter kam ich nicht. Die Glocke bimmelte, die Ladentür ging schneidig auf, eine betörende Duftwolke umfing mich. In der Tür stand eine junge, üppig gebaute Frau. Ihre Uniformjacke und der rote Mund waren halb geöffnet. Hatte sie etwas gesagt? Mario und ich wechselten Kennerblicke. Ich richtete mich auf, lächelte. Versuchte scharf, intellektuell und gleichzeitig gelangweilt zu wirken, was nicht halb so einfach ist, wie es sich anhört.

»Herr Polinsky?« Sie wippte näher, griff nach einer Zeitschrift, klatschte damit in die freie Hand.

»Im Augenblick nicht zu sprechen«, gab Mario knapp Bescheid. Ich hob die Tasse, schlürfte den heißen kolumbianischen Kaffee. Sie musterte mich kurz, ihr Blick nachdenklich meinen Schritt streifend. Ihr Blick stieg lässig wieder auf Augenhöhe. Bevor mich die Erregung kitzeln konnte, sagte sie schroff: »Polinsky, ich habe eine Nachricht für Sie.«

Während sie ein Kuvert aus der Jacke zauberte und mir hinstreckte, fand ich meine Sprache wieder, sagte, um cool zu wirken, etwas von oben herab: »Mit wem habe ich die Ehre, Frau Oberst?«

Sie setzte ein spöttisches Lächeln auf: »Adjutantin des Geheimdienstchefs.« Am Boden zerberstend klirrte Marios Tasse grell in die Stille. Ich steckte den Umschlag weg: »Sie hören von mir.«

»Madame kennt diese heiße Story schon?« Mario beeilte sich atemlos, ihr meinen letzten Roman in der blauen Taschenbuchausgabe unter die Nase zu halten.

»Ja, hab ich gelesen. Ich lese übrigens alles, was Sie schreiben, Polinsky«, warf mir die reizende Adjutantin zu. »Locker formulierte Lügen machen mich an.«

Sie machte militärisch kehrtmarsch, stolzierte in Hüfte schwingendem Halbstechschritt aus dem Laden. Genüsslich sogen Mario und ich das ihr nachwehende Parfüm ein.

»Mamma mia, welche Wucht«, rief Mario und boxte mehrmals schnell nach einem Schatten in der Luft. Immerhin hatte er es zum Landesmeister im Mittelgewicht gebracht, hielt sich in Form. Manchmal wurmte es mich, dass er mit seinen glänzend schwarzen Haaren und dem schneidigen Schnauzer aussah wie ein Zampano.

»Kein Wort mehr über Colossimo, Mario«, warnte ich und spähte durch die Glastür, mich am Gang jener Adjutantin, die locker formulierte Lügen anmachten, über die sich schnell vergrößernde Distanz hinweg förmlich festsaugend. Wobei ein klitzekleiner Stolz in mir aufkeimte. Locker formulierte Lügen, die eine Kriegsgöttin wie diese anmachten, wuchsen schließlich nicht gerade auf jedermanns Misthaufen. Wie so eine kleine, schnippische Bemerkung einen doch den letzten gehässigen Verriss jedes neidischen Buchkritikers vergessen ließ!

Den Finger scherzhaft drohend zum Gruß erhebend, schritt ich hinaus ins Freie. Blieb stehen, schnüffelte an mir herum. Von dem Kuvert, das vor kurzem noch jene burschikos martialische Erscheinung begleitet hatte, ging tatsächlich immer noch ein so schwacher wie zwingender Parfumgeruch aus. Na los schon, Polinsky, was ist's, wonach riecht das? Donna Karan, Ralph Lauren? Was soll's, es riecht nach Frau!

## 13.

Der Weg von Marios Tabakladen zu meiner Wohnung führt am »Gottardo« vorbei, das weniger für seine Verwandtschaft mit dem großen Alpenpass und Symbol des Widerstands als für seine großen Wiener Schnitzel bekannt ist. Ich trat in den vorderen Teil der Gaststube: Der Fernseher lief auf vollen Touren. Ein paar Gäste an verschiedenen Tischen hockten vor ihrem Bier. In der Hoffnung, Irina erinnerte sich an unsere Verabredung, setzte ich mich an den runden Tisch zu einem breitschultrigen Mann im blauen Arbeitskittel. Er nickte wortlos, als ich ihm einen Gruß zumurmelte. Nach einer Weile verkündete er gebärdenreich: »Wenn dieser Türk nicht im Sturm spielt, kommen die müden Brüder nie übers Mittelfeld raus.« Ich begriff, dass er das Fußballspiel meinte, das sich über die Mattscheibe dahinschleppte. Zustimmung murmelnd sog ich an meiner Zigarre.

Die de Diesbach-Affäre war kaum dazu angetan, meine Popularität in Zürich zu fördern. Abgesehen von Mario hielt ich ziemliche Distanz zu den meisten Leuten, mied öffentliche Auftritte. Mochten sie mich auch für einen Einzelgänger halten: Welcher lockere Lügen fabrizierende Schreiber wäre das nicht – Faust, zum Beispiel? An diesem Tage jedenfalls glaubte ich nicht, dass mir das, was ich in den vergangenen Jahrzehnten gelernt hatte, viel nützen würde.

Die Begegnungen mit dem Ex-Fliegerchef der Schweizer Armee, Edouard de Diesbach, gehörten zu den wenigen

Lichtblicken meines streckenweise recht langweiligen Alltags. Der kauzige Schwerenöter zählte noch zur alten Schule im Spionagegeschäft, war ein charmanter Gentleman, Frauenheld. Was er alles für Streiche im Kalten Krieg und danach gespielt hatte, versuchte ich gegenwärtig zu einem Reißer umzuarbeiten, kam aber damit ungefähr so gut voran wie eine dreibeinige Fliege in einem warmen Kuhfladen.

Neben dem Schreiben bestand mein Tagesablauf zum großen Teil aus körperlicher Ertüchtigung. Nach dem Sechskilometerlauf stemmte ich fast jeden Morgen zehn Minuten Gewichte. Einmal die Woche trainierte ich in einer alten, zu einem Schießparcours für Leibwächter umfunktionierten Festung mit meinen Lieblingswaffen, einer SIG-Sauer P 228 mit Neunmillimeter Patronen, ab und zu auch mit einer Glock, der Dienstwaffe der New Yorker Polizei. Die so reizende wie blitzschnelle Li-Li schließlich brachte mich ein paar Mal im Monat mit ihren Kung Fu-Angriffen zur Verzweiflung. All das diente dem Zweck, den Geist wach zu halten und mit den Unbilden der Zeit fertig zu werden.

»Schau hin, nein, das gibt's doch nicht! Der haut doch glatt am Ball vorbei«, ereiferte sich der Stammgast neben mir, verzweifelt beide Hände auf sein kahles Haupt legend.

Ich hob den Blick zum Fernseher hinauf: »Na, die spielen doch nur, wie's unserer Volksnatur entspricht. Schau: Rückpässe, Querpässe, Ballkontrolle, hin und her«, kommentierte ich fachmännisch und spähte zur Tür. »Und wenn nichts mehr schief gehen kann, wagen sie auch schon mal ein Schüsschen. Schau, jetzt spielt der Depp auch noch zurück zum Torhüter ...«

Ich kannte Irina seit gut einem Jahr und quälte mich stets mit der dummen Frage, ob ich wirklich ihr einziger Liebhaber war oder ob sie mir nur vorgaukelte, mit keinem anderen sei es so schön wie eben mit mir.

Irina hatte Jura studiert. Mit kühler Effizienz half sie mir bei meinen paar nebenberuflichen, oder auch, falls meine

Schreiberei nicht bald richtig ins Bankkonto haute, *hauptberuflichen* Aufträgen im Bereich Informationssicherheit. Auswählen, nicht sammeln, Information statt Geheimniskrämerei hieß für mich Nachrichtenbeschaffung. Als meine Managerin filterte Irina mit analytischem Verstand aus den Ozeanen verfügbarer Informationen die gesicherten Nachrichten heraus. Sie sprach fünf Sprachen, fand es spannend, wie eine Geheimagentin Verborgenes aufzuspüren, mit Leuten zu telefonieren, im Internet zu surfen, viel zu lesen und daraus zuverlässige Berichte zu verfassen. Die Zeit der Nachtschattengewächse, die geheime Waffenlager anlegen, Funkgeräte vergraben und Diplomaten hinterherlaufen, hatte ich erlebt und endgültig satt. *Informationssicherheit ist die Goldgrube der Zukunft!*

»Du bist ein Zyniker, einer dieser Nestbeschmutzer. Hau doch ab«, rief der Glatzkopf verärgert und schob den Stumpen in den andern Mundwinkel.

»Bin gleich dran. Mir tun schon die Ohren weh von deinem Gequassel«, sagte ich, wobei ich rasch erwog, was härter war: Meine Faust oder sein Alpenschädel, ein Vergleich der klar zugunsten seines Schädels ausfiel. Glücklicherweise ging gerade in diesem Augenblick die Tür auf und Irina wogte mit der üblichen Verspätung herein. Sie trug diese weiten, losen Flatterhosen, Cargo Pants hießen die wohl, mit einem Dutzend aufgenähter Taschen, darüber ein weißes Top, zehn Zentimeter zu kurz, damit ihr schön gebräunter Bauch mit dem kunstvoll vernickelten Nabel zur Geltung kam. Elektrisiert sprang ich auf, küsste sie auf die Wange, tätschelte ihr Piercing. Ihr nachsichtiges Lächeln degradierte mich charmant zum Buben, allerdings einem dem es recht erwachsen in der Hose ruckte.

»Tut mir Leid, hat ein bissel länger gedauert«, warf sie hin.

»Und was hat der arme Teufel diesmal verbrochen?«

»Immer das Gleiche, Drogentransport.«

Irina übersetzte für die Bezirksanwaltschaft Aussagen und Geständnisse von Albanern, die der Drogenfahndung ins Netz gingen.

»Hast du Hunger?«

Ich muss sie entgeistert angestarrt haben. »Was ist?«

»Nichts.« Ihr Blick schweifte in die Ferne.

»An was denkst du?«

»Weiß nicht. Als ich heute am Geldautomaten wartete, hörte ich hinter mir zwei Männer über eine Firma quasseln … blöde, der Name ist mir entfallen. Aber es lässt mir keine Ruhe.«

»Vergiss es, dann kommt's wieder«, flachste ich leicht angestrengt.

»Sicher, aber es ging da um einen Schnitt an der Börse. Wirklich blöde!«

Ich konnte mich nicht mehr konzentrieren, schob mein Knie zwischen ihre Beine, rieb mich an ihrem Schenkel.

»Komm gehen wir«, drängte sie, »hier herrscht das öde Grauen.« Sie warf einen Seitenblick auf den Kerl neben mir, neigte sich herüber und flüsterte mir ins Ohr: »Wenn du nichts dagegen hast, will ich jetzt von dir richtig durchgevögelt werden. Beziehungsweise umgekehrt.«

Lieber Himmel, nenn mir einen gesunden Mann, den ein solcher Vorschlag kalt lässt. Ich hoffte nur, Marios Matratze hielt, was er mir versprochen hatte. *Polinsky, Rosshaar, porco cane!*

»Okay, da lässt sich sicher noch ein kleines Loch in meinem Kalender finden«, brachte ich mit einiger Mühe so zwanglos anzüglich wie möglich hervor. Als wir die Straße überquerten, um zu meinem Studio zu gelangen, kam uns ein junges Mädchen mit kurzem Haar entgegen. Es streifte Irina mit einem Blick und heftete dann kecke Augen auf mich, die besagten: *Mann, bist du cool.* Für dein Alter, fügte ich wortlos hinzu, gab mir einen Ruck, schnippte locker die

Zigarre in den Rinnstein und fasste dabei Irina fester um die Taille. *Klar bist du cool,* Polinsky! Zumindest in diesem Jahrtausend.

## 14.

Die Wohnung war aufgeräumt, die Matratze frisch bezogen. Ich strich mit der Hand genüsslich über das Laken, stieß gegen etwas. Verflucht! Die geheime Akte. Ich zog sie hervor. Mario, du gute Seele! Auf dem roten Deckel standen drei Buchstaben, in Handschrift aufgemalt. Ich starrte darauf, schüttelte verständnislos den Kopf. *TCM? Nun, wollen mal sehen was drin ist ...*

Irina kam herein und warf sich geschmeidig auf das frisch gemachte Bett. Nein, sie schwebte in Zeitlupe drauf nieder. Sie trug nur den schmalen roten Slip, räkelte sich lasziv. Mechanisch schob ich die Akte, knapp an meinem gewaltigen Ständer vorbei, unter das Bett. Betont locker nestelte ich an meinem Hosenstall, der jedoch erbitterten Widerstand leistete.

»Hmm,« hauchte sie, »das mach ich. Komm.« Dienstbeflissen quietschte der Reißverschluss unter ihren geschickten Fingern: Sie streifte mir die Hosen herunter und liebkoste mich mit ihrem kleinen roten Mund. Auf kitzelnden Wolken im siebenten Himmel schwebend, kraulte ich ihr blind durchs seidene schwarze Haar.

Marios Teresa hatte einen Korb mit Pasta und Tomaten auf den Küchentisch gestellt. Was wäre mein Leben ohne den einfallsreichen, lebenslustigen Italiener! Mario besaß noch echten Common Sense, ein Gespür für das Machbare und Bewährte, losgelöst vom Formelhaften und technisch Komplizierten. Und erst sein Prachtexemplar einer »moglie«, die witzige, lebhafte, schon mit etwas Bauch ausgestattete Teresa, eine begnadete Köchin! Dass mir bei diesen Gedanken das

Wasser im Mund zusammenlief, war freilich im Augenblick eher Irinas Reizen zuzuschreiben.

Wir umschlangen uns in seitlicher Lage, während ich versuchte, zwischen ihre Schenkel zu gelangen. Guttural lachend drehte sie mich auf den Rücken und legte sich über mich. Sie packte meine Handgelenke, drückte sie neben dem Kopf in die Kissen. »Genieß es«, hauchte sie, mit geschlossenen Augen auf mir auf und ab wippend. In dieser Stellung hatte ich Mühe, mich zu kontrollieren. Ein Blick auf ihre halboffenen Lippen und die vollen, schweren Brüste ließ es heiß prickelnd in mir aufsteigen. Vergeblich versuchte ich, mich mit Gedanken an den vor Gericht von Doktor Steinlin so eloquent beschworenen dritten Mann abzulenken.

»Warte«, keuchte ich, mich ihr gerade noch rechtzeitig entwindend.

»Unterbrich nicht, wenn's am Schönsten ist«, flüsterte sie. Ich drückte sie aber seitlich aufs Bett und küsste lange ihren leicht geöffneten Mund. Sie griff erneut zu, presste sich an mich und lenkte mein Glied an die richtige Stelle. Ich fühlte geradezu, wie es in ihrem ganzen Körper kribbelte, und ein heißer Strom der Lust durchflutete mich. Während ich irgendwo in einem warm kitzelnden Universum schwebte, hielt sie plötzlich inne und rochierte, behende rotierend. Zwischen meinen gespreizten Beinen begann sie mein Fleisch förmlich zu verschlingen. »Das mag ich am liebsten«, stöhnte sie zwischendurch. »Wie willst du's, sag's mir.«

»Dich ausessen.«

Ein leidenschaftliches Mahl. Kein Wunder, die französische Küche ist zu solcher Berühmtheit gelangt! Bei mir funkelten gleißende Sterne, ich fühlte, wie Irina vibrierte, sich bei ihr alles zusammenzog – ein kleiner Urknall im Kommen. *Lieber Stephen Hawking,* durchzuckte es mich, *vergiss deinen großen Urknall.* So hier wird das All geboren – Vulkanausbruch, schwitzende Ekstase, heiße Lavaströme:

meine, ihre, so … kommt die Welt … zu … Stande … und löst … sich … auf.

Irgendwann bin ich eingenickt. Später hat mich Irina auf die Wange geküsst. »Muss eilen, Schatz!«

Glücklich ermattet taste ich nach dem Glas, stehe auf, latsche in die Küche. Sex beflügelt immer meine Fantasie. Obwohl ich diesmal eine dicke Story habe, die partout keine Flügel entwickeln will. Und dann dieses nagende Gefühl. Meine Gedanken jagen einem Phantom nach. Eine böse Ahnung beschleicht mich. *Konkorski. Nadine, der mysteriöse Dritte …*

Die letzten Worte meines Onkels lassen mich nicht in Ruhe. Ich sinke in mein dunkelblaues Sofa, fühle wieder fern den süßen Duft des Irrsinns wehen.

Zerstreut drücke ich auf die TV-Fernbedienung. Wieder einmal sehe ich mich in einer dieser ständig wiederholten Aufzeichnungen aus dem Gerichtsgebäude treten, mich hinter Verteidiger Steinlin, der in Mikrophone redet, an Neugierigen vorbeidrücken.

Mein Handy balzt elektronisch melodiös: Steinlin. Als stünden wir in telepathischem Kontakt.

»Schauen Sie mal in die Tagesschau.«

»Schon dabei«, grinse ich. »Wer ist der Wicht, der sich da hinten um die Ecke drückt?«

»Eben. Polinsky, Sie brauchen ein neues, weicheres Profil. Die Leute sollten wissen, welch netter Kerl Sie eigentlich sind.«

Den Blick auf meine Leistengegend gesenkt, wo der Morgenrock einen anatomisch bedingten Hügel formt, bescheide ich ihm, ich sei mit meinem momentanen Profil eigentlich recht zufrieden, riefe zurück, falls sich was täte.

»Im Ernst, Polinsky, wir müssen …«

»Aber Doktor Steinlin, wo bleibt ihr Optimismus? Nicht müssen. Werden. Wir *werden* …«, lache ich gesättigt, drücke

auf das winzige Feld mit der stilisierten Silhouette eines aufgelegten Hörers und lehne mich in die Kissen zurück.
Der Fernseher lief weiter. Irinas Duft haftete noch an mir, erregte mich.

Es war verrückt. Noch vor wenigen Tagen hatte ich ein völlig unbeschwertes Leben geführt! Seufzend, widerwillig, setzte ich mich vor den Stapel Zeitschriften, klaubte ein Blatt mit handschriftlichen Notizen heraus.

Trotz aller Widerwärtigkeiten musste ich mit meinen Recherchen über das Leben des Korpskommandanten vorankommen. Jetzt erst recht!

Immerhin hatte sein Tod meiner geplanten Biographie ungeplante Aktualität verliehen. Dass ein dritter Mann nach mir das Appartement meines Onkels betreten hatte, nahm in der Zwischenzeit auch der Staatsanwalt an, wollte aber partout keine Ermittlungen anstellen. Ihm genügten zwei Tote, eine hirngeschädigte Haushälterin und ein Tatverdächtiger mit plausiblem Motiv – sprich Stan Polinsky – um täglich zweimal eine Pressekonferenz abhalten zu können.

Deshalb musste ich meine Rehabilitierung selber in die Hand nehmen. Nur wusste ich nicht, wo anfangen. Das Gesicht, ja. Das Gesicht des Kerls, den ich beim Wegfahren bemerkt hatte.

*Der muss es gewesen sein!*

Da fiel mir das Kuvert ein, das mir die kesse Adjutantin eben noch so frivol zugesteckt hatte. Ich fand es zerknittert in meiner Gesäßtasche, schnüffelte wieder daran und stellte mir vor, wie ihre Augen mich im Tabakladen geradezu ausgezogen hatten.

Die Notiz des Geheimdienstchefs war an militärischer Knappheit nicht zu übertreffen. Wie ein Marschbefehl enthielt sie lediglich Ort, Zeit und Zweck. Früh am nächsten Morgen sollte ich mich zu einer Besprechung einfinden, am Tag der Beerdigung meines Onkels, die für zwei Uhr in der Fraumünsterkirche angesetzt war. Ich stützte den Kopf in die

Hände und versuchte, mich wieder auf jenen dritten Mann zu konzentrieren. War er hinter der roten Akte her gewesen, deren Inhalt ich mir in der Zwischenzeit natürlich angesehen hatte. Der umfangreiche Text war aber vollständig verschlüsselt. Kauderwelsch. Hieroglyphen. Irgendwo müsste Edouard einen Anhaltspunkt für den Code verborgen haben, überlegte ich. *Etwa … Moment! Natürlich! Konkorski! Das musste das Schlüsselwort sein.*

Ich schlug mir die Hand vor die Stirn. Nun verstand ich von Entschlüsselung ungefähr so viel, wie ein Eskimo vom Dattelnpflücken. Halt! *Sie hat den Schlüssel,* klangen Edouards letzte Worte nach …

Was sollte ich tun? Das frivole Kuvert der wohlriechenden Assistentin gab mir schließlich den willkommenen Vorwand, die Lösung des kryptographischen Problems auf später zu verschieben. Die Geheimnisse meines Onkels konnten einstweilen gut gehütet im verborgenen Innenfach meiner Reisetasche weiterschlummern. Dort war die rote Akte zunächst sicher aufgehoben. Über den Gedanken, was mir der Geheimdienstchef in diesem Zusammenhang wohl eröffnen könnte, sank mein Kopf auf den Tisch. Irgendwann muss ich dann eingeschlafen sein.

## 15.

Der Mann mit dem hellblauen Helm, der im Hafen von Lagos den Ausrüstungskai entlang auf den vertäuten Tanker zuschritt, unterschied sich nur in der Hautfarbe von den schwarzen nigerianischen Werftarbeitern. Sein gebräuntes Gesicht, der luftige graue Bart und die dunklen Augen gehörten ebenso zum Erscheinungsbild des qualifizierten Werftspezialisten wie der blaue Overall und das kleine, aufgenähte Dreieck mit dem Firmenzeichen der größten Werft des Landes.

Einem genauen Beobachter wäre allerdings nicht entgangen, dass der etwa fünfundvierzig Jahre alte Mann eine Spur energischer daherschritt als seine beiden Begleiter. Sein leuchtender Blick verriet, dass ihn eine Mission erfüllte. Gerade wies zu seiner Rechten Kapitän Souri mit einer höflichen Handbewegung den Weg zum Portalkran, wo sie eine kleine Kabine bestiegen. Der dritte Mann schaute sich prüfend um, bevor er sich ebenfalls in den Lift zwängte, wobei sich unter seinem Mantel die Umrisse einer Waffe abzeichneten.

Der Hafen von Lagos verfügte über alle Einrichtungen, die ein moderner Schiffsterminal bieten kann. Von der Größe der Anlage her bildete das Trockendock einen Blickfang, neben dem die unzähligen Kräne wie geknickte Insektenglieder zu zappeln schienen. Man löschte hier trockene Massenware, wie Getreide oder Dünger, und allgemeine Fracht aus den Schiffsleibern aus aller Welt. Im hintersten Hafenbecken senkten Riesenkräne Holzstämme in die tiefen Laderäume der Frachter, während weiter vorne kleinere Boote an den zwei Containerkais lagen. Neben den neuen Becken mit den großen Terminals für Öl und andere Flüssigware liefen die Pisten des nahen internationalen Flughafens aus. Im zweiten Stock des zentralen Hafengebäudes neben den Vorratsbunkern hatte Lloyd's of London ein kleines Büro für seinen Agenten eingerichtet.

»Bereit für den großen Augenblick, Sir?«, fragte der Kapitän.

Der Mann, den sie so unterwürfig behandelten, nickte lächelnd, trat dann im Schutzhelm ans Geländer der Kabine. Für die Nachricht von seiner Anwesenheit im Hafen von Lagos hätte die Anti-Terror-Abteilung der CIA gut und gerne ein Vermögen bezahlt. Aber dieser weltweit meistgesuchte Mann schirmte sich professionell ab. Wie ein Chamäleon verstand er es, sein Äußeres zu verändern, es seiner jeweiligen Umgebung anzupassen. Und genau wie dieses kleine, wendige Tier mit seiner Zunge die Beute packte, konnte der Mann blitzschnell zuschlagen, mit höchster Präzision seine Gegner treffen. Zur Zeit war Yussef bin Golem der häufigste Albtraum der westlichen Regierungschefs mit ihrem Tross von Sicherheitsexperten und Antiterrorspezialisten.

Als sich die Kabine langsam anhob, schaute bin Golem mit zunehmendem Staunen auf den gigantischen Schiffsleib hinunter. Bevor der Anführer der Qaida die *Shiraz* von der National Iranian Tanker Company gekauft hatte und umbauen ließ, gehörte der Riesentanker zur Klasse der ULCC, der Ultra Large Crude Carriers. Das Schiff, auf das sie die Kabine jetzt absetzte, war 450 Meter lang bei einer Breite von 79 Metern von Speigatt zu Speigatt.

Kapitän Souri hatte das Kommando über die *Shiraz* schon innegehabt, als sie noch regelmäßig Rohöl aus den iranischen Ölterminals nach Rotterdam transportierte. Er kannte seinen Kahn in- und auswendig und hatte den Ingenieuren als wichtiger Berater zur Seite gestanden, als ein großer Teil der Tanks herausgerissen und durch spezielle Laderäume ersetzt wurde.

Die Aufbauten ragten vier Decks hoch in die heiße, stickige Luft.

In Lagos kletterte das Thermometer an diesem Nachmittag Ende April auf 35 Grad Celsius. Vom Hauptdeck, das halbwegs sichtbar war, bis hinunter zum Kiel, maß der gewaltige Rumpf 30 Meter. Ursprünglich hatte die *Shiraz* sechzig Tanks gehabt, von denen jeder die Größe einer Turnhalle aufwies. Zwei der mittschiffs liegenden Tanks hatten der neuen Anlage weichen müssen, welche somit unsichtbar unter Deck verborgen blieb.

In der letzten Nacht, berichtete Kapitän Souri, seien die schweren Kisten vom Portalkran präzise in die sich hydraulisch öffnenden Luken gesenkt worden.

Bin Golem nickte gelassen. Stolz erfüllte ihn. Obschon er riesige Glanzbilder der *Shiraz* besaß, und auch während der

Umbauarbeiten aus seinem geheimen Landstützpunkt einige Male eingeflogen war, um den Technikern letzte Anweisungen zu geben, verschlug der Anblick des Kolosses ihm jedes Mal den Atem.

Unter den hellblau gestrichenen Aufbauten hatten ABB-Techniker in sechs Tagen und Nächten die vier Dampfturbinen überholt, dann am Vortage termingerecht die volle Betriebsbereitschaft bestätigt. In einer halben Stunde würde Kapitän Souri die Maschinen starten, die mit insgesamt 85 000 WPS die beiden Doppelschrauben mit den sieben Meter hohen Bronzeflügeln antrieben.

»In einer Stunde laufen wir aus. Entspricht unser Zeitplan Ihren Vorstellungen, Sir?«, erkundigte sich Kapitän Souri höflich, als sie sich der Kommandobrücke auf Hochdeck D näherten.

Bin Golem nickte und befahl dann dem dritten Mann: »Khalid, lass das Gepäck in meine Kabine bringen.«

Die Männer standen auf Höhe des D-Decks. »Wenn es Ihnen recht ist, werfen wir einen Blick auf die Route, Sir«, schlug der Kapitän vor.

Auf dem D-Deck befanden sich die geräumigen Kabinen der Offiziere. Der Kapitän bewohnte eine Suite, die der Tradition entsprechend an der vorderen Steuerbordecke der mächtigen Aufbauten lag. Neben den Kapitänsräumen schloss sich backbord der Kartenraum an, dessen Tür offen stand, den Blick auf einen großen Tisch freigebend. Der Kapitän ließ seinem Gast den Vortritt. Drinnen deutete er auf die großen Wandschränke mit den schmalen Schubladen. »Wir haben die detailliertesten Seekarten der Welt. Das gewährleistet sichere Orientierung auf allen Meeren. Und in jedem Hafen.« Er schien etwas hinzufügen zu wollen, besann sich jedoch eines Besseren. Der Hinweis, dass diese erstklassigen Karten von Ungläubigen wie den Geographen der Britischen Admiralität angefertigt wurden, hätte den Islamistenführer verstimmen können.

»Wie fahren wir, Captain?«, fragte bin Golem, sich lächelnd über den Kartentisch beugend. Souri erläuterte die Route, die zunächst durch die Bucht von Benin südlich von Accra die Elfenbeinküste entlangführte, dann am liberischen Kap Palmas nordwestlich auf die Kap Verdischen Inseln abschwenkte.

»Wie lange dauert die Fahrt über Casablanca zur Straße von Gibraltar?«

»Sieben Tage und zwanzig Stunden«, beschied Kapitän Souri mit vom Kartenlesen verkniffenen Augen.

Ein schwaches Vibrieren brachte die Kompassnadel in der Tischmitte zum Zittern: Unten im Maschinenraum hatten die mächtigen Dampfturbinen begonnen, sich im Leerlauf zu drehen. Aus dem schnittigen Riesenschornstein der *Shiraz* quoll eine dicke, dunkle Rauchwolke in den tiefblauen Himmel. Einen Augenblick lang trübte sie das Tageslicht im Kartenraum.

»Darf ich Sie einladen, das Steuer zu übernehmen, wenn wir auslaufen?«, bot Kapitän Souri an, wobei er auf seine Armbanduhr schaute. Die Männer verließen den Kartenraum und schritten über die Treppe hinauf zur Brücke. Währenddessen schleppte Khalid mit einem Steward Gepäckstücke nach achtern. Dort schloss sich an einen Konferenzraum die Luxuskabine an, die der Vollstrecker jetzt mit einem Schlüssel öffnete. »Bleib draußen«, befahl er dem Steward.

Mit Ausnahme der Mahagoni-Schiffskommode unter dem großen Bullauge waren die Möbel aus der Kabine entfernt worden. Kostbare Teppiche mit Yussefs bevorzugten Blumenmustern auf hellgrünem, violettem und rotem Stoff zierten den Kabinenboden. Schwere Kissen lagen ausgebreitet, als Sitzflächen dienend. An der Wand hing ein Brokatteppich mit einer Sure aus dem Koran in silberner Schrift auf schwarzem Grund. Wie gewünscht hatte Khalid die große, zwischen zwei Holzleisten gespannte Seekarte über die Teppiche ausgebreitet. Die Wohnräume des Islamistenführers glichen jetzt eher dem zwar farbenfreudigen, doch spartanischen Ambiente eines Beduinenzelts als der komfortablen Kabine eines modernen Hochseetankers.

Ganz draußen auf der Backbordseite befand sich eine weitere Suite, die in der Ausstattung der Kapitänskabine entsprach. Auf Befehl von Khalid musste der Leitende Ingenieur, der eigentlich dort wohnte, die komfortable Behausung räumen und in die Kabine eines Zweiten Offiziers ein Deck tiefer umziehen. An seiner Stelle bezog Khalid die Suite, um so direkt neben seinem Chef für dessen Sicherheit sorgen zu können.

Der Rausschmiss des Leitenden Ingenieurs aus seinem standesgemäßen Quartier, in Missachtung der strengen Hierarchie an Bord, sorgte für dicke Luft unter den Offizieren. Khalid stand nicht hoch im Kurs, doch keiner ließ sich etwas anmerken, am wenigsten der Leitende Ingenieur, obwohl er innerlich kochte vor Wut über die arrogante Landratte von Bodyguard, der sich hier als Herr an Bord aufspielte.

Das C-Deck enthielt die Kabinen der Zweiten und Dritten Offiziere, die Offiziersmesse mit Rauchsalon, an den sich der Marineclub mit Terrasse und Veranda anschloss. Dahinter lagen der große Swimmingpool, ein Türkisches Bad und der Fitnessclub mit Gymnastikstudio und Powergeräten.

Die Unterkünfte für die Mannschaft erstreckten sich über das B-Deck, wo auch ein Bordkino, ein Spielzimmer, das Internet-Café und Billardtische in einem großen Freizeitraum lagen. Hier war die Bar herausgerissen und durch Getränkeautomaten ersetzt worden. Immerhin hatte Kapitän Souri durchgesetzt, dass die Produkte der großen amerikanischen Getränkehersteller nicht auch noch als Köder des Großen Satans verteufelt und verbannt wurden. Schließlich war er für die Moral seiner Mannschaft verantwortlich. Er wollte zuverlässige Leute, die ihr Handwerk verstanden. Wenn sie gleichzeitig streng gläubig lebten, umso besser, aber für den

Kapitän bedeutete das Maß der Hingabe zum Islam nicht sonderlich viel.

Das A-Deck beherbergte die technischen Räume für die einzelnen Dienstleistungen an Bord der *Shiraz*. An die Zentralküche schloss sich das Lebensmittellager an, der Getränkekeller und die Arbeitsräume für die Küchenmannschaften. Backbord lagen die Notfallstation mit dem Untersuchungszimmer, die Feuerwache und die Wäscherei. Ein äußerst wichtiger Raum war in der Mitte des A-Decks mit Blick zum Bug untergebracht und als »Frachtkontrollraum« geführt. Er hatte ein schmales Fenster, war klimatisiert und bis zur Decke mit elektronischem Gerät vollgestopft.

Ursprünglich hatte ein Pumpeningenieur von dieser Schlüsselstelle aus die einzelnen Tanks gesteuert. Als nach dem Umbau der *Shiraz* die Rohöltanks wegfielen, brauchte es zwar immer noch Pumpenmänner, aber nur noch für die Steuerung der zwölf großen Ballasttanks des Schiffs.

Die modernen Geräte und Monitore, die jetzt den Raum beherrschten, hätten ebenso gut für einen Raketenkreuzer gepasst. In diesem »Frachtkontrollraum« auf dem A-Deck der *Shiraz* war eines der raffiniertesten Feuerleitsysteme der Welt installiert. Es steuerte im Schiffsrumpf verborgene, auf Hochglanz polierte Exocet Super-Lenkwaffen neuester Generation.

## 16.

Die dunklen Augen unter dem farbigen, als Sonnenschutz dienenden Kopftuch verfolgten das große Schiff, das sich vom Ausrüstungskai gelöst hatte und langsam in die offene See des Atlantischen Ozeans hinausglitt. Der Anblick erfüllte die schlanke Afrikanerin in ihrem bunten Gewand voller großer Blütenmuster mit ehrfürchtigem Staunen vor der Kunst der Schiffsingenieure. Majestätisch lief der Koloss aus, fast geräuschlos. Kein Mensch stand winkend an der Reling. Die langen Fenster der Brücke oben auf den Aufbauten glänzten schwarz. Etwas Gespenstisches lag in der Luft: Wie ein Geisterschiff lief die *Shiraz* aus.

Wenn an einem Tag wie diesem ein Großtanker vom Hafenkai Lagos ablegte, oder ein Schwesterschiff an den Ölterminals vertäut wurde, fanden solch alltäglichen Ereignisse keine besondere Beachtung mehr. Vor zwanzig Jahren, als die ersten Riesentanker aufkreuzten, waren die Hafenarbeiter und die Leute aus Lagos noch an die Molen geströmt, um die Kolosse zu bestaunen. Doch schon bald gehörte der Anblick zum alltäglichen Bild eines modernen Erdölumschlagplatzes und lockte nur noch wenige Schaulustige. Erst als der Trend dann umschlug, immer häufiger nur mittelschwere Tanker auf den Weltmeeren verkehrten, vermochten die Giganten aus der Nostalgiezeit der Ölkrise wieder Neugierige anzuziehen, ähnlich wie wenn beispielsweise im Mittelmeer ein Flugzeugträger der US-Navy vor der Küste von Livorno ankerte.

Die *Shiraz* war einmal ein 600 000 Tonnen-Tanker gewesen: Die Frau mit den dunklen Augen, die den langsam vorbeiziehenden schwarzen Rumpf mit dem weißen Deckhaus beobachtete, wunderte sich, was aus den gewaltigen Tanks im mittleren Teil des Schiffs geworden war. Mächtig türmten sich hellblaue Wände vor dem dicken Schornstein auf.

Während sie mit einer kleinen Kamera ein Dutzend Bilder schoss, ahnte sie, dass die *Shiraz* in ihrem Rumpf irgendwelche Geheimnisse barg. Die mochten harmloser Natur sein. Oder auch nicht.

Wochenlang hatte eine streng ausgewählte Mannschaft, darunter viele iranische Techniker und indische Computerspezialisten, ununterbrochen an Bord gearbeitet. Aus Frachtern, die längsseits anlegten, hob der Portalkran kistenweise schweres Material und versenkte es in den Leib der *Shiraz*, wo an Stelle der herausgerissenen Tanks ein riesiger Laderaum eingebaut war. Ein großes Zeltdach fing neugierige Blicke aus der Luft auf. Doch selbst wenn es der Beobachterin gelungen wäre, näher an die *Shiraz* heranzukommen, hätte sie kaum feststellen können, was in den vielen Kisten und Behältern steckte, die an Bord gehievt wurden. Strenge Sicherheitsvorkehrungen verhinderten den Zugang zum Ausrüstungskai. Wer neugierig herumfragte, was die Absperrungen bedeuteten, erhielt zur Antwort, die *Shiraz* werde im Auftrag einer iranischen Tankergesellschaft neu ausgerüstet.

Im kleinen Gebäude des Hafenmeisters, vorne an der Hafeneinfahrt, wo die Frau nochmals ihre Kamera klicken ließ, schossen die Spekulationen ins Kraut. Einer meinte, der Tanker werde zum Frachter für Großcontainer umgebaut, ein anderer wusste, dass Messstationen und Labors für die Erdölprospektion vor der Küste Nigerias eingerichtet worden seien. Und ein Dritter behauptete mit schallendem Lachen, es ginge um ein Hollywood-Projekt: Im dunklen Bauch des Tankers würden ein paar tausend schwarze Komparsen auf hohe See geschafft, um dort möglichst naturgetreu die Leiden eines Sklaventransports aus früher Kolonialzeit zu mimen. Sein komischer Einfall wurde durch enthusiastisches Händeklatschen und lautes Gejohle belohnt.

Die schlanke Afrikanerin, die vor einem Jahr aus London in ihr Heimatland zurückgekehrt war, schloss die kleine Digitalkamera an ihren Laptop an. Sie transferierte die Fotos auf die Festplatte und verfasste dann einen kurzen Bericht, den sie mitsamt Bildern über Satellit an das Büro in Genf sandte. Der Job als Prüferin der weltweit tätigen Firma Krall Inc. verschaffte der Nigerianerin regelmäßig gute Einkünfte in harter Währung, die ihr steuerfrei auf ein Bankkonto in Genf überwiesen wurden. Ihre Hauptaufgabe war über ein- und auslaufende Schiffe und deren Fracht zu berichten. Ab und zu nahm sie auch an Wareninspektionen teil, überprüfte Frachtbriefe und zertifizierte die Einhaltung von vertraglichen Abmachungen.

Jetzt legte sie den Laptop auf den schattigen Rücksitz eines früher einmal grünen Honda Civic. Auf ihn war Verlass. Locker sprang der Motor an. Ein paar Köpfe wandten sich nach ihr um. Anzügliches Lachen, ein paar Pfiffe. *So ist's nun mal daheim*, sagte sie sich. *Gehst du zu Fuß, musst du bei Machomann Spießruten laufen. Fährst du Auto, bist du ein verlottertes Geschäftsluder.* Amüsiert schüttelte sie den Kopf. *Buschmänner!*

## 17.

An diesem herrlich warmen Morgen in Los Alamos, New Mexico, hatte Nadine Moran ein spannendes Programm vor sich. Fröhlich einen leicht betagten Hit trällernd, verließ sie gegen sieben ihre Zweizimmerwohnung am Manhattan Loop, bog in die Myrtle Street ein und joggte dann voller Energie Richtung Zentrum. Aus einem tiefblauen, wolkenlosen Himmel brannte die Sonne angenehm auf ihren Rücken. Eben kurvte der Pendelflug aus Albuquerque tief über den Pueblo Canyon ein, senkte sich auf die Piste des nur eine halbe Meile östlich gelegenen Flugplatzes.

Nadines Gedanken schweiften über die nahe, dunkelgrüne Bergkette zum Horizont, rund um den Erdball, nach Europa, wo ihre Wurzeln lagen: nach Frankreich. Sie zog die frische, trockene Morgenluft tief ein. Nach den Aufregungen der letzten zwei Nächte brauchte sie jetzt Entspannung. Aber sie spürte, wie Adrenalin den Körper durchflutete, das Herz zu hämmern anfing. Dass sie innerlich derart aufgepeitscht den Tag begann, lag allerdings kaum am zügigen Laufschritt, der ihren Puls normalerweise kaum auf 120 trieb. *Normalerweise!*

Auch hatte ihre Erregung nichts mit Männern zu tun. *Männer?* Innerlich seufzend schwenkte sie links zur Central Avenue hinunter. Mit höflichem Charme und plumper Anmache hatten ihre Arbeitskollegen wirklich alles versucht, um ihre Knochen zu bespringen, wie man hierzulande leichthin sagte. Einer hatte es schließlich auch geschafft. Doch die Episode war vergessen. Kein Grund für diese innere Unrast. Oder am Ende doch?

Nagte die unterschwellige Sehnsucht nach väterlicher Fürsorge an ihrer Psyche? Fehlte ihr nicht die letzte, verlässliche Instanz, wie sie im Grunde nur ein Vater, oder mindestens eine Vaterfigur sein konnte? Nadine ahnte in solchen Augenblicken innerer Beklemmung, dass sie, die als Kind ihren Vater nie gekannt hatte, ein emotionales Defizit mit sich herumschleppte, das sich eines Tages entweder in eine befreiende Beziehung auflösen oder in einer egozentrischen Katastrophe enden würde. Was hieß überhaupt Vater? Wenn die Liebhaber ihrer Mutter Väter gewesen wären, hätte sie eine Handvoll davon gehabt. Seit ihrer Ankunft in Amerika lotete sie ihre Beziehung zu jungen Männer stets nach Ansätzen dieser lang ersehnten letzten Instanz aus. Nadine wusste, was sie brauchte: eine reife Persönlichkeit, die ihr intellektuell ebenbürtig war, ihr starke Erlebnisse vermittelte und sie beschützte. Hélas, davon hatten die Männer hier im amerikanischen Westen, diese überheblichen Yuppies, die sich an sie heranmachten, doch keinen blassen Schimmer. Abgesehen davon fühlte sich die Französin eher exotischen Männern als den blonden Beaus oder den oft tolpatschigen Yankee-Sportstypen zugetan. Südländer, ja Araber streiften mit warmen Augen gefühlvoll durch ihre Träume einsamer Nächte.

Wo wohl der Mann, ihr angeblicher Vater steckte, der sie mit zwei Jahren kläglich im Stich ließ, indem er einfach von der Bildfläche verschwand? Wie er wohl aussah? Mit Bart und gütigen Augen vielleicht?

Indem sie kräftig ausholte und tief durchatmete versuchte Nadine, ein schleichendes Unbehagen loszuwerden. Die Erinnerung an die heimliche Begegnung mit Igor vor ein paar Wochen machte sie beklommen. Hat der Kerl sie gar aus dem Tritt geworfen? Ach, wo, der Russe mit seiner absurden Verschwörungstheorie spinnte doch!

Nein, sprach sie sich Mut zu. Nein, mit Männern hat meine Aufregung heute Morgen nichts zu tun. Bestimmt nicht! Fehlte gerade noch! Sie beschleunigte energisch, um die schwache Steigung hinauf zur sanften Kuppe mit Schwung zu nehmen.

Ihr war vor zwei Tagen ein Durchbruch gelungen, der ihr ungeahnte berufliche Möglichkeiten eröffnen konnte. Professionell befasste Nadine sich mit der Verschlüsselung von Software. In den üppig ausgestatteten Labors von Los Alamos standen ihr nicht nur die schnellsten Hochleistungsrechner, sondern auch die raffiniertesten Verschlüsselungsgeräte zur Verfügung. Die Kryptografie war Nadine Morans Welt. Aber eben, Kryptografie zählte heutzutage zu den militärisch höchstempfindlichen Technologien, was bedingte, dass die Früchte ihrer Arbeit nie in verbotene Hände fallen durften.

An diesem Nachmittag wurde im Labor Besuch von Washingtons Sondergesandtem für Kryptografie erwartet. Man hatte Nadine Moran, die Ausländerin, ausgewählt, den hohen Gast über den Kryptoschlüssel, C-gag oder Cryptogag benannt, zu informieren.

Cryptogag war von Nadine und ihren Kollegen ursprünglich entwickelt worden, um Steuerprogramme von Atomwaffen zu schützen. Zu diesem Zweck war die Software, die Lenkung und Zündung von Raketenköpfen steuerte, mit einem Kodierungsschlüssel versehen worden. Vorschriftsgemäß hatte Nadine auch die als Nachschlüssel bekannte Funktion eingebaut, die heute dem Regierungsvertreter offiziell feierlich übergeben werden sollte.

Der Gedanke, dass sie in diesem Augenblick die einzige Person war, die über diesen Nachschlüssel verfügte, zauberte ein kleines, mokantes Lächeln auf ihre leicht geröteten Züge. Mit dieser Leistung war sie einem ihrer wichtigsten Karriereziele einen Riesenschritt näher gekommen. Denn im Labor standen personelle Veränderungen an: Doktor Packard hatte einen Ruf an die prestigeträchtige Universität von Central Los Angeles erhalten, was den hochnäsigen Burschen noch unausstehlicher machte. Und Nadine lechzte förmlich nach dem Job des Forschungsleiters. Ihre Chancen standen gut, was einen noch rascheren Aufstieg im Nationalen Labor bedeutete ...

Zuversichtlich, dass ihr Tür und Tor jetzt offen standen, bog sie in die breite Avenue ein.

Allerdings betraf der sensationelle Durchbruch, mit dem sie ihren Ruf als clevere Forscherin endgültig festigen würde, nicht direkt C-gag.

Sie hatte mit Larry Johnson auch an militärisch empfindlichen Systemen der Raketenabwehr gearbeitet. *Aegis* hieß das magische Wort. *Aegis* schützte die verwundbaren Flugzeugträgerflotten vor feindlichen Angriffen. Doch weil dem Abwehrsystem eine so zentrale Bedeutung zukam, musste es selber vor unzulässigen Eingriffen oder Manipulationen geschützt werden. Nadine hatte deshalb weder Skrupel noch Mühe, bei *Aegis* einen raffinierten Kodierungsschlüssel einzubauen, der nur dem Präsidenten der Vereinigten Staaten und seinem Sicherheitsberater bekannt sein würde. Und ihr, Nadine Moran, natürlich!

Als sie mit Larry an *Aegis* herumgetüftelt hatte, war ihr plötzlich überraschend ein großer Wurf gelungen. Später erklärte sie sich den Zufallstreffer damit, dass ihr ein »Trojaner« in den Schoß gefallen sei. Trojaner sind bekannte, meistens harmlose Arbeitsprogramme, die, wenn sie in einen Computer geladen werden, sich wie ein trojanisches Pferd öffnen und überraschend Agamemnons besten Kriegern gleich in die Stadt ausschwärmen und deren Schicksal besiegeln. Die listigen Truppen können in Form eines Virus oder eines Entschlüsselungsprogramms aus dem hohlen Pferdebauch steigen, Passwörter ausfindig machen, Pforten öffnen, eventuell andere Programme in Gang setzen oder das heimgesuchte System gar ganz zerstören.

Eigentlich ohne bestimmte Absicht, eher im Zuge einer Fehlüberlegung fütterte Nadine *Aegis* mit einer kryptografischen Formel, die sie seit Monaten mit Larry Johnson weiterentwickelt hatte. Sie mochte Larry ganz gern. Er war ein paar Jahre älter, wirkte abgeklärt, kannte sich durch seine Dienstzeiten in der Navy über Europa aus und verfügte außerdem über ein phänomenales Gedächtnis. Sie fühlte sich von ihm verstanden und ernst genommen, was auch darin zum Ausdruck kam, dass er sie ohne zu zögern bei ihren kühnen Versuchen mit der 4096 Bitverschlüsselung kollegial unterstützte.

Und an jenem schicksalhaften Abend geschah es dann: keine Liebschaft mit Larry (darüber später), sondern ein Durchbruch mit der Formel raubte Nadine fast den Atem. Einmal drinnen im System, öffnete sich das Pferdchen und die verborgenen Codes purzelten gewissermaßen heraus …

Nadine lief jetzt in stetem Rhythmus, leichtfüßig abrollend, atmete gleichmäßig, die Gedanken fern von allem Körperlichen.

Was war geschehen? Nadine hatte sich vorletzte Nacht kaum vom Schrecken erholen können: *Ödipus*, wie sie den Code in einer aufgewühlten seelischen Verfassung spontan betitelte, hatte in Sekundenschnelle den Zugang zum militärischen *Aegis*-Betriebssystem gefunden und dieses prompt geöffnet, als sei Nadine der Oberbefehlshaber der Streitkräfte höchstpersönlich.

Alle Sicherheitsschranken fielen vor *Ödipus* wie Laub im Herbstwind. War das einfach Zufall? Oder war *Ödipus* ein genialer Codeknacker der nächsten Generation?

Natürlich hatte sie der Sache nicht getraut und deshalb alles nochmals von vorne angefangen. Ihr Code-Generator war ein Superding, das theoretisch diesen verblüffenden Effekt erzielen konnte. Sie platzierte *Ödipus* vorsichtig ein zweites Mal in *Aegis* – und wieder öffnete sich dieser Sesam, als stände Ali Baba vor der Tür!

Wie betäubt hatte sie auf den Bildschirm ihres Mac G 4 gestarrt: auf das Navy-Kürzel CVN-71, darunter in kleiner Schrift auf blauem Grund: *USS Theodore Roosevelt.*

*Larrys Flugzeugträger, die TR!* Dort bastelte er an der Verbesserung des Doppler-Radars zur Identifizierung feindlicher Raketen.

Nadines Herz klopfte wild, als sie langsam und sorgfältig nochmals *Ödipus'* Zauberformel ansetzte, kurz nachdem in der offenen Leitung das schwache Doppel-Beep gesummt hatte.

Doch nichts geschah. Zwar knisterte es im Innern des Computers, als würde er es wenigstens versuchen. Schon wollte sie enttäuscht abbrechen, als der Bildschirm jäh zuckend zu neuem Leben erwachte.

Ungläubig hatte sie plötzlich auf eine Tabelle gestarrt, geradezu ehrfürchtig den Cursor bewegt, um alles durchzugehen. Marschflugkörper, Sprengbomben, Schwimmwesten, Sauerstoffmasken ... Sie sah sich in den Listen um: Kondome, Basketbälle, Zigaretten, Zahnfaden. Endlich begriff sie: Sie war in der Logistik gelandet, der großen Abteilung, die für die gesamte Versorgung der *TR* verantwortlich war.

Weiter war sie in jener Nacht nicht mehr gekommen. Immerhin, *Ödipus* schien zu funktionieren. Mehr aus praktischer Angewohnheit denn aus Sicherheitsgründen speicherte sie *Ödipus* ab. Da sich in die modernen Computer keine Disketten mehr einschieben ließen, schloss Nadine ein externes Diskettenlaufwerk an und sicherte ihre Geheimwaffe auf eine leere Spezialdiskette.

Am nächsten Tag war sie dann mit Larry Johnson nochmals die Navy-Dokumentation über die Organisation eines Flugzeugträgers durchgegangen. Die beiden hatten ja zusammen seit Wochen Trainingsprogramme bearbeitet, die für *Aegis*-Besatzungen Angriffe auf Flugzeugträger simulierten. Allerdings verschwieg Nadine ihrem Kollegen ihre sensationelle Entdeckung. Sie wollte die Neuigkeit zurückhalten, bis mit Sicherheit feststand, dass ihr mit *Ödipus* tatsächlich ein sensationeller Durchbruch gelungen war. *Ödipus?* Keine Sekunde kam ihr auch nur vage in den Sinn, dass an diesem Namen ein schreckliches Verhängnis hing. Ihre freudige Erregung blockierte jede gedankliche Anspielung an den vom Schicksal verdammten Königssohn, der seinen Erzeuger umbringen würde, wie es das Orakel vorausgesagt hatte …

Nadine vergaß sich. Im Laufen hob ihr Geist ab. Einfälle kamen ihr. Gefühle stiegen hoch. Sie dachte träumerisch an letzte Nacht und merkte plötzlich, dass sie die Abzweigung zum grünen Teich verpasst hatte. Genervt griff sie sich an den Kopf, machte locker eine Wende und rannte in der entgegengesetzten Richtung weiter.

Letzte Nacht hatte sie sich eingeschlossen, eine Bierdose aus dem Eiskasten aufgerissen, die Jalousien herruntergelassen, die Vorhänge zugezogen und sich dann mit pochendem Herzen vor den Computer gesetzt. Vom Diskettenlaufwerk lud sie die *Ödipus*-Wunderformel auf die Harddisk zurück und öffnete sie. Dann baute sie eine kleine Anpassung, die wie eine Weiche funktionierte. Statt zur Logistik sollte *Ödipus* jetzt zur *Aegis*-Kommandozentrale führen, ins geheimste Innere, das Herzstück, wo alle Aktionen anliefen, kontrolliert und überwacht wurden.

Dabei war sie urplötzlich in einen Zustand süßer Erregung geraten, der kaum von einer späten Phase des sexuellen Vorspiels zu unterscheiden gewesen war. Heiß und kalt durchfuhr es sie gleichzeitig. Atemlos starrte sie auf den Bildschirm, klemmte ihre Hand zwischen die Beine, wo das Prickeln kein Ende nehmen wollte. Sie war erregt gewesen wie noch nie und glaubte, sich jeden Moment dem kurzen Taumel süßer Wonne ergeben zu können. Fast unwillentlich verstärkte sie den Druck mit dem Handrücken. Dann geschah es gleichzeitig. Auf die Mattscheibe hatte sich das Combat Decision System der *USS Theodore Roosevelt* geschoben. Sie befand sich also im Innersten, im CDS, dem Nervenzentrum des Abwehrsystems, wo Computer Gefahren analysieren, Prioritäten zuteilen, die Waffen einsetzen. Es war kaum zu fassen! Ihr Körper vibrierte vor Wonne, die Augenlider zitterten halb geschlossen, und ein herrliches Gefühl der Befriedigung schloss sich dem lustvollen Höhepunkt an. Ermattet sank sie in den Stuhl zurück.

Ein Triumphgefühl hatte sie übermannt. Der Flugzeugträger *USS Theodore Roosevelt* befand sich in ihrer Hand. *Buchstäblich.* Sie legte die Fingerspitzen auf die Tasten und überlegte sich, ob sie denen dort, irgendwo im Mittelmeer, einen Streich spielen sollte. Zum Beispiel einen Angriff vortäuschen. Eine aus Montenegro angreifende russische MIG vorbeischicken? Nein, einen Micky Mouse-Film einspielen!

Die Versuchung war groß gewesen. Das Teufelchen in Gestalt der Kassette »Pluto und Mickey Mouse spielen blinde Kuh« hatte sie ganz ordentlich geritten. Doch schließlich blieb die Vernunft Siegerin. Sie hatte das Programm geschlossen und den aufdatierten *Ödipus*-Code sorgfältig auf die Sicherungsdiskette abgespeichert …

Von ihrem Gedankenflug zurückkehrend, schwenkte Nadine jetzt auf der Höhe der Fuller Lodge zum Ashley Pond ab und setzte dann zum beschleunigten Rundlauf um das hellgrüne

Wasser an, wobei sie sich den wirkungsvollen Auftritt am Nachmittag überlegte. Der arrogante Pinsel von Doktor Packard würde vor Staunen die Klappe wie ein Scheunentor aufreißen. Sie würde die Demonstration vor einem ausgewählten Publikum geschickt beginnen und dann effektvoll dem Höhepunkt entgegenführen. »Herr Sondergesandter für Kryptografie, es freut uns, dass Sie den langen Weg von Washington auf sich genommen haben … Herr Packard – darf ich sagen *Professor* Packard? – liebe Kollegen! Ich glaube, die Vereinigten Staaten haben heute das Rennen im gigantischen Geschäft mit der Kryptografie gewonnen. Ein großer Tag, auch für mich. Ich bin stolz, mich heute für das Gastrecht revanchieren zu können, das mir Amerika an dieser feinen Forschungsstätte gewährt hat …«

Sie ließ den weiten, großzügig angelegten Park hinter sich und joggte wieder auf der Central Avenue.

Ungefähr so. Und dann: *Ich habe den endgültigen Codeknacker erfunden! Die Mutter aller Knacker, ihr alten Knacker!* Doch das ging kaum. Sie lachte laut auf, als scharfes Hupen sie auf den Gehsteig zurückschreckte.

Der Taxichauffeur schüttelte den Kopf, wies herablassend auf die Ampel, die für verträumte Jogger ebenso auf dunkelrot stand wie für Fußgänger.

Ihm sorglos zuwinkend und eine Entschuldigung nachschickend, überquerte sie die Straße.

Am Morgen stand eine Besprechung mit Dr. Packard auf dem Programm. *Was haben Sie vor, Packard? Geht es um den Nachschlüssel, den Recovery key? Ich habe C-Gag völlig unter Kontrolle!*

Ein ungutes Gefühl beschlich sie. Doch sie schüttelte den Gedanken ab. *Nichts kann mich jetzt noch aufhalten!*

Ihr Blick schweifte zu den sanften Hügeln in der Ferne. Schweißtriefend setzte sie zum Endspurt zur Kreuzung mit der Trinity Road an. Keuchend dort angekommen hielt sie am Kaffeestand inne, kaufte sich geistesabwesend einen Becher Kaffee, legte ein duftendes Croissant dazu und bummelte dann gemächlich zu ihrer Wohnung am Manhattan Loop.

Der morgendliche Rundlauf umfasste etwa vier Meilen. Erhitzt und leicht euphorisch nach der körperlichen Leistung, trat Nadine rasch unter die Dusche und trank dann hastig den Rest ihres mittlerweile lauwarmen Kaffees aus. Sie ließ das Wall Street Journal ungelesen liegen, während sich im TV Kampfjets donnernd von einem Flugzeugträger wegkatapultierten, um Ziele in Ex-Jugoslawien anzugreifen.

Gut eine halbe Stunde später stand die Französin, nach letztem Arbeitsschick gekleidet, im Flur. Sie warf sich im Wandspiegel einen prüfenden Blick zu: *Los Alamos ist nicht Paris,* stellte sie dabei wieder einmal lächelnd fest. *Amerikaner sind große Jungs und kleine Mädchen, oder kleine Jungs und große Mädchen. Von den heimlichen Freuden der Eitelkeit wissen sie wenig oder nichts. Und überhaupt – was hatte Eleganz schon mit Reife zu tun? In Amerika konnte eine unauffällig angezogene graue Labormaus oft mehr ausrichten als der prächtigste Konferenzlöwe!*

Ihrem Spiegelbild übermütig ein Kusshändchen zuwerfend, machte sie einen parodistisch übertriebenen Hüftschlenker à la Monroe, griff sich die Autoschlüssel und verließ bestens aufgelegt ihre helle, mit Buchenholzfliesen ausgelegte Wohnung.

## 18.

Das ungute Gefühl, das Nadine an diesem Morgen zwischendurch beschlich, hatte einen Namen. Doch Vorahnungen sind meistens unfassbar. Man spürt, dass etwas in der Luft liegt. Dabei bleibt es in aller Regel auch schon. Jim Watt lag zwar noch im Bett, allerdings keine halbe Meile von Nadines Wohnung am Manhattan Loop entfernt. Der vor zwei Tagen angereiste CIA-Agent hatte sich im Best Western Hilltop Hotel am Trinity Drive ein Zimmer genommen und mal abgewartet. Es galt, sich mit den Gewohnheiten seines Opfers vertraut zu machen. Schon am folgenden Morgen stellte er mit Leichtigkeit fest, wie sich diese Nadine Moran offenbar täglich mit sturem Herumrennen fit hielt. Auch heute. Watt brauchte nur das Hotel zu verlassen und, den Anschein eines friedlich joggenden Bürgers erweckend, zur Kreuzung mit der Central Avenue hinüberzulaufen. Da tauchte sie auch schon in scheinbar mühelosem Laufschritt auf. Jim Watt wandte sich ab, zupfte ein paar Mal verlegen an seinem gewaltigen Schnurrbart und erreichte kurz nach ihr wie zufällig den Kaffeestand. Er schnupperte nach ihrem Duft, sie nahm keine Notiz von ihm. Ihr Blick schien irgendwie verinnerlicht in die Ferne zu schweifen, als führte sie telepathisch einen Dialog mit ihrem guten Geist irgendwo im Seelenland ihrer Ahnen.

Agent Watt traute der Französin nicht über den Weg. Sein Bluthundinstinkt warnte ihn, dass etwas schief lief in Los Alamos. Die bisherigen Ermittlungen seiner Kollegen vom Counter-Intelligence Center der CIA belasteten das junge Geschöpf, das so unbekümmert in den Tag hineinjoggte, stark. Die hohen Tiere in Langley und ihre Kollegen im FBI reagierten dieser Tage allergisch auf Ausländer, die zu den bestgehüteten Atomgeheimnissen und ihren Verschlüsselungen Zugang hatten. Wenn gar der heiße Tip des tief in Asien operierenden Kollegen zutraf – verbarg sich hinter 853 aus Taschkent nicht dieser etwas obskure Benny Sweeney oder ähnlich? –, wenn der also Recht hatte, dann war die kesse Biene hier mit ihrem kleinen prallen Hintern zum Pflücken reif. Heute war Erntetag, entschied Watt. Er würde den Auftrag gewissenhaft erledigen und das Fuder ins Trockene bringen. Mitten im Nationalen Labor. Dort hineinzukommen, war eins, nicht aufzufallen etwas anderes. Beides hatte Watt professionell vorbereitet. Ein Anruf bei John, der seit Jahren für die CIA tätig war, hatte am Vortag das Terrain gründlich vorbereitet. John war Instruktor auf der Farm, wie die Ausbildungsstätte für angehende Agenten im Jargon hieß, und hatte seine guten Verbindungen zu allen möglichen und unmöglichen Leuten. Vor allem hatte Jim Watt bei ihm einen gut, weil er ihn damals, als John mit den Spesen ziemlich deftig schummelte, nicht verpfiffen, sondern einen cover-up nach guter alter Schule aufgezogen hatte. John wusste, wenn Watt anrief, war es Zeit, dass wieder mal eine Hand die andere wusch.

»Ich kenne den Deputy des Sicherheitsdienstes im Labor. Es lässt sich etwas machen«, kam die gute Kunde nach dem üblichen einleitenden Geplänkel über die sichere Leitung.

»Es geht nicht bloß darum, dass ich ohne Probleme reinkomme, John«, setzte Watt nach, als ihm John erklärte, dass die Wache am Haupttor genauestens informiert sein würde. Meine Anwesenheit muss dort absolut diskret bleiben. Ich gebe mich als FBI aus. Verstehst du? Also, nur der Deputy und …«

John beruhigte ihn. Der Stellvertreter des Sicherheitschefs habe früher für die Firma gearbeitet, in der Unterabteilung Forschung und Waffenentwicklung und so weiter. Watt zuckte mit den Schultern und wusste haargenau, dass der Deputy immer noch für die Firma arbeitete. Das Nationale Labor in Los Alamos war schwieriger zu hüten als ein Sack Flöhe. Die CIA hatte dort ihre Leute gut postiert.

»Trägst du immer noch deinen furchtbaren Walrossschnauz?«, fragte John unvermittelt. Watt bejahte verwirrt. Er würde dem Deputy ein Bild übermitteln, meinte John lachend als Antwort auf die nicht gestellte Frage.

Somit war alles geritzt. Watt kehrte ins Best Western zurück, duschte, frühstückte und machte sich dann ohne Eile auf den Weg.

# 19.

Nadine war anfänglich ohne Begeisterung nach Los Alamos gezogen, das sie für so ziemlich das letzte Kaff gehalten hatte. Doch bald kam sie auf den Geschmack des warmen Klimas. Die Gegend bestand aus faszinierenden Geländeformationen mit flachen, bewaldeten Oberflächen, wie Tafelberge, die am Rand über steile, hellbraune Felswände in die dürren Canyons abfielen. Das viele Grün und die sanften bläulichen Hügelzüge in der Ferne erinnerten sie manchmal sogar ans heimatliche Massif Central, während die erodierten Felsgebilde, die wie freche Nasen in die Gegend ragten, Erinnerungen an alte Wildwestfilme weckten. Das vielfältige Freizeitangebot der Gegend hatte sie überrascht. Nur ein paar Meilen entfernt lockten im Winter sogar stiebende Pulverschneehänge im Pajacito Skigebiet. Alles nahm einen normalen, nicht sehr aufregenden Verlauf, bis eines Tages der Russe anrief…

Am Wochenende darauf schon flog Nadine voller Erwartung nach Washington D.C. zum geheimnisvollen Treffen. Vor dem langen schwarzen Gemäuer des Vietnam Memorial hatte sich der breitschultrige Typ mit Stirnglatze und Bartstoppeln neben sie auf die Bank gesetzt, die Papiertüte abgestellt und die Zeitung entfaltet. Nach einer Weile sagte er: »Furchtbar, haben Sie gehört? In Los Alamos haben die schon wieder ein Leck. Einfach unglaublich.«

»Im Reaktor?«, hatte Nadine gespielt naiv gefragt.

»Nein, nein. Die Chinesen spionieren die Atomgeheimnisse aus. Sie sind die Französin? Stimmt's?«

Nadine zog es vor, nicht zu antworten.

»Ich bin Igor. Wir sind verabredet«, lächelte der Mann. Den Akzent kannte sie aus früher Jugend.

»Sie sind Russe?«

»Mm.«

Nadine schaute wortlos geradeaus, wo eine Schar Touristen vor der Statue der Vietnamkrieger mit Fotoapparaten hantierte.

»Sie haben einen ausgezeichneten Ruf als Computerspezialistin. Mein Boss ist sehr an Ihrer Arbeit interessiert«, hatte der Russe erklärt.

»Und *Sie* haben mir Nachrichten von Thierry-Clément Moran versprochen.«

Igor entnahm der Tüte ein Schächtelchen und drückte es Nadine in die Hand: »Von Ihrem Vater.«

Nadine schaute ihn verblüfft an. Zögernd fasste sie nach dem Gegenstand, richtete einen fragenden Blick auf den fremden Mann.

»Öffnen Sie's. Eine Halskette liegt drin.«

»Wo ist mein Vater?«, hatte Nadine gestammelt, während sie den Deckel mit zitternder Hand öffnete.

»Nehmen Sie es doch heraus«, drängte Igor.

Vorsichtig fasste sie das feine Gold. Ein kostbares Amulett! Als sie es wendete, sah sie die fein gravierte Inschrift.

»Er lebt …«, hauchte sie. »Wo ist er?« Sie merkte, daß ihre Hand zur Faust geballt war. »Wo? Ich will es wissen!« Sie war aufgesprungen, packte Igor mit der freien Hand am Kragen. Erstaunt schauten ein paar Japaner vom Denkmal herüber, lächelten ihr japanisches Standardlächeln.

»Sowie Sie mit uns zusammenarbeiten, treffen Sie ihren Vater. Kommen Sie, hier fallen wir zu sehr auf.« Er hatte sich erhoben, die Zeitung unter den Arm geklemmt. Nebeneinander waren sie die Gedenkmauer mit den eingravierten Namen der 58 000 Gefallenen des Vietnamkriegs entlangspaziert.

»Machen Sie sich keine Sorgen. Ihr Vater lebt, es geht ihm gut.« Igor hielt ihr einen Umschlag hin.

»Ein paar Angaben zur Familiengeschichte, damit Sie uns glauben. Plus dreitausend Dollar für die Reisespesen.«

Dann hatte er ihr die Bedingungen aufgezählt. Sie war mehrmals energisch kopfschüttelnd stehen geblieben. Der Russe zuckte die Schultern, zeigte gebärdenreich auf das Amulett in Nadines Hand. Die Französin wehrte mit beiden Händen ab, wandte ihm den Rücken und stapfte entschlossen davon. Nach einer Weile blieb sie stehen, machte kehrt, kam zurück. Sie standen eine Weile gestikulierend beieinander. Dann kehrte Ruhe ein. Ein paar Augenblicke lang standen sie fast andächtig still. Ein Beobachter hätte ihre Körpersprache leicht als Entspannung nach einer wichtigen Entscheidung interpretieren können. Schließlich hatten sie sich die Hände geschüttelt und waren auseinander gegangen …

## 20.

Ihr kurzer Arbeitsweg führte Nadine über die Hauptgeschäftsstraße zum Diamond Drive, danach über den Los Alamos Canyon auf die südliche Mesa, über die sich das große Gelände des Nationalen Laboratoriums erstreckt. Ihre weiße, 85er Corvette überquerte brummelnd die Kreuzung mit der East Jerez Road, bog dann ein paar hundert Meter weiter in die Seitenstraße ein, die zu dem Computer Building führte, in dem sie arbeitete.

Nadine winkte dem Wächter im Häuschen der Guard Station an der Ecke freundlich zu, schwenkte in das ihr zugewiesene Parkfeld und stieg aus. Das Computer Building gehörte zur Technical Area 3, dem eigentlichen Herzstück von Los Alamos, wo die Forschungsanstalten und Labors untergebracht sind. Die TA 3, die allerdings nur einen kleinen Teil des gesamten Versuchsgeländes ausmachte, beherbergte rund die Hälfte des gesamten Personals. Wichtige Experimetierstätten, wie der Van de Graff-Beschleuniger, die Hauptbibliothek und das Studienzentrum, befanden sich hier inmitten einer Vielzahl von Laboratorien für physikalische Forschung. Jeden Tag begeisterte sich Nadine von neuem an dem fast unerschöpflichen Angebot an wissenschaftlicher Information in den Bibliotheken und Datenbanken dieser Forschungsinstitutionen. Weiter östlich erstreckte sich das große Gelände, die S-Site, wo Atomwaffen getestet und Versuche mit konventionellen Sprengmitteln aller Art durchgeführt wurden.

Dank ihrer Recherchen wusste Nadine nur zu gut, dass der Flugzeugträger trotz seines *Aegis*-Defensivsystems ein äußert verwundbares Objekt blieb. Rein seiner Größe wegen bot er ein flaches, breites Ziel. Unter Deck befanden sich bis zum Rand mit Sprengstoff gefüllte Lagerräume und riesige Tanks mit hochexplosivem Flugbenzin. Als im Golfkrieg ein irakischer Kampfjet mit zwei Exocet-Raketen die *USS Stark* zerstörte, erhielt die US-Navy einen Vorgeschmack von dem, was auf sie zukommen würde. Am stärksten durch Anti-Schiffsraketen gefährdet waren natürlich die großen Hangarschiffe selbst. Solche Raketen, die von Bombern weit außerhalb der Reichweite der amerikanischen Abfangjäger abgefeuert werden konnten, wurden rasch zum Alptraum der Strategen in der amerikanischen Marine. Um diese Bedrohung zu meistern, war eine neue Abwehrtechnologie gefragt, die mit solchen Raketen fertig wurde. Die Antwort hieß *Aegis*, das Abwehrsystem, benannt nach dem Schild, das der griechische Göttervater Zeus der Athene geschenkt hatte. Das so Paradoxe wie Herausfordernde des hochmodernen, 1,2 Milliarden Dollar teuren *Aegis* bestand darin, dass es die raffinierteste Technologie, die es überhaupt gab, die absolute Schneidkante moderner elektronischer Waffenkunst einsetzte, um zunehmend senile und schwerfällige Flugzeugträgergruppen zu verteidigen.

Der Forschungsleiter stand schon in Khakishorts in seinem Büro und blickte mit verschränkten Armen von seinen Einmeterfünfundachtzig streng auf Nadine herunter.

»Guten Morgen«, grüßte Dr. Packard, presste dann die Lippen zusammen, so dass sie gleich wieder den charakteristisch an den Mundwinkeln nach unten gekrümmten Strich formten. Seine langen, nackten Beine, haarlos wie frischgeborene Mäusebabys, steckten in lächerlichen braunen Ledersandalen. Nadine konnte den arroganten Kerl nicht ausstehen.

»Ich habe die Professur definitv angenommen«, gab Packard mit selbstgefälligem Grinsen bekannt.

»Meinen Glückwunsch«, sagte Nadine in neutralem Ton.

»Heute Nachmittag wird Jack Amelio das Meeting mit dem Sondergesandten leiten.«

Nadine reagierte mit Verwunderung: »Und warum, wenn ich fragen darf?«

»Weil ich glaube, dieses ganze Projekt gehört in *amerikanische* Hände.« Ostentativ über sie hinwegschauend, lehnte er sich an seinen Schreibtisch.

»Aber Doktor Packard, *ich* habe das Projekt erfolgreich beendet. Und heute Nachmittag werde ich …« Sie brach ab.

»Sicher, Moran, ich weiß. Sie haben ausgezeichnete Arbeit geleistet. Das ändert aber nichts an meiner Entscheidung.«

Ein Gedanke schoss ihr wie eine Sternschnuppe durch den Kopf: *Da steckt doch eine gigantische Intrige dahinter!*

»Augenblick mal! Als ich hier anfing, war die technologische Ausrichtung in diesem Computerlabor doch grundfalsch. Heute dagegen nehmen wir eine Spitzenposition ein.«

*Und du Mistkerl hast dir damit die Professur geholt.*

Packard verharrte in seiner überheblichen Pose. Er machte sich nicht einmal die Mühe, Nadine einen Stuhl anzubieten. »Überlassen Sie die Leitung dieser Bude bitte mir, Nadine. Ab nächste Woche berichten Sie täglich an Jack Amelio. Sie arbeiten mit ihm zusammen und lassen ihn an allen Ergebnissen teilhaben.«

*Mit diesem Kerl ist nicht zu verhandeln!*

Sie machte zwei rasche Schritte rückwärts und schlug die Tür zum Korridor zu: »Das ist die Höhe, Packard. Mein Vertrag lässt das nicht zu!« rief sie, mit ausgestrecktem Finger auf Packard zutretend. Der wich überrascht zurück.

»Beruhigen Sie sich doch, Nadine!«

»Ich denk nicht dran. Ich warne Sie: bleiben Sie auf Distanz, Sie … Sie Pickel. Und wer ist denn Jack Amelio? Was hat der Mann geleistet? Hat ihn nicht IBM zu uns abgeschoben? Jetzt wollen Sie mir wohl die Früchte meiner Arbeit klauen, was? Aber warten Sie, das kommt ganz anders!«

*Heute Nachmittag wirst du das blaue Wunder erleben. Vielleicht komme ich dann für eine Professur in Frage, Arschloch.*

»Es bleibt dabei!« Packard hob die Stimme.

»Kommt nicht in Frage, Packard.«

»Schreien Sie nicht rum«, donnerte Packard zurück.

Nadine kämpfte Tränen nieder. Monatelang hatte sie sich hier abgerackert, stand kurz vor dem Ziel. Und nun betrog sie dieses Ekel, diese Qualle, um ihren Erfolg! Mit Bravour versuchte sie, das Gefühl völliger Sinnlosigkeit zu unterdrücken.

»Sie sind unfair, Packard! Glauben Sie mir, dieser Hund taugt nicht zum Jagen.«

»Die Sitzung ist beendet«, erklärte Packard mit aschfahlem Gesicht.

Das war zuviel für Nadine Moran. Kochend vor Wut riss sie die Tür auf, drehte sich um und schrie, dass es im ganzen Korridor hallte: »Leck mich doch am Arsch, Packard!« Wie ein Böllerschuss knallte die Tür zu.

Zornig steuerte Nadine an verblüfften Gesichtern vorbei zu den Aufzügen. Sie atmete tief durch, fuhr zu ihrem Büro hinunter. Das Geschrei mit Packard nervte sie, aber der Konflikt hatte ja seit einiger Zeit geschwelt. Die Chemie hatte zwischen ihnen nie gestimmt. Sie musste die Sache unbedingt mit Larry besprechen.

Als Nadine aufgebracht ihr kleines Büro im vierten Stock betrat, hatte ein schnauzbärtiger Typ eine Hälfte seines Hinterns auf ihre Tischkante platziert und ließ ein Bein lässig herunterbaumeln, wobei er breitmaulig kaute, nein, entschied sie: eher *wieder*kaute. Er trug einen schlecht geschneiderten Seersucker, einen jener weißen Sommeranzüge aus Kräuselkrepp mit blauen dünnen Streifen, wie sie in Europa höchstens als Metzgerblusen zu sehen sind. Gereizt blieb sie stehen. »Morgen. Was kann ich für Sie tun?«

Ohne aufzustehen winkte sie der Typ auf dem Pult näher heran. »Jim Watt vom FBI, drüben in Santa Fe«, stellte er sich vor.

»Aha!« Nadine schob sich am Kerl vorbei, griff nach dem Telefonhörer.

»Lassen Sie das besser sein«, riet der FBI-Agent, drohend die Hand hebend. »Mister Packard in der Administration ist bestens informiert.«

Nadines Eckzimmer schaute gen Westen. Rechts bot es freien Ausblick auf das Robert Oppenheimer-Studienzentrum, links auf das Verwaltungsgebäude, auf das der FBI-Mann gerade einen behaarten Zeigefinger mit Trauerrand unter dem Nagel richtete. Schräg gegenüber auf der andern Seite des Gebäudes lag das kleine, unscheinbare Haus mit dem Advanced Computer Labor, wo Nadine und Larry Johnson experimentierten, was der Schnüffler vermutlich bereits wusste.

Ein paar Bücher lagen zerstreut auf dem Fußboden. Sie zeigte auf das Durcheinander von durchwühlten Papierstapeln und aufgebrochenen Diskettenbehältern.

»Suchen Sie was Bestimmtes?«, presste sie so ruhig wie möglich hervor.

»Wir überprüfen die Sicherheitsvorkehrungen«, informierte sie der Agent während er einen CD-Behälter in seinen Aktenkoffer wandern ließ.

»Sie sind Ausländerin, Miss Moran.«

»Gratuliere. Das war bestimmt schwer rauszubringen«, grinste Nadine. Ungerührt packte Watt sie plötzlich hart am Handgelenk. »Klugscheißer, was? Wo ist denn Ihr Laptop?«

»Lass deine dreckigen Wichsgriffel von mir, Watt«, hieb sie betont gleichmütig zurück. »Hier arbeiten wir auf vernetztem System.«

Erschreckt ließ der Agent ihre Hand los.

*Auf keinen Fall noch eine Schreiszene! Aber wo habe ich das Notebook eigentlich gelassen?* Wie beiläufig suchte sie mit den Augen ihr Büro ab, dann fiel es ihr ein: *Verflixt, es lag noch oben in Packards Büro!*

»Sie waren kürzlich in Washington D.C., Miss Moran?«

Nadine zuckte die Achseln. »Na und?«

»Was war der Zweck dieser Reise?«

Ihre Augenbrauen zogen sich zusammen: »Ich glaube, Sie sollten sich mal ausweisen, Agent Wie-heißen-Sie-noch?«

»Sie haben sich mächtig Schwierigkeiten eingehandelt«. Er klaubte widerwillig eine FBI-Dienstmarke hervor. »Zufrieden, Miss Moran?«

Nadine wunderte sich, ob das ganze Theater von Packard inszeniert worden war, um sie noch mehr unter Druck zu setzen. Ihre Gedanken flogen zu Igor, seiner ungeheuerlichen These von neulich in …

»Sie haben den Russen geheimes Material übergeben. Schlimm, ganz schlimm«, zischte Jim Watt sie unvermittelt an, als hätte er in ihren Augen gelesen.

Entgeistert lehnte Nadine sich zurück. Sprachlos die Arme ausbreitend, ließ sie sich in ihren Bürosessel fallen. Jim Watt sog diese Reaktion genüsslich auf. Die junge Französin machte große Augen, schüttelte langsam den Kopf. »Da sind Sie aber auf einem verdammt falschen Dampfer, Mister … Das ist doch wirklich bodenloser Unsinn.« Fassungslos und empört, wusste sie weder aus noch ein.

Der FBI-Mann ließ sich Zeit. Eine Weile spielte er wie zerstreut mit einer CD-Scheibe, die er rhythmisch in die Luft schnellen ließ, auffing, wieder empor schickte, auffing. Es war ohnehin besser, mit dieser kleinen Wildkatze vorsichtig umzugehen. Fing man's richtig an, ließ sich ihr Feuer vielleicht vorteilhaft dorthin kanalisieren, wo es einem ein bisschen einheizen konnte, nicht wahr …

Gelassen klaubte er endlich die Bilder aus Washington hervor.

## 21.

In Nadines kleinem Arbeitszimmer hielt FBI-Agent Jim Watt triumphierend ein Foto hoch, auf dem sie das kleine Schächtelchen in der Hand hielt.

»Ziemlich klar. Übergabe von geheimen Daten. Dann hier … und hier!« In schneller Folge legte Watt die offenbar mit Teleobjektiv geschossenen Fotos auf den Tisch: Nadine Moran beim Händeschütteln, Nadine Moran beim Tuscheln, Nadine Moran bei der Entgegennahme eines Umschlags.

»Gehen wir doch gleich bei Ihnen zu Hause vorbei«, schlug Watt versöhnlich vor.

Nadine brauchte Zeit, um sich zu fassen. Was sollte sie tun? Einen Anwalt rufen? Sie kannte keinen. Den Direktor des Labors einschalten? Nur kein Aufsehen, um Himmels willen! Sich so diskret wie möglich das Kinn kraulend, fixierte sie den FBI-Mann mit skeptischem Blick.

*Da stimmt doch etwas nicht!*

»Los, kommen Sie, Miss Moran!«

»Haben Sie überhaupt einen Durchsuchungsbefehl?« Nadine war mächtig stolz auf den Einfall.

»Brauchen wir nicht. Bei Ihrem Sicherheitsgrad sollten Sie das wissen, Sie sind doch gebrieft, oder? Hier geht es um die nationale Sicherheit. Wenn Sie sich weigern, mich in Ihre Wohnung zu lassen, bringe ich Sie nach Santa Fe und buchte Sie ein. Im Knast können Sie dann auf Ihren Durchsuchungsbefehl warten. Kann allerdings Tage dauern.«

Eine Idee nahm Gestalt an. *Ich muss Zeit gewinnen.*

»Okay, Sir. Sie sind nun mal das Gesetz, obwohl ich mir das Gesetz immer mit sauberen Fingernägeln vorgestellt habe«, gab sie widerwillig nach. In diesem Augenblick schob ein rundlicher junger Mann seine Körpermasse breit in den Türrahmen. »Hi, Nadine, wie geht's?«, rief er munter.

»Nicht besonders, Larry.«

Larry Johnson versteifte sich, fuhr mit der Hand über seine kurzgeschnittenen, blonden Haare. »Kann ich irgendwas für dich tun?«, fragte er gedehnt.

»Nicht nötig, danke«, wehrte Watt ab, während Larry auf Nadines gekreuzte Hände starrte.

»Okay, dann wünsch ich einen schönen!« Larry verzog sich Stirn runzelnd.

»Da wäre noch ein Punkt«, unkte Watt.

»Vielleicht kann uns jemand Kaffee bringen?«, schlug Nadine vor.

»Genau. Und mir ein Schinkensandwich mit reichlich Mayo und Senf«, ergänzte Watt grinsend. Nadine bestellte das Gewünschte telefonisch in der Cafeteria und konnte nur hoffen, dass dieser schlaksige FBI-Zombie nichts von dem zweiten Treffen wusste, das später an jenem Tag in Washington stattgefunden hatte. Sie hatte sich noch einmal mit Igor verabredet, diesmal in der Union Station. Von dort waren sie im Taxi zum Arlington Friedhof gefahren …

# 22.

»Wieso ausgerechnet Belgrad? Dort tobt der Luftkrieg«, hatte Nadine sich erkundigt, als sie am Soldatendenkmal von Iwo Jima vorbei zum Eingang des großen Militärfriedhofs spazierten.

Der Russe zuckte die Achseln.

»Wir verhandeln in der sudanesischen Botschaft mit Interessenten für die neuen russischen Raketen. Thierry-Clé Moran wird an dem Treffen als Experte der Käuferschaft teilnehmen«, behauptete er.

Sie gingen Seite an Seite, ließen gerade das Grabmahl der Kennedys hinter sich. Die Sonne stand tief im Westen und überflutete das sattgrüne, sanft gewellte Friedhofsgelände mit goldenem Licht, dem sich die kahlen Baumstämme der Pappeln und Platanen wie Mahnmale schwarz und zeitlos entgegenstellten. Die unzähligen schlichten Grabsteine der Gefallenen und die der militärischen Würdenträger warfen lange Schatten über einen makellos gepflegten Rasen.

Nadine war auf dem asphaltierten Weg vor Gräbern aus dem Koreakrieg stehen geblieben: »Hören Sie gut zu, Igor, ich will den Kontakt herstellen. Ich fühle, mein Vater steckt in einer ausweglosen Situation und braucht meine Hilfe. Für mich ist das kein kleines Spielchen, sondern todernst. Lügen Sie, werden Sie das zutiefst bedauern, das schwöre ich Ihnen.«

Igor senkte seine Augen unter ihrem harten Blick.

»Also, was wissen Sie über Thierry-Clément? Warum sind Sie so sicher, dass ich ihn in Belgrad sehen kann?«, hatte sie scharf nachgefragt und ihm mit der Hand das Kinn angehoben: »Schauen Sie mir in die Augen, Mann!«

Vier Soldaten mit geschulterten Gewehren marschierten in straffer Einerkolonne vorbei.

»Kommen Sie«, hatte Igor geflüstert, während hinter ihnen die Zeremonie der Wachablösung der Ehrengarde begann.

Der vor Jahrzehnten in die USA emigrierte Russe handelte mit Flugzeugen, Ersatzteilen und allem, was damit zusammenhing. Ein Batzen Geld verdienen ließ sich dabei vor allem mit Lieferungen in die Konfliktgebiete Afrikas, Südamerikas und Asiens. Igors Spezialität war der günstige Einkauf von gebrauchten Passagierflugzeugen und Herkules-Transportern. Er ließ diese Arbeitspferde der Lüfte überholen, verschacherte sie dann zu Höchstpreisen an Regierungen, Potentaten, Kriegsherren und private Interessenten. Seine Kontakte knüpfte er in der Halbwelt echter und gestrauchelter Agenten, unter Waffenschiebern und als Freiheitskämpfer bemäntelten Terroristen.

»Als die Russen mit der neuen *Sunburn* auf den Markt kamen, entschloss ich mich, meinen Geschäftssitz nach Muscat zu verlegen«, erzählte Igor vor dem Grabstein eines im Zweiten Weltkrieg gefallenen Luftwaffenmajors.

»Ihr Geschäftssitz?«, spottete Nadine.

»In Oman sitzen die Briten, die an Waffen stets interessiert sind. Muscat kontrolliert zudem den Zugang zum Persischen Golf… Übrigens, ist alles in Ordnung mit Ihrem Job?

»Wie bitte?« Nadine schaute ihn verdutzt an.

»Ich meine im Labor, wo Sie sich für die Amerikaner abrackern?«

Nadine blieb stehen: »Abrackern? Sagen Sie mal, was soll der Quatsch? Natürlich ist alles in Ordnung. Was geht Sie das überhaupt an?«

Igor blickte sie mit verkniffenen Augen an und flüsterte: »Sagt Ihnen Schlange etwas?«

Nadine öffnete den Mund und starrte den Russen verständnislos an.

»Nun, jemand trug mir auf, Ihnen folgendes mitzuteilen.« Igor hatte theatralisch in der Rocktasche gewühlt, einen Fetzen Papier hervorgezaubert und auf Augenhöhe in der Luft gehalten. »Da steht es«, sagte er mit ominöser Miene.

»Was steht da?«

»Packard nährt Schlange an seinem Busen«, sagte Igor leise.

Nadine erinnerte sich haargenau: Sie hatte die Hände in die Hüfte gestemmt und wie versteinert dagestanden. Als der untersetzte Russe sie unverwandt anblickte, hatte sie sich abgewandt und war auf den Rasen getreten, hatte geistesabwesend auf einem Grabstein die Jahreszahl *1944* gelesen, darunter *John Ryan.* Nur fernes Rumoren von Verkehrsflugzeugen und das einsame Klopfen eines Spechts beeinträchtigten die friedliche Stille.

Sie hörte schlurfende Schritte hinter sich und fuhr wütend herum. »Spione. Sie meinen Spione? In Packards Abteilung, wo ich arbeite, soll ein … ein Schnüffler … Ist es das, was Sie sagen wollen, Igor?«

Der Russe hatte stumm genickt. Die Information stamme von dem Mann, der ihm die Halskette anvertraut habe. Er wolle sie warnen. Sie stehe im Labor unter Observation, hatte er dann allmählich ausgepackt. Die Warnung sei gut gemeint, stamme von Freunden im Umkreis ihres Vaters …

»Das ist doch verdammter Mist. Einfach Mist!« begehrte Nadine so laut und zornig auf, dass der Specht flatternd das Weite suchte. »Schlange! … Natürlich wird im Labor rivalisiert … ein paar falsche Fuffziger mag es auch geben, die nur darauf warten, dir den Dolch in den Rücken zu stoßen … aber Verrat … Spionage …« Sie schüttelte heftig den Kopf und presste die Lippen fest zusammen.

»Unser Mann in Afghanistan ist zuverlässig. Hat einen Draht zur CIA«, beharrte Igor. »Seien Sie auf der Hut. Rufen Sie hier an, wenn Sie in Schwierigkeiten stecken.« Er hatte ihr eine Geschäftskarte in die Hand gedrückt.

CIA? Afghanistan? Kein Wort mehr von diesem Unsinn, hatte sie dann das Thema entschieden beendet, um gleich darauf herauszuplatzen:

»Und *dort* begegneten sie meinem Vater?«

Igor schüttelte unwirsch den Kopf: »Nein, doch … in Kandahar.«

»Wieso um Himmels willen in Afghanistan?«, fragte Nadine scharf. Sie presste ihre Ellenbogen gegen den Körper, als wäre ihr kalt. Der Russe blickte sinnierend in die Ferne.

»Die Vorgeschichte kenne ich leider nicht. Aber soviel weiß ich: Nach seinem Verschwinden aus Frankreich arbeitete Ihr Vater offenbar in Marokko, man munkelt verschiedenes. Egal, ist Vergangenheit. Dann vor etwa fünf Jahren arbeitete er für einen saudischen Boss als Consultant für Flugzeuge und was damit zusammenhing. Vermutlich auch Waffen. Raketen.«

»Okay.« Nadine schluckte.

Sie gingen schweigend zurück. Die neue Ehrenwache stand unbeweglich, wie aus Granit gemeißelt, auf Posten.

»Und wie komme ich nach Belgrad?«, hatte Nadine gefragt.

»Es gibt Kursmaschinen, die trotz Krieg hinfliegen. Aus der Schweiz zum Beispiel starten täglich Flüge. Von Zürich nach Belgrad«, erklärte Igor matt.

»Zürich?«, murmelte Nadine. *Durchaus keine schlechte Idee!* Plötzlich hatte sie ihn vor Augen, den in die Jahre gekommenen General, wie er sie sanft umfasste, charmant, ein Gentleman der alten Schule, zum Tisch geleitete. Stolzen Hauptes nahm er die neugierig bewundernden Blicke von den anderen Tischen wahr. Später hatte er ihr verraten: »Ich habe deinem Papa – oder soll ich Thierry-Clé sagen? – versprochen, dich zu beschützen, doch scheint mir, du hast alles erreicht, mein Kind. Vielleicht bin *ich* es, der Schutz braucht. Gleichwie, wann immer du glaubst, ich könnte etwas für dich tun, rufe mich an. Je früher desto besser. Versprich es mir!«

Die Erinnerung an die warme, freundliche Begegnung mit ihm wirkte tröstlich auf Nadines wunde Seele.

Vom flachen Grab Präsident Kennedys schlenderten sie zu der berühmten Statue hinüber, wo im goldenen Schein des Abendlichts die Kämpfer von Iwo Jima, ganz aus einem Guss, das Sternenbanner hochwuchteten: eben der Hölle entronnen, vereint im Triumph, Stolz in den Augen, Kraft in jeder Sehne der zähen Körper. Allerdings wurde auch behauptet, dieser großartig symbolische Augenblick wäre damals für den Kriegsfotografen arrangiert worden. Nadine jedenfalls neigte von Natur aus zu romantischer Affirmation: Sie bewunderte die Helden jener größten Seeschlacht des II. Weltkriegs. Mit gerunzelter Stirn gelang es ihr, den Zeitpunkt des dramatischen Ereignisses ungefähr zu fixieren: Zwischen Februar und März 1945 musste das gewesen sein. Sie hatte den Blick von den bronzenen Soldaten abgewandt und den Russen mit ernster Miene informiert: »Gut. Ich fahre nach Belgrad.«

Je früher desto besser, hörte sie des Generals eindringlich sanfte Stimme, als schwebte er im Geist über die metallenen Helden der Pazifikschlacht.

Igor nickte, winkte ein Taxi heran. »Schön. Ich gebe Ihnen dann noch weitere Einzelheiten. Sie verstehen?« Er griff in die Brusttasche, schaute sich um. Alles machte einen völlig normalen Eindruck. Niemand hatte sie beschattet. Sie stiegen ein. Als sie auf der Brücke den Potomac River Richtung Innenstadt überquerten, steckte er ihr seine Notizen mit Ort und Zeit des Treffens zu. Sie hatte große Augen gemacht, als sie das Datum las. Die Zeit zerrann ihr unter den Händen.

## 23.

Nadine Moran schreckte aus ihrer wirren Träumerei auf, als ein Bote den Raum betrat und Papiertüten auf den Tisch stellte. Agent Watt steckte ihm einen Geldschein zu und winkte ihn unwirsch hinaus. Nadine atmete tief durch.

Sie musste sich beherrschen. Alles fügte sich plötzlich nahtlos zusammen. Die Sätze hämmerten in ihrem Kopf: *Packard nährt Schlange* ... Sie war die Schlange! Die Erkenntnis rührte an ihrem innersten Nerv... *Seien Sie auf der Hut* ... *Unser Mann in Afghanistan* ... *Guter Draht zur CIA* ...

Sie seufzte. In fünf Tagen, am kommenden Montag, musste sie, nein wollte sie, in Belgrad eintreffen. Igor hatte Recht. Feindselig starrte sie auf Watt. Er observiert mich ...

Sie hatte es dem charmanten Herrn damals versprochen. In der Kronenhalle, einem gutbürgerlichen Züricher Restaurant mit echten Impressionisten an den Wänden. Unter einem Picasso, der auch dort hing, hatte sie Korpskommandant de Diesbachs Telefonnummer für den Fall eines Falles entgegengenommen und gut aufbewahrt. Sie war erregt gewesen. Was der liebenswürdige Gentleman und brillante Causeur ihr verraten hatte, wühlte sie auf. Immer noch. Plötzlich fühlte sie sich der starken Vaterfigur Edouard nahe, sehr nahe ... Die Zeit war gekommen, den Schritt zu wagen und sein Angebot anzunehmen. Nadine unterdrückte den nächsten Seufzer. Was ihr fehlte, würde sie sich holen ... Je früher desto besser.

Während sie die Kaffeebecher und das vor Mayonnaise triefende Sandwich aus der Tüte nahm und dem Agenten reichte, sagte Watt in vertraulich gesenktem Tonfall: »Wir schlagen Ihnen einen Deal vor, Nadine. Sie geben Ihre Forschungsresultate heraus und ...«

»Mensch, haben Sie ein Rad ab?«, empörte sie sich. »Alle Daten gehören dem Laboratorium. Das ist doch alles Eigentum der Regierung.«

»Ich vertrete die Regierung, Miss Moran.«

»Und was habe ich für Garantien? Ich bin unschuldig«, ereiferte sie sich. »Sie wissen so gut wie ich: Ihre Vorwürfe sind absurd!«

»Wir helfen Ihnen, wenn Sie uns helfen, Nadine. Da gibt es noch Verschlüsselungscodes von großen französischen Firmen wie Elf Aquitaine, GC Tech, Aerospatial und Airbus Industries«, erklärte Watt gelassen, als rede er über das Wetter.

»Wirtschaftsspionage?« Nadine traute ihren Ohren nicht.

»Eben. Airbus, Öl, Kampfflugzeuge, Verschleierungstechnologie, Raketen und anderes.«

Ihre Stimme war jetzt genauso kalt wie sie sich innerlich fühlte. »Nehmen wir mal an, ich lehne ab.«

»Dann machen wir Ihnen das Leben zur Hölle, liebe Miss France. Dann sind Sie plötzlich nur noch eine ganz gewöhnliche Spionin. Eine eingebildete Puppe, die alles macht für Geld. Alles. Dann sind Sie schlimmer als dieses verdammte Chinesenpack.« Watts Tonfall war geringschätzig, als er den von China organisierten Atomwaffendiebstahl ansprach.

Hilfe suchend zur Decke starrend, kam ihr plötzlich der rettende Gedanke. Aber es galt, sich nichts anmerken zu lassen. *Warte nur, mein Bürschchen. Deinen Hintern lass' ich auf Grundeis gehen!*

»Überlegen Sie gut«, drängte der FBI-Mann. »Viel Zeit haben Sie nicht mehr. Ab sofort überwache ich jeden Schritt, den Sie tun.« Plötzlich wirbelten kleine Handschellen aus Hartplastik wie spielerisch um seine Finger.

»Nehmen Sie doch ein Valium, Junge«, empfahl Nadine kühl, einen verdeckten Blick auf die kleine digitale Schreibtischuhr werfend. Bald zwölf! Larry Johnson saß entweder im kleinen Labor des Advanced Computer Hauses oder schwitzte seinen täglichen Speck im Sportsclub ab. Sie tippte auf letzteres.

»Wenn Sie mich brauchen, ich bin im Wellness Center!«. Sprach's, stand auf und schritt aufreizend langsam hinaus. In diesem Augenblick fühlte sich Nadine wie ein Stierkämpfer, der während einer Flaute inmitten des brutalen Kampfes dem Gegner nonchalant den Rücken kehrt. Sie straffte den Rücken, hob die rechte Hand und produzierte zwischen Daumen und Mittelfinger drei scharfe, eng aufeinander folgende Knalllaute. Dabei rief sie Watt ein kleines, doch gellend scharfes »Olé!« zu, den FBI-Bullen wie ein erschöpftes, dumpfes Tier zurücklassend.

Um zum Wellness Center an der Bikini Road zu gelangen, brauchte Nadine das Gelände der Technical Area 3 nicht zu verlassen. Sie würde über die West Jerez Road fahren und vor dem niederen Gebäude mit dem L-förmigen Anbau parken, wo die Powertrainingsräume und Fitnessstudios untergebracht waren.

Doch zunächst fuhr sie im Aufzug in den vierten Stock, hastete nervös in den Flur hinaus und musste sich beherrschen, um nicht zu rennen. Am Ende des langen Korridors blieb sie innerlich aufgewühlt vor Dr. Packards Büro stehen.

*Ich werde mich bei ihm entschuldigen,* entschied sie, klopfte und schob die angelehnte Tür vorsichtig ganz auf. Das Büro war leer. Ihre Tasche mit dem Notebook stand, wo sie sie abgestellt hatte: angelehnt an den kleinen Salontisch im Schatten eines Sessels. Sie drückte sie liebevoll wie ein entlaufenes Kätzchen an sich und machte sich rasch auf den Weg zum Fitness Center. Auf halbem Weg zwischen Garderobe und Cafeteria kam ihr Larry Johnson mit gerötetem Kopf und klatschnassem Workout-Leibchen entgegen. Er spürte sofort, dass etwas nicht stimmte.

»Was ist los, Nadine? Probleme mit diesem Typen? Ein Bulle, habe ich Recht?«, redete er drauflos: »Der Schwachkopf war vorher im kleinen Labor und hat unsere Computer betatscht. Mist, nicht?«

»Hör' mir gut zu, Larry. Die sind hinter unseren Programmen her. Morgen kommen sie bestimmt zu dir. Dann bist du an der Reihe. Du musst alles löschen, gleich jetzt, putze alles ratzekahl aus meinem Computer weg.«

Larry machte große Augen, schüttelte den Kopf. »Das verstößt klar gegen die Regeln.«

»Nein, was dieser Scheißkerl vom FBI macht, *das* ist gegen die Regeln. Die stehlen unsere Erfindung, Larry. Aus ist unser Traum mit dem Weltpatent, verstehst du? Die klauen unser geistiges Schaffen. Millionenwerte gehen uns den Bach runter. Kapierst du?«

»Und der Backup?«, raunte Larry bestürzt.

»Ich habe alles auf mein Notebook abgespeichert.« Sie klopfte beschwörend auf die Tasche, die sie im Arm hielt. »Keine Sorge. Lösch ruhig alles im kleinen Labor. Du hast Zugriff auf mein System, ohne dass der Bulle auch nur das Geringste merkt. Du hilfst mir doch?« Sie blickte ihn flehend an.

»Gut, aber ich weiß von nichts, habe nichts gesehen, und die Navy hat nichts damit zu tun. Absolut nichts. Nicht die Navy«, beschwor er sie. Sie nickte überzeugend ernst.

»Du hast mein Wort. Verlass dich auf mich, Larry. Aber sieh' dich vor. Bring deine Daten in Sicherheit, bitte. Und zwar pronto, erste Priorität. Packard, das Aas, steckt sicher auch mit drin.«

»Hast du wirklich *Leck mich am Arsch* zu ihm gesagt?«, fragte er ungläubig.

»Ja. Und ich kündige. Hüte dich vor ihm. Und vielen Dank, Larry. Wir bleiben in Kontakt.« Nadine legte ihm die Hand auf die Schulter: »Guter Kerl.«

»Willst du denn weg?«, fragte er ahnungsvoll. »Darf man fragen, wohin?«

»Heute Abend kommt der FBI-Typ zu mir nach Hause. Könntest du zufällig um zehn bei mir vorbeischauen? Ich würde mich viel besser fühlen.«

Johnson blickte sie skeptisch an. Ihm stand auf dem Gesicht geschrieben, dass er mit dem FBI nichts zu tun haben wollte. Hier hörte seine Freundschaft offenbar auf. Sie wiegte bedauernd den Kopf.

»Na, dann eben nicht. Ist ja egal. Du hast Recht, vielleicht verreise ich. Ja, vielleicht sollte ich mir einen neuen Job suchen«, sagte Nadine. »Bis später, Larry!« Sie küsste ihn flüchtig auf die Wange und ließ den verdutzten Kollegen stehen.

Sie hatte noch etwas zu erledigen, bevor sie nach Hause wollte.

*Nach Hause? Oh Gott, wo ist eigentlich mein Zuhause?*

Sie war im Begriff, alle Brücken hinter sich abzureißen. Es ging eben nicht anders: In diesem tristen Nest hatte sie nichts mehr verloren.

*Ich will heim. Nach Frankreich. Vielleicht ist dort mein Zuhause.*

Tränen stiegen ihr in die Augen ...

Als sie rasch durch die Gänge zur Bibliothek schritt, beschlich sie ein merkwürdiges Gefühl. Ihr so plötzlicher Entschluss, Los Alamos den Rücken zu kehren, gab der Umgebung schon jetzt den Schimmer einer nostalgischen Vergangenheit. Die ordentlich angeschriebenen Räume, der grüne Teppichboden, die Schreibtische, Computer und Aktenordner, das alles strahlte eine Vertrautheit aus, die sie geradezu wehmütig stimmte. Wie eine Besucherin im eigenen Leben kam sie sich vor.

Als sie im ruhigen, mit schöner Holztäfelung verkleideten Leseraum ihr Notebook anschloss und startete, brach die Wut wieder durch.

*Dieser Packard, das fiese Ekel. Der steckt doch mit dem FBI unter einer Decke, um mich loszuwerden. Denen werd ich's zeigen!*

Sie öffnete den Internetzugang und gab nadine@gctech.com ein – ihre alte E-mail-Adresse in der GC Tech, wo sie lange mit Jean-Philippe gearbeitet hatte. Sie fügte die *Ödipus*-Formel der E-mail als Anlage hinzu und verfuhr ebenso mit den beiden Files mit den zwei aktivsten Programmen für die *Aegis*-Luftkampfsimulation. Dann klickte sie auf SEND und beobachtete angespannt, wie der verschlüsselte Datentransport optisch in einem sich schwarz füllenden Querbalken ablief.

Ob Jean-Philippe wohl noch bei diesem Software-Riesen in Frankreich beschäftigt war? Noch eine Minute, zeigte der Balken an. Sie schaute auf die Uhr. Doppelt genäht hält besser: Sie hatte die empfindlichen Daten jetzt sowohl auf der Sicherungsdiskette wie auch in ihrem alten E-mail-Briefkasten bei GC Tech deponiert.

*Vielleicht ist Philippe mittlerweile sogar zum Geschäftsführer avanciert.*

»File done«, plärrte eine aggressive weibliche Stimme aus dem Computer. Wie Lara Croft klang das jedenfalls nicht! Immerhin erlaubte ihr diese Bestätigung, sich erleichtert aus dem Netz abzumelden.

Sollte sie Jean-Philippe vielleicht noch anrufen? Als eine der weltweit größten Firmen im wachsenden Verschlüsselungsmarkt stand dort möglicherweise ein Job für sie offen. Ihr Fluchtplan hatte endgültig Gestalt angenommen.

Doch den Anruf nach Toulouse, wo ohnehin bereits Nacht war, verschob sie besser auf später.

An der Wand draußen im Flur hing ein Münzfernsprecher. Sie zögerte, hob dann doch den Hörer ab, verlangte die Auskunft. Sie kritzelte die Nummer mit Kugelschreiber auf den Handrücken, warf eine Vierteldollarmünze ein, wählte. Eine monotone, digital simulierte Stimme verlangte ihr weitere zwei Quarters ab. Endlich meldete sich das Federal Building in Santa Fe, der Sitz des FBI-Büros. Nachdem Nadine sich nach dem Agenten Jim Watt erkundigt hatte, informierte sie eine freundliche, weiche Stimme, dass es tatsächlich einen Sonderagenten dieses Namens gab. Verlegen blieb Nadine ein paar Herzschläge lang stumm. Die Telefonistin setzte höflich professionell nach.

»Ma'm? Worum handelt es sich?«

»Ja, also, ein Mister Jim Watts, der sich als FBI-Agent ausgab, will heute Abend bei mir eine Hausdurchsuchung machen. Ich wollte nur ...«

»Moment bitte, Ma'm.«

Nach kurzer Zeit meldete sich die gleiche Stimme wieder: »Sie rufen aus Los Alamos an, ja? Ist Los Alamos auch ihr Domizil?"

Nadine bejahte, gab ihre Adresse an.

»Das ist wirklich merkwürdig, Ma'm. Agent Jim Watt befindet sich gerade in Quantico, Virginia. Dort hält er heute Abend einen Vortrag. Sind Sie sicher, dass es sich um …«

Obwohl die effizient mitteilsame Telefonistin zumindest ein Dankeschön verdient hätte, legte Nadine ohne zu zögern wortlos auf. Sie bewegte die Schultern, schüttelte den Kopf, als wollte sie sich von einem Albtraum befreien. Oder den Körper für einen bevorstehenden Kampf lockern. Eins stand jedenfalls fest: Jetzt galt es, mit harten Bandagen zu kämpfen. Es war auch Zeit für den Anruf. Sie suchte in ihrer Handtasche nach der Karte mit der Telefonnummer, die ihr der Russe auf dem Heldenfriedhof zugesteckt hatte. Zum Glück hatte sie sie aufbewahrt. Sie hielt sie fest wie ein rettendes Pfand in der Hand, als sie grimmig entschlossen das Gebäude verließ.

## 24.

Der schwarze Buick rollte langsam durch die schwach beleuchtete Myrtle Street, schwenkte dann in den Manhattan Loop ein. Die grünen Ziffern der Digitaluhr auf der futuristisch geformten Instrumentenkonsole zeigten fünf Minuten vor neun. »Hier wären wir. Park vor dem Haus.« Der Beifahrer zeigte nach vorn: »Da vorn, in der Dunkelheit unter den Bäumen.« Die Straße war leer. Die Frau am Steuer schaute sich vorsichtig um. Aus reiner Gewohnheit tastete ihre Hand unter das Jackett, wo die Dienstwaffe steckte. Die Pistole vom Typ SIG-Sauer P 228, die zur Standardausrüstung des FBI gehörte, war mit einem Magazin mit dreizehn Neunmillimeter-Patronen ausgestattet. Die Frau zwinkerte ihrem Partner routinemäßig zu.

»Ich schau mal nach«, schlug sie vor. Ohne auf Antwort zu warten, stieg sie aus. Der ältere FBI-Agent auf dem Nebensitz nickte, nachträglich zustimmend.

»Okay. Aber bleibe auf Empfang.«

Jim Watt hörte das Geräusch der zufallenden Autotür. Rasch ans Fenster tretend, spähte er die Straße auf und ab. Vor ein paar Minuten hatte er mit seinem Spezialwerkzeug die Vordertür aufgewuchtet, rasch und lautlos ein paar Schritte in die dunkle Wohnung getan. Vorsichtig hatte er sich vorangetastet, ebenso vorsichtig nach einem Schalter gefühlt, dann Licht gemacht. Leere schlug ihm entgegen. Schlechte Luft stand im Vorraum. Nadine Moran war nicht zu Hause. Jim Watt hatte nicht lange gebraucht, um festzustellen, dass die Französin getürmt war. Hastig begann er das Zimmer zu durchsuchen, öffnete Schränke, riss Schubladen auf. Nach fünf Minuten nutzloser Arbeit stand fest: der heimliche Einbruch war ein Schlag ins Leere. Keine Laus hatte er gefunden. Keine Spur eines Computers. Nirgends irgendwelche Disketten. »Du Luder! Hast alles mitgenommen«, fluchte er gerade leise durch zusammengebissene Zähne, als ihn ein Geräusch von draußen aufschreckte. Eine geübt unterdrückte Stimme sagte etwas. Watt drehte den Kopf, die Ohrmuschel wie eine Radarschüssel nach den Worten tastend.

»Komm zur Haustür, Paul. Ich checke den Hinterhof«, hörte er die junge FBI-Agentin in ihr Funkgerät sprechen.

Watt beobachtete, wie sich ein Schatten von einem tief unter dunklen Bäumen geparkten Wagen löste und sich auf den Vorgarten von Nadine Morans Wohnung zubewegte. Zeit abzuhauen! Er kurbelte die Jalousie der Terrassentür hoch, die ebenerdig in den Garten führte, spähte hinaus. Die Luft war rein. Watt zog routiniert den Schlitten seiner Pistole zurück, ließ ihn zurückschnellen. Eine Kugel steckte im Lauf. Die Waffe war schussbereit. Er löschte das Licht. Vorsichtig öffnete er die Tür, trat in die Dunkelheit hinaus. Er hatte ungefähr zehn Schritte getan, als ihn der Lichtstrahl traf.

»Halt. FBI! Keine Bewegung, Hände …«

Der Schuss aus Watts Pistole krachte. Dann noch einer. Der Lichtstrahl kippte weg. Watt sprang in den Schutz der

Dunkelheit. Er hörte Stöhnen. Ein Schuss knallte, die Kugel sirrte hart an seinem Kopf vorbei.

Blutüberströmt war die junge FBI-Agentin zusammengebrochen. Ihr Kollege, der die Schüsse auf der andern Seite des Hauses gehört hatte, rannte zum Wagen zurück, riss das Radiomikrofon aus der Halterung.

»Wir brauchen Verstärkung. Manhattan Loop …«, keuchte er.

Zehn Sekunden später beugte er sich im Vorgarten von Nadine Morans Apartment über den Körper der Agentin. Ihre Augen starrten gebrochen ins Nichts. Die Kugel hatte sie mitten ins Herz getroffen, er konnte nichts mehr für sie tun. Langsam ging er neben ihr auf die Knie, berührte mit drei Fingern sanft die Stirn seiner jungen Kollegin. *Farewell, Patty.* Dann schob er die Lider über ihre gebrochenen Augen.

Die Ermittlungen am Tatort dauerten die ganze Nacht. Am nächsten Tag gegen vier Uhr nachmittags erließ das FBI-Büro in Santa Fe einen APB Fahndungsaufruf. Auf dem Fax, das an alle Polizeidienststellen des Landes ging, stand neben dem Bild der tatverdächtigen Person der Name Nadine Moran. Die Französin wurde als bewaffnet und gefährlich eingestuft. Glücklicherweise saß sie zu diesem Zeitpunkt bereits in einer Maschine der Virgin Atlantic Air, en route von Toronto nach London.

## 25.

Im Büro der Krall Inc. im hohen Glaskasten am Rande des internationalen Flughafens Genève-Cointrin druckte der Sachbearbeiter für Afrika und den Mittleren Osten routinemäßig den Bericht und die Bilder der Analystin aus Lagos aus, bevor er die Sendung elektronisch abspeicherte. Bestimmte Stichworte wurden automatisch in den Index der weltweit vernetzten Datenbank von Krall Inc. übernommen. Pflichtgemäß überprüfte der junge Mann noch den gemeldeten Schiffstyp. Zu diesem Zweck nahm er das Buch der Bücher aller Handelsmarinen der Welt zur Hand: *Lloyd's List*. Die an sechs Tagen der Woche erscheinende Zeitung berichtete, heute wie vor 260 Jahren, als sie zum ersten Mal herauskam, über alles Wissenswerte in der globalen Schifffahrt. Traditionsgemäß, oder wie gemunkelt wurde, eher wegen des Misstrauens des Vorsitzenden Joe Roselli gegen alles Elektronische, wurden bei Krall Inc. in Genf jeden Monat die Blätter von *Lloyd's List* säuberlich in hohe schmale Bände gebunden und in lange Regale gestellt, wo sie geduldig vor sich hin moderten.

Der Sachbearbeiter kümmerte sich jedoch kaum um das geringschätzig als Altpapier abqualifizierte Format, sondern rief *Lloyd's List* über das Internet auf seinem flachen 25 Zoll-Bildschirm ab. Dieser Service war für 515 Pfund Sterling pro Jahr erhältlich, wobei der Zugang zum großen Lloyd's Archiv nochmals 620 Pfund kostete. Der Aufwand lohnte sich. Online standen dem Sachbearbeiter Berichte und Kommentare zur Verfügung sowie die umfangreiche Datenbank über die Schifffahrt auf der ganzen Welt seit 1991. Neben diesem elektronischen Nachschlagewerk interessierte ihn weiter auch *Lloyd's Shipping Index* mit Auskünften über fast alle Handelsschiffe, deren Eigentümer, Baujahr, Tonnage, Werftüberholungen, Versicherungsgesellschaften und Heimathäfen. Mit der dem Shipping Index angeschlossenen Suchmaschine »SEAsearcher« konnten die Bewegungen von fünfzigtausend Schiffen in viertausend Häfen verfolgt werden. Der Computer zeigte dem Sachbearbeiter einen Hinweis auf eine frühere Information an, und als er die Stelle anklickte, stieß er auf eine Meldung des Agenten von Lloyd's, wonach die *Shiraz* aus dem iranischen Hafen Bandar Khomeiny ausgelaufen war.

In Genf neigte sich der Arbeitstag gegen fünf Uhr dem Ende zu. In Gedanken schwebte der junge Mann bereits auf seiner kleinen Jolle im Seebecken des Lac Léman mit seinem berühmten Wahrzeichen *Jet d'eau* dahin und phantasierte über die erregenden Formen einer Begleiterin, die er bestimmt an der Mole als Segelpartnerin aufreißen würde.

Der Computer übernahm die Angaben über die Schiffsbewegung, die Daten fanden ihren Weg in das elektronische Archiv von Krall Inc., wo sie wer auch immer unter verschiedenen Kennwörtern wie *Shiraz*, Lagos, Bandar Khomeiny, Tanker, Iran usw. wieder herauszupfen konnte. Der Sachbearbeiter war in Eile, eine steife Brise blies und versprach ein paar gute Manöver vor dem Wind – und hoffentlich auch im Boot… Er schloss das Programm, packte seine Autoschlüssel, lief im Eilschritt durch das lichte Großraumbüro zu den Liften, wo ihn bereits eine Vorahnung seiner Begleiterin auf dem See erwartete, in Gestalt einer spitzbusigen rothaarigen Sekretärin, die er ab und zu hier im Gebäude gesehen hatte. Auf dem Weg ins Parterre im Lift dicht neben ihr stehend, sog er mit diskret geblähten Nüstern ihren Duft ein. Erst als er vor seinem Wagen stand, fragte er sich betroffen, warum er nicht eben diesen, bereits so handgreiflich nahen Rotschopf auf die Segeltour eingeladen hatte.

## 26.

Unterdessen lief die *Shiraz* ruhig durch den Golf von Guinea. Die Brise, die im Mündungsgebiet des Nigers im Westen Sand aufwirbelte, den Horizont dunstig und verschleiert erscheinen ließ, legte sich bei Sonnenuntergang. Im Abendlicht ragten die kargen Gebirge der Sklavenküste vor Togo schwarz und drohend aus dem von einem rötlichen Schein überzogenen Wasser der Bucht von Benin. Die *Shiraz* fuhr in Ballast. Die zwölf Ballasttanks waren mit Meerwasser vollgepumpt und drückten das Schiff gleichmäßig ins Wasser. Auf der Brücke verfolgten Kapitän Souri und der Erste Wachoffizier am Echolot wie der Meeresboden in der nicht allzu tiefen Fahrrinne in sicherem Abstand unter dem Kiel vorbeizog.

Bin Golem schaute gedankenverloren nach Norden, wo sich Dunkelheit über die riesige Weite der südwestafrikanischen Küste legte. Im Gegensatz zu Nigeria, wo seine Organisation über ein Netz gut funktionierender Zellen verfügte, kannte bin Golem die Länder kaum, an denen sie in den nächsten Tagen vorbeiziehen würden: Ghana, mit seiner charmanten Küstenhauptstadt Accra, die florierende Elfenbeinküste, das vom Bürgerkrieg zerrissene Liberia, wo mit Kalaschnikows ausgerüstete Kinder lärmend durch die Straßen zogen. *Welche Länder lagen denn weiter nördlich an der Küste, bevor schließlich Marokko in Sicht kam?*

Der Islamistenführer dachte angestrengt nach. Geografie außerhalb des Nahen Ostens war nie seine Stärke gewesen. Ihn interessierten Machtzentren, Städte, Flughäfen. Ihn faszinierte militärische Strategie, wie sie angewandt werden konnte, um Schlüsselpunkte der westlichen Staaten zu erobern oder dem Erdboden gleichzumachen. Wenn Kapitän Souri gefragt worden wäre, hätte er seinem illustren Passagier gerne die Namen der Länder entlang ihrer Route aufgezählt: Sierra Leone, Guinea, das Quellgebiet des Nigers, der nach einem gewundenen Lauf von Tausenden von Kilometern sich in Nigeria ins Meer ergießt, Senegal, Mauretanien, West Sahara … doch eine Schifffahrt brachte den Vorteil von Zeit und Muße mit sich. Jeder, der an der Reling stand und die sich stets verändernde Szenerie von Himmel, Licht, Wasser und Land bestaunte, vermehrte sein geographisches Wissen jeden Tag unmerklich ein klein wenig. Auch bin Golem hatte Zeit nachzudenken, die Chance, etwas dazuzulernen. Vorläufig starrte er weiter in den sich verfinsternden Ozean. Er träumte von bitterer Rache, sah dabei Elend, Zerstörung,

Blut. Aber was zählte das schon, was bedeutete schon ein Menschenleben, dem ein heiliger Zweck fehlte! Was galt schon Blut, im Unwissen und in der Finsternis des Unglaubens vergossen?

Und was würde aus einer Welt werden, die sich halsstarrig der heiligen Lehre widersetzte! Allah hatte ihm eine Mission gegeben. Seinen Gott würde er nicht enttäuschen.

## 27.

Ungefähr zur gleichen Zeit stand der Präsident der Vereinigten Staaten am Abschlag vor Loch 9, wiegte die Hüften nach Art seines Lieblingsprofessionals Tiger Woods und zog den Atem ein. Einen letzten Blick auf den Fairway werfend, nahm er mit dem Schläger Maß. Gerade als er endlich zum Schwung ausholte, knatterte der Helikopter heran. Blätter und Staub wirbelten hoch. Jack Brenton schlug den Ball weg, schwang durch. »Good shot«, rief jemand in den Motorenlärm. Doch der Ball hatte Rechtsdrall, landete nach bloß hundert Metern im Out. »Hab flach geschlagen, um den Heli nicht zu treffen«, grinste der Oberbefehlshaber aller amerikanischen Streitkräfte gut gelaunt, während die dicke Chinook Maschine auf dem Rasen absetzte.

In der offenen Tür kauerte absprungbereit ein Mann in hellem Geschäftsanzug.

»Joe, kennst du diesen Störenfried?«, fragte der Präsident mit zusammengekniffenen Augen.

»Ist das nicht Taylor, der CIA-Boss?«, meinte Joe Roselli, Vorsitzender von Krall Inc.

»Stimmt! Mein Gott, so oft wie die ihre Leute wechseln, hat man kaum Zeit, sich an die Gesichter zu gewöhnen«, scherzte Präsident Brenton. »Kann auch sein, ich brauche eine Brille. Oder ein neues Gedächtnis. Ja, ein neues Gedächtnis wäre wunderbar.«

Mit bedächtigen Schritten – seinem wohlbekannten, nicht von allen bedingungslos geschätzten *walk of power* – ging der mächtigste Mann der Welt dem großen, kahlen Herrn entgegen, der über die Golfbahn auf ihn zueilte. Ohne den Kopf zu wenden, rief Brenton Roselli noch zu: »Schlag schon mal ab, Joe. Ich übernehme die volle Verantwortung, solltest du die Maschine beschädigen.«

Noch während er zackig salutierte, begann Taylor, der alternde Chef der Central Intelligence Agency, auf den Präsidenten einzureden. Ein Fall von außergewöhnlicher Dringlichkeit zwinge ihn leider, den Herrn Präsidenten beim Golfspiel zu stören. Nationaler Notstand. Hochbrisante Daten seien aus dem Atomwaffenzentrum Los Alamos verschwunden …

»Los Alamos? Nicht schon *wieder*, Ted!« hörte Roselli Brenton ausrufen. Taylor hob beschwörend die Hände, während der Pilot des Helikopters dienstbeflissen zwei Feldstühle herbeischleppte und im Schatten einer großen Birke aufklappte.

»Nun mal alles schön der Reihe nach«, unterbrach der Präsident Taylors Redeschwall, bewundernd dem Ball nachschauend, den Roselli eben in hohem Bogen über den Helikopter weit in die Tiefe der Bahn geschlagen hatte.

»Guter Junge, Joe, guter Schlag«, rief er ihm zu. Roselli, von dem man sagte, es sei unmöglich, ihm zu schmeicheln, grinste geschmeichelt zurück: »Ziel verfehlt, Sir!«

»C-gag ist einfach das Beste, das wir bis jetzt zum Schutz unserer Atomraketen entwickelt haben, das heißt, nicht unsere Boys haben es geschafft, sondern dieser gescheiten Französin ist der geniale Wurf gelungen.«

»Von wem sprechen Sie, Taylor?« Der Präsident setzte sich in einen Klappstuhl und begann, mit dem Golfschläger im Gras herumzustochern.

»Sie heißt Nadine Moran, arbeitete zunächst bei Thomson und GC Tech in Frankreich. Eine Zusammenarbeit mit der Rüstungsfirma Raytheon führte sie zu uns, wo die unheilvolle Entwicklung ihren Anfang nahm. Vorerst verbrachte Moran eine gewisse Zeit bei Intel, später befasste sie sich in einem Rüstungsunternehmen mit Mikroelektronik und Sensorik und was weiß ich. Alles hoch technologische Prozesse, die eben moderne Waffensysteme zum Laufen bringen. Nadine Morans wahre Stärke lag im Chiffrieren und Codieren. Irgendwie wurden die Eierköpfe von Los Alamos auf sie aufmerksam. Mit einer Sondergenehmigung des Pentagon kam sie in die Kernwaffenschmiede.« Taylor hielt auf dramatische Weise inne. »Und dort entwickelte sie ein absolut geniales Verschlüsselungssystem.«

»*C-gag?* Hört sich an wie'n schlechter Witz. Setz dich, setz dich, Ted«, lächelte Brenton. Taylor, der durchaus keinen Grund zum Lächeln sah, sagte »Yessir. Thank you, Sir.« Er zog den Klappstuhl näher heran und manövrierte seinen knochigen Hintern vorsichtig in die Falten des ausgebeulten Segeltuchs hinein. »Das Pentagon hatte Direktiven erlassen, um empfindliche Waffenbestandteile wirksamer zu schützen. Der Anlass bildete die Erkenntnis, dass unsere hochentwickelten Technologien im Rüstungsbereich relativ einfach in andere Länder gelangen.«

»Wem sagen Sie das«, meinte der Präsident mit einem Seufzer, den Taylor eher Langeweile als Bekümmernis zuordnete.

»Eben. Wir laufen Gefahr, unseren Vorsprung vor der Konkurrenz einzubüßen.«

»Du meinst Wirtschaftsspionage, Ted?«

»Ja, genau. Die Globalisierung macht auch vor der Rüstungsindustrie nicht halt. Die großen Waffenhersteller schließen sich mit ausländischen Firmen zusammen oder gehen strategische Allianzen ein.«

Der Präsident schaute munter schweigend einem Schmetterling zu, der um den Schlägerkopf seines Nr. 2-Holzes flatterte und offenbar eine Landung darauf plante.

»Ein gutes Beispiel ist unser beliebter F-16 Kampfjet. Wo glauben Sie, Sir, werden die einzelnen Systemteile hergestellt?«

»Du solltest diese Quiz Show an NBC verkaufen, Ted.«

Während sich der Schmetterling gewandt für die Schuhspitze des Präsidenten entschloss, gab Taylor hüstelnd vor, die spitze Bemerkung amüsant gefunden zu haben.

»Yes, Sir. Wenigstens David Letterman, Sir. Doch im Ernst, den Vorderteil des Rumpfes bauen die Südkoreaner, an den Düsentriebwerken sind Taiwan, Griechenland und die Türkei beteiligt, das Fahrgestell kommt zum Teil aus Holland, die Schwanzflosse aus Dänemark, der Flügel aus Belgien und …«

»… das Allzweckmesser der Piloten aus der Schweiz, stimmt's oder hab ich Recht?« Der Präsident gebot mit leger erhobener Hand Einhalt. Die kleine Bewegung scheuchte den bunten Falter auf. »Also, wo siehst du da den Zusammenhang zu diesem cleveren C-gag?«

»Nun, im Rahmen solcher Kooperationen überschreiten Ideen und Technologien schon mal die Landesgrenzen. In ein paar Jahren findet sich auf der Welt nur noch eine Handvoll international verflochtener Riesenkonzerne mit einem faktischen Monopol in der Waffenherstellung.«

»Das hat schon Marx gesagt, Ted.« *Wie voraussagbar diese CIA-Leute doch immer sind,* dachte Brenton. *Kaum hab ich mich von meinem ausgebliebenen Erstaunen über die Abwesenheit von relevanten Nachrichten über die Lage in Tschetschenien erholt, kommt er mir mit Räuberpistolen über Datenschutz, die auch seit dem China Syndrom in Los Alamos schon lange zum alten Eisen der öffentlichen Unterhaltungs- und Sensationsindustrie gehören!*

Taylor beugte sich vor. Eine Bremse von seiner Schläfe verscheuchend, meinte er eindringlich: »Ich will sagen, dass die Fusionen und Allianzen im Rüstungswesen mächtige private Konglomerate entstehen lassen, die unter sich geheime

Informationen austauschen. Mit andern Worten liegt in dieser Entwicklung eine Gefahr für die nationale Sicherheit der USA.«

»Aha, Taylor«, trumpfte Brenton amüsiert auf. »Unsere Geheimnisse verlassen also unkontrolliert das Land, ja?«

»Haargenau. Es braucht dazu nicht einmal einen Geheimnisbruch oder Verrat. Die Franzosen sind geradezu dafür bekannt, dass sie Waffentechnologie großzügig an Gaunerstaaten verkaufen. Auch die Deutschen und die Briten mischen in diesem Geschäft munter mit, so dass kaum noch kontrollierbar sein wird, wo unsere modernste Technologie dereinst überall hin gelangt. Ein Teil davon lässt sich ja auf dem Internet verschieben, wo keine Zollfahndung aufpasst.«

»Vielleicht sollten wir uns die relevanten Gesetze etwas näher anschauen, sie anpassen«, entschied Jack Brenton, plötzlich mit einer Spur Ungeduld in der Stimme. Der Schmetterling umflatterte jetzt seinen Kopf als hielte er die dichte, silbergraue Haarpracht des mächtigsten Mannes der Welt für ein verdorrtes Distelfeld, wo sich ein interessanter Rastplatz finden ließ.

»Die Globalisierung lässt sich kaum mit Vorschriften bezwingen, Mister President.«

»Ich wollte, man nähme mich nicht immer todernst, Ted«, sagte Brenton mit einem Seufzer, der aus dem Herzen eines alten Manegenclowns zu kommen schien. Taylor schien die nuancierte Ironie des Präsidenten nicht bemerkt zu haben.

»C-gag.«

»*C-gag?* Ich höre immer nur C-gag.«

»Ja, der Code dieser Französin Moran. Damit kann unsere transnationale Systemproduktion vor unerwünschten Zugriffen geschützt werden.«

»Augenblick mal, Taylor. Gibt es sowas wie *erwünschte* Zugriffe?« Der CIA-Chef wiegte schüchtern, doch nicht ohne Stolz, den Kopf.

»Bei der Vielfalt unseres bunten Arsenals an Abwehrwaffen könnte so eine Situation durchaus entstehen, Sir. Aber, zurück zum Thema: vereinfacht gesagt, kann C-gag verschlüsseln und entschlüsseln.«

»Und worin läge da der militärische Wert?«

»Zweifellos darin, dass wir empfindliche Programme und Bauteile wie atomare Sprengköpfe codieren und sie vor missbräuchlicher Verwendung schützen können.«

»Bitte, Ted, wir leben in der Schönen Neuen Welt digitaler Kommunikation, das weiß selbst ich«, meinte Brenton, behaglich in sich hinein lächelnd. Fast wie Napoleon war er stolz auf die Gabe, drei, vier Sachen gleichzeitig und effizient ausrichten zu können. Nun, zumindest *zwei*. Die zweite Sache, die er im Augenblick effizient ausrichtete, war sehnsüchtig Joe Roselli zu beobachten, der in der Ferne leger gelangweilt am Rande des Fairway hockte und, auf seinen Partner wartend, schläfrig in die Gegend blinzelte. *Den muffigen Teppich im Oval Office für eine nicht unterbrochene Golfrunde!* fluchte Brenton innerlich. Deutlich hörbar sagte er: »Jeder Code kann doch heutzutage früher oder später geknackt werden, Ted.«

»Nicht C-gag, Sir, der trickst scheinbar noch so hochstehende Entschlüsselungssysteme aus. Wie der Hase dort. Schauen Sie, Mister President!« Taylor zeigte auf das junge Tier, das neckisch auf die Wiese hinaushüpfte, Gerüche witterte und dann Haken schlagend im Zickzackkurs davonhuschte. Brenton wiegte bedächtig den Kopf.

»Was nützt uns das, nachdem die vollständigen Daten für Bau und Betrieb der Sprengköpfe den Chinesen zugespielt worden sind?«

»Es ist ein Glücksfall, dass die Chinesen mit den gestohlenen Daten nichts anfangen können, es sei denn …«

»Ja?«

»Die Chinesen greifen auch C-gag noch.«

»Das werden wir, bei Gott, verhindern. Oder täusche ich mich?« Der Präsident stand abrupt auf, fasste den Golfschläger fester. *Gott ins Spiel zu bringen ist immer richtig,* dachte er. *Wenn Gott es nicht schafft, kann man auch nicht erwarten, dass ich es schaff.* Ruhig blickte er auf den CIA-Boss hinunter, der mit der Hand eine Biene wegscheuchte.

»Hast du noch weitere Hiobsbotschaften, Ted?«

Taylor kam blitzschnell auf die großen Füße.

»Seit gestern wissen wir, dass C-gag ein noch viel gefährlicheres Potential enthält.«

»Wenn ich ein Orakel brauchte, ginge ich nach Delphi, Ted. Raus mit der Sprache!«

»C-gag ist ein geniales Programm.«

»Hast du schon gesagt.«

»Diese gewiefte Französin hat C-gag zu einem raffinierten Codeknacker ausgebaut. Damit kann sie in beliebige Systeme eindringen und …«

»… die manipulieren?«, wunderte sich Jack Brenton.

»Yes, Sir. Es ist verrückt. Scheinbar hat sie für die Besatzungen des *Aegis*-Abwehrsystems Kampfspiele programmiert.«

»Wieso ist das neu?«

»Weiß auch nicht, Sir. *Doch!* Will sagen, was uns Kopfzerbrechen macht, ist …«

»Zum Teufel mit der Geheimniskrämerei, Ted. Lass endlich die Katze aus dem Sack.« *Du alter Sack!* fügte er innerlich grinsend hinzu.

»C-gag schleicht sich in jedes bekannte System ein, indem es mit unglaublicher Geschwindigkeit Passwörter herausfindet und alle anderen Sicherheitsschranken durchbricht. Laienhaft formuliert natürlich.«

»Wir sind alle Laien vor Gott, Ted«, erklärte Brenton salbungsvoll. »Was heißt das also in Bezug auf *Aegis*?«

»Die Französin kann damit unser *Aegis*-Abwehrsystem umprogrammieren.«

»Das hat sie einfach so aus der Bluse geschüttelt?«

»Mit Verlaub, Sir, sie arbeitete im Nationalen Laboratorium an den Simulationsprogrammen für die *Aegis*-Besatzungen.«

»Zur Sache, Ted. Mein Partner da drüben wird unruhig, und wenn er unruhig wird, drückt ihn die Blase, und wenn ihn die Blase drückt, muss er Wasser lassen, und wenn er hier Wasser lässt, steht das heute Abend mit Bild in der Zeitung. Wie du siehst, ist Eile geboten.« Brenton hob die Hand, winkte lässig zu Roselli hinüber.

»Kurz gesagt, Mister President, die Frau hat ihre Vertrauensstellung missbraucht, um ein eigenes codiertes Programm zu entwickeln, mit dem sie Angriffe auf unsere Flugzeugträger vortäuschen kann, wann immer es ihr passt.«

»Und warum sollte sie das denn tun?« *Eigentlich sollte die Frage lauten: Warum sollte sie das nicht tun,* meditierte der Präsident routiniert. *Nach der Regel, dass, wenn was falsch laufen kann, es das früher oder später tut. Sieht aus, als ob die Kacke wieder mal am Dampfen ist.*

Taylor berichtete nun, die Navy habe das Programm in Auftrag gegeben, um die Besatzungen in allen möglichen Bedrohungslagen zu trainieren. An sich genial. Anstatt millionenteure Manöver mit Kampfjets abzuhalten, fand das Gefecht virtuell statt. Angriffe mit gefährlichen Raketen wie der neuesten Exocet zum Beispiel könnten vorgetäuscht werden.

Endlich schwiegen die beiden Herren. Enten schnatterten im nahen Teich. Hinter den Birken, wo Männer vom Secret Service Position bezogen hatten, fuhr ein Greenkeeper auf einem Rasenmäher vorbei, starrte neugierig herüber.

Langsam ging dem Präsidenten die Ungeheuerlichkeit von Taylors Aussage auf. Ein Gegner könnte sich also dieses Programm beschaffen und damit den *Aegis*-Schutzschild mit Phantomangriffen lahmlegen, während die echten Raketen still und tödlich hart über der Wasserlinie auf den Flugzeugträger zurasten. »Vorausgesetzt ein Gegner besitzt die Möglichkeit, von außen in unser System einzudringen«, erriet Taylor den Gedanken.

»Dürfte kaum möglich sein, oder?«, meinte der Präsident hoffnungsvoll.

»Leider sind wir da nicht so sicher, Sir.«

Im Gesicht des Präsidenten bewegte sich nichts, nicht einmal die Augenlider. Er hatte dutzende von Krisen überstanden, galt nicht von ungefähr als politischer Entfesselungskünstler. Houdini Brenton nannten ihn freundlich gesinnte Medienleute. Andere schalten ihn eine bleierne Ente. Nach allem was in den fast sieben Jahren seiner Präsidentschaft passiert war, kam er sich selbst mehr wie Lazarus vor. Und als wiederauferstandener Lazarus empfand er eine gewisse Abscheu zu den Unbilden der politischen Welt.

»Eigentlich ist das alles nicht mein Bier, Taylor«, wechselte er in einen formelleren Tonfall, wie es sein Privileg war. »Für solche vermurkste Situationen sind Sie zuständig. Sorgen Sie dafür, dass *Aegis* gegen C-gag immunisiert wird. Das muss möglich sein, genau wie man ein Virus unschädlich machen kann, oder etwa nicht?«

»Leider sind uns, ehrlich gesagt, die Hände gebunden«, stammelte Taylor.

»Zum Teufel, Ted, bist du verrückt? Also, das habe ich einfach nicht gehört«, explodierte der Präsident theatralisch, was ihm außerordentlich wohl tat. Es war durchaus kein Adrenalinrausch, doch laut genug, um Roselli wissen zu lassen, die Runde ginge gleich weiter.

»Wir haben C-gag verloren«, unkte Taylor. »Die Französin hat kein Byte ihres Programms zurückgelassen. Alles ist verschwunden. Sie hat auf den Systemen von Los Alamos ratzekahl alles ausgelöscht. Keine Kopie, nichts blieb zurück. Wir stehen vor einer Riesenkatastrophe.«

»Diese Sache bereinigen Sie, Taylor, verstanden? Morgen erwarte ich Bericht, sonst rollen Köpfe. Ihrer zuerst.«

Wie spielerisch hielt Brent dem CIA-Chef das harte Holz des Schlägerkopfs an die Kehle, als wollte er die angekündigte Exekution schon vorwegnehmen. Taylor lächelte gezwungen. Der Schweiß lief ihm den Rücken herunter, doch innerlich schauderte er. Der Auftrag war kaum zu erfüllen. Mission Impossible. »Wir bearbeiten C-gag mit erster Priorität, Mister President«, stammelte er.

»Und noch etwas, Ted«, sagte der Präsident, jetzt wieder in gefährlich vertraulichem Ton.

»Mister President?«

»Ich will wissen, welcher dämliche Idiot dafür verantwortlich ist, dass diese Fröschin sich mit all unseren Geheimnissen aus dem Staub machen konnte, nachdem wir gerade erst das Ding mit dem China Syndrom durchstanden haben. Mach einen richtig *guten* Bericht, Ted, einen der mir gefällt. Einen, der alles erklärt, alle beruhigt, unser aller Vertauen stärkt in die gute alte CIA, und darin, dass auf den guten alten Ted Taylor Verlass ist. Was C-gag anbelangt ...«

Taylors langer Hals schien zu schrumpfen.

»... spiele ich jetzt weiter Golf.«

»Sind Sie am gewinnen, Mister President?«, blinzelte der lange Mensch kriecherisch.

»Ich gewinne immer, Ted. Schau bloß, dass du die nächste Runde für dich entscheidest. Es geht schließlich um Amerika. Wir müssen im Waffengeschäft die Größten bleiben. Wir wollen doch verhindern, dass die Europäer dank wirtschaftlicher und militärischer Integration zu einer Festung werden, die uns nicht mehr nötig hat, oder? Entweder, wir erobern dieses Teufelsprogramm zurück, oder wir vernichten es. Um jeden Preis.«

»Jawohl, Mister President«, sagte Taylor. Auf seinen Wink eilte der Pilot herbei, um die Stühle zusammenzuklappen. Während er Taylor nachschaute, beantwortete Brenton den schneidigen Salut des Piloten mit einem lässigen Handschlenker nahe der Stirn.

»Wie heißen Sie?«, fragte er, freundlich die Hand ausstreckend. Hocherfreut griff der Pilot fest zu.

»Leutnant Clifford Matoyan, Sir.«

»Hör ich da was aus Armenien, Cliff?«

»Meine Großeltern väterlicherseits, Mister President.«

»Okay, Cliff«, lächelte der mächtigste Mann der Welt, den Piloten mit einem leichten Kopfnicken entlassend. »Flieg vorsichtig. Und pass mir auf den alten Taylor auf. Wir brauchen ihn noch 'ne Weile.«

»Geht in Ordnung, Sir.«

Der Pilot grüßte noch einmal schneidig, sprintete wie auf Wolken davon, die Klappstühle schwenkend als seien sie Hutschachteln. Was immer die Leute über Jack Brenton sagten: er, Cliff Matoyan, hatte ihm in die Augen geblickt. Mann zu Mann. Er hatte ihn mit eigenen Augen erschaut, den gletscherblauen Kern sterblicher Macht.

## 28.

Fünf Minuten vor der verabredeten Zeit lenkte ich meinen alten Alfa Romeo in eine Parklücke, stieg aus und schaute mich um. Das Wetter spielte mit. Die Wolkenwand hatte sich gen Osten verzogen: Vor mir tat sich in südlicher Richtung ein verheißungsvoll blauer Himmel auf. Tief durchatmend überlegte ich mir, was der Geheimdienstchef wohl von mir wollte.

*Ihr Onkel war ein großes Vorbild für uns, Herr Polinsky …* Und ich: *Wie läuft Ihr Laden, Brigadier? Man hört, Sie planen den Kauf einer totalen Überwachungsanlage?*

Da sah ich sie winken. Mit beiden Armen. Sie stand unter dem Dach der Tankstelle, trug eine blendend weiße Bluse, blaue Hosen. Ihr Oberkörper wogte, wie gestern in Marios Laden.

»Hier, hier herüber«, rief sie. Erst jetzt bemerkte ich den schwarzen Dienstwagen, den der rundliche Chauffeur in grauer Uniform gerade auftankte.

Ein Kastenwagen bog in die Tankstelle ein, hielt an der Zapfsäule hinter dem Mercedes des Geheimdienstchefs.

»Morgen, Frau Oberst. Wie geht's. Gut schaun Sie aus.«

»Der Brigadier erwartet Sie«, sagte sie nüchtern. Doch der Anflug eines Lächelns in ihren Augen verriet Sympathie. Ein ermunternder Auftakt.

»Na, dann auf ins Gefecht.« Ich öffnete den Schlag, sank in das weiche, schwarze Leder des Rücksitzes.

Der Geheimdienstchef trug einen Kampfanzug und schüttelte mir kräftig die Hand, während ich mich besorgt umdrehte, durch die Heckscheibe auf den Kastenwagen spähend.

»Kein Problem. Leute vom Sicherheitsdienst«, beruhigte er mich.

Die Schnellstraße führte den Fluss entlang durch ein Waldstück. Der Fahrer hielt sich genau an die vorgeschriebene Geschwindigkeit. Ich schlug *Militäraviatik* auf, doch weder die Smart Weapons noch der Bericht über Schiffsraketen fesselten mich. Während wir einen See entlangfuhren, dann einen Berg im Tunnel durchstießen, marterte die Vorstellung mein Gehirn, dass durch die unerbittlich fliehende Zeit meine Chancen, vor Gericht termingerecht den rettenden Entlastungsbeweis zu erbringen, auf den blassesten aller schwachen Hoffnungsschimmer hinuntersanken.

Derweil paffte die Adjutantin unbekümmert eine Zigarette, blickte ab und zu auf eine Straßenkarte. Der Fahrer bremste scharf ab, ließ den Wagen gegen das Dorf hin ausrollen. Nach der Ortschaft schwang sich eine schmalere Straße durch Weideland auf eine höher gelegene Ebene hinauf. Auf einer gut ausgebauten Betonstraße gelangten wir in ein Seitental, das sich mit jedem Meter zu verengen schien. Ein kleiner Fichtenwald nahm uns auf, den Schatten aber warfen nicht nur Bäume, sondern meist die senkrechte Bergflanke, die sich vor uns auftürmte.

Nachdem wir ein paar raffinierte Schranken passiert hatten, gelangten wir an die Felswand, wo sich eine Sicherheitsschleuse aus Panzerglas in einem Stahlgehäuse drehte, überwacht von einer Schießscharte, die sich als Anmeldeschalter entpuppte. Ein paar Armeeangehörige saßen auf einer Rampe und rauchten.

»Hör mir auf mit dem Quatsch«, hörte ich einen Soldaten sich ereifern, als wir ausstiegen.« Die Schweiz muss sicher nicht in die UNO. Wir sind doch in der FIFA. Das genügt.«

Rundherum drückten Bergwände auf uns herab. Gestrüpp wucherte. Ein dünner Wasserfall rauschte vorbei.

Am Schalter nahm der Geheimdienstchef die Zutrittsausweise entgegen.

»Hier verbirgt sich unsere Zentrale, wo wir ruhig arbeiten können. Heute tagt der Sicherheitsausschuss«, erklärte er kurz, führte mich dann durch ein weit verzweigtes Labyrinth von Korridoren, an Büros und technischen Anlagen vorbei, in einen großen Saal.

»Wer ist der Kahlkopf?«, raunte ich, als in dem als Auditorium Maximum beschilderten Vortragssaal das Gemurmel erstarb und ein bebrillter Mann schneidig auf das Podium zuschritt.

»Professor Beinhart, Dozent am Strategischen Institut der ETH Zürich.«

Ich nickte ein paarmal beeindruckt, studierte die kantigen Gesichtszüge des Referenten.

»Der Kurs dreht sich um den Seekrieg«, erläuterte der Geheimdienstchef.

»Wer sind die Leute?«

»Sicherheitsexperten, Militärs.«

Wie früher zu meinen Studentenzeiten, begann der Dozent seine Ausführungen mit einem historischen Rückblick: »Schiffskanonen veränderten nicht nur den Schiffsbau, sondern führten auch eine welthistorische Wende herbei«, eröffnete uns Professor Beinhart, nervös nach seiner Brille fummelnd.

»Vasco Da Gama beherrschte den Indischen Ozean bereits 1502. Er eroberte Kalkutta und kontrollierte das Gebiet mit einer Flotte, die ausnahmslos mit Kanonen bestückt war. Das 19. Jahrhundert gilt als die Epoche des Schlachtschiffs, das 1850 ungefähr siebentausend, im Zweiten Weltkrieg aber bereits 60 000 Tonnen verdrängte. Das Kriegsschiff war für alles, was in seine Reichweite kam, tödlich. Nur, meine Herren, die Reichweite blieb beschränkt. Die besten Bordkanonen beherrschten nie mehr als einen Radius von dreizehn Meilen im Ozean.«

Professor Beinhart machte eine Pause, projizierte das Lichtbild eines Flugzeugträgers auf die Leinwand. Sich theatralisch räuspernd fragte er dann: »Was glauben Sie, wie viele Schlachtschiffe wären nötig gewesen, um das ganze Mittelmeer zu kontrollieren?« Niemand traute sich, eine Schätzung zu machen.

»Schwer zu sagen«, wagte ich mich vor, »aber ich denke, heute würden zwei solche Flugzeugträger wie auf dem Bild ausreichen.«

Der Professor strahlte erleichtert. »Richtig, völlig richtig. Und nun staunen Sie: die benötigte Zahl an Schlachtschiffen hätte tausendundzweiundvierzig betragen. Um welche operative Größe dreht sich das Ganze?« Er schob die Brille auf die Nase zurück. »Welch enorm wichtiger Faktor macht hier den Unterschied aus?«

»Es hat eben nie so viele Schlachtschiffe gegeben«, meinte ein eifriger Zuhörer.

»Die Staatsfinanzen erlaubten keinem Land eine so große Flotte von Schlachtschiffen«, schlug ein anderer vor.

Professor Beinhart lächelte überlegen, wedelte mit dem Zeigefinger vor seiner Nase: »Nein, nein, meine Herren. Die Reichweite des Feuers ist der entscheidende Faktor. Der Flugzeugträger hat die Offensive im Seekrieg neu definiert.«

Das war also die Beinhartsche Pointe: Um den Gegner zu bekämpfen, mussten Schlachtschiffe sich feindlichem Geschützfeuer aussetzen. Beide Flotten gerieten gezwungenermaßen auf Kampfdistanz aneinander. Sieger blieb der Schnellste. Und der mit dem meisten Glück. Und die enormen Kosten der Schlachtschiffe belasteten das wirtschaftliche Wachstum eines Landes. Die hohen Investitionen konnten besser für die Landstreitkräfte, Festungswerke, Artillerie, später für Flugzeuge, verwendet werden. Dazu kam, dass zwar die Leistungsfähigkeit, nicht aber die Wirksamkeit der Schlachtschiffe gesteigert wurde.

»Das eigentliche Problem des Schlachtschiffs bestand darin, dass es bloß ein paar hundert Pfund Sprengstoff über etwas mehr als ein Dutzend Meilen schleudern konnte. Nur dazu reichte es«, hörte ich Beinhart dozieren. Ein amüsiertes Raunen ging durch die Reihen. Der Geheimdienstchef rutschte ungeduldig auf dem Stuhl hin und her.

»Kommen Sie«, flüsterte er plötzlich und stand auf.

Ich folgte einigermaßen verdutzt.

»Hören Sie, Polinsky. Wir können Ihnen helfen. Sie befinden sich ganz schön in der Klemme«, kam er gleich auf den Punkt. Er nahm Kurs auf die WC-Anlage.

»Sie meinen den Todesfall des Korpskommandanten?«

Er nickte, spähte verschwörerisch umher. Dann betraten wir den weiß gekachelten Raum. Er ging schnurstracks an ein Handbecken, drückte erst auf einen, dann auf einen zweiten Wasserhahn, die er ein paarmal pumpte, um ein mildes Wasserrauschen in Gang zu halten. »Wir hatten im Nachbarhaus eine durch Bewegung aktivierte Kamera installiert«, flüsterte er. »Und selbstaktivierende Richtungsmikrofone!« Ich marschierte in die erste beste Toilettenzelle, aktivierte die Spülung und wiederholte die Prozedur in drei weiteren Kabinen. Mich zu ihm an die Pissrinne gesellend, fragte ich, scheinbar begriffsstutzig: »In *welchem* Nachbarhaus?«

»Gegenüber vom Hauseingang, wo Ihr Onkel wohnte, der Herr … ähh«. Er furzte laut und lang wie der Auspuff eines alten Peugeots kurz nach dem Anlassen.

»Und? Haben Sie was auf Film?«

Ich ließ strahlen, blickte selig zur Decke hinauf. Er schüttelte die letzten Tropfen weg, reckte das Gesäß nach hinten und meinte grinsend: »Und ob! Ihr Schwinger auf den Solarplexus ist perfekt im Bild, Polinsky. Auch die rote Akte, die runterfiel. Suchte nicht der Staatsanwalt zufällig nach diesem Dokument?«

Auf den breiten Schädel des Geheimdienstchefs schielend, fragte ich mich, wie der nächste Furz tönen würde, der seinem Hirn entwich. Am Waschbecken stehend, die Hände unter einem dritten sprudelnden Strahl, sagte ich in vertraulichem Ton: »Ach, Brigadier, ohne den Korpskommandanten – Friede seiner alten Seele – wären Sie doch eine absolute Nullnummer. Er gab Ihnen alle Infos, die Aufträge, den Kitzel. Stimmt's? Nun, haben Sie im Fall meines Onkels endlich was Brauchbares ausgegraben?«

Der Geheimdienstchef zog den Schädel ein, riss am Handtuch im Verteilerkasten: »Ihr Onkel hat etwas Kompromittierendes hinterlassen?«, angelte er ängstlich, sichtlich von meinem stumm strafenden Blick irritiert.

»Ich meine, nun, Sie wissen doch, diese dumme Spesenaffäre damals?« Er klaubte Zigarren hervor und drückte nervös an der Schachtel herum.

»Beschiss der Armee wäre der korrekte Ausdruck, aber lassen wir die alten Geschichten«, wehrte ich großzügig ab.

Die Handbecken ab und zu in Gang haltend, starrten wir unter einer quadratischen Deckenleuchte eine Weile schweigend auf das schwarzgraue Muster des Kunststoffbodens. Ein Ventilator summte. Der Geheimdienstchef steckte umständlich eine Zigarre an, hatte offenbar das Gleichgewicht wieder gefunden. »Sehen Sie Polinsky, wir haben ein ziemlich gutes

Bild des Kerls, der nach ihrer Keilerei mit dem Hauswart ins Gebäude schlich und dann später hastig herauskam, als oben bereits die Fenster barsten.«

»Na dann geben Sie mir das Material!« drängte ich, etwas vorschnell, wie sich herausstellte.

»Sicher. Unter einer Bedingung, Polinsky ...«

»Ja? Bin ganz Ohr.«

»Korpskommandant de Diesbach war einer Raketengeschichte auf der Spur«, meinte der Brigadier paffend. Ungerührt zuckte ich die Achseln. Er hatte die Chuzpe, mir dreist in die Augen zu blicken.

»Das war kein gewöhnlicher Waffenhandel ...«

»Sondern?«

»Ihr Onkel vermutete einen Akt von Katastrophenterror. Er muss darüber Aufzeichnungen gemacht haben.«

»Und diese Infos wollen Sie im Austausch für die Bilder?«

Er schüttelte beleidigt den Kopf. »Nein, ich will, dass Sie den Fall *aufklären*. Spionage nach alter Schule, Polinsky.«

»Mit Feldstecher, Walkie-Talkie, unsichtbarer Tinte?«, spottete ich, um Zeit zu gewinnen. Wenn Onkel Edouard tatsächlich über Hinweise verfügte, musste es sich um einen Vorfall von Bedeutung handeln. Der alte Haudegen gab sich nicht mit Bagatellfällen ab.

»Gegen die Amei ... die Amerikaner?«

»Vermutlich.« Er nickte todernst.

»In welche Richtung führt die Spur?«

»Zunächst nach Oman, wo die Amis vor ein paar Wochen einen Israeli aus dem Verkehr gezogen haben.«

»Ich nehme an, die CIA weiß Bescheid, oder?«

»Nicht unbedingt. Die sehen im Mord eine Abrechnung der Palästinenser. Sie glauben nicht an einen geplanten Terroranschlag«, tat sich der Brigadier wichtig, als sei er ein Busenfreund des CIA-Chefs. »Offenbar werden die mit Hinweisen auf Bombenattentate und dergleichen überhäuft.«

Dass Onkel Edouard Indizien oder gar handfeste Beweise für einen Terrorakt in Händen hielt, wurde mir aus diesem Gespräch allmählich klar. Jedenfalls war mein Interesse mehr als geweckt. Was ich witterte, war nicht nur der Weg aus meiner Zwickmühle vor Gericht, sondern auch ein Pfad in interessantere Gegenden, sprich Fiktion, sprich Enthüllungswälzer, sprich fette Vorschüsse, Tantiemen. Sprich rauschende Feste in Begleitung schneller, scharfer Frauen.

»Warum nicht. Ich bin dabei. Allerdings brauche ich etwas Vorbereitungszeit,« hüstelte ich, seinen Zigarrenrauch mit Handschlackern vertreibend, »muss die Dokumente durchsehen. Wann bekomme ich die Bilder?«

Der Geheimdienstchef bewies, dass er nicht ganz ohne Berechtigung auf seinen hohen Posten gehievt worden war. An Sinn für das Intrigieren und an Durchtriebenheit fehlte es ihm jedenfalls nicht. »Der Richter hat Ihnen eine Frist bis übernächsten Donnerstag gesetzt. Sechs, sieben Tage noch. Stimmt's? Genug Zeit also, nicht? Ich gebe Ihnen die Bilder, und Sie klären den Fall auf. Ich gebe Ihnen Beweismittel. Dafür will ich Resultate.«

»Und wenn ich's nicht schaffe?«

»Na ja, dann bleiben die Filme mit dem dritten Mann eben im Archiv des Geheimdienstes, ja, und der Staatsanwalt gerät vielleicht zufällig in den Besitz der Fotos, auf denen Sie die rote Akte vom Trottoir aufheben«, erwiderte der alte Lümmel eiskalt, wobei er den Kopf schief legte, als wollte er um Verständnis für seine Unverschämtheit werben.

Ohne mir meine Erregung anmerken zu lassen, versprach ich ihm, darüber nachzudenken. Es lag auf der Hand, dass der Geheimdienstchef mit brisanten Enthüllungen dieser Art den beschädigten Ruf seiner maroden Dienststelle reparieren wollte. Die Sensation war nicht auszudenken, wenn es ihm, dem kleinen Schweizer, gelänge, die Ameisen rechtzeitig vor einem vernichtenden Terroranschlag mit

Hunderten von Toten zu retten. Voll rehabilitiert stände er dann als rettender Ritter da …

Blieb nur die Frage, ob Onkel Edouard tatsächlich des Rätsels Lösung in den Dokumenten hinterlassen oder das Geheimnis mit ins Grab genommen hatte?

Gedankenvoll, mit entscheidungsträchtigen Schritten, durchmaß ich den Korridor, während der Geheimdienstchef an der Wand lehnte und nervös an seinem Stumpen saugte.

Als Luftwaffenchef pflegte Edouard de Diesbach regen Kontakt nicht nur zu den Luftwaffen befreundeter Länder, sondern auch zu den wichtigsten Herstellern von Flugzeugen und Raketen. Die Luftkampfbetriebe (LKB) in Emmen bei Luzern spielten im harten Rüstungsgeschäft Europas die Rolle einer Drehscheibe. Nachdem die Lizenzfabrikation der französischen *Mirage* vor Jahren schon ausgelaufen war, sorgte de Diesbach für neue Aufträge. In Europa und den USA machte die Entwicklung ferngelenkter Raketen rasante Fortschritte. Zahlreiche Anbieter umwarben die Beschaffungsinstanzen der Regierungen in aller Welt mit immer innovativeren, immer raffinierteren Produkten. Die LKB entwickelten sich zu einem Kompetenzzentrum ersten Ranges. Im Standort Emmen holten die Regierungen neutrale Evaluationen unbestechlicher Gutachter über geplante Neuanschaffungen konkurrierender Waffensysteme ein. Ohne selber in Erscheinung zu treten, hatte Edouard de Diesbach es verstanden, die zahlreichen Anfragen in gutes Geld umzumünzen. Für die Abwicklung der delikaten Waffengeschäfte gründete er die Magadino SA, die bis zu seinem Tod heimlich florierte. Seine Getreuen, meist Frauen, rekrutierte der alte Hase aus dem Nachrichtendienst, was den Vorteil hatte, dass sie an Disziplin, Gehorsam und Geheimhaltung gewöhnt waren.

Ich machte vor dem Brigadier halt. »Also einverstanden. Jetzt geben Sie mir die Aufnahmen vom Verdächtigen.«

»Sie machen mit? Sie wollen den Terroristen zur Strecke bringen?« Endlich zeigten seine Äuglein einen Schimmer von professionellem Enthusiasmus.

»Na klar – und die Welt vorm Untergang retten, den Bösewicht in letzter Sekunde mit meinen eigenen Händen zermalmen«, höhnte ich. Der Brigadier hatte keinen Sinn für Galgenhumor.

»Na also, Polinsky, das ist doch ein Wort. Hier. Die Vergrößerungen. *So* sieht der Kerl aus«, schwärmte er. »Uns sind sehr gute Videoaufnahmen gelungen. Zum Glück hatte ich entschieden, die versteckte Kamera stehenzulassen …«

Er streckte mir ein dunkelrotes Lederetui entgegen. Mühsam klaubte ich an einem herausragenden Bildrand herum. »Etwas für Frauen mit langen Fingernägeln.«

»Geben Sie schon her, Polinsky. Praktisch ist der Mann.«

»Und fügsam die Frau«, salbte ich grinsend.

Gönnerhaft lächelnd zog er am Reißverschluss, den ich nicht bemerkt hatte. Die Fotos fielen heraus. Reflexschnell fischte ich sie aus der Luft und ordnete sie rasch in der Hand. Lange schaute ich auf das Gesicht mit den Kugelaugen, schwarz wie Einschusslöcher, die tiefen Augenhöhlen unter schmalen Brauen, die leicht verbogene oder zerschlagene Nase, das volle schwarze Haar, den schmalen Schädel.

*Das war doch der Kerl, den ich beim Wegfahren vom Haus meines Onkels bemerkt hatte. Kein Zweifel.* Ich war gespannt wie die Bogensehne vor dem Schuss.

»Haben Sie einen Namen?«

»Noch nicht. Aber Abklärungen laufen. Gehen wir wieder hinein! Kommen Sie!« Der Geheimdienstchef lächelte zufrieden. Schnell hatte er versucht zu kalkulieren, wie viele Fliegen er gerade mit einer Klappe geschlagen hatte. Zwei, drei, vielleicht sogar vier. Allerdings mochte die vierte Fliege sich nur als eine halbe erweisen, nämlich die, dass er dieser widerlichen Großschnauze von Polinsky kaum mehr als eine fifty-fifty Chance gab, lebendig aus dem Schlamassel herauszukommen.

## 29.

Als wir in das Auditorium zurückkehrten, dozierte Professor Beinhart gerade vor der Großaufnahme eines Flugzeugträgers: »Die Schlacht um Midway war eine richtige Bewährungsprobe für die Fähigkeiten dieser maritimen Kampfmaschine. Die Söhne Nippons hatten den fatalen Irrtum erkannt, der ihnen während des Angriffs auf Pearl Harbor unterlaufen war. Zwar hatten die zwei ersten Angriffswellen die Schiffe und Flugzeuge der überrumpelten Amerikaner zerstört, doch die dritte Welle zur Vernichtung der Öllager und Trockendocks wurde nicht mehr lanciert. Pearl Harbor blieb dadurch nicht nur nutzbar, sondern wurde schnell zum Kernstück eines gewaltigen amerikanischen Flottenaufbaus, dem die Japaner nichts entgegenzusetzen hatten.«

Ich hörte nur mir halbem Ohr zu, ohne freilich den roten Faden zu verlieren. Meine Gedanken waren bei der wallenden Oberweite der schneidigen Adjutantin, kreisten um martialische Frauentypen, die ich die Freude gehabt hatte zu betten. Eins hatten diese Damen alle gemeinsam gehabt: im Augenblick höchster Lust stießen sie gelle, raubvogelartige Schreie aus, in die sie gerne Kommandos aus der vordersten Kampflinie mischten, wie: *Auf, ihr feigen Ärsche, über den Wall, ran an den Feind!* Nun, um der Wahrheit die Ehre zu geben, war ich, nostalgisch lächelnd, gezwungen, innerlich zuzugeben, zumindest *eine* martialische Dame, eine britische Madam Colonel, deren Großvater es nach Verdun verschlagen hatte, von wo vermutlich ihre saftigen Schützengrabenmetaphern beim Kommen stammten, langgelegt zu haben. Ein wohlig bauschiges Gefühl flutete in meine Lenden und die sie umgebenden Regionen. Aus meinem dumpf dahindösenden Murmeltier wurde rasch ein schwer baumelndes Etwas, dem nur die rechte Gelegenheit, sprich jene forsche Adjutantin, fehlte, um zu voller Größe auszufahren.

Auf dem Podium schilderte Beinhart, wie die Japaner versuchten, die Insel Midway zu erobern, um mit Langstreckenbombern von den dortigen Flugplätzen aus die amerikanischen Schiffe in Pearl Harbor anzugreifen und das, was von der immer noch havarierten Flotte dort übrig geblieben war, zum Rückzug nach San Diego oder San Francisco zu zwingen. Midway sei für die Japaner so wichtig gewesen, dass die ganze kaiserlich-japanische Kriegsflotte unter dem persönlichen Kommando von Admiral Yamamoto auslief.

Der Professor erläuterte die Schlachtordnung, blendete das Porträt eines grimmig dreinblickenden Yamamoto aus und erzählte vom japanischen Marinecode, den die Amerikaner mit etwas Glück knackten und somit zuerst zuschlagen konnten. Sie versenkten die japanischen Flugzeugträger, während sie selbst lediglich die *Yorktown* verloren.

»Also, meine Herren, die Schlachtschiffe unter Yamamotos direktem Kommando blieben unberührt, und doch war die Schlacht vorbei. Obschon das Gros seiner Kriegsflotte keinen Kratzer abbekommen hatte, brach Yamamoto das Gefecht ab und zog sich zurück«, rief Beinhart mit dem glühenden Blick eines Kamikazefliegers in die Runde.

Ich drehte mich nach staunenden Gesichtern um, doch Beinharts Funke war nicht übergesprungen. Stumpf schauten ihn die Zuhörer an. Nickte dort nicht einer ein?

Der Professor setzte unverdrossen nach: »Warum hat Yamamoto die Schlacht aufgegeben?« Nach einer rhetorischen Pause gab er die Antwort gleich selbst: »Im Kampf um Midway hat eine riesige, intakte, erfahrene, gut geführte Armada überlegener Schlachtschiffe im Gefecht mit zwei US-Flugzeugträgern einfach aufgegeben. Die Reichweite des amerikanischen Feuers hatte das Stärkeverhältnis bei Seeschlachten neu definiert.«

Meine Ungeduld schlecht verbergend, flüsterte ich: »Worauf läuft dieser Vortrag eigentlich hinaus?«

Der Geheimdienstchef kritzelte etwas auf einen Zettel und schob ihn mir blöd grinsend zu. *Bum, Bum, Bumsen,* stand darauf.

»Heute steht die ganze Zukunft der Flugzeugträger und damit die gesamte amerikanische Seestrategie auf dem Spiel«, erklärte der Professor, als hätte er mein Raunen gehört. Ein lässig am Fenster lehnender Oberst protestierte: »Wie können Sie so etwas behaupten?«

Bei dieser willkommenen Unterbrechung stieß mich der Geheimdienstchef an und deutete wortlos zur Tür. Auf Zehenspitzen schlichen wir am Professor vorbei, der gerade eine Karikatur von David und Goliath an die Wand projizierte.

»Was meine ich mit diesem Gleichnis?«, fragte er.

Unwillkürlich innehaltend, wartete ich ehrlich gespannt auf die Antwort: »Innerhalb der Reichweite seiner Geschütze war das Schlachtschiff stark und unbesiegbar wie Goliath. Der Flugzeugträger, nicht halb so stark, vergrößerte aber mit seinen Kampfflugzeugen die Reichweite und die Präzision. Wie David überwand er die komplexen, schwerfälligen Waffensysteme der Schlachtschiffe mit einer schnelleren, eleganteren Technologie. Das Wesen der Offensive wurde dadurch neu herausgeschält. Präzision und Reichweite des gelenkten Geschosses werden künftig den Seekrieg entscheidend prägen. Meine Herren, die Schlacht der Zukunft findet zwischen intelligenten Präzisions-Lenkwaffen und dem Flugzeugträger statt!«

Mit prüfendem Blick maß der Professor die Reihen, als wollte er die Trefferquote seines Referats ablesen. Aus den hintersten Reihen zischte einer: »Exocet!«

Nach zwei Stunden atmete ich draußen wieder frische Bergluft. Langsam erahnte ich, in welche Richtung der Auftrag wies, den mir Onkel Edouard auf dem Sterbebett zugeflüstert hatte. Doch von einer Nadine hatte mir noch niemand etwas gesagt. Pragmatisch dachte ich deshalb an meinen nächsten Termin, die Abdankungsfeier des Korpskommandanten am Nachmittag im Fraumünster zu Zürich. Mir blieben gut drei Stunden, um einen Plan auszuhecken.

Skeptisch zum hohen Himmel aufblickend, der als kleiner Ausschnitt über dem engen Tal leuchtete, wackelte ich nur halb scherzhaft mit dem Mahnfinger: »Was hast du mir da bloß eingebrockt, du alter Schwerenöter!«

## 30.

Der Islamistenführer hatte den blauen Overall abgelegt und stand in bequemer Kleidung auf der Brücke neben Kapitän Souri. Die *Shiraz* fuhr mit gefüllten Ballasttanks volle Fahrt voraus fünf Grad nördlich des Äquators mit Kurs auf die Kap Verdischen Inseln. Nur etwa zwei Kabellängen entfernt kreuzte ihren Kurs auf Backbord ein veraltetes Boot der Küstenwache, das nach Fischpiraten Ausschau hielt. In der Ferne deuteten sich die Konturen der Goldküste vor Ghana mit einem weiß schimmernden Streifen der Silhouette von Accra an. Yussef bin Golem stand auf der Brücke neben Kapitän Souri. Sich leicht auf seinen kostbaren Stock aus geschnitztem Ebenholz mit dem dunklen Knauf aus Rhinozeroshorn stützend, überlegte er, wie das Feuerleitsystem für die Raketen am vorteilhaftesten zu testen wäre. Vor dem entscheidenden Einsatz sollte auf Empfehlung des Franzosen der Raketenwerfer mit wenigstens zwei Abschüssen getestet werden, damit Ungenauigkeiten korrigiert und die Radaranlage eingestimmt werden konnten. Das Boot der Küstenwache böte ein praktisches Ziel, doch sie lagen zu nahe bei der Küste. In diesem frühen Stadium der Aktion stand das Risiko, schon jetzt entdeckt zu werden, in keinem vernünftigen Verhältnis zum eventuellen Nutzen einer Schießübung.

Über den weiten, hellbraunen Hosen trug der Islamistenführer eine weiße Leinenjacke, darunter ein zugeknöpftes weißes Hemd. Sein langer buschiger Bart gab dem Kopf die Form eines langen, nach unten zusammenlaufenden Dreiecks, aus dessen Mitte eine Adlernase herrisch hervorragte. Ein weißer Turban verdeckte die Hälfte der sonnengebräunten Stirn über den kräftigen Augenbrauen. *Das Gesicht dieses Mannes verbirgt sich zur Hälfte unter Haar,* dachte der Kapitän, der in respektvollem Abstand die Navigationsgeräte im Auge behielt.

Yussef bin Golem wirkte sanft, aber den Stock in der Hand trug er wie ein Zepter, ein untrügliches Zeichen seiner Macht. Wer sich seinen Anordnungen widersetzte, bezahlte den Ungehorsam mit dem Leben. Oder mit etwas, das viele gläubige Freiheitskämpfer als weitaus schlimmer betrachteten als den Verlust des Lebens – dem Ausstoß aus der Gemeinschaft der Glaubenskämpfer!

Seine rechte Hand wie zum Segnen anhebend, forderte bin Golem auf einmal volle Aufmerksamkeit.

»Yes, Sir?«

»Wo arbeitet der Franzose?«, fragte der Araber ungeduldig.

»Major Thierry-Clément Moran bleibt in seiner Kabine, bis wir Dakar passiert haben«, antwortete der Kapitän.

»Neues von der *Roosevelt*?« Die Frage des Meisters richtete sich an Riaz, den Nachrichtenchef, der schüchtern näher trat.

»Yessir, sie kreuzt im Ionischen Meer mit Kurs auf Malta. Wie vorgesehen wird sie die Straße von Gibraltar passieren.« Mit lebhaften Augen suchte Riaz den Blick des Kapitäns.

»Sind diese Informationen absolut authentisch und sicher«, bohrte bin Golem mit bedrohlichem Unterton.

»Ja, Efendi. Wir haben einen Funkspruch von Colossimos Yacht erhalten. Zudem bestätigte ein Mitglied der Crew des Begleitkreuzers *USS Ross* Position und Kurs des Trägers«, präzisierte der Nachrichtenchef ohne mit der Wimper zu zucken.

»Erreichen wir Casablanca rechtzeitig, Captain?« Wie von ungefähr drückte der Islamistenführer Kapitän Souri den Stock gegen die Brust. »Versagen Sie, Captain ...« Vielsagend hob er die Brauen, ließ die Drohung unausgesprochen. Innerlich schaudernd, schluckte der Kapitän. Er zwang sich zu einem Lächeln. »Sicher, Sir ... *Efendi*. Auf die Besatzung der *Shiraz* ist zweihundertprozent Verlass.«

## 31.

Der Alltag an Bord der *USS Theodore Roosevelt* war streng geregelt. Jeden Nachmittag um vier Uhr versammelte sich die Besatzung im riesigen Hangar. Workout stand auf dem Programm. Nicht nur wegen der martialischen Örtlichkeit ähnelte die Aerobic Stunde dem Frühsport auf dem Kasernenhof. Ein Drillfeldwebel stand auf dem Podest und bestimmte mit markigen Rufen den schnellen Rhythmus. Durch die große Luke in der Seitenwand strömte salzige Seeluft mit viel Sauerstoff herein. Manch sehnsüchtiger Blick schweifte über das sich ständig verändernde Meer zum Horizont. Sechs Monate lang gab es keinen Landgang für die Crew.

Die *TR* war der größte Flugzeugträger der amerikanischen Flotte, eine perfekte Kampfmaschine zur See. Alles war tadellos organisiert. Es gab fünf Speisesäle, in denen mehr als zweihundert Mann arbeiteten. Gutes Essen galt an Bord als das wichtigste zu gewährleistende Versorgungsgut. Wer ein halbes Jahr fern der Heimat in einem Stahlriesen eingesperrt war, konnte nicht mit Kommissfraß abgespeist werden. Ein kulinarischer Ausgleich war gefragt: Die riesigen Kombüsenanlagen dieses gewaltigen Hangarschiffes konnten mit jedem Viersterne-Hotel mithalten. 20 000 warme Mahlzeiten täglich produzierte der Koch, assistiert von 240 Gehilfen.

Die Unterdecks der schwimmenden Kriegsstadt glichen verschachtelten Gebäuden in engen Bezirken. Noch nach

Wochen verliefen sich viele neue Matrosen in den labyrinthischen Korridoren.

Während bin Golems mächtige *Shiraz* im Atlantik in Richtung Gibraltar stampfte, saß der Kapitän der *TR*, David Fisher, an diesem Nachmittag im bordeigenen Fernsehstudio und arbeitete sich methodisch langsam zum Schluss seiner Ansprache durch, die selbst in den entferntesten Winkeln des Stahlriesen laut erschallte. Hinter ihm an der blauen Studiowand prangte in golden verschlungenen Buchstaben das Kürzel der *USS Theodore Roosevelt*, die mit fast 100 000 Tonnen weitaus größer und schwerer war als einst die *Titanic*.

»Wir trainieren, wie wir kämpfen. Wir kämpfen, wie wir trainieren«, sprach der jugendlich wirkende Kommandant routiniert ins Mikrofon. Er trug ein Khakihemd und eine dunkelblaue Schirmmütze. Sein dünner schwarzer Oberlippenbart entsprach den Marinevorschriften und bildete das Richtmaß für Schnauzer an Bord der *TR*: dieser durfte nicht breiter sein als der dazugehörige Mund.

»Das habe ich euch am 30. März gesagt, als unser Einsatz im Ionischen Meer begann. Seither haben wir ein Viertel aller NATO-Attacken gegen Jugoslawien im Rahmen der Operation *Großer Amboss* geflogen. Leute, ich bin stolz auf euch. Alle unsere Piloten sind heil zurückgekehrt. Bis dato hatten wir keine Verluste zu verzeichnen.«

Tag und Nacht starteten 24 Kampfjets vom Typ F-18 vom Flugdeck der *Roosevelt*. Insgesamt befanden sich 120 Piloten an Bord. Die übrigen fünftausend Besatzungsmitglieder waren notwendig, um den reibungslosen Unterhalt und Ablauf der maritimen Kriegsmaschine zu gewährleisten. Einer der Piloten, Leutnant Morse, lauschte der Stimme seines Kommandanten. Morse lag auf einer Brustmuskel-Foltermaschine im Fitnessraum tief unter Deck. Er sann gerade darüber nach, was wohl sein größter Erfolg gewesen war: *Wieder heil runterkommen, das ist der größte Erfolg. Angst? 'N bisschen Angst muss man schon haben. Ich muss eben immer hochkonzentriert sein. Das hier ist keine laue Schießübung. Da draußen gibt's 'ne Menge Leute, die mich dran hindern wollen, dass ich meinen Auftrag erledige. Der Gedanke ist immer da. Das macht Angst. Selbst wenn erst ein paar Mal was passiert ist, das mir wirklich in die Knochen gefahren ist.*

»Operation *Großer Amboss* steht kurz vor dem Abschluss. Bald geht's heim in die guten alten Staaten!« Kapitän Fisher grinste in die Kamera. Wie jeder Kommandant freute er sich, seinen Leuten Erfreuliches zu berichten.

»Sieht aus, als wären wir Weihnachten zu Hause«, kommentierte der Waffenmeister im fünften Unterdeck. Zufrieden massierte er mit beiden Händen seine Heldenbrust, eigentlich den knallroten Sweater, dessen schwarze Aufschrift – GUNBOSS – keinen Zweifel offen ließ, wer hier das Sagen hatte.

3500 Tonnen Bomben lagerten an Bord der *Roosevelt*, verteilt auf sechsundvierzig Waffenkammern. 120 Spezialisten, Frauen und Männer, hegten und pflegten die todbringenden Präzisionswerke.

Während der Kommandant im Bordfernsehen über die geplante Heimreise durch die Straße von Gibraltar informierte, weiterhin auf den vollen Einsatz jedes Einzelnen, vom Friseur bis zum Flugdeck-Koordinator zählend, hantierte der Gunboss gerade an einer 2000 Pfund schweren GBU-24 herum. Eine Waffentechnikerin schraubte mit einem großen Schraubenschlüssel das CCG fest. Aus jedem der grauen, mit einem gelben Ring versehenen Bombenkörper ließen sich durch elektronische Aufsätze verschiedene Typen zusammenbasteln. Der schmale Bombenkopf, olivgrün und rot bemalt, enthielt den Zündmechanismus. Klinkte der Pilot die Bombe aus, riss ein Draht den Zündstift weg und die Computersteuerung CCG lenkte die Bombe automatisch ins Ziel. Dank der schmalen, harten Nase durchdrang sie Bauten und explodierte erst, wenn sie auf festen Boden traf.

»Unsere Mission lautet, Frieden zu schaffen«, verkündete der Kapitän ernst von den unzähligen Bildschirmen herunter. »Wir wollen das Leben aller Menschen verbessern. Amerika kämpft für die Freiheit überall auf der Welt, und ihr alle leistet euren wertvollen Beitrag. Am Ende werden alle einen Schritt weiter sein.« Er nickte mehrmals bekräftigend, schloss dann mit filmreifem Pathos: »Gott segne Amerika!«

»Amen«, maulte in der Kantine ein dunkelhäutiger Matrose, der im Kühlraum arbeitete. An seinem Schokoladenkeks kauend und Tee trinkend meinte er zur Krankenschwester vom Röntgenraum: »Ich bin wegen der Ausbildung hier und um Geld zu verdienen. Ich will ein besseres Leben. Wenn ich für mein Land kämpfen muss, okay, dann soll's eben sein.«

»Wir tun, was wir tun müssen«, parierte die Frau unverbindlich. Sie stand auf.

Die Kühlräume unweit der Küche waren so groß wie drei Tennisplätze. Hummer, 14 000 Pfund Rindfleisch, 18 000 Pfund Hühnerfleisch, 400 Container Eiscreme, Fisch und Pizzakäse stapelten sich in braunen Kartons. Jeden Samstag war Pizza-Nacht. Übermorgen ist es wieder soweit, dachte der Matrose, der eigentlich Cheeseburger und Pommes bevorzugte. Sein Lieblingsfraß stillte auf den Weltmeeren wenigstens ein wenig das Heimweh, wie auch Erdnussbutter, Bagels, Cola ...

Im Fernsehstudio stand Kapitän Fisher erleichtert seufzend auf: »So, das wäre geschafft.« Er nahm die Henkeltasse Tee mit der Aufschrift *Captain* und den Initialen *TR* in Empfang, die ihm seine Ordonnanz dienstbeflissen hinhielt.

»Hat mir gefallen, Sir«, schmeichelte ihm die junge Kommunikationschefin aus dem Team für Öffentliche Angelegenheiten.

»Ich bin froh, dass alles schlank gegangen ist, Pamela. Bis Gibraltar können wir es nun ein bisschen leichter nehmen. Dann wird es nochmals hektisch. Wissen Sie, ich hasse diese engen Passagen. Fühle mich da immer irgendwie ausgesetzt.«

»Ach was denn, Sir«, wehrte Pamela zuversichtlich ab. »Die Jungs in unseren AWACS werden die entlegensten Winkel der Küsten absuchen. Ich finde es richtig spannend. Die Felsen zu beiden Seiten der Meerenge wurden im Altertum Säulen des Herkules genannt.«

»Wollen Sie damit andeuten, Pamela, dass der Göttervater Zeus uns sicheres Geleit verspricht?«, fragte der Kapitän belustigt. Sie lachte schallend.

»Tut er doch schon, Sir. Wir haben doch *Aegis*, den Schutzschild des Zeus. Und … nun …«

»Ja?«

»Nun, ich dachte an den Stall des Augias, den Herkules ausgemistet hat, indem er einen Fluss umdirigierte. Vielleicht sollten wir das mit diesem Saudi tun, diesem Höllenhund. Anstatt einen Fluss ihm mal den Großen Knüppel vorbeischicken!«

»Bin Golem? Gewiss. Wenn wir endlich wüssten, wo er sich versteckt, genügte ein millimetergenau schädelspaltendes Tomahawk Missile, nach guter alter Indianerart. Doch der feige Hund verkriecht sich wohl irgendwo im finstersten Afghanistan. Ha!« Captain Fisher konnte nicht richtig lachen über seinen Scherz. Ein Gegner, der sich einfach nicht fassen ließ, stritt gegen alles, was sie ihm auf den besten Militärschulen des Landes eingetrichtert hatten.

»Yessir. So ist es«, bestätigte Pamela professionell ernst, obschon eine geradezu heitere Erregung sich ihrer bemächtigt hatte. Zugegeben, sie hatte sich für die Uniform und für Männerspiele entschieden. Nie würde sie die Höhen jener entscheidungsfällenden Admirale erklimmen, die von Zeit zu Zeit mit großem Getue an Bord empfangen wurden. Was ihr blieb, war das große Abenteuer der Weltenmeere. Und … *Was schert mich dieser Golem*, dachte sie. *Captain Fisher hingegen … ein treuer Ehemann und Familienvater, Mädchen, also vergiss es!*

## 32.

Im Testament hatte mein Onkel seine Beerdigung geregelt. Hätte er geahnt, dass seine Leiche zehn Tage lang im gerichtsmedizinischen Institut seziert würde, um schlüssige Hinweise auf die Todesursache zu liefern, hätte er sich vermutlich freiwillig in Salzsäure auflösen lassen. Der Staatsanwalt gab die sterblichen Überreste schließlich frei, behielt aber das Ergebnis der Autopsie für sich. Mein Anwalt Steinlin schnaubte über diese Geheimjustiz und entschied, der Beerdigung fernzubleiben.

Ein Bestattungsinstitut mit dem beruhigenden Namen »HeiligDuft GmbH« verfügte über genaue Anweisungen, was zu tun war, so dass dieser Kelch glücklicherweise an mir vorüberging. Eine Brüderschaft namens Ikarus, Fliegerkameraden von Onkel Edouard, die im Aktivdienst 39-45 noch Messerschmitts geflogen waren und dabei über der Nordwestschweiz sogar ein paar Schwaben abgeschossen hatten, sollten die Anordnungen überwachen.

Beim Stichwort »Familie« betrat ich dem Drehbuch gemäß die Fraumünsterkirche von Zürich und schritt den Mittelgang entlang zwischen dicht gefüllten Bankreihen nach vorne, wo die erste Sitzreihe für Familiengäste reserviert war. Die Orgel spielte feierlich, die Leute erhoben sich, um der Familie des Korpskommandanten ihren Respekt zu erweisen – und um zu gaffen. Neben mir trottete brav Mustang, Edouards Bulldogge, und auf der andern Seite hielt ich die zierliche Schwester der unglücklichen Haushälterin am Arm. Das war sie schon, die ganze Familie. Wir setzten uns in unsere Bank. Die Frau schluchzte fortwährend auf, wischte sich mit einem weißen Tüchlein immerfort die Augen. Ihre Tränen galten weniger dem alten Korpskommandanten als ihrer unglücklichen Schwester, die im Feuerinferno des Wohnungsbrands das Gedächtnis verloren hatte.

Hinter uns saßen ergraute Männer mit starren Mienen. Einer nickte, lächelte verhalten. Es war ein Bundesrat. Neben ihm erkannte ich den Geheimdienstchef, der einzige mit schwarzen Haaren – ob echt oder gefärbt sollte dahingestellt bleiben. Unsere Augen begegneten sich. Wieder musste ich heidnisch-lasziv an seine vollbusige Adjutantin denken, entdeckte jetzt weiter hinten einen hochgestreckten Kopf mit hellwachem Gesicht und blitzenden Brillengläsern.

Das Orgelspiel klang aus. Hoch oben auf der Kanzel tauchte der Grauschopf von Pfarrer Salvisberg auf. Ein geistreicher Prediger, wie ich wusste. Wir kannten uns, und es schien mir, als lächelte er mir zu. »Der Herr sei mit uns«, begann er mit jugendlicher Stimme … »wir haben uns heute hier versammelt, um von Korpskommandeur de Diesbach Abschied zu nehmen.« Da sprang Mustang auf die Sitzbank, setzte sich auf die Hinterpfoten, reckte jaulend den Kopf zur Kanzel hoch. Unterdrückte Heiterkeit brach durch. Der Geheimdienstchef beugte sich nach vorne, raunte mir zu: »Polinsky, wir sprechen uns nachher noch. Der Termin.«

Selbst aus nächster Nähe sah sein Haar naturschwarz aus. Es machte eigentlich keinen Sinn, bei seinem Beruf. Nun, vielleicht hatte er ja Nerven aus Stahl. Oder einen erstklassigen Friseur.

Tief errötet, zischte die Haushälterin das unschuldige Tier an. Der Pfarrer pointierte weise, man dürfe in seiner Kirche den Gefühlen freien Lauf lassen, selbst wenn man oder *gerade* wenn man ein Hund sei und hatte auch sogleich ein Zitat aus der Apokalypse parat. Gegen Schluss der Predigt würdigte er meinen Onkel als eine alte Eiche, die oben auf dem Hügel dem Sturm trotzt und mit ihrer knorrigen Standhaftigkeit die Unbilden der Zeit überdauert. Die Frauen in Onkel Edouards Leben erwähnte er erst ganz am Schluss, euphemistisch ausrufend: »Sein Leben war ein Geben. Er gab dem Land und denen, die zu ihm kamen und ihn verehrten. Er schöpfte aus dem Vollen, gab aus dem Vollen, das können viele bezeugen.« Als wir uns zum Gebet erheben mussten, kollerte mein Handy. Ich riss es aus der Jacke und sprach: »Amen«.

»Spinnst du?«, wunderte sich Irina am andern Ende. Als ich schwieg, sprudelte sie los: »Also mein Bester, es geht um Knosp. So hieß die Firma. Du erinnerst dich, das Gespräch, das ich aufgeschnappt habe, am Bancomat? Die Aktienkurse haben sich verdoppelt. Aber die Pleite steht bevor. Die Fusion ist geplatzt.«

»Und, was machst du jetzt?«, fragte ich, während Salvisbergs Stimme von der Kanzel erschallte: »Die Bäume wachsen nicht in den Himmel, so ist es bestimmt …«

»Der eine hat gesagt, er werde alles verkaufen, fünf Kisten …«

»Millionen?«, fragte ich ungläubig. Von der Kanzel schallte die Antwort: »… hungern in der Welt.«

Jemand hinter mir zischte: »Psssst!«, was mehr störte als meine Worte. Mustang leckte mir in aller Ruhe die Wange. Wieder Heiterkeit in den Bänken.

»Selig sind, die nichts besitzen«, hörte ich den Pfarrer. »Verkaufen, Irina, Knosp verkaufen,« rief ich laut in den Hörer. »Das haben die gemeint, ich verkaufe alles …!«

»Ich verstehe nur Bahnhof«, sagte sie und legte auf.

Eine peinliche Stille hatte sich im Kirchenschiff ausgebreitet. Der Pfarrer starrte fassungslos auf mich herunter. Wie Speerspitzen spürte ich die Blicke der Trauergemeinde in meinem Rücken. Ich drehte mich langsam um, schaute in die vorwurfsvollen Augen der alten Männer der Ikarus Brüderschaft. Sie schüttelten ihre gelichteten Häupter in Abscheu, als wäre ich Hitlers Gehilfe. Die Arme ausbreitend intonierte ich: »Selig sind, die nichts besitzen« und setzte mich wieder.

»Amen«, donnerte Salvisberg erleichtert über die gesenkten Köpfe hinweg, während die Orgel zur Schlussmelodie ansetzte. Die Leute erhoben sich. Ein paar Gesichter grinsten mir zu. Andere mieden ostentativ meinen Blick oder kehrten mir ihre verkniffenen Kleinbürgerärsche zu.

Auf ein Zeichen der Regie erhoben sich die Ikarus-Greise und schritten feierlich zum Sarg, der mit der Schweizerfahne zugedeckt war. Kerzengerade bauten sie sich auf, je vier auf beiden Seiten. Beim ersten Trompetenstoß hoben sie den Sarg mit ihrem toten Kameraden an, schritten langsam zum Ausgang.

Der Bundesrat zerrte sein Handy heraus, während er sich aus der Bankreihe zwängte. »Verkaufen Sie sofort alle Knosp-Aktien«, schnappte er mit unterdrückter Hast. Auch andere tasteten nach ihren Apparaten, bevor sie sich hinter dem Sarg einreihten, um mit mühsam verhaltener Eile langsam zum Ausgang zu watscheln.

Plötzlich lag eine schwere Pranke auf meinen Schultern. Reflexartig herumfahrend blickte ich in die blitzenden Augen von Walter Knosp. Der unangefochtene Boss der Knosp AG, der Gärtner der Nation, ein stahlharter Typ, der jeden Morgen dann aufstand, wenn ich meistens erst nach Hause kam. Knosp, das Wirtschaftswunder, ein Selfmademan, ein charmanter Galan. Jetzt steckte er's mir, noch dazu mit dem liebenswürdigsten Lächeln: »Blödmann, du bist erledigt.«

»Sie führen doch nicht etwa schon senile Selbstgespräche?«, schoss ich zurück und ließ ihn stehen. Weiter vorne standen zwei Kerle, die ich schon irgendwo mal gesichtet hatte. Es gibt Gesichter und Körperhaltungen, die wecken beklemmende Erinnerungen. Diese zwei Typen trugen beide helle, knöchellange, gürtellose, bis zum Hals geschlossene Regenmäntel sowie schwarze Sonnenbrillen auf dunklen Gesichtern. Als ich an ihnen vorbeiging, näherten sie sich, ihrer Meinung nach sicher unauffällig und verfielen in meinen Schritt. Der Größere, mit Schnauzer und dem Gehabe eines Mustafa, sagte in angestrengt höflichem Ton: »Lieber Herr Polinsky, dürfen wir kurz mit Sie sprechen?«

Die Leute vor mir kamen ins Stocken, während draußen vor der Kirche der Sarg des Korpskommandanten in den Leichenwagen geschoben wurde.

»Wir kaufen alles von Konkorski«, warb der andere, als stünde er im Basar von Medina.

»Leider befinden sie sich in der falschen Oper, Mann«, wehrte ich fromm lächelnd ab. »Das hier ist eine *Beerdigung.*«

»Eben. Ihr Onkel haben Geheimnis in Grab genommen«, meinte Mustafa mit süßlichem Lächeln. Ich nickte, deutete nach vorn zum schwarzen Leichenauto.

»Er ist noch nicht unter der Erde. Fragen Sie ihn doch.« Die beiden kauten auf den Lippen herum. Kannte ich diese Mimik nicht von früher? Und ihre Hände? Natürlich. Eine in der Tasche, um das Aufnahmegerät zu bedienen. Und dann diese recht übertrieben gestylten Sonnenbrillen. Moment! Diskret das Brillengestell von Mustafa studierend, bemerkte ich die kleine Fassung für die Kamera … *Na ja. Es hört doch nie auf!*

»Wir zahlen gut, Polinsky. *Lautlos singt der Tod.*« Der Basarverkäufer spähte ängstlich umher, Mustafa schwenkte andauernd den Kopf.

*Hatte ich recht gehört? Lautlos singt der Tod?*

»Sie wollen mir doch nicht etwa drohen, meine Herren?«, rief ich ärgerlich. »Haben Sie den Pfarrer nicht verstanden: Selig sind, die nichts besitzen.« Theatralisch riss ich die Arme hoch. Dabei erwischte ich berechnend die Brille des Größeren, die im hohen Bogen über die Köpfe segelte, in der Menge verschwand. Sogleich knirschte es auch schon. Betroffen murmelte jemand Entschuldigungen, während der Basarverkäufer hastig die Scherben einsammelte.

Der Leichenwagen fuhr ab. Die Greise von der Ikarus-Loge stiegen in eine lange schwarze Limousine, die dem Sarg folgte. Weitere schwarze Wagen hielten nahe am Gehsteig, Knosp stieg mit dem Bundesrat ein.

Der Geheimdienstchef winkte mir, als sein Stabswagen heranrollte. Mit Mustang an der Leine ging ich auf ihn zu.

»Kann leider nicht am Leichenmahl teilnehmen«, entschuldigte er sich. Mustang knurrte diffus. »Wir sprechen uns noch«, tröstete er mich und drückte sich tief zurück in den Fond des großen Mercedes. Der Schlag klackte zu. Im dunklen Glas der Scheibe sah ich mich ihm zuwinken. Plötzlich glitt die spiegelnde Fläche hinunter und sein blasses Gesicht erschien kontrastreich im Fensterrahmen: »Geben Sie mir die rote Akte, Polinsky?« Ich verneinte mit Kopfschütteln. »Gehört nicht zum Deal. Keine Neuverhandlung, Brigadier! Übrigens, mein Kompliment an Ihren Tonsurschöpfer.«

»Tonsurschöpfer?«

»Ihr Friseur«, tönte ich geduldig. »Eine Klasse für sich. Nur einen kleinen Rat, mit Verlaub. Einfach an den Schläfen ein paar graue Härchen stehen lassen. Das würde alle Zweifel am natürlichen Schwarz ihrer Haare beseitigen.«

Er biss sich auf die Lippen. Die hinaufsurrende Scheibe schnitt den flehenden Blick aus seinen kleinen schwarzen Augen ab.

Ein Reißen nach Irina ergriff mich. Die Aussicht, sie in meine Arme zu schließen, schien mir verheißungsvoller als die Fahrt zum Friedhof und ins Zunfthaus zum Essen. Im wolkenlos blauen Himmel flatterte eine Möwe vom Kirchturm weg. Dem frei beschwingten Vogel nachschauend, verstand ich einmal mehr den Wink meines Onkels: *»Leben, Stan, heißt lebendig sein. Lust ist das Ziel allen Strebens.«* Recht hatte der Alte. Ich fühlte mich von ihm dispensiert, an den weiteren Trauerfeierlichkeiten teilzunehmen. Edouard, der schlaue Bursche, hatte anderes vor mit mir.

*Zwinkerte er mir nicht gerade verschwörerisch zu?*

Derart sinnierend prallte ich in einen Regenmantel hinein. Wieder so ein knöchellanger. Nur Agenten oder sonst welche Idioten trugen beim schönsten Wetter solche Kleidung.

»Mister Polinsky? Verzeihung. Kann ich Sie einen Moment sprechen?« Der baumlange Typ nahm seine Sonnenbrille ab, hielt sie mir hin. »No camera!« grinste er.

»Kostet Sie fünfhundert Franken die Stunde.« Ich schob mich an ihm vorbei. Grinsend hinkte er mir nach. »No problem, Sir.«

Ich deutete auf sein steifes Bein: »Vietnam?«

»Irak 1997. Geheimes Kommando.«

»Konkorski?«, fragte ich aufs Geratewohl.

Er nickte, schaute sich besorgt um, flüsterte: »Es heißt, Sie hätten dem alten Herrn den Safe geplündert und Raketengeheimnisse ...«

»Dann wissen Sie mehr als ich«, sagte ich ruhig.

»Ihr Onkel war sehr eng mit dem französischen Geheimdienst liiert, damals vor dreißig Jahren, als die Concorde erstmals am Himmel erschien.« Aus einer verdeckten Tasche seines Mantels zauberte er eine Dienstmarke hervor, die ihn als CIA-Mann auswies. *Central Intelligence Agency.* Die guten alten Spionageleute! Wo die doch alle ihre Ameisenfühler reinsteckten!

»Schon möglich. Ist aber 'ne kleine Weile her. Seit wann macht die CIA historische Studien?« Ich blickte zur Kirchturmspitze hinauf, raunte: *»Du, Onkel Edouard? Schon wieder?«*

Der CIA-Typ schaute mich verdutzt an.

»Nun«, begann ich, als wir uns der Brücke näherten, »was hat ausgerechnet die *Concorde* ausgerechnet mit *mir* zu tun?«

»Das sowjetische Gegenstück der Concorde hieß Konkorski. Die Russen haben den Franzosen die Pläne gestohlen«, flüsterte der CIA-Agent, wache Blicke in alle Windrichtungen schießend.

Natürlich erinnerte ich mich. Am 31. Dezember 1968 rollte aus den sowjetischen Tupolev Werken der Prototyp eines Überschallpassagierflugzeugs auf die Piste. Die Ähnlichkeit zur französischen Concorde war so frappant, dass die Weltpresse das russische Flugwunder sofort *Konkorski* taufte.

»Verstehe immer noch nicht, was du von mir willst, Soldat«, sagte ich schließlich. »Ist doch reine Zeitverschwendung.«

»Ich will das Material, das Sie aus dem Safe ge… eh… sichergestellt haben. Wir zahlen gut und diskret.« Wie ein professioneller Bauchredner bewegte er bei dieser Enthüllung nicht einmal die Lippen.

»Kann ich mir vorstellen. Nur hat die Sache einen Haken. Ich habe nämlich kein Material.«

Er schüttelte leicht tadelnd den Kopf. »Überlegen Sie gut, Polinsky. Es steht allerlei auf dem Spiel.« Wir standen auf der Brücke. Ich lehnte mich über das Geländer, schaute in die Strömung hinunter.

»Das war's wohl dann, kapiski, Konkorski«, sagte ich und strahlte ihn an.

»Sie müssen verstehen, Polinsky…«

Ich winkte grinsend ab: »So long, Buddy!«

Ein Taxi holperte über die grobe Pflasterung heran. Ich winkte. Der lange Bursche streckte mir rasch eine Geschäftskarte hin. »Rufen Sie uns an. Verlangen Sie einfach Walross und…«

»Wer ist Walross?« Ich öffnete den Schlag.

»Ist egal. Ein Kennwort. Sie werden dann sofort mit dem Chef verbunden.«

»Ich pfeife auf Ihren Chef«, grunzte ich belustigt und stieg ein.

»Es ist Taylor, der Direktor der CIA«, raunte er mir noch zu.

»Los, ab die Post«, rief ich der Fahrerin zu, die meinen scharfen Ton richtig interpretierte: Ihr Blitzstart warf mich heftig nach hinten in die Polster.

»Den haben Sie aber ganz schön stehen lassen«, staunte die Chauffeuse.

»Keine Angst, der kommt wieder.«

Ich wandte mich einem Geräusch zu. Da saß sie. Neben mir auf dem Rücksitz: die Frau mit hellwachem, gescheitem Gesicht und funkelnden Brillengläsern.

»War's Ihnen zu langweilig in der Kirche?«, stammelte ich. Musste ziemlich dämlich gewirkt haben.

Sie lachte offen heraus: »Alle werfen Knosp ab! Aber im Ernst. Jetzt hab ich Sie erwischt, Polinsky. Sie sollten besser auf sich achtgeben.«

Wo sie herkomme, wäre die nächste Frage gewesen. Und was sie in meinem Taxi zu suchen hatte. Aber die Vermutung lag nahe, der Coup dieser Dame spielte sich auf höherem Niveau ab als dem einer simplen Anmache. Zurückhaltung war geboten. Kühl dirigierte ich die Chauffeuse: »Fahren Sie zum Sonnenberg. Ich bin zum Abendessen verabredet.«

Wider Erwarten kommentierte die bebrillte Dame nichts von allem, blinzelte mir nur offenbar wohlgemut zu.

»Wie stellen Sie sich vor, wie das hier weitergeht?«, fragte ich nach einer Weile mit einer Gebärde, die leichten Frust andeuten sollte. »Ich habe eine Verabredung.«

»Das hab ich gehört. Ich komme einfach mit. Bin sowieso hungrig. Und, wer weiß, ist das Dinner gut, entwickle ich später vielleicht sogar Appetit auf eine Nacht voll heißer Leidenschaft.« Sorglos lächelnd, ergriff sie sich doch tatsächlich meinen Arm.

Irgendwie gefiel mir ihre Charmeattacke nach dem Motto: So was lässt sich nie und nimmer planen. Greif zu, Polinsky! *Leben heißt lebendig sein …*

Wir schwiegen ein Dutzend Herzschläge lang.

»Wo wohnen Sie?«, fragte ich schließlich, mehr um der Konversation willen. Eine Routinefrage, an die sich wirklich nichts knüpfte als ein vorübergehendes, wonniges Zittern meines Gliedes.

»Bei *Ihnen* natürlich, wo sonst?«, hieb sie zu, und mit dem entwaffnendsten Lächeln der Welt, so dass es mir endgültig die Sprache verschlug.

»Übrigens, ich heiße Nadine. Nadine Moran. Und ich muss dringendst nach Belgrad fliegen!«

Der Barkeeper in der Montag-Bar hätte darauf vermutlich mit einem unbeschwerten »no hay problemas« geantwortet. Innerlich etwas aufgewühlt, ließ ich mir nichts anmerken.

Das hier war Nadine? Onkel Edouards Nadine? Die Frau, die er mir mit letztem Atem so dringend ans Herz gelegt hatte? Meine Probleme schienen sich in diesen Tagen exponentiell zu vermehren. Meine Gedanken rasten von Steinlin über Irina zum verblichenen Edouard, dann wieder zurück zum Gerichtstermin. Wie sollte ich das alles unter einen Hut bringen? Im Prinzip hatte ich ja bereits den Entschluss gefasst, dem hereingeschneiten Mädchen zu helfen. Die Lust am Fliegen packte mich. Trieb mich nur der Drang, wieder am Steuerknüppel einer Maschine zu sitzen? Oder spürte ich nicht das Brennen einer inneren Berufung, das mir gar keine Wahl ließ? Eins war sicher: zunächst war es besser, Distanz zu dieser Frau zu halten. Mit Wohnen unter einem Dach und Freundschaft durchs Bette würde es besser nichts geben. Aber Mario konnte mir vielleicht mit seiner komfortablen Mansarde über dem Tabakladen aushelfen. Wollte man mit einer Frau wie dieser erfolgreich spielen, das ahnte ich, galt es die Karten eng an der Brust zu halten. Und übrigens, was für Karten hatte ich eigentlich, was konnte ich vorweisen?

Mein Handy schepperte und gluckste gehemmt in der Tasche: Waldi, mein Verleger! Für diese unbequeme Nadine hob ich lächelnd die linke Augenbraue, sowie, entschuldigend, die Schultern.

»Ah, Waldi, nein, sag nichts. Ich frage dich nicht, was ansteht, weil ich dich nicht fragen hören will, was bei *mir* ansteht, und dann eine lange, donnernde Stille deinerseits, und dann ein fauler Witz von mir über den Traum, den ich letzte Nacht hatte, in dem ich dir ein dickes Bündel Seiten überreichte, das aussah wie ein fertiges Manuskript, und du dein schönstes Lächeln aufsetztest und sagtest: Polinsky, du bist ein Schreiber nach meinem Herzen. Lass mich noch ein bisschen weiterträumen, Waldi, okay?« Nadine zuzwinkernd, brach ich ab, steckte das Gerät weg. Wo waren wir? Ach so, ja, auf dem Weg zu mir … und … oder …

»Aber natürlich«, lächelte ich. »Belgrad. Wohin sonst?«

# Zweiter Teil

# 33.

Schmutzige, graue Wolken bedeckten den unheimlich roten Abendhimmel, als unsere einmotorige Propellermaschine gleichmäßig brummend über die bewaldeten Hügel auf die jugoslawische Provinzstadt Nis zuflog. Scharfe Böen rüttelten am Leitwerk, vereinzelte Regentropfen klatschten auf das verkratzte Kabinenfenster. Nadine Moran hielt eine schwarzweiße Luftaufnahme auf ihren Knien und suchte nach einer Landepiste. »Landen wir auf der Straße da links oder auf der Wiese daneben?«, fragte sie, die Topografie aus wachen goldbraunen Augen spähend überblickend. Ich parierte ein paar heftige Windstöße und hielt die Maschine gleichmäßig auf Landekurs.

»Auf der Graspiste. Wird schon schief gehen.«

Tief unten schlängelte sich der Fluss als glitzernder Streifen durch das enge Tal, erlosch zum pechschwarzen Wurm, verflocht sich mit Bahnlinie und Straße, die Nis im Südosten Serbiens mit der bulgarischen Hauptstadt Sofia verbanden.

Für Nadine war ich vom Typ her eher der schweigsame Bergler als der smarte Flieger. Ich netzte ab und zu mit der Zunge die Oberlippe, während ich mit voller Konzentration nach vorne auf den imaginären Punkt am Boden blickte, wo ich die Maschine aufzusetzen gedachte. In meinem üppigen blonden Haar steckte eine Sonnenbrille, ein Zweitagebart spross unbekümmert an einem Kinn, das Entschlossenheit vermuten ließ.

Die Frau mochte mich für einen Draufgänger halten, der seine Midlife-Krise mit allerhand Herausforderungen zu meistern suchte, eine Annahme mit der sie gar nicht so falsch lag. Wer sonst, als ein nach Abenteuern geilender Spinner würde versuchen, am helllichten Tag mit einem Passagier und einer Ladung Waffen das Kriegs- und Embargogebiet Jugoslawien zu infiltrieren?

Nadine beugte sich nach vorn, spähte in die Tiefe. Die Gegend wirkte friedlich, ähnlich wie die Täler und Schluchten der Dordogne, wo sie ihre früheste Jugend verbracht hatte. Flüchtig erinnerte sie sich an das sanfte Antlitz ihrer Mutter: Sie stand mit einem Korb voller Äpfel unter der Haustür und schenkte ihr dieses unvergesslich warme, anmutige Lächeln. *Waren das noch unbeschwerte Zeiten!*

Drunten schützten große Wälder und von Gräben zerfurchte Hügel kleine, am Talboden klebende Siedlungen. Nadine nahm an, dass die Serben sich in diesem Gelände sehr lange gegen einen Angreifer halten konnten. Im Magen drückte ein dumpf säuerlicher Schmerz. Mit der Hand den Bauch reibend, atmete sie tief durch. Sie hasste diese kleinen engen Schüttelbecher von lärmenden Flugzeugen und musste an all die Unfälle denken, die sich in jüngster Zeit mit solchen Kisten ereignet hatten.

Ihren Frust spürend, warf ich ihr einen väterlichen Blick zu, was eigentlich gar nicht in meinem Interesse lag, oder vielleicht doch, dafür war jetzt sowieso keine Zeit. Ihr so beruhigend zunickend wie es das Rütteln der Maschine gerade erlaubte, streckte ich ihr meine angebrochene Schachtel Zigaretten hin. Sie starrte mich mit so aschfahlem Gesicht an, dass ich vorsorglich nach der Kotztüte hinter meinem Sitz tastete. Eine kleine Entladung dieser Art wäre vielleicht ganz gut für die zwischenmenschliche Kommunikation. Nicht dass ich's ihr wünschte. Doch mein Fluggast richtete den Strahl der Luftdüse auf ihre nass glänzende Stirn, atmete tief durch. Offenbar eine Frau, die sich selbst zu helfen wusste.

Bis jetzt hat alles eigentlich reibungslos geklappt, sagte sie sich.

*Dir geht's doch prächtig, du hast doch keinerlei Grund zur Sorge …*

Sie hatte in ihrem Leben eigentlich immer Glück gehabt, was nicht hieß, dass sie von schweren Schicksalsschlägen verschont geblieben war: Ihre Mutter starb auf der Landstraße im Wrack ihres zerquetschten Renaults. Der Laster hatte die Vorfahrt missachtet …

Wir waren von einem Flugfeld außerhalb Sofias gestartet und hatten nach einer Viertelstunde bereits die Grenze zur jugoslawischen Föderation überflogen. Niemand schien von uns Notiz zu nehmen. Die Operation verlief soweit nach Plan, aber Eile war geboten. Wir mussten die Sache hinter uns bringen, bevor jemand Verdacht schöpfte.

Im Westen schoben sich die bläulichen Umrisse einer Gebirgskette langsam heran. Nadine hatte die Landkarte hervorgezerrt und mit gequälter Miene die geographische Situation studiert. Der mit 2017 Meter höchste Punkt des Kopaonik Gebirges lag bereits im Kosovo.

Sie kämpfte die aufstoßende Übelkeit nieder. War es die blanke Angst, das mulmige Gefühl oder einfach die Aufregung, die ihr den Schweiß aus allen Poren trieben? Sie zupfte an ihrem feuchten Polohemd, als könnte sich dadurch ihrem Dilemma ein Ausweg eröffnen. Unbewusst klopfte sie sich mit der flachen Hand an die Brust, wo in einem kleinen Lederetui die Daten mit dem *Ödipus*-Code sicher aufbewahrt lagen, eben jenem Code, der den Schlüssel zum Treffen mit Thierry-Clément Moran bildete. Wärme durchströmte sie, half gegen die Übelkeit. Das Leben war ein großes Abenteuer. Und dieser Polinsky hier schien ihr recht nahtlos in diese gefährlich bunte, turbulente Welt zu passen. Schade nur, dass er nicht richtig wusste, wo er hingehörte. Schade auch, dass …

Mir war nicht nach Reden. Der Flug erforderte meine ganze Anspannung. Wenn wir Pech hatten, konnten uns zudem die Amerikaner belauschen, mit ihren elektronischen Abhör- und Überwachungsanlagen, die in AWACS und elektronischen Aufklärungsflugzeugen über Jugoslawien kreisten. »Sie hören alle ab, außer dem lieben Gott«, hatte ich Nadine das Motto dieser Besatzungen erklärt. Fragen nach ihrer Verbindung mit meinem Onkel brannten mir auf der Zunge. Zwar erfuhr ich auf der Reise nach Sofia Bruchstücke von der engagierten Rolle, die der Korpskommandant im Leben der jungen Frau gespielt hatte, aber der tiefere Grund seines Engagements blieb mir rätselhaft. Was war er eigentlich für sie gewesen: ein väterlicher Freund und Ratgeber? Ein vergreisender Verehrer? Ein Geschäftspartner? *Was?*

»Gibt es UCK-Rebellen rund um Nis?«, schnitt Nadine in meinen Gedankenfluss.

»Die UCK ist überall«, brummelte ich.

Onkel Edouard hatte Nadines Ausbildung in Kryptografie und Informatik an der Universität Toulouse bezahlt. Ursprünglich arbeitete sie an einem Kodierungssystem für den französischen Atomflugzeugträger *Charles de Gaulle*. Streng geheime Kommandosache der Marine. Die Amerikaner hatten wegen der Datenvernetzung innerhalb der atlantischen Allianz ihre Hände mit im Spiel. Bestimmte Abstimmungen von Systemen wie Freund-Feind-Erkennung waren wichtig gewesen. Als unangefochtene Spezialistin für diese konzeptionelle Integral-Verschlüsselung hatte die hoch begabte junge Frau offenbar ein knacksicheres System entworfen. Kein Wunder, dass die Ameisen schärfer auf sie waren als der Pfeffer auf die Suppe.

»Sagen Sie bloß nicht, Sie sind eine von diesen Computerhexen, die mit ihren Internet-Firmen an der Börse Millionen scheffeln? Wie die von *amazon.com* oder *ebay*, oder?«

»Software-Ingenieurin. Eine ehrlichere Zunft als die der Hexen«, gab sie leicht brüskiert zurück.

»Und Sie haben damals den Job, den Ihnen die Amei … die Amis offerierten, einfach angenommen?«

»Sicher. Gott, ich war dreiundzwanzig, gerade mal frisch aus den Windeln. Wie die mich fürstlich behandelt haben, nach Los Alamos flogen. Geld spielte keine Rolle.« Kopfschüttelnd lachte sie auf. »Sowas macht Eindruck auf ein Mädchen vom Lande. Ah, da! Das muss Nis sein!« Sie hatte nach vorn gedeutet. Mir fiel ein, was mir Onkel Edouard über das weite Netz hochqualifizierter Informanten erzählt hatte. Ich hörte den alten Spionagemeister förmlich dozieren: *Wir schleusten sie in die Rüstungsbetriebe und Elektronikfirmen Frankreichs ein, wo sie für uns technische Daten sammelten. Wir setzten Stipendien aus, um junge Informatiker auszubilden, die später in der aufstrebenden Computerindustrie Spitzenpositionen erreichten. In jüngster Zeit finanzierten wir digitale Kryptografie – die junge Wissenschaft des elektronischen Kodierens und Entschlüsselns. All dies verschlang gewaltige Summen, die wir mit dem Geld aus der Geheimkasse bestritten.*

In dieses Bild passte Nadine hinein wie der Zwirn in die Nadel, sinnierte ich. Also war er doch eine Art *control* gewesen, wie die Briten die Leute nannten, die Spione einsetzten und überwachten. Allerdings ein besonders raffinierter *control*. Einer, der Spione geradezu *züchtete*, der alte Schlawiner! Und vielleicht saß ja eines der Resultate seiner klandestinen Bildungsarbeit jetzt neben mir – in Gestalt eines Computergenies mit den Brustmaßen einer kämpferischen Marianne, die mir direkt von den Barrikaden der Revolution über den Weg gelaufen zu sein schien. *Vorsicht, Polinsky,* konnte ich mir da nur selbst zuraunen, *solche Brüste führen oft zum Schafott!*

## 34.

Unter uns im Tal spannte sich die lange Eisenbahnbrücke über die Nisava. Der Fluss wurde dort breiter, bevor er sich im Schatten einer felsigen Biegung verlor. Nadine riskierte einen verstohlenen Blick zu diesem Polinskyburschen hinüber. *Wie der wohl unter seinen Klamotten aussieht? Schrecklich behaart wie ein Gorilla oder widerliche pflaumenweiche Haut? Was soll's mit diesen Fantastereien über einen nackten Piloten? Gut durchtrainiert ist der bestimmt. Skifahrerschenkel, Muskeln, die die Jeans straffen, da unten auch imposant bauschen … Ob ich dem wohl gefalle? Ist das einer, der sich verpflichtet, dem ich vertrauen kann? Tut er doch, fliegt extra für dich ins Kriegsgebiet. Wer macht das schon? Oder hat er heimlich eigene Interessen? Will mich wohl einfach nur bumsen? Nur so nebenbei. Aber deswegen hätte der ja nicht erst in dieser Flohkiste in brodelndes Kriegsgebiet zu fliegen gebraucht, schließlich projiziere ich ja nicht gerade das Image einer Nonne mit einer ausgetrockneten Dattel zwischen den …*

Unwillkürlich musste sie an Larry Johnson in Los Alamos denken, mit dem sie eine sexuelle Beziehung gehabt hatte, bis sie eines Tages erfuhr, dass er auch Männern zugeneigt war. Das hatte die Glut in ihrem Schoß so gründlich ausgelöscht als hätte jemand Wasser drauf gekippt – *warmes* Wasser. *Eimerweise.* Diese Schwuchtel! Monatelang war ihr Gefühlsleben wie abgeblockt gewesen. Alle Geborgenheit war ihr verloren gegangen. Das Verlangen nach körperlicher Nähe blieb weg wie abgeschaltet. Zum ersten Mal in ihrem Leben hatte sie sich als geschlechtsloses Wesen erlebt. Bis ihre Durchbrüche in der Kryptografie sie neue Wonnegefühle entdecken ließen. *Ersatzsex. Nun,* schmunzelte sie innerlich, *so entsetzlich ist diese Art Ersatz eigentlich gar nicht …*

»Wollten Sie schon als Junge Pilot werden?«, fragte Nadine plötzlich.

Den Kompass fixierend, antwortete ich zögernd: »Nein, Fischer, Feuerwehrmann, Baseballspieler … ich bin in Chicago aufgewachsen. Alles, womit sich mein Vater beschäftigte, wollte ich auch tun.«

»Arbeitete er für das FBI oder die CIA?«

»Um Himmels willen nein. Er war dreißig Jahre in der Navy. Nach der Pension kaufte er sich eine vierzig Fuß lange Yacht … er lebte praktisch auf dem Michigan See …«

»Zusammen mit Ihrer Mutter?«

»Sie lebt nicht mehr … Sie ist an Krebs gestorben … Ich kam mit ihr damals in die Schweiz, sie hoffte …«

Mich ihrem forschenden Blick zuwendend, sah ich, dass wir draußen nahe der Flügelspitze Gesellschaft bekommen hatten. Verdutzt folgte sie meinem scharfen Blick, schrie auf.

Die beängstigende Nase eines amerikanischen Kampfjets schob sich federleicht in unser Blickfeld. Der Abfangjäger wippte mit seiner Flügelspitze, als wollte er uns, zum Spielball degradiert, in den Abgrund kanten. Zentimetergenau flog er heran. Trotz der kühlen Außentemperatur, klebte das schweißabsorbierende Wunder von Nadines Designerhemd wie weißer, klatschnasser Nebel an ihren runden Brüsten. Ihre Fingernägel krallten sich in meinen Arm, als uns der Bursche von nebenan über Funk abgehackte Sätze in Fliegerslang zuwarf.

»Da will einer anbändeln«, stieß ich halblaut hervor.

Nadine schoss das Bild der *USS Vincennes* ins Gedächtnis, rieselte wie ein kalt fragmentierter Schauer ihr Rückgrat hinunter.

Mit eiskaltem, berechnendem Blick spähte der Amerikaner herüber. Spott lag darin, oder einfach die Arroganz des Überlegenen.

Wiederholte sich hier, jetzt, mit uns, der Vorfall im persischen Golf, 1991, als die bis zum äußersten angespannte Besatzung des Zerstörers *Vincennes* einen zivilen iranischen Airbus mangels eindeutiger Identifikationsverfahren abschoss? Nicht auszudenken, wenn das NATO-Kommando von unserem Waffentransport erfahren und dem Kampfpiloten einfach den Befehl zum Abschuss erteilt hatte.

Wer würde sich schon darum kümmern, wenn eine nicht identifizierte Maschine (wie es dann hieße) irgendwo im abgelegenen Südosten Serbiens der Landeaufforderung nicht nachgekommen (wie erklärt würde) und im unwirtlichen Gebirge irgendwo zwischen der bulgarischen Grenze und dem Kosovo zerschellt wäre? Aber warum zögerte die alte Ameise dann?

Ich antwortete dem Piloten ruhig, so markig und professionell, wie ich es in der Armee gelernt hatte. Später meinte Nadine, es habe geklungen, als hätte ich mich nie anders als in Luftkämpfen in der Stratosphäre ausgetobt. Nun, davon hätte *Irina* ihr ein lehrreiches Liedchen singen können!

Zunächst deutete ich mit der Hand ein paar Mal nach hinten zur Schwanzflosse und übermittelte dem Burschen dann eine internationale Abkürzung im Fliegeralphabet, während Nadine mich, Todesgefahr ahnend, mit Augen so groß wie Untertassen anstarrte. Meine ihr so mysteriöse wie zwingende Gebärde hatte Erfolg. Plötzlich schwenkte die F-15 weg und verzog sich mit einem rußigen Schweif in den gespenstischen Himmel. Nadine stieß überlaut den Atem aus und starrte mit einer Mischung aus Bewunderung und Zweifel zu mir herüber. Ich zuckte nur mit den Schultern, grinste breit, griff mit der Rechten nach unten, um das Fahrwerk der leistungsstarken Bonanza auszufahren. Dabei schauderte ich innerlich. Kurs und Ziel unseres Flugs waren natürlich verraten. Die gesamte NATO-Streitkraft Jugoslawien würde in wenigen Minuten über meine Landung neben dem Tabaklager von Nis bestens orientiert sein.

Der gefährlichste Teil der Operation stand noch bevor, also schwieg ich. Nadine nestelte wieder an ihrem Polohemd, um sich Luft zu verschaffen, da deutete ich nach vorne auf die Stelle im Gelände, wo ich die Maschine absetzen wollte. Sie nickte bereitwillig, nahm aber beim besten Willen nichts wahr, außer dass sich das Tal dort öffnete.

Wir überflogen jetzt die Stadt mit verschwommenen Silhouetten von Hochhäusern, die wie verrottete Zahnstummel aus dem trüben Dunst ragten. Gleichmäßig tiefer fliegend, legte ich die Maschine in die Kurve, um von Norden her zu landen. Die Anlagen der Stadt, Hauptachsen und Fluss im Dämmerlicht, ließen sich bloß erahnen. Der Bahnhof war im dicken Smog nicht auszumachen. Der schwarze Fluss schäumte gegen die Trümmer der vor Tagen zerstörten Brücke und verlor sich unter einer dräuend schwarzen Dunstglocke. Darüber leuchtete der Himmel in giftigen Farben, als stünde Nis bereits in Flammen. Abrupt sprach Nadine in das quasi-apokalyptische Zwielicht hinein.

»Das vorhin, das war doch kein Zufall.«

»Sie meinen das Auftauchen des amerikanischen Kampfjets?«, fragte ich überrascht. Mehrmals nickend, fügte sie hinzu: »Sehen Sie den Tatsachen doch ins Auge, Polinsky. Ihr Onkel besaß Informationen über den Verkauf von Anti-Schiffsraketen. Das sind Lenkflugkörper der dritten Generation. Intelligente, zuverlässige und vor allem billige Waffensysteme, deren Besitz jemand an sich reißen will.«

»Billig wohl kaum«, hielt ich dagegen.

»Aber sicher doch. So ein smartes Ding, das einen Flugzeugträger im Wert von ein paar Milliarden versenken kann, ist auf dem Markt unter hunderttausend Dollar erhältlich. Sehen Sie den Zusammenhang? Begreifen Sie, warum den Burschen der US-Navy die Schließmuskeln schon flattern, wenn sie nur die Namen *Exocet* oder *Sunburn* hören?«

»Kommen Sie, Nadine, die US-Navy ist ja wohl nicht gerade von gestern. Raketen bedrohen die Trägergruppen seit langem. Der amerikanische Schutzschild heißt *Aegis*, das wissen Sie sicher selbst. Eines der besten und wirkungsvollsten Abwehrsysteme, das je entwickelt wurde. Da kommt keine *Exocet* oder *Sunburn* durch«, behauptete ich, die Maschine weiter nach unten drückend.

Von einer Landepiste war leider nicht viel zu sehen. Der Flugplatz der Tabakgesellschaft, den sich Nadine optimistisch als schöne lange Betonpiste vorgestellt hatte, bestand lediglich aus einem rechteckigen bräunlichen Feld, das ihr aus der Entfernung viel zu kurz für eine sichere Landung vorkam.

Aber es war ohnehin zu spät, sich Sorgen zu machen. Wir verloren rasch an Höhe. Die Gegend sah öde und verlassen aus. Über markanten Wellblechdächern zog sich ein sanfter, mit niedrigen Bäumen bestandener Hügel hin. An der Hauptstraße am Fuß eines Olivenhains lag ein alter zerfallener Schuppen mit stumpf schimmerndem, eingedrücktem Dach, dem ich keine besondere Beachtung schenkte.

Der Motor brummte kräftiger, als ich mehr Gas gab, um den Kurs leicht zu korrigieren.

Noch vor zwei Tagen hatte meine smarte Französin hier noch gar nicht gewusst, dass der Name Nis für eine öde Stadt, nicht einen hübschen Jüngling stand. Sie spannte die Schultern, so dass ihre Brustwarzen das klitschnasse Hemd strammten, ja schier zu durchstoßen schienen, und stemmte die Füße gegen den Kabinenboden, als die Maschine ruppig aufsetzend über die harte Graspiste holperte.

»Das wär's«, prustete ich erleichtert. »Halten Sie Ausschau nach den Leuten!« Bremste scharf ab und ließ die Maschine ausrollen.

Etwa hundertfünfzig Meter von dem zerfallenen Schuppen an der Hauptstraße entfernt stand ein weitaus besser instand gehaltenes Lagerhaus, dessen großes Tor sich jetzt öffnete. In die schwarz gähnende Lücke schob sich die hellbraune Schnauze eines alten Lastwagens, der langsam auf den Vorplatz hinausratterte und nach wenigen Metern neben dem modernen Ungetüm einer grün gemalten Erntemaschine anhielt. Nadine wartete, bis ich das Flugzeug zum Stehen gebracht hatte, stieß dann die Kabinentür auf und kletterte auf den Flügel hinaus. Sie schrie durch den abklingenden Propellerlärm hindurch.

»Was haben Sie dem Amerikaner da oben vorhin gesagt?«

»Transport fürs Rote Kreuz«, brüllte ich zurück, erklärend die Schultern wippend.

Sie schaute mit offenem Mund auf das Schweizerische Hoheitszeichen, das weithin sichtbar wie ein Schutzschild vom Seitenruder herunterstrahlte. Die Amerikaner, verstand sie, hatten ja Mühe, das Schweizerische vom roten Kreuz zu unterscheiden. Weißes Kreuz auf rotem Grund, rotes Kreuz auf weißem Grund waren für einen Kerl aus dem tiefen mittleren Westen am Steuerknüppel eines Superjets vermutlich ein und dasselbe. Den strahlenden Blick aus ihren im fahlen Licht golden glänzenden Augen interpretierte ich wohlwollend als ein erstes Zeichen von … was?

*Reiß dich zusammen, Polinsky! Hier geht's um mehr als ein kleines Liebesscharmützel mit einer scharfen Französin. Hier …*

## 35.

Das ist die Frau!«, rief der Schnauzbärtige im Versteck des arg zerfallenen Schuppens nahe der Hauptstraße. Leicht angewidert vom verschmutzten Überkleid, das ihm die Tarnung eines Landarbeiters gab, drehte der CIA-Agent an seinem buschigen, für den Spitznamen Walross verantwortlichen Schnauz. »Scotty, wenn das ein Ambulanzflugzeug ist, bin ich der Sani.«

Sein Kollege bückte sich, spähte durch eine Ritze auf das Flugfeld hinaus. Er sah drei hagere Männer aus dem Laster klettern und auf das Flugzeug zugehen.

»Wer hat denn unseren Leuten diesmal den Tip gegeben«, wollte Scotty wissen, während er beobachtete wie einer der Männer der Französin half, vom Flügel herunterzuspringen.

Die Frage überraschte Walross. *Was sollte er antworten?* Da erinnerte er sich an das Briefing und sagte: »Die Moran selbst. Die eingebildete Mieze hält sich für gescheiter als wir alle zusammen. Dass wir aber ihr Mobiltelefon abhören können, daran hat unser smartes Fötzchen nicht gedacht. Haha! Von Los Alamos aus hat sie einen Bekannten in der Schweiz angerufen. Der Rest war einfach zu ermitteln.«

Auf dem Namensschild der grauen Windjacke des Mannes, der Nadine galant die Hand gereicht hatte, las sie einen Namen: *Vuk.* Sie lächelte ihm zu, aber Vuk blieb ernst. Im gewinkelten Arm trug er ein automatisches Gewehr mit umgeklapptem Kolben und eingesetztem Magazin.

Unterdessen interessierte mich die Bewaffnung der Serben. Vom großen John Deere Mähdrescher abgeschirmt, pirschte ich mich näher an sie heran.

Im Hinterhalt des baufälligen Schuppens an der Straßengabelung pfiff Scotty leise durch die Zähne: »Verdammt gut sieht die aus. Schade, dass sie nicht für uns arbeitet.«

»Weiber wie die sind unberechenbar, als Französinnen zudem sexbesessen. *Schlange* ist eine raffinierte, egozentrische, machthungrige Mieze«, polterte Walross, durchs Fernglas starrend. »Erst fickt die sich die Seele aus dem Leib, dann beißt sie dir den Schwengel ab.«

*Muss sie von dem Flieger trennen, dann festnehmen und zum vereinbarten Punkt bringen.*

»Sieht so aus als ob dir schon bei ihrem bloßen Anblick einer hoch geht«, feixte Scotty.

»Tatsächlich? Vergiss nicht, sie hat kaltblütig eine FBI-Frau abgeknallt.«

»Die?«

Ein Erinnerungsbild durchblitzte Jim *Walross* Watt. *Verdammt, die Frau! Die Taschenlampe! Warum muss die auch auftauchen, mich stören. Jetzt geht's um alles – ich oder sie. Der helle, knackende Laut der schallgedämpften Automatic. Sanft wie eine berstende Erbse! Ha! Verfickter Betriebsunfall!*

»Genau die«, nickte er.

Jetzt sah ich eine Frau aus dem Schatten des großen Lagerhauses treten. Mit wogendem Gang schritt sie auf den Laster zu, unter dem Arm eine kurze Waffe. Ich tippte auf eine Heckler-Koch-Maschinenpistole und erahnte unter der luftigen Kampfbluse und den rauen Hosen die rasanten Rundungen einer knackigen Figur. Die Männer traten respektvoll zur Seite, um sich gleich viel schneller zu bewegen, als ihnen die Frau Befehle zubellte, wobei sie ihr langes schwarzes Haar mit einem Kopfschwenker zurückwarf.

Die von der Gegenseite lagen völlig unbemerkt in Lauerstellung bereit, gut ausgerüstet wie immer, wenn es galt, zum endgültigen Schlag auszuholen. Diese Leute pflegten nichts dem Zufall zu überlassen. In dem zerfallenen Schuppen lehnte Walross sich gegen einen morschen Balken, hielt das Lagerhaus mit dem weiten Vorgelände im Auge. Die Zeit für den Angriff war gekommen. Jeden Moment würde er den Befehl erteilen. Alles hing eben vom richtigen Timing ab.

*Nadine Moran muss mir unversehrt in die Hände fallen. Den Piloten notfalls aus dem Verkehr ziehen …*

»Die Maschine kam pünktlich wie eine Schweizeruhr an. Die Nachricht der Air Force stimmte haargenau«, murmelte Scotty, spuckte auf die feuchte Erde. Seine ganze Aufmerksamkeit galt dem Funkgerät, das er vor seinem Nasenknollen hielt. Über die kurze Antenne liefen die Gespräche direkt nach Washington.

»Central Command, hier Magna Six«, rief er ins Gerät.

»Magna Six von Central Command, wir empfangen Sie klar.«

»Rufen Sie Direktor Taylor, ich warte.«

Scotty überprüfte im schwachen Schein seiner kleinen Lampe die Zahlen des Koordinatenkreuzes, das genau über dem Lagerhaus da drüben lag.

Da sich der Luftkrieg viel länger als erwartet hinzog, befürchtete das Pentagon, ihm könnten konkrete Ziele ausgehen. Deshalb wurde die CIA nebenbei auch eingesetzt, um weitere lohnende Angriffsobjekte zu identifizieren.

Von all dem nichts ahnend, sprang Nadine knapp dreihundert Meter vom tödlichen Hinterhalt entfernt leichtfüßig über zwei Kisten um mit dem finsteren Serben zu reden. Vuk beharrte auf einer Inspektion der Ware.

Mein Blick ruhte gedankenvoll auf meinem vollblütigen Schützling. Nadine stand ziemlich hilflos vor dem Laster und hob gerade fragend die Arme. Sie passte so nahtlos ins Bild dieser Operation wie eine Nonne an den FKK-Strand. Zierlich gebaut, mit Brille, erinnerte sie mich an einen Schulfreund, der im zoologischen Institut von Zürich die Paarungsgepflogenheiten der Taufliege erforschte. Nun, von dieser Französin ließe ich mich auch gern auf meine Fortpflanzungseigenschaften hin untersuchen.

Das große Vorderrad des Mähdreschers überragte mich um sicher zwei, drei Handbreit. Eine Leiter führte in die erhöhte Führerkabine, die wie eine Kommandokanzel vorne an dem Ungetüm hing. Die zwei Stufen hinaufsteigend, drückte ich auf die Klinke der Kabinentür, die nachgab. Ich kletterte weiter hoch, rutschte in die Schale des Fahrersitzes und genoss von meinem neuen Standort aus eine hervorragende Übersicht. Mit dieser Maschine wurden wohl Tabakblätter geerntet. Ein Hebel konnte wahlweise auf *MÄHEN* oder auf *DRESCHEN* gelegt werden. Jetzt stand er in der Mitte auf *NULL*.

Die Serben schleppten die Kisten aus dem Flugzeug zu ihrem Lastwagen. Diese heiße Ware war von der Magadino

SA organisiert, dann mit Hilfe von Colossimos Leuten nach Sofia vorausgeschickt worden, als Lohn der Serben in Nis für ihre guten Dienste zum Schutz von Nadine Moran. Dabei war der sich jetzt bescheiden im Hintergrund haltende Pilot sicher kaum der Rede wert gewesen.

## 36.

Zwischen den Balken des eingestürzten Scheunendaches zwirbelte Walross unschlüssig an seinem Schnauzer. Neben Scotty umfasste sein Hit-Team noch sechs Männer. Vier davon lagen in einer Entfernung von ungefähr hundertfünfzig Metern gut getarnt im Tabakfeld, das den Feldweg zum Lagerhaus säumte. Die Zielfernrohre ihrer Schnellfeuergewehre hielten sie auf die Männer vor dem Laster gerichtet. »Delta bereit?«, fragte Walross über Funk.

»Bereit. Es kann losgehen«, kam die Antwort rasch und deutlich.

Da Walross noch zwei Männer im Rücken der Serben im Olivenhain postiert hatte, war der Sack zu, der klassische Hinterhalt perfekt.

*Diesmal wird mir die Schlange nicht entwischen. Die wird Augen machen wie Wagenräder, wenn sie mich wiedererkennt … Soll ich sie mit ‚Olé' begrüßen? Oder sie hart anfassen, damit sie wieder kreischt: »Lass deine dreckigen Wichsgriffel von mir, Watt!«*

Er schätzte richtig ein, wie die Serben sich bewegten, scheinbar zufällig taktisch günstige Positionen einnahmen. Dies waren kampferprobte Burschen, und sie waren auf der Hut! Die wild laszive Erscheinung der Serbin mit der Knarre unter dem Arm erregte Watt wie alle Weiber mit Flinten und in Uniformen. Nadine, die Serbin … all die Unnahbaren wühlten bei ihm den männlichen Urtrieb nach quälender Unterwerfung auf.

Unterdes zischten, automatisch verschlüsselt, Scottys Zieldaten via Satellit in den Empfänger von Washington Central Command, wo der Nachrichtenoffizier die genaue Position des Tabaklagers auf die Karte übertrug, dann die Information dem Einsatzleiter gab.

»Magna Six von Centcom, hier spricht Taylor, Status bitte!« Walross ließ die Serben nicht aus den Augen, als er mit »Alles nach Plan, Sir« quittierte.

»Beeilt euch, Luftangriff in zirka zehn Minuten«, informierte Taylor.

Die Zieldaten trafen in diesem Augenblick auf italienischem Boden ein. Im Operations-Zentrum der NATO in Vicenza blinkten die Lagerhallen bei Nis als dringende Angriffspriorität auf. Der junge Hauptmann, dessen Familie aus Sizilien in die USA eingewandert war, überblickte mit geübtem Auge die Luftlage über der ihm gut vertrauten Adria. »Hat jemand 'ne Ahnung, was sich in Nis befindet?«, rief er seinem diensthabenden Flugeinsatzoffizier zu.

»Nis? Normalerweise Tabak, Sir. Zieldaten weisen aber auf getarntes Waffenlager.«

Eine Staffel F-18-Maschinen flog zu diesem Zeitpunkt auf einer Höhe von 19 000 Fuß in nordöstlicher Richtung auf die Küste Kroatiens zu. Diese todbringenden Meisterwerke, die durch Knopfdruck im Cockpit vom Kampfjäger in einen Jagdbomber verwandelt werden konnten, trugen unter den Tragflächen eine Anzahl computergesteuerter 2000 Pfund-Bomben. Erst vor wenigen Minuten waren die Jets von Deck des Flugzeugträgers *USS Theodore Roosevelt* gestartet, der in Warteschleife mit 30 Knoten permanent im Ionischen Meer kreuzte.

Der Einsatzleiter stellte die Verbindung zum Staffelkommandanten her und nickte befriedigt, als der Angriffsbefehl die Piloten der Jagdbomber sicher und verschlüsselt nur ein paar Sekunden später erreichte.

Mein Blick schweifte besorgt zum aufreißenden Himmel, dann über den dicht bewachsenen, unübersichtlichen Olivenhain. Wohl waren die Männer am Treffpunkt geschulte Kämpfer der serbischen Armee, doch gegen einen Feuerüberfall der schießwütigen Rebellen der UCK vom Hügel herunter könnten sie nicht viel ausrichten. Um ja keinen Verdacht auf Militärpräsenz in der Umgebung des wirtschaftlich wichtigen Lagergebiets zu erregen, hatten sie ihre schweren Waffen nicht griffbereit. Zigaretten waren im Krieg stark begehrt. Rohtabak ließ sich gegen dringend benötigte strategische Güter tauschen. Einen Luftangriff auf die Lager zu provozieren, wäre so ziemlich das törichtste – schlimmer als die Zerstörung von Kasernen oder Brücken.

»Los, los, Beeilung! Wenn hier gerade ein paar Bomber in der Luft hängen, sind wir geliefert«, rief die Serbin mit schwarz wallendem Haar, den Befehl mit einem sachlichen Schwenker ihrer Waffe unterstreichend. Vuk, dem die Erfahrung mit solchen Operationen im Gesicht stand, blickte zustimmend nickend zur schwärzlichen Wolkendecke hoch. »50 Mikrosprengkapseln mit elektronischem Zünder, zwei Dutzend GPS-Empfänger, 20 Funkgeräte«, leierte einer der Serben herunter. Im Schuppen hallte seine Stimme aus dem Lautsprecher der Zielmikrophone, die Scotty in einem Haufen verfaulter Tabakblätter postiert hatte.

»Die schieben Waffen. Das wird 'n guter Fang«, grunzte der CIA-Agent zufrieden.

## 37.

In der Dunkelheit des Lagerhauses rieb sich Nadine die Augen, bis die langen Reihen von Gestellen, die sich quer durch die lange Halle zogen, Gestalt annahmen. In enormen Mengen hingen Tabaksbüschel wie riesige, schlafende Fledermäuse von waagerecht gespannten Drähten herunter. In der

Mitte eines Durchgangs stand ein kleiner, von Staub geschwärzter Tisch. Gerade stellte Nadine ihre Tasche darauf, da flammten Scheinwerfer auf.

Reflexartig riss sie die Hand vor die Augen. Draußen heulte ein Motor auf. »Ihr habt das Material. Worauf wartet ihr noch?«, schrie sie genervt ins grelle Licht. »Bringt mich jetzt zum Treffpunkt!«

Jemand packte sie von hinten, schubste sie in Richtung Wagen. Es war der ältere, große Serbe. »Ich bin Zvonko. Wir den Hinterausgang nehmen. Ich Sie zum Bahnhof führen. Sie um acht Uhr zwanzig den Zug nach Belgrad nehmen. Hier die Fahrkarte. Sie im Metropol wohnen.«

»Ein Hotel? Ist das nicht zu auffällig?«

»Ich nichts weiß darüber. Ranko weiß«, erwiderte der Serbe unwirsch.

»Und wie erkenne ich Ranko?«, bohrte Nadine weiter, während sie die Wagentür öffnete und einstieg. Das graue Sitzpolster war aufgerissen, der Aschenbecher vollgestopft mit Kippen. Die Fußmatte strotzte vor getrockneter Erde.

Zvonko zündete sich eine Zigarette an, inhalierte tief, während er den Anlasser betätigte. Der Motor stotterte steif, lief dann ruckartig an.

»Da, nehmen Sie!« Zvonko hielt ihr ein Stück getrocknetes Fleisch hin.

»Danke, aber nein danke.«

»Junges Fohlen. Selten jetzt.«

»Trotzdem, ich esse kein Fleisch.« Sie zuckte entschuldigend mit den Achseln.

»So was wir uns nicht leisten können«, grollte der Serbe und biss kräftig in den Brocken. Nadine scharrte ungeduldig auf der Fußmatte herum. Endlich wischte sich Zvonko den Mund mit dem Handrücken, legte knirschend den Gang ein. Der Toyota schob sich langsam durch die schmale Öffnung in eine Art Hinterhof, manövrierte vorsichtig um eine verrostete Pflückmaschine und hielt an. Zvonko musterte gerade skeptischen Blickes den zerfurchten, holprigen Weg, der sich zwischen knorrigen Stämmen verlor, als Schüsse krachten. Nadine kreischte auf.

»Was ... was ist das?«

Als Antwort trat Zvonko das Gaspedal bis auf den Boden durch. Das ausgeleierte Getriebe verharrte ein, zwei Sekunden lang unschlüssig. Dann riss es den Wagen vorwärts.

## 38.

Eben war ich im Begriff, mich aus der Kabine des Mähdreschers auf die Piste hinunterzuschwingen, als mir vom Tabakfeld her Mündungsfeuer entgegenblitzte. Mich reflexartig duckend, ertappte ich mich, dass meine erste Sorge in diesen Sekunden Nadine galt. *Sicher stand sie irgendwo hilflos in der Schusslinie. Ach, was!* Ärgerlich schüttelte ich den Gedanken ab, musste für mich schauen ... *Aber was tun? Was war eigentlich los, verdammt? Feuerüberfall! Na dann Bewegung, Polinsky!*

In seinem baufälligen Schuppen glaubte Walross erst, die Serben hätten plötzlich das Feuer auf seine Männer eröffnet. Sekunden später sah er die beiden schwarzen Kleinlaster von der Hauptstraße her wie blutdürstige Insekten heranpreschen. Dicke Staubfahnen wirbelten auf.

*Scheiße! Die Idioten greifen die Falschen an!*

Er brauchte kein taktisches Lehrbuch, um zu sehen, dass die Angreifer die Überraschung auf ihrer Seite hatten. Zudem operierten sie schnell und zielsicher, wirkten in ihrer Vermummung furchterregend. Wer immer die auch waren, sie würden, ohne lange zu fackeln, alles zusammenschießen, was ihnen vor die Läufe kam. Was Walross nicht gestört hätte, wenn das nicht auch Nadine Moran eingeschlossen hätte. Mit finsterem Stirnrunzeln erkannte der CIA-Mann, dass er ein Problem hatte. Und wem war dieser katastrophale

Schnitzer unterlaufen? *Ihm selbst!* Er als Profi hatte die Nachrichtenlage sträflich vernachlässigt. Warum war keiner über die Präsenz von UCK-Rebellen in diesem gottverdammten Loch informiert? Letztendlich, warum wusste *er* nicht darüber Bescheid. Das Pech verfluchend, dass ausgerechnet er selbst diese elementare und oft schwerwiegende taktische Sünde begangen hatte, riss Walross das Funkgerät hoch.

Auch mich erwischten die Rebellen, wie man drüben so schön sagt, mit heruntergelassenen Hosen. Erst als ich, den Blick mit voller Konzentration aufs Schaltbrett gerichtet, den Mähdrescher bereits gestartet hatte, merkte ich, was hier genau ablief. Meine einzige Sorge war mein Flugzeug.

*Muss den Schützen im Tabakfeld die freie Schussbahn verrammeln, sonst zerballern die mir jetzt hier meine Maschine!*

Der gute alte John Deere ruckte kraftvoll los, dröhnte, rasch beschleunigend, mit automatischem Getriebe wie von selbst über die Piste.

Der vordere Pick-up der Rebellen sackte plötzlich ein, begann zu schlingern. Fetzen der zerschossenen Vorderreifen wirbelten durch die Luft.

Noch betätigte ich frenetisch verschiedene Hebel, als plötzlich ein mächtiger Strahl zerhackten Getreides, *nein,* Tabak, Unkraut, oder was immer, in weitem Bogen nach vorne wegspritzte. Sicher war das Ding für die Tabakernte umgebaut, was wusste ich! Jedenfalls fand ich den Lenkhebel und richtete den Strahl auf die Stellungen, wo ich die Schützen vermutete, die nun auch gegen mein Monstrum feuerten. Eine Kugel durchschlug die Frontscheibe. Sie traf hinter mir auf Metall, prallte ab, jaulte so dicht an meiner rechten Schläfe vorbei, dass ich den Windzug zu spüren meinte. Ein Stoß Adrenalin fuhr mir in den Bauch, machte mich wendig wie ein Jüngling. Geduckt unter den breiten Scherben im Schutzfenster hindurch nach vorn spähend, lenkte ich die Maschine holpernd über die niedere Böschung hinauf, setzte nun locker zu einem echt volkstümlichen Erntefestival im Tabakfeld an.

Der Hebel stand auf MÄHEN. Mühelos fraß sich die Maschine durch die sattgrünen Blätter mit dem hellen Stil und den dicken Stengeln, schleuderte das Abgemähte wuchtig und zerhackt aus dem gebogenen Rohr ins Feld zurück. Die Garbe meines improvisierten Raketenwerfers korrigierend, ließ ich die biologische Hackmunition auf die aufgescheuchten, reflexartig Hals über Kopf Reißaus nehmenden Männer niederrauschen.

*Welch souveränes Gefühl, diese erwachsenen, gründlich in Guerillakampf-Methoden erprobten Burschen einer Sandkistenreaktion zum Opfer fallen zu sehen, die sie in geradezu lächerlich kindische Panik stürzte.*

Links vom Lagerhaus tauchte jetzt das von Walross dirigierte Beta-Team auf und warf sich hinter dem Abfallberg in Deckung, um den Rebellen endgültig den Garaus zu machen. Den Laster der Serben sah ich zur Piste hin ausweichen, querfeldein in Sicherheit holpern. Durch die schwarze Auspuffahne zuckte Mündungsfeuer von der Ladebrücke.

Scotty im löcherig schummrigen Schuppen hatte bereits den Rucksack umgeschnallt. Jetzt starrte er fassungslos auf den Amok laufenden Mähdrescher, der, einem zornig Gemüse spuckenden Bär ähnelnd, gleichzeitig Kraut und Stiel verschlingend, die Verfolgung der Elitesoldaten aufnahm. Plötzlich abdrehte. Im Geist ging Scotty die unzähligen Kampfdrills seiner harten Spezialausbildung durch. Doch wie tief er auch in seiner Erinnerung wühlte, für ein Gefecht mit einem attackierenden Mähdrescher fand sich nun mal keine Regel. *Das Lehrbuch für Handstreiche müsste mit einem Kapitel ›Bekämpfung landwirtschaftlichen Subversionsgeräts‹ ergänzt werden!*

Langsam rumpelte ich zum Vorplatz zurück. Die Schießerei hatte aufgehört.

»Wo ist Schlange?«, schrie Walross im Schuppen.

»Da drüben. Drinnen im Lagerhaus.«

»Los, greift die Frau!«

Draußen auf diesem Witz von Flugfeld sah ich die Serbin aufgeregt winken, kurvte den jetzt zufrieden brummenden John Deere zu meiner Bonanza zurück, die zum Glück keinen Kratzer abbekommen hatte. »Polinsky! Stopp! Anhalten!« schrie die Frau.

»Was ist los?« Ich sprang mit einem Satz aus der Fahrerkabine auf den harten Boden und prompt vor die Mündung einer grässlich schwarzen Maschinenpistole. Darüber blitzten dunkle Augen aus einem bleichen, grimmig entschlossenen Gesicht. Sie deutete zum Flugzeug, zweifellos bereit, mich mit einer Salve zu durchlöchern, falls es nicht nach ihrem Willen ginge.

»Mein Vaterrr. Er verwundet. Los, Polinsky, du fliegt uns hier rrraus!«

Ich schwang mich auf den Flügel, zerrte den stöhnenden Serben über die Tragfläche in die Kabine. »Na mach schon«, schrie ich, warf mich in den Pilotensitz, startete die Maschine. Gerade als die Serbin mit ihrer Knarre neben mir in den Sitz plumpste, gab ich voll Gas.

Die Bonanza schnellte nach vorn. Hinter uns ging auch das andere Fahrzeug der Rebellen explodierend in Flammen auf.

Zwanzig Sekunden später hatte ich die Maschine in stabiler Lage in der Luft. Und eine blasse Wildkatze gegen eine noch blassere, noch wildere getauscht. Was immer auch meine Erregung verursachte – aufgepeitschtes Adrenalin von der sinnlosen Ballerei da unten, die Vibration auf dem Mähdrescher, der süßlich penetrante Tabaksgeruch, das scharfschwitzige Odeur der Serbin neben mir oder der ganze Mix all dieser Ingredienzen – es ruckte und zuckte zwischen meinen Beinen. Seit Urzeiten waren wir Menschen mit dem Kampf-oder-Flucht-Reflex ausgestattet. Vielleicht war es ja eben diese neue, weitaus raffiniertere Variante – Kampf *und* Flucht –, die mich so aufgeilte.

## 39.

Zu Belgrrrad, Polinsky«, kommandierte charmant-gebrochen die Serbin, wie zufällig den Lauf der Maschinenpistole auf die starke Wölbung im Schritt meiner Pilotenhosen richtend. Ich schluckte trocken.

»Belgrad. Okay.«

Sie beugte sich über den Verletzten und streckte mir dann einen Zettel hin, den ihr Vater in der Brusttasche verwahrt hatte: »Eine Mitteilung von unserrre Leute. Die Französin ist in Gefahr.«

*Nadine?* Ich schaute sie verwundert an, steckte den Zettel weg. Wer waren ihre Leute, wunderte ich mich, doch der Steigflug im böigen Gegenwind, bei gleichzeitigem Navigieren, erforderte meine volle Aufmerksamkeit. *Später … später kümmere ich mich darum!*

Hinter dem Lagerhaus hielt Zvonko den Toyota an und blickte zurück.

»Stillstehen ist das Dümmste, Zvonko«, rief Nadine nervös. Unbehagen schlich ihr in den Nacken. Sie bedachte Zvonko mit einem scharfen Blick, doch dieser wies nur unbestimmt nach vorne zum Olivenhain: »Das ein sicherer Weg«, knurrte er, gab plötzlich Gas. Der Toyota schlingerte ohne Licht viel zu schnell auf die Bäume zu. Das Fahrgestell schlug krachend auf. Geistesgegenwärtig klammerte sich Nadine an den Handgriff über dem Fenster.

»Fahren Sie doch langsamer«, schrie sie.

Zvonko schüttelte den Kopf. Was er auch machte, schien der Fremden nicht in den Kram zu passen. Aber sie hatte die

Ware geliefert, also würden seine Leute sie bis zum Ende beschützen.

Ein fürchterliches Getöse drückte den Toyota wie eine Riesenfaust in die Erde. Gleißend heller Feuerschein blitzte auf. Nadine kreischte wieder, lauter, durchdringender als zuvor. Zvonko trat heftig auf die Bremse, als die Druckwelle den Toyota anhob, nach vorne gegen einen knorrigen Olivenstamm warf. Fluchend wirbelte Zvonko das Steuer herum. Der Wagen krachte in einen Erdhaufen, schlitterte mit abgewürgtem Motor rückwärts, prallte gegen einen morschen Wurzelstock. Und blieb bockstill stehen.

Nadine tastete sich ab, als müsste sie ihre Knochen zählen. Fassungslos stierte sie zu der Stelle hinüber, wo noch vor Sekunden das Lagerhaus gestanden hatte. Dort tobte ein fürchterliches, stinkendes Flammeninferno. Wie entgeistert starrte Zvonko in die Feuersbrunst und machte seiner Wut plötzlich mit einem gurgelnden Schwall unverständlicher Kraftausdrücke Luft.

»Der Lastwagen. Wo steckt der Lastwagen?«, zerschnitt Nadines scharfe Stimme den tosenden Lärm. Zvonko gelang es, den Wagen in Fahrtrichtung zu drehen. Er beschleunigte. Es war höchste Zeit. Die unerträgliche Hitze entfachte die Bäume neben ihnen zu lichterloh brennenden Fackeln. »Wir jetzt weg von hier«, rief Zvonko.

»Der Laster?«, schrie Nadine

»In Sicherheit. Sie den nicht kriegen.« Er deutete mit einer wütenden Gebärde nach hinten auf das Bild der Verwüstung.

»Tut mir sehr leid«, keuchte Nadine, als sie in sicherer Entfernung auf einen breiteren Weg einschwenkten. Sie blickte in den lodernden Himmel, sah plötzlich wie eine Fata Morgana die Schwanzflosse eines Flugzeugs aufleuchten. *Polinskys Maschine!* Mit dem blendend weißen Schweizerkreuz im roten Feld. Sie seufzte erleichtert, als die Bonanza mit dem umgewendeten Emblem einer karitativen Organisation bebend, aber sicher durch Fetzen von Rauch und Qualm als kleiner Punkt im düsteren Himmel entschwand. *Gut! Wenigstens Polinsky ist in Sicherheit,* ertappte sie sich plötzlich bei einem Gefühl der Sorge für den kauzigen Piloten. *Was ist denn mit dir? Den brauchst du doch wie … wie …* Einen Augenblick lang fiel ihr kein Vergleich ein. Dann durchzuckte sie plötzlich der Rausch einer Frau, die in vollkommener Ruhe und Geborgenheit die Schenkel spreizt und sich einem Mann öffnet. Aus diesen euphorischen Höhen stürzte sie ruckartig in die gegenwärtige, alles andere als friedliche Wirklichkeit ab.

Am Boden war alles zerstört. Sie fühlte sich für die Schießerei und den Volltreffer auf die Tabaklager verantwortlich. Der Präzisionsangriff hatte die Region Nis mit dem wirtschaftlichen Rückgrat der Tabakindustrie bestimmt um Jahrzehnte zurückgeworfen.

»Wir von frei demokratisch Land träumen, Teil von Europa«, schimpfte Zvonko mit rauer Stimme. »Seit Bomben fallen, meine Familie flüchten von ein Schutzraum in anderes. Fabrik, wo ich zehn Jahre arbeite, ist Trümmerhaufen. Wir dort Fahrzeuge bauen, nicht Waffen, wie NATO sagt … und jetzt die Tabaklager. Ich nicht glauben, Amerikaner uns lieben.« Wütend riss er den Wagen um die Schlaglöcher herum und gelangte endlich zur Hauptstraße hinunter.

Im Schuppen hieb Scotty derweil dem schnauzbärtigen Kollegen seine Pranke auf die Schulter: »Wow, Volltreffer, Walross! Saubere Arbeit, Jungs«, schrie er in den Himmel, während haushoch lodernde Flammen den brüchigen Schuppen taghell ausleuchteten.

Für die CIA in Langley war Nadine eine Abtrünnige. Gewöhnliche Verräterinnen waren einer gnadenlosen Jagd ausgesetzt. In der sogenannten *Agentur* herrschte Nervosität.

Nadine Moran befand sich auf dem Weg zu einem geheimen Treffen. Mit wem? Bin Golem? Den Chinesen? Der geheime Treffpunkt in der sudanesischen Botschaft in der Stadtmitte von Belgrad ließ beide Alternativen offen.

Sechs handverlesene Agenten waren in einer Nacht-und-Nebel-Aktion nach Jugoslawien eingeschleust worden. Keiner konnte Direktor Taylor ausreden, dass bei diesem dreisten Coup nicht eine bedeutende Terrororganisation die Hand im Spiel hatte. Eine Frau allein? Niemals! Zu diesem Schluss waren auch die Psychologen und Profiler des FBI in Quantico gelangt. Eben deshalb stand in dieser Nacht eine professionelle Organisation mit modernsten Mitteln und umfassenden Verbindungen bereit. Und um das Maß gerüttelt voll zu machen, hatten die Männer gehört, auch der Tod einer FBI-Agentin ginge auf das Konto der Französin. Gnade war also kaum angesagt. Keiner dieser prächtigen Aktionshelden hatte freilich mit einem Überfall seitens der Rebellen gerechnet. Die Nachrichtenlage vor Ort war jämmerlich verschlampt worden.

Die mit der Operation *Magna Project* betrauten Männer gehörten zu den erfahrensten der Anti-Terror-Abteilung in der Central Intelligence Agency. Aber alte Füchse wie Scotty waren sich der Absurdität ihrer Mission auch bewusst. Ging alles schief, würden mit Sicherheit Köpfe rollen. Der von Direktor Taylor zuerst. Deshalb hatte der CIA-Chef im Vorfeld der Aktion auch die kleinsten Details beharrlich in Frage gestellt. Scotty erinnerte sich an den Dialog, der sich schließlich nur noch um die Kernfrage drehte, ob die Französin notfalls *aus dem Verkehr zu ziehen* sei, wie es so niedlich im Agenturjargon hieß.

»Es geht nicht anders. Kommt es zum Kontakt zwischen Schlange und dem Feind im Botschaftsgebäude, schlagen wir zu.«

»Wir könnten einen Vorwand gebrauchen, Sir.«

»Warum nicht der Krieg, meine Herren? Das ist doch der ideale Vorwand.«

»Da willigt Washington nie ein, Sir.«

»Mitnichten. Sie müssen nur das Ziel richtig beschreiben. Lassen Sie sich was Überzeugendes einfallen. Schließlich gehört der Sudan zu den islamistischen Terrorstaaten, die den Serben Waffen liefern. Darunter chemische Kampfstoffe. Das ist nicht nur mehr als ein Vorwand, Gentlemen. Das ist ein triftiger Grund.«

Als die Feuerwehr von Nis endlich mit jaulenden Sirenen am Brandplatz eintraf, waren die Lagerhäuser bereits bis auf die Grundmauern niedergebrannt. Über den Ruinen schraubte sich stinkender rötlicher Qualm in den Nachthimmel.

Von den UCK-Rebellen hatte keiner überlebt. Entgegen bewährter Regel hatten auch die Unabhängigkeitskämpfer das Angriffsziel nicht genügend ausgekundschaftet. Ahnungslos waren sie der CIA-Einsatzgruppe ins Messer gelaufen.

## 40.

Die Besatzungsmitglieder der *Shiraz* kannten das Seegebiet des Golfs von Guinea recht gut. Die meisten waren schon oft mit Tankern unterwegs gewesen, um Erdöl von iranischen Häfen nach Europa zu transportieren. Was sie alle unbewusst verband, war die strenge Auswahl, der sie sich unterziehen mussten. Nicht nur ihre seemännischen Fähigkeiten wurden sorgfältig abgeklärt, sondern auch die politische Zuverlässigkeit. Keiner durfte an Bord der *Shiraz*, bevor das iranische Ministerium für Information seine Zustimmung erteilt hatte. Zu den Vorbereitungen für ähnliche Operationen gehörte das Verschwinden von Kandidaten und Bewerbern, deren Background Zweifel an ihrer Fahnentreue aufkommen ließen. Alle, die endlich die Kerntruppe ausmachten, zählten zu den gläubigen Muslimen, die ihrem Anführer bin Golem vorbehaltlos Gefolgschaft geschworen hatten. Das bedeutete, dass sie sich mit seiner persönlichen Fatwah und mit der Dschihad gegen die Amerikaner identifizierten und bereit waren, ihr Leben dafür einzusetzen.

Allerdings kam die *Shiraz* doch nicht ganz ohne Ungläubige aus, denn in der Regel ließen sich hochqualifizierte Techniker und Ingenieure, Elektronikspezialisten und Kommunikationsfachleute die Religion nicht vorschreiben. Brabeck, der Leitende Ingenieur, der in London und Zürich seine Studien abgeschlossen hatte, gehörte zu denen, die ohne zu Murren ihre Arbeit machten, ohne sich groß um Weltanschauungen zu kümmern. Schließlich wurde ein 600 000-Tonnen Schiff nicht von Allahs Hand allein über die Weltmeere geschoben, sondern von den Dampfturbinen, den Steuerungsgeräten, der Navigationstechnik und von hart schuftenden Männern, die mit all dem High-Tech-Gerät umzugehen wussten.

Brabeck war schlechter Laune, weil er wegen diesem Mufti, der an Bord kam, in eine bedeutend kleinere, unbequemere Kabine umziehen musste. Und je länger das Schiff nach Westen lief und sein Land weiter hinter sich ließ, desto mehr Heimweh fühlte der Ingenieur aus Bahrain. Zudem spürte er trotz aller plausibler Erklärungen des Kapitäns, dass diese Reise ins Ungewisse ging. Schließlich hielt der Leitende Ingenieur die Befehle bin Golems, Fatwahs genannt, für ein Hirngespinst, hütete sich aber, darüber auch nur den Hauch einer Andeutung zu machen. Aus gutem Grund ging Brabeck jeder politischen Diskussion aus dem Wege. Heute allerdings nagte der Wurm an ihm. Die Demütigungen, die ihm dieser Khalid laufend zufügte, hatten sein normalerweise schlummerndes heißes Temperament zum Brodeln gebracht. Er hatte begonnen, den Mann zu hassen.

Das Echolot unter dem Kiel lieferte durch Ultraschallmessungen und bildverarbeitende Techniken ein sehr anschauliches Farbbild des Meeresgrundes mit seiner wechselnden

Topografie. Vorne im Bug waren zwei Sonargeräte eingebaut, die das finstere Meer fünfzehn Kilometer weit auf Unterwasserhindernisse absuchten.

Hoch über der Brücke rotierte unablässig der Radarschirm, ortete Küsten, Inseln und Berge, erfasste Schiffe und Bojen, übermittelte alle Daten auf die großen Monitore. Um überhaupt einem Hindernis ausweichen zu können, brauchte die *Shiraz* mit ihrer gewaltigen trägen Masse eine Vorwarnzeit von einer halben Stunde. In dieser Zeitspanne konnte sie aus voller Fahrt mit äußerster Kraft zurück auf einer Strecke von fünf bis sechs Kilometern gerade noch zum Stillstand kommen.

Auf der Brücke herrschte entspannte Stille. Der Kapitän stand vor dem Radiokompass, von wo aus das Schiff gefahren wurde. Der Navigationsoffizier wachte über die Karten, auf denen er die Position des Schiffs markierte. Die Kommunikation an Bord fand über Funk statt. Die Distanzen auf dem riesigen Rumpf der *Shiraz* waren imponierend. Zwischen Bugmast und Brücke, zum Beispiel, hätten zwei Fußballfelder von internationalem Standard gepasst.

»Ich bin wirklich stolz, das Kommando über die *Shiraz* innezuhaben«, sagte Kapitän Souri mit bekräftigendem Nicken. »Zusätzlich haben wir eine elektronische Karte auf dem Computermonitor, die vom GPS, dem Satellitennavigationsystem, kontrolliert wird.«

Bin Golem betrachtete das schräg gestellte Gerät, über das des Kapitäns Hand erklärend zum nächsten Bildschirm wanderte. »Hier kann man sehen, wo wir uns gerade befinden. Alle Objekte, die auf dem Radar sichtbar sind, sind auch hier zu sehen. Hier! Dies ist unsere gegenwärtige Position. Und diese rote Linie hier ist unser projizierter Kurs nach Casablanca und Gibraltar.«

Trotz all dieser geballten hochentwickelten Bordelektronik schwor Kapitän Souri noch auf die alte Seefahrtsschule. Gut verstaut verwahrte er auf seiner Brücke viele alte Navigationsinstrumente, Relikte aus einer Schifffahrtsepoche, die erst ein Jahrzehnt zurücklag. Stolz zog er jetzt aus einer Mahagonikiste einen Sextanten hervor – ein britisches Modell. »Auf der Schule lehrt man Kadetten noch, wie man ihn bedient«, erklärte er dem Araber. »Aber ich fürchte, sie werden es bald verlernen. Einen Sextanten muss man ab und zu benützen, die dazugehörigen Berechnungen üben.« Nickend wandte sich bin Golem dem Ersten Offizier zu.

»Gefällt dir dein Job?«

»Ja. Sicher, Sir. Man fühlt sich einfach freier auf offener See. Hier bist du dein eigener Boss. Unter mir arbeiten eine ganze Menge Leute. Momentan sind es fünfundzwanzig Mann, zehn mehr als sonst.« Grinsend fügte er an: »Nur der Captain ist über mir.«

»Sind die Raketen sicher verstaut?«

»Keine Sorge, Sir. Modernste Technik steht zur Verfügung. Stabilisatoren reduzieren das Rollen des Schiffs. Die verhindern, dass die Ware herumschaukelt wie in einem alten Haus, das der Wind schüttelt.«

Ein Bildschirm zeigte die Schiffsnummer, die internationale Rufnummer DHEX sowie die Tiefgänge an. Bin Golem beugte sich vor und las den gegenwärtigen Tiefgang ab: 30 Meter.

Auf dem GPS-Display schob sich gerade die elektronische Signatur der *Shiraz* südlich von Abidjan vorbei. Das *Cape Three Points* war gut erkennbar, ebenso leuchteten die der Hauptstadt der Elfenbeinküste vorgelagerten Inseln und die Off-Shore-Plattformen des Erdölterminals *Espoir* deutlich auf.

Das Display schaltete um, gab jetzt die Position nach Längen- und Breitengraden sowie die Zeit seit Verlassen des Hafens von Lagos an. Eine dritte Einstellung lieferte die Wetterdaten, die gegenwärtige Meerestiefe und die Entfernung zum nächsten Hafen: Diese Indikationsfunktion zeigte gerade eine Entfernung von 138 Meilen zum Tiefseehafen San

Pedro östlich der Sassandra-Mündung an, wo Kaffee und Holz umgeschlagen wurden.

Weiter unten auf dem A-Deck starrte Thierry-Clé Moran auf einen Radarbildschirm, der nicht der Schiffsnavigation, sondern der Zielerfassung und Feuerleitung diente. Moran hielt sich durch tägliches Training und gesunde Kost fit. Die beiden jüngeren Iraner hätten den ehemaligen Kampfpiloten kaum auf achtundfünfzig Jahre geschätzt. Mit seinen straffen Gesichtszügen und seinem sehnigen Körper wirkte der Franzose dynamisch und hart. Doch im grünlichen Licht der Apparaturen waren ihm an diesem Abend die Jahre ins bekümmerte Gesicht geschrieben. Seine Gedanken weilten bei Nadine. Ein Foto von ihr im Alter von drei Jahren klebte am Rand des Bildschirms vor ihm. Auf der Rückseite hatte er ihr Geburtsdatum notiert: 29. Februar 1972. Ein Stich fuhr ihm ins Herz, als er sich vorstellte, wie die Männer der *Shiraz*, besonders dieser verschlagene Golem, Nadine für ihre Zwecke gefügig machen würden.

Nach seiner Einschätzung hing der Erfolg eines Raketenangriffs von den geheimen Abschussplattformen der *Shiraz* von drei Hauptpersonen ab – zunächst Nadine, die den Zugang zum *Aegis*-System der Amerikaner verschaffen konnte, dann von ihm selbst, der die Raketen zu programmieren wusste, und schließlich vom »Admiral«. Der Admiral war in einem früheren Stadium seiner Karriere Versorgungsoffizier auf dem französischen Flugzeugträger *Maréchal Foch* gewesen. Doch mit seinem Doppelkinn, dem breiten, kahlen Schädel und der feinen goldgeränderten Brille, sah er eher aus wie ein pensionierter Flottenkommandant. Wissen und Können des flotten Möchtegern-Admirals in den Bereichen Seekriegstaktik, wie auch Betrieb und Führung einer Flugzeugträgerflotte, waren für den Erfolg der Operation Meggido unerlässlich.

*Das weiß auch dieser schleimige bin Golem,* sagte sich Moran zur Selbstberuhigung. Ohne das geniale Trio konnte der arabische Oberscheich zusammenpacken. Allerdings machten bin Golems Männer vor nichts Halt. In diesem Punkt gab sich Thierry-Clé Moran keinerlei Illusionen hin. *Mein Trumpf, meine Lebensversicherung, ist und bleibt mein technisches Know-how. Das ist etwas, das diese vor Unterarmschweiß stinkenden Kameltreiber nicht einmal andeutungsweise haben,* sinnierte er.

»Flugzeuge über uns«, rief Ali, der jüngere Iraner, der etwas von Radar verstand, während der Hagere, den alle Baba nannten, hauptsächlich als Aufpasser hinter dem Franzosen stand.

»Vermutlich amerikanische AWACS«, schlug Moran vor.

»Satansgeschwader«, korrigiert Baba scharf.

Moran, dem keine Gemütsregung anzusehen war, fuhr in neutralem Ton fort: »Mit Infrarot Spectroscopie könnten wir das Objekt einwandfrei nach Typ, Baujahr und Bewaffnung identifizieren.«

Er wusste nicht, dass Nadine an diesen Überwachungsverfahren mitgeforscht hatte. Die Spectroscopie erstellte ein Rasterbild von einem Objekt, das aus militärischen oder polizeilichen Gründen interessierte: Mochte es ein Gesicht, ein Flugzeug, ein Panzer sein. Das gerasterte Bild wurde als digitales Dokument vom Computer gespeichert. Erfasste das externe Überwachungssystem dann ein Objekt, das bereits im Bildarchiv enthalten war, wurde dieses Bild abgerufen und erschien auf dem Bildschirm der Überwachungseinheit.

»Ich glaube nicht, dass wir diese haargenaue Zielidentifikation brauchen«, wandte Ali ein.

»Vielleicht nicht«, entgegnete der Franzose, der, wenn immer möglich, Widerspruch vermied, diesmal jedoch sanft zu bedenken gab: »Aber die da oben sind natürlich in der Lage, unsere Raketen zu identifizieren, wenn wir sie auf Deck in Abschussposition bringen.« Wobei es dann auch blieb.

In seiner hühnerstallgroßen Kabine starrte Brabeck lustlos durch das Bullauge auf das nachtschwarze Meer hinaus. Er vermisste einiges: die Geräumigkeit seiner Suite auf dem D-Deck, den Scotch und ein paar gute Action-Videos. Stattdessen hatte ihm so ein Idiot von Islamistenfanatiker in der Messe die Kampfschrift von bin Golem zugesteckt. Seufzend warf sich Brabeck auf seine Koje, um im fahlen Schein der Deckenleuchte den Aufruf zum Heiligen Krieg zu überfliegen:

*... auf dieser Grundlage und in Übereinstimmung mit Gottes Gebot, erlassen wir folgende Fatwah an alle Muslime: Das Gebot, Amerikaner und ihre Alliierten zu töten – Zivilisten und Militär – ist eine persönliche Pflicht für jeden Muslim. Diese soll er in jedem Land, wo es ihm möglich ist, erfüllen, um ... die Armeen des amerikanischen Satans aus dem Land des Islams zu vertreiben, so dass sie keinen Muslim mehr bedrohen können ... Gottes Gebot zu befolgen und die Amerikaner zu töten, sie zu plündern, um ihr Geld zu erleichtern, wo und wann immer ihr es könnt ...*

»Mist«, fluchte Brabeck, als jemand an die Tür klopfte. Draußen stand Khalid mit finsterer Miene. »Darf ich mich mal umsehen?« Er trat ein, ohne eine Antwort abzuwarten, stöberte durch die Kabine, öffnete ein paar Schubladen und schaute in Brabecks Reisekoffer.

»Was suchen Sie?«, murrte der Leitende Ingenieur, der wohl wusste, auf was bin Golems Leibwächter scharf war. Die Besatzung hatte nämlich strengstes Verbot, Mobiltelefone an Bord zu nehmen.

»Dem Küchenchef ist ein Kaninchen entlaufen«, höhnte Khalid. »Dachte, du hast's vielleicht in deinem Zahnglas versteckt.« Dann stolzierte er wieder hinaus.

»Kamelarsch!«, zischte der Leitende Ingenieur, als die Tür ins Schloss fiel.

## 41.

Der Frühstücksraum im Metropol am Bulevar revolucije im Zentrum Belgrads machte den gleichen trostlosen Eindruck auf Nadine wie der ältere Kellner, der ihr hinkend den Milchkaffee serviert hatte. Am großen Tisch in der Ecke saßen zwei junge Männer neben einer Frau, über deren Brust ein Fotoausweis in einer Plastikhülle baumelte. Journalisten, vermutete sie. Sie unterhielten sich offenbar über den Plan, der auf dem Tisch neben dem Frühstücksgeschirr ausgebreitet war. Leichte Musik rieselte einschläfernd von der Decke herab. Nadine trank lustlos vom schalen, lauwarmen Kaffee. Sie versuchte aus den Bildern klug zu werden, die in der andern Ecke über einen Bildschirm flimmerten. Ein Gebäude stand in Flammen, Feuerwehrleute griffen mit Schläuchen an, eine Reporterin sprach ernst ins Mikrofon.

Nadine merkte nicht, dass Ranko den Raum betreten hatte. Er setzte sich zu ihr, als wären sie alte Bekannte. Sie hielt ihm die Zigaretten hin, hob fragend die Brauen.

»Wie war die Nacht?«

»Reden wir nicht davon. Als ich zum Bahnhof zurückwollte, bombardierten sie ein Gebäude, das sie für ein Ministerium hielten. Es war ein Altersheim.« Er klaubte eine Zigarette aus dem Päckchen. Nadine entfachte ein Streichholz und gab ihm wortlos Feuer.

Ranko sog genüsslich ein, entfaltete die mitgebrachte Zeitung und schirmte sich von den Nebentischen ab. »Heute Nacht um halb zwölf geht's los. Hier ist die Adresse.« Seine Hand fuhr in die Brusttasche seines karierten Hemds und förderte einen Zettel zu Tage. »Unsere Leute sorgen dafür, dass Sie nicht belästigt werden.«

»Was heißt das im Klartext?«, fragte Nadine leise, aber dringend.

»Wir bewachen das Hotel Tag und Nacht.«

Nadine erinnerte sich an die Augen der beiden Männer in der Halle. Die Entschlossenheit in ihren Blicken bestärkte sie in der Annahme, dass diese Leute ihren Auftrag mit Professionalität ausführten.

»Eine Eskorte Militärpolizei führt Sie zum Treffpunkt. Wir geben Ihren lieben Freunden keine zweite Chance.«

»Und warum tun Sie das alles?«

Ranko zuckte die Achseln. »Es wurde so angeordnet. Offenbar haben Sie eine Abmachung. Wir Serben sind verlässlich. Und …«

»Ja?«

»Nun, Franzosen sind uns nicht unsympathisch.«

»Danke.«

»Sie gehen direkt zum großen Haupteingang«, fuhr Ranko geschäftsmäßig fort. »Hinter der Drehtür in der Halle erwartet Sie die Kontaktperson, die Ihnen das Datum dieser Zeitung mitteilt.« Unter dem Titel des Morgenblatts las Nadine den 31. Dezember 1998.

»Die ist ja uralt«, sagte sie leise.

»*Eben.* Das ist das Erkennungszeichen. Dann befolgen Sie strikt die Anweisungen, die Ihnen gegeben werden.«

Der Kellner schlurfte heran, doch Ranko hatte sich bereits erhoben. »Geben Sie auf sich acht«, mahnte er, schon eilig davonschreitend.

»One Espresso, please«, bestellte Nadine. Der Kellner schüttelte langsam den Kopf. Sie hob fragend die Augenbrauen.

»Ist die Maschine kaputt?«

Der Kellner beugte sich herab und flüsterte: »Ein Päckchen Zigarette, und ich Sie einen stark doppelt machen.«

»Ah, wunderbar.« Nadine steckte dem Kellner die angebrochene Schachtel zu. »Mehr habe ich leider nicht.«

»Dann ich machen ein stark einfach«, murrte der Kellner, die Zigaretten einsteckend. Wenig später kam er mit einer kleinen, dampfenden Kaffeetasse zurück. Nadine zuckte die Schultern, schlürfte gierig das heiße Getränk. Besser als sie erwartet hatte, das schlug ordentlich in die Brust. Belgrad war eben Europa! Sie lehnte sich bequem zurück, blinzelte locker in die Gegend. Schlürfte mehr Kaffee. *Ahhh, das tat gut!* Wo er wohl steckte, dieser falsche Ossi von einem Polinsky. Hoffentlich war ihm nichts … aber nein doch. Unkraut wie der verging nicht so leicht. Bloß schade, dass der ein so offenbarer Verlierer war. Wie alle Romantiker auf dem Weg ins männliche Klimakterium. *Mag ja sein, Nadine,* ermahnte sie sich, sonnig lächelnd und in noch schnellerer Reihenfolge in die Gegend zwinkernd, *aber warum kribbelt's bei dir dann jedesmal so schön, wenn du an ihn denkst?*

## 42.

In Belgrad kannte ich mich schlecht aus. Vom Flughafen fuhr mich ein Taxi direkt zur Schweizer Botschaft, wo mir ein übernächtigter Geschäftsträger ohne viel zu fragen das letzte Zimmer im Inter-Continental organisierte. Lange stand ich unter der heißen Dusche. Den Bomben zum Trotz hielt das Hotel einen Minimalkomfort aufrecht. Danach versuchte ich, eine Verbindung mit Irina aufzubauen. Das Mobilnetz funktionierte störungsfrei, die Schöne nahm nach dem zweiten Läuten ab.

»Fan-Post aus London, Berlin, Amsterdam, Tel Aviv. Die wollen mir alle helfen«, sprudelte sie los. Irina hatte das vom Geheimdienstchef aufgenommene Bild des dritten Mannes über E-mail an Polizeistellen gesandt und mit der Legende »Gesucht wegen Kindesmord« versehen, was vielleicht nicht ganz zutreffend war. Irinas Trick baute darauf, dass Kindesmörder selbst bei Knastbrüdern und den abgebrühtesten Polizisten auf absolute Verachtung stossen und gleichzeitig politisch unverdächtig sind.

»Und?«, fragte ich.

»Krall behauptet, ihn gesehen zu haben.«

»Krall Inc.? Die Klassifikationsfirma?«

»Ja. Die sind besser als die CIA. Khalid war im Hafen von Lagos neben einem Schiff gesichtet worden.«

»*Khalid?*«

»Ja, hör zu.«

»Ich nehme an, er war nicht auf großer Kreuzfahrt?«

»Der Kahn war einer dieser Riesentanker. Lag zur Inspektion an der Mole.«

»Sonst noch was?«

»Vielleicht.«

»Machst du's absichtlich spannend? Du fehlst mir.«

»Du mir noch mehr. Bist du mir auch treu?«

»Geschäft vor Vergnügen!«, wich ich flachsend aus.

Sie seufzte theatralisch. »In der jüdischen Gemeinde von Muscat zirkuliert ein obskures anti-islamistisches Mitteilungsblatt. Ich fand es im Internet.«

»In Oman? Erzähl!«

»Ausgerechnet in diesem Blatt fand sich ein Roboterbild von deinem Typen.«

»Bist du sicher?«

»Eine Frau zeichnet Leute im Gerichtssaal. Richter, Angeklagte, Verteidiger. Du weißt schon. Sie beobachtete den Kerl in der Nähe der Stelle, an der ein Israeli umgebracht worden war. Sie hat ihn zufällig skizziert, so als Übung. Als sie später von dem Mord erfuhr, gab sie die Zeichnung dem Redakteur des Wochenblatts. Vor allem die krumme Nase ist typisch.«

»Gut, aber was nützt uns das?«

»Ich habe dem Blatt ein E-mail gesandt und was erzählt. Die Leute sind tüchtiger als der Mossad. Sie haben den Mann als Khalid identifiziert und nachgeforscht, was er macht, wohin er verreist ist. Jetzt halt dich fest: Nach Marokko!«

»War er zum fraglichen Zeitpunkt in Zürich?« Mein Herz schlug plötzlich fühlbar.

»Weiß ich noch nicht. Vielleicht hab ich bald eine Spur. Sie glauben, du seist von Terroristenkugeln durchsiebt worden.«

»Warum ich? Spinnst wohl.«

»Ich hab denen doch erzählt, mein Mann sei Jude und in Damaskus umgekommen, als die Terroristen dort den US-Botschafter ermordeten. Sie waren voller Mitgefühl! Das half mir gewaltig.«

*Smart lady, meine Irina!*

»Wie heißt Khalid mit richtigem Namen?«

»Er ist meist als Khalid bekannt. Khalid der Vollstrecker. Arbeitet für diesen bin Golem. Manchmal nennt er sich auch Afkhan oder Doron Barak.«

»Ausgezeichnet. Neues vom FBI?«

»Nein. Das FBI streikt. Die wollen mir keine Informationen aus ihren geschützten Dateien verschaffen. Ziemlich sture Burschen da drüben.«

»Ich weiß. Mach weiter. Ich rufe später wieder an.«

»Bist du mir treu?«

»So treu wie du mir«, lachte ich und kappte die Verbindung.

## 43.

Als Nadine gegen Mitternacht das Hotel Metropol verließ, sah sie sich plötzlich von dunkelblau uniformierten Männern der serbischen Polizei umringt. Erschrocken wich sie zurück.

»Ne vous inquiétez pas, Madame, vous n'avez rien à craindre. Folgen Sie mir nur.« Der junge Offizier wechselte auf Nadines linke Seite und lud sie mit einer höflichen Geste ein, mit ihm den Boulevard hinunterzuspazieren.

»Sie sprechen gut Französisch«, lobte Nadine.

»Ich habe in Paris studiert, das Fiasko von Rambouillet als Übersetzer miterlebt. Passen Sie gut auf sich auf, schöne Frau.«

Nadine blickte sich um. Ranko hatte nicht zu viel versprochen. Die Polizisten eskortierten sie, als wäre sie die amerikanische Außenministerin. Nur dass sie auf jene unter Umständen faule Tomaten statt heimliche Blicke werfen würden.

»Die sind 'ne ganze Ecke dümmer als ich dachte«, sagte Walross ohne den Blick vom Navigationsgerät zu lassen. Scotty schwieg. Die Leuchtziffern am Armaturenbrett des alten Van zeigten dreiundzwanzig Uhr vierzig. Aus der Ferne dröhnten dumpfe Explosionen. Der Wagen der beiden CIA-Agenten stand völlig im Dunkeln zwischen Mauerresten einer ausgebombten Autowerkstätte. Der Standort war ideal ausgesucht. Ungefähr in zweihundert Metern Entfernung ragte das moderne zehnstöckige Gebäude als weißlicher Brocken in einen matt schimmernden, plötzlich gespenstisch aufzuckenden Nachthimmel. Das Objektiv der Nachtkamera richtete sich auf das sechste Stockwerk, wo sich die Räume der Botschaft befanden und glitt dann zurück auf die Straße.

»Die schlendern die Balkanska hinunter wie zum Shopping. Jeder Trottel könnte unserem Fötzchen folgen«, staunte Walross kopfschüttelnd.

Nadine überquerte die menschenleere Straße, hielt auf den finsteren kleinen Park zu, über dem sich die schmale Seite des Gebäudes erhob. Wieder durchbrach eine dumpfe Explosion das nächtliche Summen der Großstadt. Ein Geschoss schlug in der Nähe ein. Für Sekundenbruchteile hellte Feuerschein den Park auf, zeichnete Umrisse von Gestalten ab. Nadine zögerte geduckt.

»Les gens de notre securité«, beruhigte sie der Hauptmann. »Wir gehen da lang.«

Auf dem feinen Kies verursachten Nadines luftgefederte Turnschuhe im Gegensatz zu den Militärstiefeln ihres Begleiters kaum ein Geräusch. Kein Wunder, der Kellner im Metropol hatte auf ihre sportliche und raffiniert modefarbene

Fußbekleidung geglotzt, als wollte er die gegen ein paar doppelte Espressos eintauschen.

Im Van sah Scotty auf dem Kontrollmonitor, wie der rot blinkende Punkt des Peilsenders in der Schuhsohle der Französin von der geraden Linie auf das Botschaftsgebäude zu abwich. Nervös biss er sich in die Unterlippe.

»Die gehen am Park vorbei!«

Walross schien es als schwitze er Blut aus allen Poren.

*Nur ruhig. Diesmal entwischt die uns nicht.*

»Wir schirmen den Zugang zum Gebäude ab«, versicherte der Hauptmann Nadine. Mit sanftem Druck legte er ihr den Arm um die Hüfte. Sie verstand den Wink, blickte ein paar Mal zurück, nahm dann energischen Schritts die paar Stufen zum Vorplatz mit dem Springbrunnen. Kein Wasser plätscherte. Der Strahl war versiegt. In der Halle hinter den Glasfenstern brannte ein schwaches Licht. Sie drückte auf die Drehtür, die nachgab.

Scotty atmete laut auf, nickte dem nervös seinen Schnauzer flechtenden Walross zu. »Mach Meldung ans Ops-Center: *Schlange im Nest.*« Walross Watts steigender Stress zündete den lasziven Gedanken, dass er mit höchstem Vergnügen seine *eigene* Schlange ins Nest *dieser* Schlange geschlängelt hätte. Mokant grinsend fuhr er den Kollegen an: »Mach *du* doch die Meldung! Siehst du nicht, ich bin am Denken?«

## 44.

Stickige, warme Luft schlug Nadine entgegen. Rasch durchquerte sie den hellen Teil der Halle, näherte sich dem Quergang mit den Aufzügen. Plötzlich stand eine Gestalt neben ihr. Zunächst nahm sie nur eine drahtige Figur wahr, und dann hing schon ein grimmes Gesicht auf Nasennähe vor ihr. Erschrocken wich sie zurück. »Polinsky! Was machst *du* denn hier?«

Ich drängte sie zur Wand, wo der Lichtschein nicht hinfiel und drückte zwei Finger auf ihre Lippen. Hatte sie mich gerade geduzt? Vor Schrecken, oder …?

»Okay, okay«, flüsterte sie mit suchendem Blick in die düstere Halle. »Sind wir allein?«

Ich tastete sie ab. Als meine Hände über die Innenseite ihrer Schenkel strichen, drückte sie meinen Arm nach außen. *Langsam* nach außen!

»Ich bin unbewaffnet, Monsieur«, flüsterte sie, wie mir schien sehr sanft.

»Bis auf die Waffen der Frau«, widersprach ich. Drei Herzschläge lang tauchten unsere Blicke ineinander. Dann ich: »Na wer sagt's denn, hier ist was! Schuhe aus, bitte!« Ich sprach eine Spur lauter. Mein bestimmter Ton und das kleine Gerät, mit dem ich sie absuchte, ließen sie sofort gehorchen.

»Schau mal einer an, hier haben sie dir einen kleinen Sender auf die Schuhsohle geklebt.« Im matten Schimmer zeigte ich ihr den kleinen Knopf, der wie ein Kieselstein in der Sohlenrille verklemmt am Schuh festsaß.

»Warum? Warum tun sie das? Wer macht so etwas?«, empörte sie sich.

»Ich schätze, es ist die CIA, Süße. Die sind hinter deinen Geheimnissen her. Wollen dich wohl in flagranti bei der Übergabe erwischen.«

Ich griff die Schuhe mit dem verborgenen Sender, steckte sie wortlos in eine Einkaufstasche und pfiff leise durch die Zähne. Wie aus dem Nichts tauchte ein Junge aus dem Dunkel auf und blickte erwartungsvoll zu mir empor.

»Hör jetzt gut zu«, sagte ich langsam, in einfachem Englisch. »Du bringst jetzt diese Tasche hinauf in die sechste Etage. Die *sechste*, verstanden? Dort siehst du den Eingang zur

Botschaft mit den Überwachungskameras. Du gehst daran vorbei den Flur hinunter bis zu der schmalen weißen Tür. Die Tür hat in der Mitte die kleine, schwarze Silhouette eines Mannes drauf. Das ist die Tür zur Herrentoilette. Du gehst hinein, stellst die Tasche in eine Ecke und kommst so schnell dich deine Füße tragen wieder hier nach unten. *Verstanden? So schnell wie möglich.* Dann verlässt du augenblicklich das Gebäude. *Augenblicklich,* hörst du? Drüben im Park wartet dein Freund auf dich.«

Der Junge nickte mit glänzenden Augen. In seiner Tasche steckten zwei Zwanzigdollar-Scheine, die ich ihm zugesteckt hatte – im Belgrad dieser Tage ein Vermögen! Flink wie ein Wiesel verschwand er mit der Tasche.

»Wen solltest du hier treffen?«, fragte ich Nadine.

»Leute, die mich zu meinem Vater führen. Ich muss hingehen. Sie können mich nicht aufhalten!« Sie drehte sich um, wollte zu den Aufzügen eilen. Ich packte sie hart am Arm. »Lass mich, ich …« zischelte sie und versuchte, sich gertenschlank meinem Griff zu entwinden. *Aha, wieder das du, zumindest andeutungsweise!*

Ich riss sie zurück: »Wenn du lebend hier rauskommen willst, kommst du jetzt mit.« Ein Blick in mein Gesicht genügte. Sie gehorchte, wenn auch widerwillig.

Weiter hinten im Quergang öffnete ich die Tür zu den Treppen. Ich fasste das Geländer und sprang Stufen überspringend die Treppe hinunter. Nadine blieb mir behende auf den Fersen. Wir rannten einen dunklen Korridor entlang, der in einer finsteren Ecke endete.

»Und was jetzt?«, keuchte sie.

"Ein paar üble Burschen haben's auf dich abgesehen, mehr weiß ich nicht.« Ich knipste das Licht meiner kleinen Hightech-Stablampe an, fand den Türgriff, würgte den langen Hebel hinunter. Die Schultern einsetzend, wuchtete ich die dünne Stahltür auf.

Draußen im Van meldete Scotty: »Schlange hat sechste Etage erreicht. Aktion läuft planmäßig. Sie geht zur Tür, Boss. Jetzt bleibt sie stehen. Bewegt sich nicht mehr. Jedenfalls ist sie drinnen. Kontakt klar positiv hergestellt.«

Walross zögerte. Er wollte, musste, die genaue Position überprüfen.

*Wieso bewegte sie sich nicht? Hatte sie sich gesetzt?*

»Los, mach schon!« kommandierte Scotty.

»Ziel klar positiv identifiziert«, tippte Walross in den Handcomputer. Erleichterung wärmte ihm die Brust: Der schöne Ersatzplan ging auf. *Unser Fötzchen tappt brav wie ein Mäuschen in die Falle!*

Das Piepsen des Senders bestätigte die erfolgreiche Durchgabe der Position. Im Operationsraum von CENTCOM wurde das Gebäude im Zentrum Belgrads, basierend auf der Zielbeschreibung der Feldagenten, als zentrales Büro für Waffenbeschaffung registriert und folgerichtig mit dem Hinweis auf höchste Bekämpfungspriorität versehen. Zum zweiten Mal in dieser Nacht blinkte auf dem Großbildschirm in Vicenza die Leuchtschrift *»Dringende Mission, Achtung Zielbezeichnung.«*

Der Einsatzleiter stutzte. Das Ziel stand mitten im Kern von Belgrad, umgeben von Botschaften und Wohnkasernen. Doch Washington CENTCOM blieb eisern: »Zielidentifikation bestätigt, unverzüglich angreifen!«

Nur Sekunden später tickten die von den beiden Agenten in der stockfinsteren Fabrikruine auf den Meter genau übermittelten Daten über das Zielgerät im Cockpit eines Tarnkappenbombers B-1, der völlig unbemerkt in sechstausend Metern über Belgrad kreiste. Walross starrte fasziniert auf das Blinkzeichen, das vom Minisender in Nadines Turnschuhen aktiviert wurde. Die Schuhe wiederum standen einsam und leer unter einem nach Hygiene lechzenden Waschbecken in der Herrentoilette im sechsten Stock des Botschaftsgebäudes.

»Scotty, schau! Wir haben's geschafft. Die Burschen greifen an!«

»Zur Abwechslung darf auch bei uns mal was klappen«, maulte Scotty.

Auf dem Display lief ein Countdown ab. »Noch vier Minuten«, flüsterte Walross, geradezu ehrfürchtig.

Frische Luft schlug Nadine entgegen, als sie ins Freie trat, sich verblüfft die Augen rieb. Wir standen in einer versunkenen Gartenoase. Schieferplatten schwammen in sattem Moos. Gut vier Meter hohe Betonwände umrandeten den quadratischen Patio. Ringsum trennte ein Kanal voll abgestandenem Wasser die Bodenplatten von den glatten, unüberwindbaren Mauern. Ich drängte: »Los, wir haben keine Zeit zu verlieren!«

Im Innenraum standen ein Dutzend japanische Kirschbäume und prunkten verschwenderisch mit rosa Blüten, denen der einzige noch funktionierende Scheinwerfer zu gebührender Pracht verhalf.

»Polinsky, mein Held, wie kommen wir hier raus?«, fragte Nadine spitz.

Ein schiefergedeckter Steg führte ungefähr zwei Meter aufwärts durch eine Öffnung. Mit verbissener Miene deute ich darauf hin. Wir rannten los. Der Pfad endete abrupt an einer steilen Böschung.

»Da müssen wir rauf.« Ich bot ihr die Hand.

»Wo geht's hier hin?«, keuchte sie, meine Hilfestellung ignorierend.

»In Sicherheit. Los jetzt. Raus hier!«

Sie beugte sich vor, griff mit beiden Händen in die trockene, harte Erde. Kletterte rasch, behende, die steile Böschung hoch.

Im zweihundert Meter entfernten Van meldete Walross über den atlantischen Ozean: »Wir haben das Signal. Zieldaten unverändert. Ziel klar positiv fest.«

Währenddessen arbeitete Nadine sich den staubigen Hang hoch. Schmerzend krallten sich die nackten Zehen in den harten Grund. Langsam bewegte sie sich aufwärts, erreichte den hohen Drahtzaun. Sie richtete sich daran auf, riss sich die elegante Designerjacke vom Leibe und ließ sie zu mir herunter baumeln. Ich griff nach einem Ärmel, rutschte unten weg und verlor beinahe den Halt. Ihre Hand umklammerte krampfhaft den Zaun, dessen scharfe Drahtmaschen in ihre Finger schnitten. Schmerz durchzuckte sie.

»Abschussbefehl erteilt«, flüsterte Scotty am Funkgerät erregt. Beide Agenten starrten atemlos zum Gebäude hinüber, das dem heranrauschenden Verhängnis wehrlos ausgesetzt war.

Endlich fasste ich Fuß. »Komm schon. Jetzt. Ruckzuck!«, presste Nadine hervor, während sie mit letzter Kraft an der improvisierten Leine zog. Wertarbeit war das: Die Nähte hielten!

»Du hast den falschen Ausgang genommen«, keuchte sie, als ich atemlos neben ihr stand. Ohne viel Federlesen warf sie das leicht ramponierte Modeprodukt in hohem Schwung über den Maschenzaun, kletterte behende hinterher. Dabei rutschte ihr T-Shirt hoch. Bevor sie auf der andern Seite absprang, bot sich mir ein flüchtiger Anblick jener so evokativ gerundeten Brüste: Knospen die locker mit der Pracht der Kirschblüten im Garten hinter uns wetteifern konnten. Elektrisiert kraxelte auch ich über den Zaun, sprang ab, setzte hart neben ihr auf. Mit gierigem Blick aus dem Aufprall hochfedernd, erwischte ich sie nur noch dabei, wie sie das Hemd in die Hose zurückstopfte, sich mit beiden Händen hastig durchs dunkelblonde Haar fuhr.

Auf der anderen Seite des kleinen Platzes stand der schwere schwarze Mercedes mit laufendem Motor und eingeschalteten Standlichtern.

In sechstausend Metern Höhe löste sich ein Marschflugkörper aus dem Rumpf eines Tarnkappenbombers und raste mit der tödlichen Ladung eines gewaltigen konventionellen Sprengkopfs auf das Zentrum von Belgrad zu.

Ich blieb schnaufend stehen, rückte Hemd und Hosen zurecht. Versuchte, die Erregung mit einer Frage zu überspielen.

»Nadine? Trägst du das Amulett?«

»Sicher. Immer. Warum?«

»Der Plan ist im Eimer. Komm schon, der Wagen wartet!« Ich fasste sie derb am Arm, aber sie gab keinen Zentimeter nach. Sorgfältig klaubte sie die dünne, goldene, an einem Kettchen befestigte Plakette hervor und hielt sie gegen das spärliche Licht. Las ihren eigenen Namen: *Nadine.* Daneben ihr Geburtsdatum, 29. 2. 72, gefolgt von zwei Zahlengruppen.

»Mach schon, Mädchen. Hier zirkulieren Streifen!«

Langsam – viel zu gemächlich für meinen Geschmack – steckte sie das Amulett ein. »Und wie geht's weiter, schöner Held?« Da riss mir der Faden. »Dann scheiß doch drauf«, schrie ich und sprintete über den Platz zum Wagen.

*»Polinsky!?«*

Ihr Keuchen holte mich ein. Sie klammerte sich an mir fest. Ich schubste sie nach hinten, hinein in den Mercedes. Verärgert schüttelte sie den Kopf. Auch mir stand es bis an den arg verschwitzten Kragen. Zeit, ihr's mal richtig zu stecken.

»Was ist eigentlich los mit dir? Du warst doch der verdammt brillanteste Kopf in Los Alamos. Dazu das naivste Gemüt auf diesem Planeten. Wenn du wirklich Kurzschluss machen willst, warte wenigstens, bis auch die paar Leute weg sind, die sich überhaupt noch um dich kümmern.«

Sich auf die Lippen beißend, saß sie da wie ein kleines Häufchen Elend. Trotzdem … trotzdem wurde ich das Gefühl nicht los, es wäre dieser Frau ein Leichtes, selbst in prekärsten Lagen Theater zu spielen wie an der Comédie Française.

»Onkel Edouard kannte deinen Vater Thierry-Clé«, sagte ich schließlich versöhnlich.

Sie fuhr erregt auf: »Was weißt du über ihn?«

»Nicht viel. Er war ein guter Mann.«

In heller Aufregung, hielt sie ihr Amulett in die Höhe.

»Hast du hiermit etwas zu tun?«

Ich schüttelte den Kopf: »Nein. Bevor der Korpskommandant das Zeitliche segnete, hat er mich beauftragt, dich nicht aus den Augen zu lassen. Und genau das werde ich tun. Jetzt hör mal gut zu. Die Frau vom Tabaklager in Nis, erinnerst du dich? Die mit der Maschinenpistole? Also, die wusste von deinem Treffen hier in Belgrad heute Nacht.«

»Na und?«

»Also, bitte, Nadine«, beschwor ich sie, »nach der Schießerei bei den Lagerhäusern weiß bald schon jeder Trottel, dass du in der Stadt bist. Jeder bescheuerte Agent und jede Polizeidienststelle wird wissen, dass du zu einem geheimen Rendezvous angereist bist. Man braucht kein Computergenie zu sein, um draufzukommen.«

»Und das soll ich glauben«, begehrte sie auf, »jetzt, wo ich so nahe am Ziel bin?«

»An deiner Stelle wäre ich auf der Hut. Übrigens, ich merke wir duzen uns andauernd.«

Sie lachte voller Ironie: »Du kannst mich zwar aus Todesgefahr retten oder wenigstens so tun, aber duzen? Nein, Polinsky, das schickt sich einfach nicht.«

Ich warf ihr ein Kusshändchen zu, fuhr ernster fort: »Du kannst ja einfach hier sitzen bleiben und es dir in aller Ruhe überlegen.«

»Und wenn ich jetzt in das Gebäude zurückgehe? Du kannst mich nicht daran hindern, oder?« Sie wandte sich ab.

Ich blieb ruhig. Der Chauffeur gab gelangweilte Stöhnlaute von sich und starrte geradeaus.

»Nein, aber sie schnappen dich, vergewaltigen dich von vorne und hinten, und dann pusten sie dir das Gehirn weg. Vielleicht schlitzen sie dir ja auch erst den Bauch auf. Aber vorher gestehst du ihnen alles. Glaub mir – *alles*!«

»Von wem redest du, Polinsky? Wer sind diese Leute?«, fragte sie noch tonlos, als es ohrenbetäubend krachte. Der schwere Wagen schaukelte auf und ab, wackelte wie im Epizentrum eines Erdbebens. Die Tür knallte ins Schloss. Ein greller Schein blitzte auf, es zischte und dröhnte, pfiff und heulte. Trümmersplitter hagelten wie Trommelfeuer auf das Wagendach. Die Luft stank plötzlich penetrant nach Phosphor. Die Erde bebte, als schwere Betonbrocken herunterkrachten.

Geduckt, mit offenem Mund, starrte Nadine zum Gebäude hinüber, das in einer hässlichen schwarzen Rauchwolke versank.

Die Zielangabe hatte auf den Meter genau gestimmt. Der Marschflugkörper traf haargenau ins Konferenzzimmer der sudanesischen Botschaft von Belgrad. Innerhalb von Sekunden zerbarst die ganze sechste Etage des Gebäudes in tausend Trümmer, pulverisierte die Räumlichkeiten der Mission. Die aufrecht trichterförmig wachsenden Äste der scharlachroten Kirschbäume versanken in Staub und Schutt. In Sekunden verwandelte sich der Patio mit dem Hortus Conclusus, durch den wir eben noch gehastet waren, zu einer randvoll mit Betontrümmern und Scherben gefüllten Grube.

»*Das* sind die Leute, die hinter dir her sind«, raunte ich ihr zu. »Die scheuen kein Mittel, dich zu vernichten. Na, kommst du jetzt mit?«

Nadine glitt aus dem Wagen heraus. Hüstelnd starrte sie auf das brennende Gebäude, das Chaos um uns herum. Die Fäuste fassungslos in die schlanke Taille gestemmt, wurde ihr klar, dass sie zum zweiten Mal innerhalb von vierundzwanzig Stunden einem Bombenangriff nur knapp entronnen war.

»Komm jetzt«, drängte ich, »bevor die da oben uns für die Spitze einer Panzerkolonne halten.«

Sichtlich erschüttert stieg sie wieder ein, begann vom Wahnsinn dieses Krieges zu stammeln, als der Wagen mit einem Satz nach vorne schoss, im Handumdrehen auf Hochtouren kam.

»Ich bringe dich nach Casablanca, Nadine. Da ist Endstation für mich. Ich habe in Zürich zu tun. Haben wir uns verstanden?«

»Casablanca. Wie kommst du denn da drauf?«

»Du hast doch die Zahlengruppen auf deinem Amulett entschlüsselt, nicht?«

Sie nickte. Meine Lider verkniffen sich, wie immer wenn ich meiner Sache nicht recht sicher war.

»Nun, die Ziffern stellen Längen- und Breitengrade dar. Der Schnittpunkt liegt nahe bei Casablanca. Vielleicht wollte dein Vater dir auf diesem Weg einen Treffpunkt avisieren.«

Ihre goldbraunen Augen blickten mich staunend, bewundernd, abschätzend an – der Teufel mochte sich auskennen mit einem Weib wie diesem!

»Casablanca«, murmelte sie, das Amulett liebkosend als sei sie ein kleines Mädchen und das zierliche Gehänge die einzige Sicherheit in ihrem turbulenten Leben.

*Eine rührende, oder rührend gespielte Geste?*

## 45.

Der Golfclub Rolling Hills, wo Jack Brenton sich gerade zum letzten Abschlag auf das achtzehnte Loch aufbaute, lag ziemlich abgeschieden acht Meilen von Westport entfernt im sanften Hügelgebiet von Connecticut. Joe Rosellis Club eignete sich vorzüglich für freundschaftliche Treffen mit dem

Präsidenten. Die makellos gepflegten Golfbahnen ließen sich gut überblicken: Der einzige Zugang zum Clubhaus führte über die Straße 106. Die Agenten vom Secret Service liebten diesen Platz. Mit geringem Aufwand hatten sie die Sicherheit des Präsidenten rasch im Griff. Außerdem stellte ihnen der Club seine zwei erfahrenen Ranger zur Verfügung, die auch an gewöhnlichen Tagen den normalen Spielbetrieb mit geübtem Auge überwachten. Wenn der Präsident mit Joe Roselli Golf spielte, bemerkten die übrigen Clubmitglieder selten etwas Außergewöhnliches. Die Secret Service Agenten, die dem Präsidenten in Golfcarts folgten oder vorausgingen, unterschieden sich von anderen Golfspielern nur darin, dass sich ihre Aufmerksamkeit weniger auf den Golfball als auf das winzige Stückchen Erdball richtete, auf dem sich der Präsident gerade mit gewohnt energischem Schritt bewegte.

»Sorgen?«, fragte Roselli, als Brenton seinen Schlag wieder verzog.

»Mm. Sag mal, Joe, du hast doch damals für George Bush in der Schweiz nach den Geldern von Saddam geforscht?«

»Ja, hauptsächlich in Genf. Wir fanden alles heraus. Wussten, wo der Saddam-Clan die Gelder versteckt hielt, aber wir kamen leider nie an den großen Hort ran.«

Mit diesem Auftrag hatte Rosellis Krall Inc. Millionen an Honoraren verdient. Als die Firma dann vor ein paar Jahren an die Börse ging, hatte Joe seine Aktienbezugsrechte ausgeübt und Kasse gemacht: Satte zweihundert Millionen Dollar brachte ihm der Börsengang ein. Wenn es darum ging, verdeckte Ermittlungen durchzuführen, Qualitätskontrollen zu machen oder das Einhalten von vertraglichen Abmachungen bei internationalen Transaktionen irgendwo auf der Welt zu verifizieren, rissen sich Unternehmungen und Regierungen um die Spezialisten von Krall Inc. Nicht nur die fast täglichen Fusionen in der globalisierten Wirtschaft, sondern auch ihre Unterwanderung durch das organisierte Verbrechen schrien förmlich nach den Spezialisten von Krall Inc.

»Ich nehme an, du hast nach wie vor gute Beziehungen in Europa«, konstatierte der Präsident, offenbar von seinem eigenen, heute recht mittelmäßigen Golfspiel unbeeindruckt.

Joe Roselli war fünfundsechzig Jahre alt, ein Meter achtzig groß und sah sehr sympathisch aus: ein distinguierter Grauwolf im globalen Geschäft. Er hielt den Golfcart an und wandte sein freundliches, breites, sonnengebräuntes Gesicht zum Präsidenten hin: »Wir haben überall unsere Verbindungen. Worum geht es, Sir?«

Sie stiegen aus. »Wo ist der Marker?«, fragte der Präsident.

»Dort. Zweihundert Meter.« Joe hob die Hand und deutete auf eine runde Markierung im Fairway.

Brenton zog den Schläger aus dem Golfsack, schritt entschlossen zum Ball. Er blickte scharf zur Fahne, wippte locker mit der Hüfte, schwang einmal übungshalber durch und stellte sich dann endgültig in Pose. Der Schlag saß perfekt. Der Ball schoss in ständig an Höhe gewinnendem Bogen weg, neigte sich, elegant ballistisch den Gesetzen der Schwerkraft folgend, der Erde zu, landete auf dem Green und rollte zwei Meter neben der Fahne aus.

»Wow, Jack, Klasse«, rief Joe Roselli und klatschte in die Hände.

»Klasse?«, lachte Brenton sein gekonntes Unschuld-aus-dem-Süden-Lachen. »Klasse ist, wenn er ins Loch geht. Und das gelingt mir hier draußen wirklich zu selten.«

Einfach indem er die Betonung auf *hier draußen* legte, schien der mächtigste Mann der Welt seinem alten Freund wieder einmal Zugang zu seinem Innersten zu gewähren. Roselli verstand Brenton gut. *Hier draußen* hieß so viel wie: Die Welt mag mich für ein Schwein aus den Südstaaten halten, aber du und ich kennen mich besser. Wir wissen, ich bin ein *richtiges* Schwein aus den Südstaaten.

Unter lautem Gelächter stiegen sie zurück in den Cart.

Als sie weiterfuhren, umriss der Präsident in kurzen Zügen den Sachverhalt, wie ihn Taylor vor kurzem geschildert hatte. Joe Roselli hörte aufmerksam zu, während sein Gehirn Überstunden machte. Den Kampf um die Beschränkung der High-Tech-Exporte hatte Amerika bereits verloren. Der Grund dafür lag in der sich überstürzenden technologischen Entwicklung. Soeben war bekannt geworden, dass die neue Sony Playstation III mit einem so schnellen Chip angetrieben wurde, dass für den Export nach den geltenden Bestimmungen die Zustimmung Washingtons nötig gewesen wäre. Aber die Playstation war nur die Spitze vom Eisberg. Roselli besaß zuverlässige Informationen, dass amerikanische Computer- und Halbleiterhersteller in den nächsten zwölf Monaten mit Produkten auf den Markt kommen würden, welche die von der Regierung für Supercomputer eingeführten Exportbegrenzungen bei weitem überschreiten würden. Um diese neuen Produkte wirksam zu schützen, müsste die Schwelle für Exportbegrenzungen um das Sechsfache, von 2000 auf 12 300 Millionen theoretische Operationen pro Sekunde, angehoben werden.

»Der Supercomputer von gestern ist der Laptop von heute. An dieser Erkenntnis führt kein Weg vorbei«, beschied Joe, während er den Cart auf dem asphaltierten Weg neben dem Green parkte. Der Präsident blickte nachdenklich in Richtung achtzehntes Loch.

»Wenn chinesische Generäle unsere Technologie wollen«, sagte Roselli, »kaufen sie sich am besten eine Sony Playstation im Spielwarenladen in Hongkong. Damit können sie locker eine Landung an den Stränden von Taiwan simulieren. Wir können kaum noch verhindern, dass unsere schnellen Chips in die Hände von Leuten geraten, die uns nicht gerade freundlich gesinnt sind. Ob die nun damit was anfangen können, das ist eine andere Frage.«

»Erzähl mir mehr, Joe. Ist das Märchen gut, lass ich dich vielleicht leben«, lächelte Brenton. »Und ich meine *gut* leben.«

Roselli nickte konzentriert, ohne auf Brentons Spaß einzugehen.

»Entscheidend ist der Schutz der Anwenderprogramme wie der raffinierten Steuerung unserer Atomraketen oder vitaler Systeme wie *Aegis*, das den sicheren Einsatz unserer Flugzeugträger gewährleistet. Deshalb kommt der Kryptografie enorme Bedeutung zu. Wenn's stimmt, was Taylor über C-gag sagte, dann …«

»Hör mal, Joe, zuerst müssen wir diese Französin finden. Dabei kannst du mir helfen. *Das* wäre Klasse, was? Eine Frau, die das alles im Alleingang geschafft hat, ein ganzes Team austrickst. Kannst du dir das vorstellen?«

Sie schritten zur Fahne, die schlaff an der Stange hing. Joe ging in die Hocke, peilte die Neigung des Greens entlang seines Schlägers und richtete sich auf. Er nahm sich Zeit, machte kleine, sanfte Annäherungsbewegungen mit dem matt glänzenden Bronzekeil. Einmal mehr wurde er seinem Ruf als bester Putter im Club gerecht. Stetig rollend beschrieb der Ball einen leichten Bogen und plumpste nach gut vier Metern ohne zu zögern ins Loch.

»Ein wirklich süßer Put, Joe«, lobte der Präsident und baute sich auf. Er gab sich alle Mühe, wie Tiger Woods auszusehen, obwohl der Tiger dieser Tage auch Schwierigkeiten mit seinem Putting zu haben schien. »Streicheln, Mister President, Sir, Sie müssen den Ball *streicheln*«, hatte Woods ihm vor ein paar Wochen anlässlich einer privaten, von den Medien natürlich hautnah verfolgten Nachhilfestunde lässig empfohlen. *Gut, Tiger,* dachte Brenton, *diesen streichle ich für dich.* Der Ball blieb am Lochrand hängen. »Der gilt. Geschenkt!«, dröhnte Roselli.

»Hart an den Rand gehen ist auch eine Kunst«, grinste Jack Brenton. Zufrieden schüttelten die Männer einander die Hände.

»Unentschieden«, stellte Joe fest, als sie zum Wagen zurückkehrten und dort stehen blieben.

»Unentschieden gibt's nicht bei mir, Joe. Du weißt, dass du immer gewinnst, wenn wir spielen. Auch diesmal.«

Roselli wusste genau, worauf der Präsident hinauswollte. Trotzdem sagte er mit breitem Pokergesicht: »Okay, sorry, Sir, der Ball ist hängen geblieben. Sie verlieren.«

»Auch *das* ist falsch«, insistierte Brenton hartnäckig. »Der Präsident verliert nie, selbst wenn jemand anders gewinnt, verstehst du? Aber okay, Märchenerzähler, erzähl weiter.«

Sich unbekümmert in den Cart schwingend, fuhr Roselli mit dem Bericht fort, den es Brenton beliebte, ein Märchen zu nennen.

»Als wir nach dem Geld von Saddam suchten, lernte ich ein paar gute Leute bei einer Schweizer Firma kennen, die in der gleichen Branche tätig ist, Société Surveillance. Hat Taylor nicht etwas von einer Spur in Paris gesagt, die in die Schweiz führt? Wenn ich ein paar Anhaltspunkte mehr hätte, könnte ich vermutlich etwas in Erfahrung bringen.«

»Was brauchst du, Joe?«, fragte der Präsident, jetzt nüchtern, geschäftsmäßig.

»Irgend etwas Überprüfbares. Eine Sozialversicherungsnummer, eine Bankkontobezeichnung, Namen von Kontaktpersonen in der Schweiz … dieser virtuelle Luftkrieg, wenn das stimmt. Das wäre geradezu vernichtend.«

»Rede bitte nicht um sieben Ecken herum, Joe.«

»So wie ich das sehe, kann dieses Mädchen uns völlig zum Narren halten. Dank ihrer qualifizierten, hochgeheimen Tätigkeit in Los Alamos besitzt sie die Eckdaten und kennt die Softwarestrukturen. Sie könnte also durchaus, es ist …«

»*Was* könnte sie?«

»Also, vermutlich könnte sie mit ihren Geheimcodes das *Aegis*-Luftabwehrsystem empfindlich stören.«

Hinter seiner klassisch ovalen Pilotensonnenbrille mit den glänzenden Goldrändern, beschattet von der dunkelblauen breitschirmigen Mütze mit der von goldgestickten Lorbeerblättern umrahmten Inschrift *USA*, blickte Brenton allem Anschein nach unbekümmert in den sonnigen Morgen hinein.

»Schlag was vor, Joe.«

»Ich höre mich mal um. Vermutlich hatte diese Französin, wie hieß sie noch …?«

»Moran. Nadine Moran.« Brenton gab sich keine Mühe, den Namen korrekt französisch auszusprechen. Im sanften, runden Tonfall seines Heimatstaates klang es wie *Neydien Mohrähn*.

Joe kritzelte den Namen auf den Rand seiner Punktkarte. »Wahrscheinlich hatte die ein paar Freunde. Ich halte Sie strikt informiert, Sir. Übrigens, hat sich Taylor zur Bombardierung der sudanesischen Botschaft in Belgrad geäußert?«

»Ja, hat er. Wieso?« Der Präsident blickte leicht zerstreut zu Roselli herüber.

*Ob die speckarschigen Republikaner wohl zur Aufhebung der Einkommensbegrenzungen für Pensionsempfänger diesmal einen sauberen Gesetzesentwurf ohne alle möglichen Haken und Ösen fertigbringen?*

»Nur so eine Eingebung. Könnte ja eine Strafaktion gewesen sein … der Sudan macht keinen Hehl aus seiner Unterstützung von Yussef bin Golem.«

»Möglich. Taylor hat eine plausible Erklärung zur Hand: Fehler der CIA bei der Zielauswahl, angeblich!«

Joe Roselli schnitt eine skeptische Grimasse.

Brenton zwang seine Gedanken, bei der Sache zu bleiben. »Für die Identifikation des Gebäudes verwendete die CIA angeblich drei Stadtkarten. Auf keiner von denen war die 1996 erbaute Botschaft verzeichnet.«

»Das waren wohl Esso-Tankstellenkarten von 1947«, spottete Roselli.

Der Präsident schürzte die Lippen zu einem leicht gequälten Lächeln. »Was auch immer, die nächsten vierzehn Tage liegt unser Golf auf Eis, Joe, tut mir Leid. Ich gehe auf Truppenbesuch nach Europa. Übrigens, was hältst du davon, wenn ich mir auf Airforce One ein kleines Putting Green einrichten lasse? Da hat einer so ein digitales gyroskopisches Ding entwickelt. John Travolta hat eins und schwärmt davon. Selbst in schiefer Lage oder bei Turbulenzen steht das Green immer waagerecht – mit allem natürlichen Gefälle, Unebenheiten und so.«

Joe Roselli lachte auf, diesmal wirklich spontan. »Hört sich gut an, Jack. Und wenn der gute John davon schwärmt, darfst du unter keinen Umständen zweifeln. Übrigens fliege ich in einer Woche auch hinüber.«

Brenton am Steuer bremste scharf. »Tatsächlich? Wohin?«

Der hünenhafte Roselli hatte geistesgegenwärtig ins Gestänge gegriffen.

»Paris, Sir. Falls Sie mich brauchen, bin ich wie immer über meine kodierte Nummer erreichbar. Jederzeit.«

»Werden mal sehen. Ich treffe den spanischen König vor Gibraltar, an Bord der *Theodore Roosevelt.*

»Auf See? Juan Carlos?«

»Ja. Der ist bekanntlich ein Flugnarr, sitzt am liebsten selbst am Knüppel. Wollte unbedingt eine Trägergruppe besuchen.«

»Also, da geht die Rede von zwei Begleiterinnen ...«

»Tatsächlich? Gleich zwei?«

»Heißblütige Señoritas, Sir. Sie dolmetschen, scharwenzeln, lavieren, als hätten sie die Hand am Steuerknüppel.«

»Was du nicht sagst. Und wie begrüße ich diese Chicas an Bord? Etwa mit Teddy Roosevelts geflügeltem Wort: ›Sprich leise und trage einen großen Knüppel‹? Das sollen die dann erst mal unverfänglich übersetzen!« Jack Brenton grinste ansteckend breit und schob trocken nach: »Knüpple sanft und halt die Klappe, wäre auch 'ne Variante.«

»Das könnte direkt von JFK stammen«, prustete Roselli los. Die beiden schüttelten sich vor Lachen.

»Zur Sache, Joe, ich brauche einen starken Drink«, rief der Präsident, die große, weiche, rechte Hand der Macht wie eine Pratze auf die Schulter seines Golfpartners legend und sie liebevoll kräftig massierend. »Wie wär's mit 'nem doppelten Scotch im Clubhaus?«

Als die Männer wenig später zwischen freundlich lächelnden, aufmerksam in Habachtstellung wartenden Kellnern und Kellnerinnen auf der Terrasse standen, dabei wieder ernste, wenngleich staatsmännisch optimistisch entspannte Mienen zur Schau stellend, fiel Roselli plötzlich ein, wo Präsident Roosevelt sein Bonmot vermutlich entliehen hatte. Im Mittelalter, von diesem Jesuitengeneral, mit seinem: *Suaviter in modo, fortiter in re – sanft in der Art, stark in der Sache. Nun, Joe, das sind nicht bloß Floskeln, das ist Lebenshaltung, passt eigentlich gut zu dir, ja!*

»Ein schönes Motto, besonders das mit dem Knüppel«, brummelte Roselli, sich ein imaginäres Stäubchen aus dem Auge wischend. Er nahm ein Glas vom Tablett und hob es an. »Also dann, Mister President. Auf eine angenehme, sichere Seereise!«

## 46.

Seinen Spitznamen verdanke er den Russen, hat mir der Korpskommandant erklärt«, erzählte ich, eine Flasche Cognac zu Tage fördernd. Nadine schaute mir belustigt zu, wie ich der kleinen, unter den Rücklehnen der Vordersitze eingebauten Bar aus Teakholz zwei Schwenker entnahm und auf den kleinen Klapptisch stellte. Als Einheimischer offenbar gut mit der Gegend vertraut, beschleunigte der Fahrer, nachdem wir die westliche Vorstadt Belgrads und den Feuerschein der Explosionen hinter uns gelassen hatten. Die breite schwarze Asphaltstraße verlor sich schnurgerade in der Dunkelheit. Gierig fraßen die Räder des schweren Mercedes die weiß heranflitzenden Markierungen der Straßenmitte auf.

»Eigentlich wollten wir in nördliche Richtung nach Budapest fahren, aber leider sind die Donaubrücken von Novi Sad zerstört, deshalb nehmen wir jetzt die westliche Route zur kroatischen Grenze nach Zagreb«, erklärte ich, mit ruhiger Hand einschenkend.

Nadine nahm einen großen Schluck und genoss den Brand des starken Getränks in der Kehle. Erst jetzt machte sich der Schock des Luftangriffs bemerkbar. Aber der alte Cognac Napoleons dämpfte sanft das Beben ihres Körpers. Langsam fand sie sich zurecht, leerte mit einem zweiten Schluck die angenehme Medizin, stellte das Glas mit einem nicht ganz damenhaften Ächzen ab. Als ihre Lebensgeister erwacht waren, wollte sie wissen, was der Korpskommandant denn mit dem Russen am Hut gehabt hatte.

»Eine lange Geschichte«, schmunzelte ich, wobei ich Onkel Edouard, den sie Konkorski nannten, wieder sagen hörte: *»Meine Frau war russischer Abstammung, was nicht gerade dazu angetan war, die Karriere eines Offiziers der Schweizer Armee zu fördern.«*

Ich erzählte, was er mir anvertraut hatte, nippte ab und zu an meinem Cognac. Der Wagen brummte eintönig dahin. Schweigend überholte der Fahrer den spärlichen Verkehr. Gelegentlich hellten Scheinwerfer anderer Fahrzeuge Nadines klassisch französische Züge auf. Ihre Mundwinkel verspielten sich je nach Schilderung zu einem Lächeln, kräuselten sich in Verblüffung oder blieben schattig entspannt, wenn es um reine Information ging. Vom Cognac angeheizt, überraschte ich mich mit meinem eigenen Elan. Onkel Edouard hätte wahrlich seine helle Freude an mir gehabt!

Im eiskalten Krieg der frühen sechziger Jahre beobachteten schweizerische Geheimdienstler mit Argwohn Edouard de Diesbachs Beziehung zu dem russischen Fliegerpionier Tupolev. Es gab andere Anwärter auf den begehrten Posten des Fliegerchefs, die keinen Hehl aus ihrem Misstrauen gegenüber de Diesbach machten. Sie schalteten ihnen gewogene Parlamentarier ein, um den Rivalen mit seiner attraktiven und lebenslustigen jungen Russin aus dem Firmament der Generalssterne herunterzuschießen.

Die Intrige wäre beinahe erfolgreich gewesen, wenn nicht die Beschaffung eines neuen Kampfflugzeugs angestanden hätte. Der *Mirage III*-Abfangjäger stand in der Kaufevaluation einem amerikanischen Produkt gegenüber, die Engländer klopften in Bern mit einer verbesserten *Hunter*-Version an, und die Schweden führten lobhudelnd ihre *Viggen* zu Markte. Der milliardenschwere Beschaffungsauftrag spaltete die Schweizer Luftwaffe. Eine starke Fraktion von Fliegeroffizieren liebäugelte mit den Amerikanern, so dass die Franzosen ihre Felle bereits davonschwimmen sahen.

In einem klugen Schachzug setzten sie aber im letzten Moment auf den frankophonen de Diesbach, der an der hochkarätigen Militärschule von St. Cyr Taktik studiert und sich auch sonst mit Sprache und Mentalität der Entscheidungselite der Grande Nation bestens vertraut gemacht hatte.

Als Ingenieur verfügte er über wertvolle Kontakte zu den Herstellern der *Mirage III*. Mit Charme und Raffinesse unterbreiteten die französischen Lobbyisten bald ein hervorragendes Angebot, das Bern nicht ablehnen konnte, weil es die Konkurrenz hoffnungslos aus dem Feld schlug.

Über Nacht stand de Diesbach als der große Macher da. In einem turbulenten Beschaffungsverfahren entschied sich das Parlament dann für 57 Maschinen des Typs *Mirage III*. Als sich die Wellen gelegt hatten, ernannte die Landesregierung de Diesbach zum Fliegerchef im Rang eines Korpskommandeurs.

Er sollte es den Franzosen nie vergessen. Schon ein paar Jahre später gab er ihnen den Tipp, dass Tupolev an einem Projekt für ein kommerzielles Überschallflugzeug arbeitete. Die Nachricht schlug in Paris wie eine Bombe ein. Über Nacht erhielt das Technologieduell des Kalten Kriegs der sechziger Jahre eine dramatische Note. Die Konstrukteure der britisch-französischen Concorde standen vor einem Rätsel. Wie brachten die Russen einen derart komplexen Flugzeugbau fertig? Aber es sollte noch schlimmer kommen. Nur Monate später, am 31. Dezember 1968, meldete Moskau den Jungfernflug der Tupolev 144, des ersten zivilen Überschallflugzeugs der Welt. Wegen seiner geradezu lächerlichen Ähnlichkeit zu dem westlichen Gegenstück Concorde erhielt es bald den Spottnamen Konkorski.

»Ich dachte, *de Diesbach* hieß Konkorski«, unterbrach Nadine, momentan verwirrt. Mir den Hinterkopf massierend, erklärte ich ihr, dass nur Eingeweihte davon wussten.

»Dann bin ich jetzt eben eingeweiht«, spöttelte sie.

»Du bist Familie, Nadine. Zu deinem Vater unterhielt der Korpskommandant besonders warme Beziehungen. Thierry-Clé war ja auch Flieger.«

»Weißt du das alles aus dieser roten Akte?«, fragte sie leise.

Überrascht blickte ich sie an. Die Akte lag in meiner Reisetasche hinten im Kofferraum. Eigentlich hatte ich kaum mit ihr darüber geredet.

*Eine aufmerksame Dame, diese Französin!*

Kopfschüttelnd verneinte ich. »Onkel Edouard hat mir viel über Thierry-Clé erzählt. Ein guter Kerl, ein Draufgänger, verlässlich und geradlinig.«

»Mm.«

»Die Franzosen nannten den Korpskommandanten liebevoll Konkorski, weil er ihnen half, die Scharte auszuwetzen«, nahm ich den Faden der mich stets aufs Neue begeisternden Geschichte wieder auf. »Dass die Ähnlichkeit der Tu-144 mit der Concorde alles andere als zufällig war, stand spätestens 1977 fest, als die französische Abwehr den Ingenieur Sergei Fabiew verhaftete. Er war Franzose russischer Herkunft. Der Hinweis auf den Sowjetagenten kam von Edouard de Diesbach aus Zürich.« Diese Enthüllung wirken lassend, schenkte ich mir erneut ein und schwadronierte munter weiter.

»Es war ein klassischer Fall von der Art Industriespionage, die bereits Anfang der sechziger Jahre systematisch gegen Frankreich gerichtet war. Damals hatte der sowjetische Parteichef Chruschtschow von den westlichen Plänen zum Bau eines Überschallflugzeugs erfahren und den Befehl erlassen, dass die UdSSR, wie schon kurz zuvor mit dem Sputnik, auch in diesem Wettlauf mit dem Westen als erste durchs Ziel gehen müsse.«

»Wie erfuhr der Kommandant davon?«, fragte Nadine, von der Geschichte gefesselt. Wobei sie sich wunderte, wie dieser Polinsky eigentlich dazu kam, ihr auf einer nächtlichen Fahrt durch eine gottverlassene Gegend all dies zu erzählen.

»Das bleibt wohl sein Geheimnis, Nadine«, sagte ich. »Viele spekulierten auf ein Verhältnis von Natascha mit dem Ingenieur Tupolev, den sie tatsächlich gut gekannt hatte, aber …« Ich brach ab und schwieg.

»Die Sowjetunion hatte den Wettlauf mit dem Westen schließlich ohnehin gewonnen«, meinte Nadine.

Vom Cognac beflügelt winkte ich großartig ab und wiederholte die Worte meines Onkels: »Der Tu-144 war kein Glück beschieden. Sie stürzte auf der Pariser Flugschau am 3. Juni 1973 ab und galt danach im Kreml natürlich nicht länger als Symbol der Überlegenheit des russischen Flugzeugbaus. Am Ende des Tages hatte der Westen gewonnen. Die Concorde eroberte den Markt, den wir euphorisch schon als milliardenschwer bezeichneten. Aber auch für uns kam rasch die Ernüchterung. Bereits als der Überschalljet zur Serienreife entwickelt worden war, gab es für den lärmenden Benzinschlucker keinen Markt mehr.«

Nadine bohrte weiter: »Diese Geschichte mit den Sowjetagenten …«

»Nachdem sie 1964 den Leiter der Aeroflot-Niederlassung von Paris als Spitzel entlarvt hatten, wiegten sich die Franzosen in Sicherheit. Allerdings hatten sie keine Ahnung, dass Fabiew jahrelang die gesamten Konstruktionsdaten der Concorde nach Moskau lieferte. Er hatte sich ein Netz von Unteragenten aufgebaut. Meistens waren es kommunistische Arbeiter. Dann, wie gesagt, erfuhr de Diesbach davon.«

»Er persönlich?« Sie blickte mich fragend an.

Achselzuckend gab ich ihr Bescheid. »Die Luftwaffe hatte damals einen verlässlichen eigenen Nachrichtendienst, den de Diesbach mit Informationen speiste, die ihm seine Kontakte in Moskau lieferten.«

»Und Natascha?«

»Starb kurz nach dem Absturz der Tu-144.«

»Das tut mir aufrichtig Leid.«

»Nun, auch deinem Vater brachte die Konkorski ja kein Glück«, pointierte ich recht brutal. Sie blieb unberührt, fragte gleichmütig: »Wie stürzte die Tu-144 eigentlich ab?«

Die haargenau gleiche Frage hatte ich Onkel Edouard vor ein paar Wochen gestellt. Ich sah ihn vor mir, wie er mich schweigend betrachtete, dann Wein nachschenkte. In dieses Erinnerungsbild hinein meldete der Fahrer in gebrochenem Englisch, dass wir bald den kroatischen Grenzübergang erreichen würden. Nadine hing, vom Cognac jetzt völlig entspannt, in ihrem Sitz. Von der Rolle ihres Vaters beim Absturz der russischen Konkorski in Paris hatte sie kaum mehr als eine schwache Ahnung. Aber was diesen Polinsky hier anbelangte: je länger sie ihn kannte, desto näher fühlte sie sich ihm. *Wenn der nur nicht so ein Trottel wäre!* Sie kreuzte unwillkürlich die Beine. *Da ist dieser Yussef, von dem Igor damals in Washington so ehrfürchtig geschwärmt hatte, doch bestimmt aus ganz anderem Holz geschnitzt!*

## 47.

Nachdem wir eine Weile zum eintönigen Rauschen des Motors geschwiegen hatten, meinte sie plötzlich herausfordernd: »Der Korpskommandant hatte bestimmt meinen Vater auf dem Gewissen.«

Der volle Mond brach silbrig durch die schweren Wolken im Westen, entblößte eine verlassene, von dunklen, mächtigen Tannen besetzte Weidelandschaft.

Kopfschüttelnd verteidigte ich Onkel Edouard: »Nein, nein, dein Vater ist in Nordafrika spurlos verschwunden.«

Ihre Hände fuhren hoch, schirmten die Augen ab. Nach einer Weile öffnete sie das Fenster und ließ Fahrtwind die heißen Wangen kühlen.

»Ich bin sicher, dass er lebt. Das Amulett ...«

»Nach der Version des Korpskommandanten ist dein Papa mit seiner einmotorigen Maschine in Algier abgeflogen und nie am Bestimmungsort eingetroffen.«

Nadine zog das Amulett hervor, hielt es hoch. »Dagegen spricht dieses Lebenszeichen.«

»Ich wünschte, du hättest Recht. Andererseits trägt die Plakette kein Datum. Sie könnte aus der Zeit stammen, als er noch lebte.«

»Er lebt! Heute noch. Warum sonst hätte ich dieses Amulett erhalten?«

»Deinen Freunden muss sehr viel an dir gelegen sein.«

»Es ist echt, das weiß ich«, wich sie aus, angestrengt auf die eingravierten Ziffern starrend.

»Umso besser«, gab ich nach. Nach einer Weile blickte sie auf.

»Dein Onkel kannte meinen Vater sehr gut, nicht wahr?«

»Gut möglich.«

Der Wagen rauschte durch die verlassene, finstere Gegend. Nadine drängte weiter, wollte genau wissen, was geschehen war. Also erzählte ich ihr, was ich im Zuge meiner Recherchen sonst noch vom alten Fliegerchef erfahren hatte:

Der französische Geheimdienst konnte den Sowjets ihre Spionagetätigkeit nie verzeihen. Der Ruf nach Vergeltung ertönte. Die Konstrukteure der Concorde bezweifelten, dass den Sowjets eine Kopie ihrer genialen Schöpfung gelungen sein könnte und führten die Rückständigkeit der sowjetischen Industrie an. Sie konnten sich schlicht nicht vorstellen, dass die Russen das neuartige Material herstellen konnten, das die französischen Ingenieure unter Ausnützung höchst avancierter Technologien für den Bau des Rumpfs entwickelt hatten. Zwar waren die Russen im Besitz der Pläne, konnten damit aber nach Ansicht der französischen Ingenieure noch lange nicht den maximal belastbaren aerodynamischen Hauptflügel der Concorde nachbauen.

»Thierry-Clé hatte den geheimen Auftrag, der Tu-144 während ihres Demonstrationsflugs entgegenzufliegen, somit die russischen Piloten zu einem abrupten Ausweichmanöver zu zwingen.«

»Was dann auch geschah, oder nicht?«, folgerte sie atemlos.

»Ja, aber es war keineswegs einfach. Thierry-Clé musste eine fliegerische Meisterleistung vollbringen. Unbemerkt heranpirschen und dann überfallartig angreifen. Edouard beschrieb ihn als Draufgänger, der weder Tod noch Teufel fürchtete. Die russische Crew war dann auch völlig überrascht. Um die bevorstehende Kollision zu vermeiden, rissen sie ihren falschen Supervogel abrupt hoch. Wie erwartet, war die minderwertige Struktur des Flugzeugs dem plötzlichen Ausweichmanöver nicht gewachsen. Mit seiner *Mirage* hat dein Vater die Konkorski buchstäblich zum Bersten gebracht. Ohne einen einzigen Schuss abzufeuern.«

»Mm. Das war cool … aber es hat sicher ein Nachspiel gegeben«, wandte sie ein. »Tausende schauten ja zu.«

»Nein. Niemand bemerkte die *Mirage*. Erst viel später tauchten Dokumentarfilme auf, die den Jagdbomber erfasst hatten. Der genaue Unfallhergang wurde bewusst verschleiert.«

»Versteht sich.«

»Onkel Edouard zufolge hatten die Leute damals jedes Interesse, die erfolgreiche Aktion von Thierry-Clé zu vertuschen. Und die Sowjets büßten für ihre hinterhältige Spionage.«

»Moskau hat sicher protestiert?«

»Nein. Dem Kreml war nichts daran gelegen, in alle Welt hinauszuposaunen, dass ihre Tu-144, diese glorreiche Errungenschaft sowjetischer Technik, unter einer Belastung zusammengeklappt war, welche die Concorde locker gemeistert hätte.«

»Dann hatten die französischen Ingenieure also Recht?«

»Völlig. Und die Rechnung ging auf. Moskau zog den Schwanz ein und verhielt sich ruhig. In Paris entkorkten sie den Champagner und feierten deinen Papa als Helden.«

»Kamen die Sowjets nie auf den Gedanken, eine Concorde zum Absturz zu bringen?« Als ich sie entgeistert anschaute, fuhr sie achselzuckend fort: Und die Toten? Es gab doch Tote?

»Ja, vierzehn«, sagte ich stirnrunzelnd. »Aber es ging schließlich um eine Abrechnung im kalten Krieg. Der wurde eben manchmal heiß. Das akzeptierten alle Beteiligten.«

»Und seine Frau? Natascha?«, entfuhr es Nadine. Erregt starrte sie mich an. Ihr Gesicht arbeitete. Dann fragte sie, was vor ihr schon andere wissen wollten: ob die Russin am Ende als Agentin des Westens enttarnt worden war? Aus welcher Quelle, hatten Eingeweihte damals gemunkelt, erhielt Onkel Edouard seine präzisen Informationen, wenn nicht über Natascha? Als ich ihn darauf ansprach, hatte der Alte beharrlich geschwiegen, ein Eckzahn in die Unterlippe verbissen. Der sonst so gemütliche Ausdruck war aus seinem würdevollen Gesicht gewichen. Lass die Toten ruhen, hatte ich mir gesagt.

»Wir kurz vor Grenzposten«, meldete der Fahrer. Nadine ignorierte die Mitteilung. »Ich bin entschlossen, bis zum

Ende zu gehen«, sagte sie, und zwar mit einer Bestimmtheit, die verriet, dass sie nicht eine Sekunde ans Schiefgehen ihres Unternehmens glaubte. Mir kam plötzlich ein gewaltiges Gähnen.

»Ich an deiner Stelle wäre sehr vorsichtig«, mahnte ich. »Deine sogenannten Freunde gehören vermutlich zur Qaida, eine Organisation die für ihren Fanatismus berühmt und berüchtigt ist.«

»Qaida?«

»Arabisch für Basis. Eine ziemlich obskure Vereinigung von Extremisten aus allen Teilen der islamischen Welt. Ihr Anführer ist der legendäre Yussef bin Golem.«

Nadine zuckte mit keiner Wimper. »Umso besser. Der wird mir sicher helfen, Licht in die Angelegenheit zu bringen.«

»Bleib auf dem Boden, Nadine. Der Mann ist ein Terrorunternehmer erster Güte. Sein Vermögen wird auf 600 Millionen Dollar geschätzt. Er gilt als Anführer und Mäzen eines weltweit operierenden Netzwerks islamistischer Terroristen. Lässt du dich mit dem ein, geschieht zweierlei: Zunächst jagt dich die CIA als Terroristensympathisantin und Komplizin Tag und Nacht rund um die Welt. Zum zweiten hilft dir die Qaida ganz bestimmt nur, sofern du ihr etwas gibst. Hast du denen was versprochen? Wie zum Beispiel technologisches Know-how aus dem Rüstungsbereich?«

Die Lippen verkniffen, nickte sie unmerklich.

Mein Ton war gezielt barsch: »Was auch immer. Jedenfalls solltest du nichts im Alleingang unternehmen. Dafür ist das hier wirklich etwas zu groß.«

Doch so leicht war sie nicht einzuschüchtern.

»Polinsky, merk dir eins – für mich geht es hier um Leben oder Tod. Oder glaubst du etwa, ich hänge hier wegen meiner Allgemeinbildung drin? Die Leute sind auf meiner Seite. Schließlich haben sie mir das Amulett meines Vaters gegeben.« Wieder drückte sie die im mattgrünlichen Licht der

Armaturen und diskreten Innenbeleuchtung schwach schimmernde Plakette so inbrünstig an die Lippen, als handele es sich um eine kostbare Reliquie. Nicht dass ich was gegen Religion habe – im Gegenteil: Nadine kurz nach oder, noch besser, kurz *vor* der Beichte konnte ich mir durchaus als absolute Wucht im Bett vorstellen!

»Warum bist du denn so sicher, dass alles, was da drauf steht, überhaupt echt ist und stimmt?« Der Cognac tat gut: Ich streckte mich zur Decke, dass die Schultergelenke knackten.

»Das Geburtsdatum«, flüsterte sie.

Pass und Führerschein zufolge war sie zwar am 28. Februar geboren, in Wirklichkeit aber fiel ihre Geburt auf den 29. Vermutlich sollte ihr die Peinlichkeit eines Wiegenfestes bloß alle vier Jahre einmal, zum Schaltjahr, erspart werden. Der einzige, der ihr wirkliches Geburtsdatum genau kannte, war Thierry-Clément. Heiße Erregung durchflutete sie bei diesen Gedanken.

»Ich bin bereit, jedes Risiko einzugehen, um dem Geheimnis auf den Grund zu gehen. Würdest du nicht genauso handeln?«

»Wahrscheinlich. Allerdings würde ich auch auf den Rat eines Freundes hören«, hielt ich dagegen. »Die Qaida rächt sich teuflisch brutal.«

Sie begehrte auf: »Von wegen Massenvergewaltigung und so?« Zögerte. Dann: »Gut, Polinsky, was schlägst du vor?«

»Du brauchst Schutz. Du brauchst ... Polinsky«, sagte ich mit mich selbst überraschender Verve, vom Cognac und der Vision einer mir nackt alles beichtenden Nadine beflügelt.

»Ha! Das klingt wirklich überzeugend, Monsieur. Bin tief beeindruckt.«

Ich wies mit dem Kinn nach vorne. »Die Einzelheiten besprechen wir später. Pass auf, duck dich! Wir kommen zur Grenze.«

Grelles Flutlicht leuchtete die hinterste Ecke der zwei niedrigen, mit einem flachen Dach verbundenen Gebäude der Grenzstelle aus. Ich drückte sie sanft zwischen die vorderen und hinteren Sitze hinunter. Die Situation erinnerte mich an eine ähnliche Passage mit Irina. Nur mein plötzlicher Hustenanfall damals hatte das helle Kreischen des Reißverschlusses übertönt, den meine freche Gefährtin mit flinken Fingern aufriss. Den Grenzposten hatte ich mit scheinbar müde flackernden Lidern angelächelt, während sie unten im Dunkel des Fonds eine Liebesarbeit verrichtete, für die mich eben jener Grenzler glatt erschossen hätte. Leider konnte in der gegenwärtigen Situation von Ähnlichem keine Rede sein.

Der Fahrer ließ die Scheibe herunter und reichte dem Zöllner wortlos einen schwarzen Pass.

»Diplomati«, knurrte der Grenzbeamte, schaute fragend zum Kollegen mit der vorgehängten Maschinenpistole, der näher herantrat und etwas in seinen Bart murmelte.

»Svajcarci«, wusste der erste, worauf der andere erleichtert nickte und uns mit lässiger Handbewegung freie Fahrt winkte.

»Schweizer stehen hoch im Kurs. Du kannst wieder auftauchen«, lachte ich, als der Grenzposten hinter uns längst in der Schwärze der Nacht versunken war. Leicht verstört schaute sie sich um. »Und was jetzt?«

»Erst küsst du mich, dann halten wir uns an den Plan«, grinste ich. »Casablanca. Irgendein Flugzeug fliegt uns von Zagreb nach Casablanca.« Mit geschlossenen Augen bot ich ihr meinen Mund dar. Zwei, drei, fünf schnelle Atemzüge lang. Nichts. Als ich die Augen öffnete, hob sie gerade ihr frisch gefülltes Glas.

»Sei nicht kindisch, Polinsky. Was kostet mich dein sogenannter Schutz? Mit einem Kuss ist's sicher nicht getan, oder? Prost!«

»Hart am Mann, Moran, hart am Mann«, reimte ich aufgeräumt. »Recht hast du. Du sollst mir helfen, die rote Akte zu entschlüsseln. Ob das einen Kuss aufwiegt, überlasse ich ganz dir.«

Wir saßen einander nahe. Verdammt nahe, würde ich sagen. Vorläufig waren wir in Sicherheit. Von der Flasche Cognac blieb noch fast die Hälfte. Bedächtig füllte auch ich mein Glas. Was hatte ein kleiner Knüllerschreiber wie ich auf dem Weg nach Zagreb schon viel zu verlieren? Außer seiner Vergangenheit!

»Prost«, sagte ich, ernüchternderweise und völlig unmotiviert plötzlich an Steinlin denkend, der sich sicher Tag und Nacht die Haare raufte. Für den höchst unwahrscheinlichen Fall, dass es in dieser von Gott und allen guten Geistern verlassenen Gegend irgendwo in der Nähe eine Mobilantenne gab, klaubte ich mein Handy hervor. Ein eloquentes weißes, ab und zu von elektronischem Piepsen unterbrochenes Rauschen gab meiner realistischen Einschätzung der Lage wieder einmal Recht. Das Glas Cognac kippte ich schnalzend mit einem Zug weg. Da stieß unser einsilbiger Fahrer einen einsilbigen tierischen Laut aus, den ich irgendwie mit meinem provokanten Gesaufe zu verbinden nicht umhinkonnte. Da half nun mal nichts. Er nahm die Flasche ohne Dank entgegen, nahm sie am Hals, schluckte, dass mir um unsere Zukunft bange wurde. Setzte endlich ab und krächzte: »Das nicht schlecht, Herrr Generrral.« Berückend umfing mich Nadines süßer Atem.

## 48.

Khalid machte sich früh am nächsten Morgen auf den Weg, um rechtzeitig vor der Ankunft der Überseeflüge am Flughafen zu sein. Die Fahrt von der Innenstadt Casablancas die Küste entlang dauerte bei mäßigem Verkehr ungefähr dreißig Minuten. Khalid stellte den kleinen Peugeot im großen Parkfeld ab und schritt zielstrebig zur niedrigen, in der Morgensonne glänzenden Abflughalle des internationalen Flughafens Mohammed V. Sein dunkelblauer Stadtanzug mit weißem Hemd und diskret grau gemusterter Krawatte und dazu die schwarze Reisetasche verliehen ihm das unauffällige Aussehen eines Geschäftsmannes auf dem Weg zum Check-in. Der Killer dachte indessen nicht im Traum daran, mit der Morgenmaschine nach Rabat oder sonst wohin abzufliegen. Er hatte ein Problem, das er in der nächsten halben Stunde dringend lösen musste. Es bestand darin, sich einen Zugang in die abgesperrte Sicherheitszone des Flughafengeländes zu verschaffen.

Skeptisch betrat er den um diese Zeit belebten Vorraum, eilte an der Reihe von Abfertigungsschaltern vorbei zum kleinen Buffet, wo er einen Becher Kaffee kaufte, sich dann durch die Menge von Reisenden mit ihren Gepäckwagen bis zur anderen Seite der Halle schob. Am Zeitungsstand kaufte er das lokale Morgenblatt, setzte sich unweit der Sicherheitsschleusen neben die beleibte Fülle einer schwarz verschleierten Frau in einen harten Sessel, entfaltete die Zeitung und nippte an seinem Kaffeebecher.

Er musste sich nicht lange gedulden. Ein junger Angestellter im blauen Overall eilte heran, trat vor eine Tür mit der Aufschrift *Restricted Area* und tippte eine Zahlenkombination in das rechteckige Kästchen des elektronischen Schließsystems. Zufrieden nickend, rückte Khalid mit dem Sessel leicht zur Seite und wartete ab. Der Nächste an der Tür trug ein weißes Polohemd mit den Schulterstücken eines Linienpiloten. Khalid beugte sich vor, um die Zahlenfolge zu erspähen, wenn der Captain sie eingab, doch der sicherheitsbewusste Typ schirmte den Kasten mit seinem Körper vollständig ab. Unterdessen näherte sich eine Zweierpatrouille der Flughafenpolizei mit umgehängten Maschinenpistolen. Khalid lehnte sich zurück und tat, als sei er in die Zeitung vertieft. Eine Putzfrau mit ihrem Mopp schlurfte heran, blieb vor dem Eingang in die Sicherheitszone stehen. Als die Frau mit dem Zeigefinger langsam auf das kleine Kästchen tippte, erhob sich Khalid: 3, 5 …

Die beiden schwarz uniformierten Beamten machten kehrt, drängten sich an Khalid vorbei. »Pardon«, murrte einer, Khalid mit stechendem Blick aus nächster Nähe musternd. Der Vollstrecker nickte gähnend, lächelte, setzte sich wieder. *Verflucht!* Lange konnte er hier nicht mehr müßig herumsitzen. Entschlossen, seinen Standort zu wechseln, stand er auf, gerade als ein junger Mann in Chauffeursuniform herankam, vor der Türe stehen blieb. Er zögerte einen Augenblick. Dann nahm er die Mütze ab, hielt sie vors Gesicht, setzte sie wieder auf. Er tippte die Zahlen ein, doch der Sesam-öffne-Dich funktionierte nicht. Erneut nahm der Chauffeur die Mütze ab, griff hinein, klaubte einen Zettel heraus, konsultierte ihn, nickte und machte den zweiten Versuch. Das grüne Licht leuchtete auf. Die Tür entsicherte sich. Der Chauffeur ging hinein.

*»Bingo!«,* murmelte Khalid und schlenderte zur Abfertigungshalle zurück. Dort lehnte er sich an die Espresso-Bar, wartete ab. Die Sicherheitspatrouille schlenderte auf der anderen Seite der Halle in Richtung der Flugsteige davon.

Es dauerte nicht allzu lange, bis der Chauffeur wieder auftauchte. Zur Freude Khalids setzte er sich nicht weit entfernt an die Theke. Dabei legte er die Mütze auf den Tresen, blickte auf seine Uhr, bestellte dann. Khalid schob sich unauffällig heran. Als der Barkeeper dem Chauffeur die Tasse hinstellte und die Zuckerdose heranschob, wischte Khalid die Mütze mit dem Ellenbogen vom Tresen. »Ich Trottel!«, rief er aus. »Tut mir wirklich Leid.« Er bückte sich rasch und hob die Mütze auf. Der Chauffeur winkte ab. »Schon gut.« Er griff nach dem vorgefertigten Sandwich, das der Barmann gerade hingelegt hatte, begann stumpf zu kauen.

Den Zettel mit dem Zugangscode sicher in der Faust verwahrt, zahlte Khalid lächelnd und wünschte noch einen schönen Tag. Keiner nahm Notiz, als er sich an den zur Abflughalle hinaufführenden Rolltreppen vorbei zum Parkplatz davonmachte.

## 49.

Die *Shiraz* hatte am Abend die Küste des Senegals hinter sich gelassen. Eine günstige Strömung und der Südostpassat sorgten dafür, dass das Schiff gut vorankam. Nach der Überquerung des 25. Breitengrades hatte Kapitän Souri seinem Steuermann einen nordöstlichen Kurs angegeben, der zwischen den Kanarischen Inseln hindurchführte. Normalerweise wählten die großen Tanker eine Route weit seewärts der Inselgruppe, so dass die Besatzungen kaum Land sahen. Dem gegenüber bot die Fahrt zwischen den Inseln Teneriffa und Gran Canaria einen atemberaubenden Blick auf den 3718 Meter hohen Vulkan Pico del Teide. Die Navigation erforderte erhöhte Aufmerksamkeit, nicht nur der Inseln und Untiefen, sondern auch des regeren Schiffsverkehrs wegen. Genau nördlich von Lanzarote war auf der Seekarte der Dacia Seamount eingetragen, ein Unterwasserberg, dessen Spitze nur 66 Meter unter der Oberfläche lauerte. Den Grund, warum die *Shiraz* den Inselkurs wählte, kannte Kapitän Souri nur vage: Man hatte ihm gesagt, vor Casablanca an der marokkanischen Küste, östlich des zehnten Längengrads, finde ein Rendezvous mit einem anderen Schiff statt. Die Anweisung war ungewöhnlich, aber der Kapitän sah darin keine Bedrohung für die Sicherheit des Schiffs. Die See vor Casablanca war offen und tief, allerdings oft stürmisch. Doch vorläufig waren die Wettervorhersagen noch günstig: Klares Wetter, steifer Westwind.

Das mächtige Schiff pflügte mit voller Fahrt den Atlantik vor der Küste Nordwestafrikas. Im Westen verabschiedete sich die Sonne mit einem letzten rosa Schimmer. Achtern überzog Dunkelheit das türkisfarbene Meer. Wie ein Leuchtzeichen blitzte in der Ferne ein letzter Bergzacken des Atlasgebirges auf. Bin Golem stand auf dem A-Deck: Sein Blick schweifte über die Weite der See. Kapitän Souri trat leise heran. Er glaubte, im Gesicht des Führers einen Ausdruck innerer Not bemerkt zu haben.

»Alles in Ordnung, Sir?«, fragte er behutsam. Da bin Golem schwieg und mit abgewandtem Blick den Bugmast fixierte, wollte sich der Kapitän schon zurückziehen, als er hörte: »Ich denke an meinen Bruder. Morgen hätte er Geburtstag.«

»Salim?«

Bin Golem musterte den Kapitän aus der Tiefe seiner Augen. Die Farbe der See hatte sich verdunkelt und ähnelte immer mehr dem tristen Gemütszustand des exilierten saudischen Millionärs, dieses im Westen meistgefürchteten Terroristen.

Oh, Salim! Mit einem Seufzer wurden traurige Erinnerungen wach. Schmerzlich bohrte sich der letzte flehende Blick des Bruders wie ein Messerstich in Yussefs Herz. Ein bitterer tödlicher Hass fraß an bin Golem … und der Amerikaner hatte Schuld!

Souri war ein sensibler Mann: Schweigen schien ihm angebracht. Jetzt brauchte der harte Krieger Allahs ganz einfach jemanden, der zu lauschen wusste.

»Der Bombenanschlag ging damals durch alle Medien«, begann bin Golem zu erzählen. »Die Explosion tötete neunzehn Amerikaner, verwundete fünfhundert. Der blutigste Zwischenfall seit dem Golfkrieg beendete abrupt die bis dahin kometenhaft verlaufene militärische Karriere des für Khobar Towers verantwortlichen Brigadegenerals.«

Alles hatte so gut begonnen. In bester Stimmung hatten sie an jenem Abend nach dem entscheidenden Fußballspiel das Stadion in Dhahran verlassen.

»Die Iraner, die als stark galten und das Hinspiel in Teheran für sich entscheiden konnten, kamen nicht auf Touren. Ihre Sturmreihe enttäuschte, zu viele Rückpässe, schwach in der Verteidigung. Nach der zweiten Halbzeit war unsere Elf nicht mehr zu halten. Zweimal gab Salim eine hohe Flanke rein, die der Mittelstürmer mit dem Kopf ins Lattendreieck beförderte. Wir gewannen schließlich mit drei zu null und bewahrten die Chancen auf die Qualifikation. Der Jubel war groß. Wir tranken reichlich, feierten Salim. Irgendwann war Aufbruch. In zwei Kleinbussen fuhren die Jungs in Hochstimmung los. Ich nahm mir Zeit, folgte etwas später im schwarzen Chevy Van.«

Das Unfassbare geschah am Rande der US Air Force Base, die auf einem großen Gelände neben dem internationalen Flughafen von Dhahran unweit der großen Brücke, die sich nach Bahrain hinüberspannt, am Ufer des Persischen Golfs liegt.

»Als ich endlich an Ort und Stelle eintraf, war das Verhängnis schon nicht mehr aufzuhalten«, murmelte bin Golem. Sprach er zum Kapitän, zu sich selbst? Oder hielt er Zwiesprache mit dem Meer?

Die Busse waren gerade von der King Fahd Road abgeschwenkt, als Salim den Fahrer am Straßenrand anhalten hieß. »Muss denen da mal den Rasen bewässern«, erklärte er grinsend und stieg aus. Er schaute sich um, trat an die Abschrankung und pinkelte durch den hohen Maschendrahtzaun hindurch auf das Gelände des US-Luftwaffenstützpunktes Khobar Towers.

»Pass auf, du pisst die Amis an!« lachte einer im Bus. Drei andere Spieler waren ebenfalls ausgestiegen, bauten sich johlend neben Salim auf und pinkelten um die Wette ins Gelände hinein. Sie lachten, klopften Sprüche wie: »Guckt mal, Salim hat den längsten!«

Im Wachlokal schaute Leutnant McLane nervös auf den Bildschirm der Überwachungsanlage. Im Flutlicht der Scheinwerfer beobachtete er mit steigendem Unmut die Burschen, die hemmungslos wie Hunde ihr Wasser am Zaun abschlugen.

*Verdammte Kameltreiber. Eine Verletzung der Integrität einer amerikanischen Enklave. Eine Zumutung und Beleidigung!*

Vor ihm auf dem Tisch lag das am Nachmittag eingetroffene Memo des Sicherheitsoffiziers, das mit dem lakonischen Satz endete: »Wenn ein Lastwagen nahe am Zaun parkt und der Fahrer macht sich auf und davon, sind die Gebäude augenblicklich zu evakuieren.«

Es war Nacht. In den Truppenunterkünften schliefen um diese Zeit gut sechshundert Luftwaffenangehörige – eine Tatsache, die nicht gerade zur Beruhigung von McLanes Nerven beitrug. Vor einem halben Jahr waren in der Hauptstadt Riyadh fünf amerikanische Soldaten umgekommen, als eine Hundertkilo-Bombe in der Kaserne der von den Amerikanern trainierten saudischen Nationalgarde losging. Seither machten sich Antiterror-Experten, wie eben jener Sicherheitsoffizier, der das auf dem Tisch des Wachlokals liegende Memo verfasst hatte, Gedanken zur Lage. Nach Ansicht von Leutnant McLane lagen die Truppenschlafsäle in Building 131 und 133 ohnehin zu nahe an der Straße. Indessen hatte sein Vorschlag, die Gebäude abzuschirmen, bei seinem Vorgesetzten kein Gehör gefunden.

*Wenn ein Lastwagen nahe am Zaun parkt …* Der Satz hämmerte in seinem Gehirn.

»Achtung, Militärpolizei!«, rief der über das Lenkrad des vorderen Kleinbus lehnende Fahrer. Tatsächlich hielt ein Militärfahrzeug etwa zwanzig Meter weit von den mit ihrem Geschäft gerade fertig gewordenen Männern an. Zwei Soldaten sprangen heraus, die automatischen Waffen locker im Arm.

Salim schnitt eine Fratze und schrie die beiden gereizt an. »He, was soll der Scheiß! Geht nach Hause! Los, verpisst euch!« Er tat ein paar Schritte auf die MPs zu.

»Salim, komm!«, mahnte der Coach. »Lass sie in Ruhe. Das gibt doch nur Zoff.«

Aber bin Golems aufgekratzter Bruder machte weiter. »In meinem Land geh ich lang, wo ich will, verdammt«, rief er herausfordernd, zum Schein mit der Bierdose wie mit einer Handgranate ausholend.

»Was macht der Kerl?«, fragte im Wachhaus der Leutnant nervös über Funk.

»Er kommt auf uns zu. Hat einen Gegenstand in der Hand.«

»Treibt ihn vom Zaun weg. Er soll vom Zaun weg. Auch die Fahrzeuge. Weg vom Zaun!«

»Verstanden.«

McLane starrte auf den Bildschirm. Der Kerl argumentierte gestikulierend mit den Militärpolizisten, die ihm den Durchgang verwehrten. Andere Männer stiegen aus den Bussen. *Was führten die im Schild?*

»Was jetzt?«, hörte McLane im Funk. »Das sind sieben, nein, zehn Mann. Wir brauchen Verstärkung.«

»Nichts da. Doch. Treibt die Brüder vom Zaun weg. Ich weiß nicht. Sind die bewaffnet? Ich sage, weg von dem verdammten Zaun!«

»Nichts zu sehen.«

McLane fröstelte es, als jetzt der schwarze Chevy Van ins Bild kam. Das Fahrzeug parkte hinter dem Kleinbus nahe am Zaun.

*Nahe am Zaun. Die Gebäude augenblicklich evakuieren. Scheiße!*

»Als ich ausstieg, sah ich sofort, das etwas nicht stimmte.« Bin Golems Stimme bebte. »Salim alberte gefährlich laut mit dem Militärpolizisten herum. Später sagten sie mir, er habe mit dem MP über sein Recht auf Bewegungsfreiheit innerhalb saudi-arabischen Territoriums argumentiert. Typisch Salim. Die Amis verstanden ihn nicht. Nein. Sie *wollten* ihn nicht verstehen. Der größere der beiden trat plötzlich an Salim heran, die Waffe im Anschlag und bohrte ihm den Lauf in den Bauch. Ich beschleunigte meinen Schritt. Plötzlich packte Salim den Gewehrlauf, drückte ihn nieder. Ich fing an zu rennen.«

Verblüfft sah Leutnant McLane, wie sich der Fahrer des schwarzen Vans davonmachte.

*... nahe am Zaun parkt und der Fahrer macht sich auf und davon ...*

Die Alarmsirene aktivierend, schrie er in den Funk: »Der schwarze Van ... glaube ... kann sein, der ist mit *Sprengstoff* geladen!«

Der zweite MP nahm das Sirenengeheul wahr, verstand im Funk nur *Sprengstoff*.

»Stopp. Keine Bewegung!« Gereizt schrie er Salim an, der in dummem Geplänkel immer noch mit dem anderen Soldaten um die Waffe rang. Im Laufen schrie ich: »Nicht schießen! Nicht schießen! Salim, hör auf! Komm zurück!« Die anderen Spieler schrien wild durcheinander, kreisten die Militärpolizisten fuchtelnd und gelle Kehllaute ausstoßend ein.

»Verstärkung unterwegs«, meldete Leutnant McLane über Funk. »Haltet die Leute in Schach. Kontrolliert die Fahrzeuge!«

Der MP hob die Hand zum Stoppzeichen. Er tat einen Schritt vorwärts. »Stopp. Geht zurück!«

Die Männer lachten. Drei Schüsse krachten in die Luft. Schlagartig erstarrte jede Bewegung. Alle standen wie versteinert. Die Verwirrung nützend, rammte Salim dem MP die

Faust ins Gesicht. Der untersetzte Soldat wankte kaum. Er hob den Lauf seiner Waffe: Ein Schuss krachte, hell wie das Bellen eines Schakals. Salims Hände fuhren an den Bauch. Fassungslos blickte er auf den Schützen, sank langsam in die Knie, einen Ausdruck unendlichen Staunens im Antlitz. Erschrocken brüllte der Soldat: »Zurück, zurück. In dem verfickten Van ist Sprengstoff drin!« Rannte zurück zu seinem Fahrzeug.

»Holy Shit«, fluchte sein Kamerad und machte kehrt. Der Jeep preschte im Rückwärtsgang zum Tor der Air Force Base zurück. Aus einem Megaphon dröhnte hohl eine Anweisung auf arabisch: »Attention, attention! Ihr gefährdet Einrichtungen der US Air Force. Zurück zu den Fahrzeugen. Entfernt euch augenblicklich. Sonst wird geschossen! Ich wiederhole. Wir schießen scharf!«

»Salim lag in einer Blutlache«, sagte bin Golem tonlos. »Wir brauchten dringend Hilfe. Aber jedesmal, wenn sich einer unserer Männer dem Verletzten nähern wollte, feuerte die Satansbrut Warnschüsse über unsere Köpfe.«

»Zurück in eure Fahrzeuge! Wir zählen bis zehn!«, dröhnte die Megaphonstimme.

Die Spieler der Nationalmannschaft hatten keine Wahl. Wütend protestierend stiegen sie ein, fuhren grölend und hupend los.

"Es nützte nichts. Keine Menschenseele half uns. Salim starb in meinen Armen. Ein Arzt vom Stützpunkt hätte ihn retten können. Erst eine Stunde nach den Schüssen kam die Ambulanz aus Dhahran ...«

Bin Golems Gesicht versank in seinen Händen.

In jener Nacht des 24. Mai, in Dhahran, am Zaun der Khobar Towers Air Force Base, hatte er feierlich Rache geschworen. Am Ort, wo sein Bruder umgebracht wurde, erklärte er den Amerikanern innerlich den Heiligen Krieg. Einen Monat später wurden Building 131 und 133 von einer Autobombe zerfetzt. Bald darauf verließ Yussef bin Golem

Saudi-Arabien, um das Kommando für den Heiligen Krieg, Dschihad, zu übernehmen.

Kapitän zur See Souri schwieg weiter, in Gedanken bei seinen eigenen Söhnen, beide jung, lebenslustig, wie Salim. Souri hielt sich an ein einfaches Weltbild: Amerika regiert die Welt – zum Teufel! Allein 1998 beteiligten sich 35 000 Soldaten der US Army Special Forces an 2600 geheimen Einsätzen in 115 Ländern. Mit Geld und Bomben zwangen die USA der Welt ihre Vorstellungen von Demokratie und Menschenrechten auf. Während der vergangenen drei Jahre hatte der US-Präsident im Durchschnitt jeden dritten Tag den Abschuss einer Cruise Missile befohlen. Hatten denn die USA nur deshalb Recht, weil sie die absolute ökonomische und militärische Überlegenheit besaßen? Wer stellte sich der arroganten Supermacht denn noch entgegen? Wer wagte es, dem ersten wirklichen Weltreich seit dem alten Rom die Stirn zu bieten? Die Antwort auf diese Frage war einfach: Yussef bin Golem! Ja, der große Freiheitskämpfer. Es lebe bin Golem! Heroisch sein Ziel, die amerikanischen Besatzer aus der islamischen Welt zu vertreiben. Mittels sogenanntem Terror. Na und? Auch der US-Präsident warf Bomben – wie bin Golem. Beide taten ihren Job mit voller Überzeugung. Sie waren die Oberbefehlshaber ihrer Streitkräfte: Golem hart, sympathisch, ein selbsternannter Diener Gottes, Brenton alles andere als ein Heiliger. Kapitän Souri stand fest im Lager des Islam. Wie Zigtausende seiner Glaubensbrüder. Wie alle an Bord der *Shiraz*. Außer vielleicht dem Leitenden Ingenieur Brabeck.

## 50.

Die Maschine der *American Eagle* rollte morgens um sieben Uhr zehn langsam über die Westpiste zu ihrem

Parkplatz vor dem Aufnahmegebäude des internationalen Flughafens Casablanca Mohammed V. Ein paar neugierige Gesichter schimmerten blass hinter den Kabinenfenstern auf, während ein langer, betagter Bus ratternd herankurvte. Die einhundertzwanzig Passagiere hatten einen Flug von fast elf Stunden hinter sich. Die meisten sehnten sich nach der Dusche im Hotel, einem handfesten Frühstück oder einfach nach ein paar Stunden Ruhe, bevor die Reiseleiter sie wieder aufschreckten, um die gebuchte Führung durch die Moschee Hassan I. zu absolvieren. Neben ein paar Geschäftsleuten und Einzeltouristen in der First und Business Class setzten sich die Passagiere aus organisierten Reisegruppen zusammen. Jetzt stand der grünweiße Bus bereit. Die Bugtür der Boeing 737 öffnete sich langsam.

Eine Flughostess mit Zetteln in der Hand trat auf die Rampe der herangeschobenen Treppe hinaus und winkte dem Mann vom Bodenpersonal unten auf der Piste zu. Allmählich erschienen die Reisenden blinzelnd in der Türöffnung, verabschiedeten sich von der freundlich lächelnden Stewardess, wackelten dann Schritt für Schritt mit ihrem Handgepäck die Stufen hinunter.

Der Mann vom Bodenpersonal wies die Reisenden, denen die Müdigkeit im Gesicht stand, an die offenen Türen des Busses. Rund dreißig Männer und Frauen in bunten sommerlichen Kleidern stiegen in den ersten Bus. Sie kamen aus Tucson und Phoenix im Bundesstaat Arizona. Was die meisten unter ihnen verband, war weniger die Tatsache, dass sie mit *Freedom Travel* reisten, als vielmehr, dass sie aus dem gleichen Ort stammten und in Betrieben der Air Force arbeiteten oder indirekt damit zu tun hatten. Der hünenhafte Sam Cadwallader betrieb in Tucson eine kleine Firma für Helikopterflüge. Seine Frau Susan führte auf dem Luftwaffenstützpunkt die Cafeteria. Xaver hatte sich einen Namen als tüchtiger Flugzeugmechaniker gemacht, bevor er in Pension ging, um sich nun als Jagd- und Fischereiaufseher zu betätigen. Mark Yale, der mit seiner vierzehn Jahre alten Tochter Sophie reiste, praktizierte als Radiologe, während Snell, ein ehemaliger Polizeidetektiv, als Sicherheitschef die Anlagen einer die Air Force beliefernden Microchipfirma überwachte. Susan Cadwallader erkannte im Gedränge nur gerade noch Quintus, den jungen Informationsmanager des Stützpunkts, kahl geschoren, mit schwarzer Brille und einem salopp-sorglosen Gamsbart.

Langsam füllte sich der Bus bis auf den letzten Stehplatz: Die Leute rückten näher zusammen. Ein rundlicher, untersetzter Mann mit zerzaustem grauen Haarschopf, der die Stirn wie Danny de Vito runzelte, meinte: »Wie Sardinen behandeln die uns hier.« Sam blickte einen Moment verdutzt in das freundliche Gesicht. *Den kenn ich doch! Donnerwetter! Wenn das nicht Senator Strong war!* Sams Gesicht hellte sich auf. Doch bevor er den Mund aufmachen konnte, hielt der Senator einen Finger auf die Lippen. Sam nickte, konspirativ lächelnd.

»Kein Air-Conditioning«, stellte Quintus grinsend fest, als der Bus rüttelnd losfuhr. Zoe hatte auch etwas auszusetzen: »Und schau das miese Wetter! Ich dachte, hier scheint immer die Sonne.«

Im Tower des Flughafens fand wenig später ein anderes Gespräch statt.

»Wo fährt der Bus da drüben eigentlich hin?«, wollte der für den Bodenverkehr zuständige Fluglotse wissen, während er von seinem guten Aussichtspunkt fragend auf das Flugfeld hinunterstarrte.

»Keinen blassen Dunst«, beschied sein Kollege.

»Meiner Meinung nach sollte der zur Passkontrolle rüberfahren«, beharrte der erste Lotse.

Doch der grünweiße Bus fuhr mit beachtlicher Geschwindigkeit weiter die Piste entlang und entfernte sich immer mehr vom Abfertigungsgebäude.

»Wo zum Teufel fährt der Kerl mit uns hin«, fragte der hünenhafte Sam mit dem klassischen Cowboyhut. Er spähte mit eingezogenem Nacken hinaus.

»Komm, entspann dich, Sam«, sagte Susan. »Sam will immer alles unter Kontrolle haben«, meinte sie zu der Frau, die neben ihr stand. Niemand reagierte auf die Bemerkung. Außer Sam waren alle Fluggäste müde, träge, von der Reise ausgelaugt wie alte Socken. Sam klopfte Quintus kräftig auf die schmalen Schultern. Der junge Computercrack – oder Hacker? – mit seiner molligen Zoe hatte es ihm angetan, vielleicht weil der abends im Boxclub seinen Enkel trainierte, oder einfach, weil Zoe als Concierge im Hyatt Regency ihm ab und zu gut zahlende Kundschaft für Rundflüge zuschanzte.

»Der fährt wohl zu Hangar 8 hinüber«, meinte der Kollege im Tower, mit dem Kinn auf den Hubschrauberlandeplatz deutend.

»Auch gut«, sagte der erste Lotse und wandte sich einer eben aus Rabat gelandeten Maschine zu. Tatsächlich hielt der Bus jetzt vor dem Hangar, wo drei große Helikopter bereitstanden. Teenager Sophie war unternehmungslustig dabei, sich die Namen der interessantesten Passagiere in alphabetischer Reihenfolge zu merken. Quintus, Sam, Snell, Sophie, Susan, Xaver, Yale, Zoe … rezitierte sie im Geiste, lautlos die Lippen bewegend.

»Raus alle steigen«, dröhnte der Busfahrer plötzlich in gebrochenem Englisch ins Mikrophon.

Als Antwort schlug ihm ein Stimmengewirr entgegen. Er öffnete die hydraulischen Türen, rief nochmals: »*Out, please, all fast out.*«

»Wieso fahren wir nicht zum Hotel«, rief Sam in tiefstem Basston und drängte zum Ausgang.

Khalid wies den riesigen Ami lächelnd zur vordersten Maschine.

*Auf den muss ich aufpassen!*

So ruhig wie möglich sagte er: »Wir fliegen, Sir. Überraschung vom Marokko Tourist Office.«

Das Umsteigen von über hundert Leuten in die Hubschrauber war die erste kritische Phase. Irgendwelche Unruhe durfte erst gar nicht aufkommen.

»Großartig. Wow! Gar nicht übel. Schaut euch diese Helis an!«, riefen die Passagiere durcheinander. Am vordersten Helikopter riss ein Windstoß das notdürftig aufgeklebte Schild mit der Aufschrift *Freedom Travel* los.

»Das ist unsere Maschine«, rief Sam und winkte die Mitglieder seiner Reisegruppe heran. Mit Kennerauge erfasste er die mit den Startvorbereitungen beschäftigten Piloten im Cockpit. Alles machte ihm einen professionellen Eindruck.

Rasch und in aufgeräumter Stimmung stiegen die Touristen in die Hubschrauber, deren Rotoren sich bereits zu drehen begonnen hatten. »Hoppla, mein Hut«, schrie Zoe und eilte der davonwirbelnden Kopfbedeckung nach. Mit ein paar Sätzen war Khalid bei ihr, fasste sie hart am Arm: »Halt, stopp«, schrie er. »Sie laufen direkt in den Heckrotor, Miss.«

Erschrocken starrte die Frau auf die kaum sichtbare rasend schnell rotierende Luftscheibe am Schwanz der Maschine.

»Bin noch nie Helikopter geflogen. Megageil«, raunte Sophie ihrem Vater zu, als sie in die *Super Puma* kletterte. Mit geübtem Blick überschaute Khalid das Flughafengelände.

*Keinerlei Anzeichen erhöhter Betriebsamkeit!*

Noch hatte offenbar kein Mensch den Abstecher des Busses zum Helikopterhangar als ungewöhnlich aufgefasst. Doch der Vollstrecker gab sich keiner Täuschung hin. Das friedliche Bild, das der Flughafen Mohammed V. an diesem Morgen bot, konnte sich schlagartig ändern. Wachsam überblickte er die drei Maschinen, die sich langsam mit den letzten Amerikanern füllten, gab rasche, dringliche Handzeichen. Endlich knallte die Schiebetür der hintersten Maschine ins Schloss. Vor dem mittleren Hubschrauber trödelten immer noch ein paar Leute herum. Sam sah den Piloten mit dem Daumen Startklar signalisieren. Draußen nickte Khalid, mit einem Eckzahn nervös die Unterlippe bearbeitend.

Im Tower griff der Flugleiter nach dem Telefonhörer und hatte wenige Sekunden später die Stationsleiterin von *American Eagle* am Apparat: »Wo gehen Ihre Passagiere denn heute hin?«

»Die kommen jeden Moment im Bus an, zur Passkontrolle«, sagte die Frau in routinemäßigem Ton.

»Ich glaube, der erste Bus mit Ihren Passagieren ist gerade hinüber zum Helikopterhangar gefahren. Kann ja auch meine erste optische Täuschung an diesem trüben Morgen sein.«

»Was sagen Sie? *Helikopter?* Moment. Ich kläre das ab. Mir ist nichts bekannt.« Die Frau klang verunsichert.

Endlich schloss sich die Ladeluke der mittleren Maschine. Aufatmend blickte Khalid zum Flughafengebäude hinüber, wo sich gerade zwei Fahrzeuge aus dem Schatten des Towers lösten und mit gelb blitzenden Warnleuchten rasch zur Piste hinausfuhren. Mit ein paar Sätzen war der Killer an Bord, schob die Tür wuchtig zu. Ruppig die Passagiere zur Seite stoßend, warf er sich in den Sitz neben dem Piloten: »Ab! Weg!«, brüllte er, noch bevor er sich den Kopfhörer überstülpte.

Die drei großen Hubschrauber hoben bebend vom betonierten Startplatz des mit *Royal Desert Helicopter Tours* beschrifteten Hangars ab, drehten ihre Nase simultan in den Wind, neigten sich nach vorn und donnerten nach diesem kleinen Luftballet im Tiefflug über das südliche Pistenende auf die Küste zu.

Der erste Fluglotse hob die Augenbrauen, tippte eine interne Nummer. Als sich der Kollege von der Flugsicherung meldete, sagte er: »Hast du 'nen Kurs für die drei Hubschrauber?«

»*Hubschrauber?* Was für Hubschrauber?«

In diesem Augenblick verstand der erste Lotse: etwas war faul an diesem grauen Morgen am Casablanca Airport. Nachdenklich den winzigen Punkten der Helikopter nachstarrend, die sich im Dunstbereich der Küste verloren, drückte er die Taste, die automatisch die Nummer der Flughafenpolizei wählte.

»Hier stimmt doch was nicht!«, rief Sam, aus dem Kabinenfenster starrend. Im Lärm der Rotoren hörte ihn nur gerade seine Frau, die gewohnt war, dass ihr Sam meistens etwas zu bemängeln hatte.

»Schlaff 'n bisschen ab, Sam, wir sind im Urlaub«, schrie sie ihm ins Ohr. »Ist das nicht wunderbar!«

Im Tower verfolgte der Flugleiter die entschwindenden Helikopter mit Stirnrunzeln. Er setzte das Fernglas ab, schritt rasch zu seinem Radaroperateur hinüber: »Wo fliegen die Maschinen hin. Gib mir einen Kurs, Ali. Zeichne die Daten auf!«

»Vergiss den Radar, Chef. Die Kopter fliegen dicht überm Boden. Kriege nicht das kleinste Signal rein. Gar nichts. Die sind weg vom Schirm. Spurlos verschwunden.«

»Wollen wir nicht hoffen«, meinte der Flugleiter achselzuckend. So selten waren unbefugte Flugbewegungen immerhin nicht. Irgendwo im System hatte jemand oder etwas wieder mal Mist gebaut. Die Leute am Mohammed V. hatten einen kleinen Spruch für solche Situationen: *Freu dich über Mist. Ein Tag ohne wäre das Ende der Welt.*

## 51.

Die drei Helis kurvten in minimaler Höhe über dürres Dünengras und setzten nach einer knappen Viertelstunde auf einem staubigen, verlassenen Ausstellplatz unweit der Küstenstraße ab.

»Wo sind wir? Siehst du ein Hotel?«, fragte Xaver, während er einen Blick ins Cockpit warf, wo ihm der Kompass die Flugrichtung anzeigte.

»Wir zelten, wusstet du das nicht?«, scherzte jemand.

Sophie saß vorne hinter dem Piloten. Der junge, schneidige Kerl in seinem engen Overall faszinierte sie. Skeptisch in die aufgewirbelten Staubwolken blickend, zog Mark Yale seine Tochter an sich. »Bleib bei mir«, flüsterte er.

»Steigen wir aus? Schau, die beiden andern Helikopter lassen die Leute aussteigen«, meldete Sophie. Die Tür ihrer Maschine aber blieb fest verriegelt, und die Besatzung machte keinerlei Anstalten, sie aussteigen zu lassen.

»Die gehen wohl in ein anderes Hotel«, vermutete Snell, als der Hubschrauberrotor wieder dröhnend auf Touren kam. Die Kabine erzitterte. Sie hoben abrupt ab.

Angetrieben von Schreien und Handzeichen nervöser Besatzungsmitglieder rannten die abgesetzten Passagiere geduckt von ihren Maschinen weg, husteten, rieben sich aufgewirbelten Staub aus den Augen. Für einen kurzen Augenblick sah Sophie überrascht einen Gewehrlauf aus der Passagierluke der zweiten Maschine herausragen.

»Ein Bus holt euch ab. Wartet da«, schrie ein anderer Bewaffneter den verstörten Passagieren zu und rannte geduckt zum leeren Hubschrauber zurück, der Sekunden später abhob.

Aus der Luft bot sich Sam ein groteskes Bild. Weit und breit fand sich kein Gebäude. Mitten in den Dünen standen die Reisenden, wie ihrem Schicksal überlassen, heftig gestikulierend, während ihre Helikopter mit unheilvollem Pochen längs der Küste entschwanden.

Ein im Stich gelassener Haufen, dachte Sam, Böses ahnend. Er spähte nach vorn, traute seinen Augen kaum. Sie schwebten im Tiefflug knapp über dem Wasser, flogen voll auf den Atlantik hinaus. Nur sie. Dreißig Amerikaner aus Arizona. *Freedom Travel.* Sam zwang sich zur Ruhe, aber bei sich dachte er: Hier stinkt's schlimmer als in der Brenton Administration! Etwas war ganz und gar nicht in Ordnung! Seine Blicke kreuzten die Mark Yales. Der Arzt blickte finster drein, presste die Lippen zusammen.

Susan schnitt eine komische Grimasse und schrie Zoe etwas ins Ohr. Die beiden Frauen lachten herzhaft. Sam sah die Kopfhörergarnitur und gab Snell ein Zeichen. Ein paar Augenblicke und sie hatten Sprechverbindung. Auch Sophie hatte sich einen Kopfhörer geangelt, hörte Sam sagen: »Wir fliegen über Wasser. Hast du 'ne Ahnung, wo der Kerl uns hinbringt?«

»Jedenfalls nicht in unser Hotel«, meinte Snell.

»Wir fliegen nordwestlich auf's Meer hinaus«, ließ sich Xaver vernehmen.

»Die Männer im andern Heli hatten Waffen. Ich hab's deutlich gesehen. *Terroristen!* Die werden uns erschießen, nein, *kidnappen*«, sprudelte Sophie los.

In diesem Augenblick hörten sie alle die Stimme des Mannes, der vorne neben dem Piloten saß: »Klappe halten, alle! Ich bin Khalid. Auch bekannt als Khalid der Vollstrecker. Ich bin der Boss hier. Ihr seid in meiner Gewalt. Gefangene von Yussef bin Golem, dem großen Patrioten des Islam, dem Dschihad-Krieger und Anführer der Qaida. Wer meinen Anweisungen nicht folgt, wird erschossen oder lebendig ins Meer geworfen, den Haifischen zum Fraß.« Es machte klick in den Kopfhörern.

Sophie starrte mit weit aufgerissenen Augen in die Pilotenkabine. Snell hielt sich die Hände vor die Augen. *Ausgerechnet bin Golem!*

»Was ist?«, übertönte Mark Yale den Lärm. Die Antwort las er in Sams aschfahlem Gesicht.

In diesem Moment neigte sich der Hubschrauber steil mit fast neunzig Grad in die Kurve. Gleichzeitig ließ der Pilot die Maschine absacken und verstärkte die Bodenbeschleunigung. Die dreißig amerikanischen Passagiere von *Freedom Travel* fühlten sich wie im freien Fall. Sie hielten sich die Bäuche, stöhnten und erkannten, dass sie skrupellosen Entführern ausgeliefert waren. Jäh war aus dem unbeschwerten Trip nach Marokko ein nur allzu realistischer Albtraum geworden.

## 52.

An diesem Vormittag des sechsten Tages ihrer Seereise überquerte die *Shiraz* in Ballast mit voller Fahrt den 34. Breitengrad und nahm nordöstlich von Casablanca Kurs auf die marokkanische Küste. Golden schimmernde Bergzacken des Atlasgebirges grüßten im Morgendunst. Monochrom dunkelgrau lag das unendliche Wasser unter einem bedeckten Himmel, der nur ein paar Sonnenlöcher offen hielt. Achtern gleißten weiße Schaumkronen im gedämpften Licht. Im Westen ballten sich schwere Wolken zu einem Gewitter, das der Wettervorhersage zufolge nach Süden abziehen würde.

Kapitän Souri beugte sich über die Seekarte und steckte die Spitze eines Zirkels auf den Schnittpunkt seiner Berechnungen: Rund hundert Kilometer außerhalb des Hafens von Casablanca lag der imaginäre Punkt im Ozean, wo in wenigen Minuten das Rendezvous mit dem Hubschrauber stattfinden sollte.

»Wir liegen gut im Zeitplan«, begrüßte er den hinzutretenden bin Golem.

»Der Ami ist ziemlich aus dem Häuschen«, lächelte der große Patriot. Seine klugen dunklen Augen blickten verschlagen zum Fernseher, dessen Bildschirm vom Kopf des US-Präsidenten ausgefüllt war. Der Araber stieß einen gellen Kehllaut des Hohns aus.

»Männer, schaut wie der seine kümmerliche Fratze völlig ahnungslos ins Wetter hängt. Habt ihr schon mal einen besoffenen Maulesel gesehen? Nun, so sieht der aus. Wartet nur, wenn der erst erfährt, wo die Geiseln sind. Dann klappen seine Kinnladen soweit runter, dass sie der Hure, die unterhalb dieses Bilds an ihm herumwurstelt, eine leichte Gehirnerschütterung verpassen.« Die Besatzung auf der Brücke brach in schallendes Gelächter aus.

»Spaß muss sein bei der Beerdigung«, gab der Dschihad-Feldherr eine Zugabe. Bin Golem war ein würdiger Mann, der seinen Sinn für Humor zu zähmen wusste. Zur rechten Gelegenheit allerdings konnte er so derb sein wie jeder x-beliebige Sohn der Wüste. Und wenn immer er sich einen Spaß erlaubte, breitete sich unter den Männern Erleichterung aus. So liebten sie ihren Führer!

Der Ton war weggeschaltet, doch alle auf der Brücke, die wie ihr Anführer die halbe Nacht fiebernd vor den Radioempfängern gehockt und die einschlägigen Fernsehsender abgerufen hatten, wussten, warum der amerikanische Präsident mit ernster Miene zur Nation sprach. Die Anschläge in Manhattan hatten die erfolgsverwöhnten Amerikaner von der Höhe ihres selbstgefälligen Überlegenheitswahns auf den harten Boden der Realität zurückgeholt.

Yussef bin Golem war in aller Munde. Die Kontrollen an den Grenzstellen, in Flughäfen und Bahnhöfen wurden landesweit verstärkt. Die Medien beschworen die Gefahr weiterer Anschläge. Militärische Anlagen in großen Städten und draußen im Land seien gefährdet. Lautstark ertönte der Ruf nach Vergeltung, dem sich der Präsident nicht verschließen wollte.

Die USA würden zu gegebener Zeit den feigen Anschlag dieses hinterhältigen Terroristen vernichtend beantworten, hatte Brenton Stunden nach den Explosionen in Manhattan verkündet. Mit dem so beschwörenden wie abgedroschenen Slogan *Der Feind ist mitten unter uns* hatte er von den amerikanischen Mitbürgern dringlich erhöhte Wachsamkeit gegenüber verdächtigen Umtrieben gefordert.

»Die Ablenkung funktioniert nach Plan«, kommentierte lakonisch der Nachrichtenchef auf der Brücke der *Shiraz*. Ein Matrose trug auf einem Tablett zwei bauchige Teekannen heran und stellte große Henkeltassen auf den Kartentisch. Der Chef der Qaida war in Hochstimmung.

»Während die wie hysterische Hennen herumflattern, führen wir schon den zweiten Streich. Und alles nur als Vorspiel zum Hauptgang!«

Über die Jahre hatte bin Golem sich zu einem hervorragenden Strategen und Feldherrn entwickelt. Im Afghanistankrieg hatte er das Waffenhandwerk erlernt, sich mit gelungenen Kommandoaktionen gegen die Russen einen Namen gemacht. Die meisten der bis heute fünfundzwanzig Überfälle und Anschläge gegen amerikanische Einrichtungen hatte er persönlich geplant und überwacht. Geschickt hielt er sich bei gewissen Jobs im Hintergrund, ließ seinen Vollstrecker die blutige Handarbeit ausführen. Die Operation Megiddo jedoch war etwas ganz anderes. Es war der Auftakt, die erste apokalyptische Entscheidungsschlacht. Deshalb stand bin Golem selbst auf der Kommandobrücke.

Die einzigen ungehemmten Leidenschaften des Qaidaführers waren Macht und Frauen. *Genau wie der amerikanische Präsident!* schmunzelte bin Golem innerlich. An Bord der *Shiraz* gab es keine Frauen. Noch nicht. Das würde sich ändern, wenn die Geiseln eingeflogen waren. Insgeheim weilten seine Gedanken und Sehnsüchte jedoch bei der Französin. *Nadine. Welch klangvoller Name! Ich werde sie beeindrucken. Sie wird mir Gefolgschaft leisten. Französinnen welken im heißen Klima nicht so rasch wie unsere Frauen.*

Ihm fiel das alte Sprichwort ein, wonach ein weiser Mann um Frauen und Kamele hart feilschen soll. *Sie mag schön und feurig sein, aber sie ist eine Ware. Erst kauf ich sie, dann zähm ich sie. Mach sie zu meinem Eigentum. Und will sie nicht, werd ich ihr die rechten Manieren schon beibringen …*

Auf der *Shiraz* befand sich der Islamistenführer in Sicherheit. Selbst wenn sein Aufenthalt an Bord des Tankers verraten würde, stünden seine Feinde vor einem gewaltigen Gewissenskonflikt. Denn in diesen Minuten näherte sich der Helikopter mit der Touristengruppe aus Casablanca, kurvte zweimal über dem riesigen Koloss und setzte dann vorsichtig nicht weit vom Bug inmitten der mit einem rotumränderten weißen Kreis markierten Stelle auf.

## 53.

Der Anschlag auf die Armory ist genauso katastrophal wie die Geiselnahme. Das Üble an der Sache ist, dass wahrscheinlich ein Insider die geheime Zelle verraten hat«, dozierte Jack Brenton in die drahtlose Handeinheit. Joe Roselli räusperte sich über die abhörsichere Leitung. »Übel ist nur der Vorname, Sir. Ich habe ein paar interessante Sachen herausgefunden.«

Der Präsident saß auf der Bettkante im ehelichen Schlafzimmer. Ein Fuß spielte mit dem Slipper aus beigem Seidentuch – hob ihn an, ließ ihn rotieren und dann fallen. Durch die weit offene Tür des großen Badezimmers schaute er der First Lady der Nation zu, seiner kampferprobten Ehefrau und Partnerin. Völlig entkleidet, war Happy Brenton dabei, sich auf das Ritual der Paarung mit dem mächtigsten Gatten der Welt vorzubereiten.

»Fündig geworden, Joe? Na gut. Und wie geht's Carol?«

»Prächtig, prächtig«, dröhnte der Chairman von Krall Inc. in den Hörer. »Sie behauptet zwar nach wie vor, ich hätte während des Dinners bei euch geschnarcht …«

»Und wie! Hast sogar im Schlaf obszönes Zeug gemurmelt … Okay, Joe, was gibt's?«

»Wegen C-gag …«

»Yes?«

»Diese Moran-Mieze hat Los Alamos Hals über Kopf verlassen.«

»Und warum?«

»Eine FBI-Agentin wurde bei ihr zu Hause auf der Terrasse erschossen aufgefunden.«

»Das ist sehr unschön.«

»Finde ich auch.«

»Sonst noch was?«

»Ja. Die Moran stand auf gutem Fuß mit einem Radarspezialisten namens Larry Johnson, der ebenfalls im *Aegis*-Projektteam arbeitete. Dieser Johnson meint, die Französin sei eine Spielernatur, hochempfindlich …«

Der mächtigste Ehemann der Welt schob den rechten großen Zeh in den linken Pantoffel und hob ihn vorsichtig an. Im Badezimmer hatte Happy sich geschickt so vor dem breiten Handbecken aus rosa Marmor postiert, dass nur ungefähr ein Drittel ihres schon etwas matronenhaft auswuchtenden Beckens durch die Tür sichtbar war. Brenton konnte sich an Zeiten erinnern, als er bei diesem Anblick leise durch die Zähne gepfiffen hatte.

»Weiß Johnson, worum es geht?«

»Er meint, die Frau habe heimlich das *Aegis*-System weiterentwickelt, um es ferngesteuert extern zu aktivieren und dann im Remote-Modus zu betreiben.«

Der Slipper rutschte weg. *Verfickt!*

»Du warst mir schon immer ein sonniger Bursche mit sonnigen Neuigkeiten, Joe«, sagte Brenton. »Wo macht dieser Larry Johnson Urlaub?«

»Urlaub, wieso? Er ist wieder in der Navy …«

»Eben«, krächzte Brenton aufgeräumt, nun mit beiden Füßen nach dem Slipper angelnd.

Happy hatte zwischenzeitlich schon etwas mehr von ihrem trotz zunehmendem Volumen immer noch imposanten Hintern Jacks Blicken preisgegeben. Sie hatte dabei noch geschickt eine kleine Wendung ausgeführt, die ein wenig von ihrem buschigen, trotz einer gewissen Altersblässe immer noch größtenteils dunkelblonden Schamhaar vorteilhaft ins Bild brachte. In jüngeren Jahren hätte Brenton bei einem solchen Anblick erwartungsfroh geschnalzt.

»Er hat sich auf seinen Flugzeugträger, auf die *TR* zurückversetzen lassen«, berichtete Roselli. »Übrigens ein nicht sehr gesprächiger Junge. Ich musste ihm absolute Diskretion zusichern.«

»Weiß er, wo die Moran ist?«

»Möglich, scheinbar telefonieren sie ab und zu miteinander. Fachsimpelei. Johnson bastelt an einer Verbesserung der radargelenkten Schnellfeuerkanonen, die pro Sekunde neunhundert Zwanzigmillimeter-Geschosse gegen anfliegende Raketen abfeuern.«

»Bekannt, Joe. Wo finden wir diese Frau?«

Roselli räusperte sich. »Wir haben da eine andere Spur, der Sie vielleicht nachgehen sollten. Im Zusammenhang mit den Bombenanschlägen in Manhattan erhielten wir Hinweise auf einen Gefolgsmann von bin Golem.«

»Du bist immer voller aufregender Nachrichten, Joe.«

»Der Mann heißt Khalid, genannt der Vollstrecker. Er soll die Geiselnahme in Casablanca inszeniert haben!«

*Warum weiß Roselli mehr als meine Geheimdienste? Wenn's unsere Golfrunden nicht stören würde, gäbe er einen ausgezeichneten CIA-Chef ab.*

»Gerüchte kursieren«, gab der Präsident kühl zu bedenken.

»Allerdings. Aber wir haben genügend Teile dieses Puzzles, um uns ein ziemlich genaues Bild machen zu können. Da ist ein Supertanker in Lagos ...«

Roselli wollte dem Präsidenten in kurzen Zügen berichten, was seine Spezialisten in den Büros Genf, London und Teheran an Indizien zusammengetragen hatten. Er kam nicht weit.

»Senator Strong und rund dreißig Amerikaner in Casablanca entführt, ist das etwa ein Scherz, Joe?« In des Präsidenten Stimme lag ein autoritärer Klang, der allerdings teilweise gespielt war, denn Happy war gerade in die geräumige, rosagekachelte Duschecke getreten, ohne die milchgläserne Tür hinter sich zu schließen. Jetzt drehte sie versuchsweise das Wasser an, schrie routinemäßig spitz auf, weil es zu kalt oder zu heiß war, fand schließlich die angenehmste Temperatur und begann sich einzuseifen. Beim Paarungsritual der »Ersten Eheleute« der Nation war dies eigentlich das Zeichen für Jack, sich zu ihr zu gesellen.

»Sicher nicht, Sir«, gab Roselli tapfer zurück. »Gibt es Neuigkeiten? Wer sind die Entführer? Wo befinden sich die Geiseln?«

Brenton ignorierte die Fragen, fuhr fort: »Habe eben mit dem Kommandanten der Trägerflotte 8 im Mittelmeer gesprochen.«

»Ist die *Roosevelt* nicht der Träger, Sir, den Sie besuchen wollen?«, erinnerte sich Roselli.

»Ja. Morgen. Vor Gibraltar. Ich lande auf dem Stützpunkt von Rota.«

»Die Geiseln? Jemand muss doch was wissen …« versuchte es Roselli von neuem.

»Vom Erdboden verschwunden, Joe. Unglaublich! Wir können zwar Eismoleküle auf dem Mars einsammeln, sind aber scheinbar nicht fähig, drei Helikopter aufzuspüren.«

»Gleich drei? Radarsichere Kopter gibt es meines Wissens noch nicht.« Roselli schüttelte genervt den Kopf.

»Zu tief für den Radar, Joe, und unsichtbar für unsere Satelliten, weil es der Teufel wollte, dass eine Wetterfront über Marokko lag. Wir wissen nichts. Absolut nichts.«

Die Männer schwiegen. Aus dem Hörer drang ein Rauschen, als schlüge das Meer an den wolkenbeschatteten Strand von Casablanca. Brenton gab sich einen Ruck. Ob deshalb, weil er dieses Gespräch ungerne abbrach oder weil Happy unter der Dusche sich ihm jetzt voll frontal zuwandte, hätte Brenton nicht zu sagen vermocht. Der Wirkung ihres Anblicks scheinbar nicht bewusst, fuhr sie sich mit beiden Händen burschikos zwischen die immer noch strammen Schenkel und begann locker, ihr buschiges Nest einzuseifen, dass die Schaumflocken nur so flogen.

»Joe«, sagte Brenton, »bleib wo du bist. Ich rufe gleich zurück.« Die widerspenstigen Slipper unwirsch zur Seite kickend, erhob sich der Präsident. Noch im Gehen streifte er das lange, seidene, maßgeschneiderte Pyjamahemd ab und näherte sich lächelnd seiner Frau.

»Na mein nasser kleiner Cherub, was haben wir denn hier?« Dann, Happy voll zwischen die Beine greifend: »Passt denn ein so großes, eingeseiftes Ding überhaupt in den Himmel? Sind kleine, dicke Engelchen nicht von Natur aus rein und sauber …?«

Happy hatte mit einem ähnlichen Griff in die gleiche Körperregion bei ihm reagiert. Mit raschen, festen Handbewegungen begann sie die präsidialen Genitalien einzuseifen, wobei auch sie munter plapperte: »Wo ist denn mein kleines, dickes Raketchen, auf dem's sich so gut im Himmel herumreiten lässt? Wird es denn diesmal dick und steif genug werden, damit es diese nasse, eingeseifte Last auch tragen kann? Uuuh aaah … Jack … ja, so ist's gut … mach weiter so … ja, genau so … während ich auch … uuuh … dein …«

»Aaah, yeaaahhhh, ich … du … aaaah …«, stöhnte Brenton hilflos mit geschlossenen Augen, seine Linke mechanisch an Happys Shampoo triefender Scham weiterarbeitend, während er selbst jenes süße Kribbeln auskostete, welches das rasche Ende des kurzen Schäferstündchens ankündigte.

»Oh, Jack, please …«, stöhnte Happy, aber er war schon rückwärts aus der Dusche getreten und hatte sich ein großes Frotteehandtuch gegriffen.

»Gib mir fünf Minuten, Honey«, sagte er, sie ihrem Schicksal überlassend. »Bring den Vibrator, wenn du fertig bist.«

Das Handtuch um die fleischigen Lenden gewunden, rief Brenton Rosellis abhörsichere Handy-Nummer zurück.

»Yesssir!« schallte es militärisch schneidig aus der auf Lautsprecher gestellten Handeinheit.

»Okay, Joe, wo waren wir?«

Beflissen nahm Roselli den Faden wieder auf. »Nun, Sir, Sie gehen trotz der Geiselkrise an Bord der *Roosevelt*?«

»Da kannst du Gift drauf nehmen, Joe.«

*Muss mich mit der Navy gut stellen. Man weiß nie …*

»Wie geplant treffe ich den spanischen König an Bord. Übrigens will er meine Tochter auf sein Lipizzaner-Gestüt in Andalusien einladen. Soll ich mir wegen dieser Terrorhysterie etwa meinen Trip vermiesen lassen? Auf der *TR* bin ich sowieso näher am Geschehen. Frontbesuch gewissermaßen.«

*Präsident greift persönlich ins Geiseldrama ein,* sah Roselli die Schlagzeilen schon vor sich. *Der Mann weiß sich zu inszenieren!*

In der Leitung blieb es ein paar Herzschläge lang still. Wie oft, nach einem orgastischen Höhepunkt, hatte den Präsidenten einer seiner legendären Geistesblitze getroffen. Mit geradezu virtueller Geschwindigkeit durchdachte Brenton alle Möglichkeiten, während der Chef von Krall Inc. respektvoll wartete. Der Präsident räusperte sich.

»Joe?«

»Ja, Mister President.«

»Wo bist du im Augenblick?«

»Im Hotel, ganz in der Nähe, Sir.«

Der Präsident schaute auf die alte Pendeluhr auf dem Kaminsims, die schon vielen seiner Vorgänger die Stunde geläutet hatte. Die Zeiger standen auf fünf vor Mitternacht. Um 00:30 Uhr begann im unterirdischen Lageraum des Weißen Hauses die Krisensitzung über die Geiselnahme in Marokko.

»Sie sind in zwanzig Minuten im Weißen Haus, Mister Roselli. Das ist ein Befehl. Ich brauche dich, Joe. Und bring alles mit, was du hast.«

»Okay, Jack, Sir. Wird gemacht.«

»Gut.«

Brenton brach ab und blickte auf. Seine Frau hatte sich abgetrocknet, doch ihre Haut schimmerte immer noch feucht, als sie, völlig nackt, ins eheliche Schlafzimmer trat. Jack den Rücken kehrend, machte sie sich an einer Schublade zu schaffen und begann plötzlich wie wild daran zu rütteln. An kleinere Ausbrüche dieser Art gewöhnt, schaute er ihr mit halb geschlossen Lidern ruhig zu.

Seine Gedanken schweiften zu John Strong, dem Senator aus Arizona, mit dem er erst kürzlich in Phoenix neun Löcher Golf gespielt hatte. Zum Glück waren die Vorbereitungen zur Befreiung der Geiseln rasch angelaufen. Die Spezialtruppe der Navy Seals gehörte zu den ersten, die am Nachmittag in Alarmstufe 1 versetzt worden war. Gleichzeitig erhielt der Kommandant der im Mittelmeer liegenden Trägerflotte 8 mit der *USS Theodore Roosevelt* den Befehl, mit allen ihm zur Verfügung stehenden Mitteln die Luftaufklärung über Marokko zu intensivieren. Nach einer Meldung aus Rabat wurden auch Elitetruppen der marokkanische Armee aufgeboten.

*Kann meine Amtszeit nicht mit 'ner verpatzten Geiseläffäre beenden! Nachdem ich das Kosovo befreit, die NATO-Allianz zum Sieg geführt habe … JFK bekam einen Flugplatz,* USS Ronald Reagan *heißt der neueste Träger der Navy … ja wenn dereinst ein Flugzeugträger nach mir benannt wird …* Er ertappte sich dabei, laut nachgedacht zu haben.

»Ach, die benennen nicht mal ein Minenräumboot nach dir«, spöttelte Happy. Brenton gab sich wieder einen Ruck und stand auf, gerade als sie »verfickte Schublade« fluchte.

Von hinten an sie herantretend, legte er fest beide Arme um sie und begann ihre großen, schweren Brüste zu massieren.

»Lass das!« Ihr massiger Hintern wuchtete rückwärts, versuchte ihn wegzustoßen. Brenton wich geschickt aus. Sanften Druck ausübend, legte er beide von der Presse oft als Pranken verulkten Hände auf ihre bedeutend zierlicheren. Laut begann er zu zählen: »Eins, zwei, drei – Ruck! Eins, zwei, drei – Ruck! Eins, zwei, drei …«

Beim dritten Ruck gab die Schublade nach. Großzügig seine Frau den Triumph der Schubladenöffnung auskosten lassend, trat Jack zurück. Schon hielt sie den Vibrator hoch in der Hand, wandte sich ihrem Mann zu. Das Gerät tat immer dann vortreffliche Dienste, fand Happy, wenn Jack wieder mal zu rasch am Abzug gewesen war. Und das diskrete Summen des Geräts störte nicht einmal seine dauernden Telefongespräche, an die sie sich als Präsidentengattin sowieso gewöhnte hatte. Entschlossen klatschte sie ihm den weißemaillierten Apparat mit der besonders für die Feinmassage geeigneten Knospe aus feinstem Latexmaterial in die Hand.

»So«, seufzte sie, sich mit weit gespreizten Schenkeln auf dem Bett zurechtlegend, »jetzt komme ich dran!«

»Fünf Minuten, Honey, keine Sekunde mehr«, schmollte der mächtigste Mann der Welt. »Ich muss in den Lageraum.«

»Ab die Post«, befahl Happy Brenton, »ich mach's locker in dreien.«

## 54.

Eine frische Brise schlug den Reisenden ins Gesicht, als sie benommen aus dem Hubschrauber auf das Deck der *Shiraz* abgesetzt wurden. Zeit zum Verschnaufen blieb keine. Die scharfen Befehle der schwarz vermummten Männer mit den automatischen Waffen im Anschlag jagten ihnen einen

Schrecken ein, der alles Staunen über das riesige Schiff im Keim erstickte.

Von der Brücke aus gesehen wirkte der große Hubschrauber bald als hässliches Insekt, das der Wind verschlagen hatte, bald als schwarz kauernde Krake. Auf einen Tastendruck des Leitenden Ingenieurs senkte sich die Plattform: Langsam versank das Biest im Inneren des gewaltigen Laderaumes. Fasziniert beobachtete Khalid das Manöver, während die Geiseln wie von bissigen Hunden getriebene Schafe in Richtung Aufbauten gehetzt wurden.

Die *Shiraz* war mit zwei hydraulischen Hebevorrichtungen ausgerüstet, mit denen sich die im Schiffsinnern verborgenen Raketenabschussrampen auf Deck hieven ließen. Diese Konstruktion hatten die Schiffsbauer den Flugzeugträgern abgeschaut, wo Kampfjets in kürzester Zeit vom Hangar an Deck befördert wurden. Über der zweiten, näher zum Bug gelegenen hydraulischen Plattform spannte sich eine fest vertäute, straffe Plane aus wasserdichtem Material. Khalid hatte im Hafen von Lagos erlebt, wie diese Abdeckung auf Knopfdruck von der Brücke aus in Sekundenschnelle aufgerollt wurde und den tiefen, weiten Raum für den Senkrechtstarter öffnete. Wie ein knurrender Tiger, hatte bin Golem geschwärmt, wartete der *Harrier* am Boden festgezurrt auf seinen Einsatz. Er wusste auch, dass Senkrechtstarter Nationen mit begrenzten Militärbudgets, wie Frankreich und Großbritannien, ermöglichten, Flugzeugträger ohne die immens teuren Katapultvorrichtungen zu bauen.

Dass die *Shiraz* sogar einen Senkrechtstarter an Bord führen würde, hielt sich unter den engsten Vertrauten des Islamistenführers lange als geheimnisvolle Spekulation, top secret wie die Position der *Roosevelt*! Es erwies sich aber als Gerücht. Allerdings war Brabeck bis jetzt nicht dahintergekommen, was der unrasierte Querkopf von einem Araber mit diesem komplexen Waffensystem im Sinn hatte. Ein

Miniflugzeugträger? Nun, egal, aus dem kühnen Projekt wurde nichts, da es vermutlich zu aufwendig war, zu viele Spezialisten müssten eingeweiht werden. Oder sollte am Ende der *Harrier* irgendwo unterwegs doch noch auf der *Shiraz* landen?

Auf der Brücke blickte bin Golem versonnen aufs Meer hinaus.

*Alles läuft nach Plan. Allah sei Lob und Preis!*

Sie hatten sich auf der *Shiraz* mit dreißig lebenden Schutzschildern umgeben. Schutzschild? Er schmunzelte. Ein Schild wie *Aegis*? Sicher ebenso wirksam! Beim Gedanken an den Vergleich mit dem milliardenschweren *Aegis*-Defensivsystem der Flugzeugträgergruppe *USS Theodore Roosevelt* brach der gewöhnlich so sanfte bin Golem in raues Gelächter aus. *Nur noch kurze Zeit bis zum alles entscheidenden Schlag! Ich bin Yussef bin Golem, der erste Diener Allahs.*

## 55.

In halsbrecherischer Fahrt raste der Taxifahrer der Stadt entgegen. Casablanca, die größte Stadt Marokkos, mit ihren unzähligen Banken, Cafés und Teestuben, weckte angenehme Erinnerungen in mir. Wir verließen die Schnellstraße: Ein lebhaftes Quartier mit kleinen Geschäften schluckte uns. Um nicht herumgeworfen zu werden, hielt sich Nadine am Haltegriff fest, während der Fahrer auf der Suche nach unerfindlichen Abkürzungen durch das Labyrinth enger Gassen kurvte.

Die Abfahrt des Taxis vom Flughafen Mohammed V. war Walross nicht entgangen. Vor dem Schalter einer Autovermietungsfirma postiert, hatte er aufmerksam die Passagiere beobachtet, die von der Zollabfertigung in die Halle des

Flughafens strömten. Zuerst erkannte er Nadine Moran und zog die Hutkrempe etwas tiefer ins Gesicht. Draußen merkte er sich Zulassungsnummer und Automarke des Taxis, das die Französin in Begleitung eines Mannes bestieg, den er als den Piloten von Nis identifizierte. Dem Taxi zu folgen hielt der CIA-Mann unter den Umständen für zu riskant. In seinem ganzen Gebaren wirkte dieser Polinsky wie einer aus der Branche, bewegte sich, als erwartete er, beschattet zu werden. Zudem schien er Walross wie jemand, der durchaus keine guten Erinnerungen wach werden ließ.

Stirnrunzelnd wählte er die Nummer im Milieu, wo harte Männer für Grobarbeiten angeheuert werden konnten, und gab seinem Kontaktmann im Stadtzentrum die Anweisungen durch.

Innerlich verwünschte der so erfahrene wie korrupte Agent seine Organisation, ein mieser Haufen, der laufend Misserfolge produzierte. Irgendwie schien ihm, als hätte die CIA ihre Existenzberechtigung verloren. Da schickte ihn doch der dämliche Direktor mutterseelenallein nach Marokko, um dieser Frau und Geheimnissen nachzujagen, die morgen schon im Internet abrufbar sein konnten. Und mit diesem Geheimauftrag erlebte Walross sich als weißer Exote in einem völlig veränderten Umfeld. Hier stach er wie der sprichwörtliche wunde Daumen in die Gegend! Nein, der Agent im Feld hatte ausgedient. Gefragt waren heute Experten für Informationssicherheit. Leute in privaten Organisationen wie Krall Inc., Bloomberg oder der Denktank Rand Corporation. Die verfügten ohnehin über zuverlässigere Infos als die CIA. Walross knirschte mit den Zähnen, als er an die bescheuerten einheimischen Typen dachte, mit denen er sich als Gehilfen abfinden musste. Hier konnte er sich nur lächerlich machen. Bestenfalls!

Wir fuhren mittlerweile durch ein gehobeneres Quartier mit kunstreich verzierten Häusern und kleinen Boutiquen. Das

Straßenbild verschönerte sich. Ein goldgelbes Gemäuer zog vorbei. Davor lief ein Gehsteig aus rechteckigen bunten Steinfliesen, deren Farben sich auf der langen Mauer in einem fein gearbeiteten Mosaik fortsetzten. Ein breiter Streifen kleiner, auf den Kopf gestellter schwarzer, brauner und dunkelgrüner Vierrecke flitzte vorbei. Da fuhr unser Taxi dicht auf den Handkarren eines Gemüsehändlers auf. Der Fahrer hupte und schimpfte. Ich blickte nach links zum dunkelgelben Gemäuer hinüber, stieß Nadine leicht in die Seite: »Schau!«

Uns tat sich eine Augenweide auf: Ein schmaler Durchgang mit elegantem Spitzbogen öffnete den Innenhof. Sein Boden war mit prächtigen bunten Kacheln im Farbton des Gehsteigs ausgelegt. Und vor der goldgelben hinteren Wand, vor dem gleichen Mosaikband wie draußen, bewegte sich ruhig ein Mönch. Sein braungestreiftes Gewand mit Kapuze fügte sich gleichsam wie eine große Fliese harmonisch in das kostbare Muster des klösterlichen Hofes.

»Sie wollen wirklich auf die Moulay-Höhe, Monsieur?«, unterbrach der Taxifahrer mein staunendes Schauen.

»Ja, genau.«

»Niemand geht auf die Moulay-Höhe«, meinte er, zur Erklärung locker mit dem Handrücken über die Kehle fahrend.

Moulay Ismail hieß der Sultan, der Marokko im 17. Jahrhundert einigte und das Land zu internationalem Ansehen brachte. Von ihm hieß es auch, dass er Sklaven folterte und seine Kamele verhätschelte.

Als ich stumm blieb, wandte sich der Fahrer um. Aus seinem schwarzen Gesicht leuchteten wie Schnee auf dem Monte Rosa makellose Zähne und Augäpfel. »Ich fahre da nicht hin, Monsieur. Ich nicht. Sehr gefährlich für Madame«, bekräftigte der Mann seinen Standpunkt, während er in eine breite Avenue einbog.

»Halten Sie da vorne an«, kommandierte ich entschlossen. Er trat augenblicklich mit voller Kraft auf die Bremse.

»Voilà, Monsieur. Wie Sie wollen.«

Ihm ein paar Dirhams in die Hand drückend, stieg ich aus, half Nadine aus dem engen Rücksitz und schaute mich nach einem jener furchtlosen Portugiesen um, die, meinem Freund Alaoui zufolge, zu den besten Taxifahrern in Casablanca gehören sollten.

Mit untrüglichem Instinkt hatte Nadine bereits ein Kaffeehaus entdeckt. »Komm, wir trinken da drüben einen Café-au-lait«, schlug sie vor und marschierte schon mit ihrer Tasche auf die Trottoirtische zu.

Nachdem uns der Kellner im *Café Palmiers du Sud* den Kaffee gebracht und Nadine den ersten Bissen Brioche mit Schokoladenfüllung heißhungrig verputzt hatte, wäre es eigentlich an der Zeit gewesen, den nächsten Schritt zu überlegen. Neben uns lasen Geschäftsleute ihre arabischen oder französischen Zeitungen. Von irgendwoher wehten mit einem Hauch von Romantik die unverkennbaren Klänge von *Don't cry for me Argentina*! herüber. Vermutlich träufelte derselbe Schlager auch von der Decke eines Warenhauses in Zürich, dachte ich, mit nagendem Unbehagen meinen unerbittlich ablaufenden Gerichtstermin ins Auge fassend. *Steinlin!* Meine Hand fuhr ans Handy. *Nein, dazu ist jetzt keine Zeit. Außerdem, was habe ich zu berichten? Dass ich mit einer französischen Spionin in einem Café in Casablanca Café-au-lait trinke?* Ich konnte förmlich seine nasale Stimme hören: *Beeindruckend, Polinsky, äußerst beeindruckend. Notieren Sie das doch für Ihren nächsten Thriller …* Aus solchen Gedanken hochfahrend, polterte ich unwirsch los: »Wir fahren so rasch wie möglich weiter.«

»Glaubst du, dieser Hügel ist wirklich so gefährlich?«, fragte Nadine mit rehäugiger Unschuldsmiene.

»Durchaus möglich. Ich dachte, du könntest es kaum erwarten, dort oben zu stehen?« *Gegen die Logik einer Frau war kein Kraut gewachsen.*

Die Geste des Taxifahrers nachahmend, gab sie einen munter krächzenden Laut von sich und philosophierte mokant großspurig: »Ach, Schönheit und Feindschaft gehen eben Hand in Hand in diesem Land.« Als ich schwieg, meinte sie vorsichtig einlenkend: »Trotzdem, wir sollten uns erkundigen.« Mampfend fuhr sie fort: »Halst du … genaue Klarte … vom Gebliet?« Manchmal konnte sie sich süß geben, meine kleine Giftnatter! Entwaffnet ließ ich ein allerdings leicht gezwungen klingendes Gelächter vom Stapel. Wir wussten ohnehin längst, dass der Schnittpunkt der Koordinaten, die auf Nadines goldenem Amulett eingraviert waren, haargenau auf die Moulay-Höhe fiel. Der Punkt lag nordöstlich von Casablanca im Vorgebirge des Atlas. Nach meiner topographischen Karte aus den Beständen der königlich-marokkanischen Armee führte eine schmale Straße von zwei Seiten her zum Fuß des berüchtigten Hügels, auf dem ein größerer Gebäudekomplex durch schwarze Rechtecke markiert war.

»Ich sehe keine Schwierigkeiten. Der Taxifahrer ist vermutlich abergläubisch«, sagte ich. »Sicher hat der Sultan seine Vorfahren gefoltert.« Dabei studierte ich auf meiner Karte das steile Gelände auf der Westseite der mysteriösen Höhe. »Wir nehmen die östliche Anfahrt durch das Tal, ja?«, schlug Nadine sachkundig wie eine gute Kopilotin vor.

Als ich nickend aufschaute, stand da unweit von uns Alaoui, angelehnt an eine Palme. Stumm blickte er über den Rand seiner modischen Sonnenbrille zu uns herüber. Als unsere Augen sich trafen, nickte er nur unmerklich seitwärts, schlenderte davon.

Als Berber gut mit dem Hinterland vertraut, hatte Aloui in der marokkanischen Armee als Feldwebel einer Elite-Gebirgseinheit gedient, bevor er im Stadtzentrum von Casablanca eine Boutique für Mobiltelefone eröffnete.

Trotz ihrer offenbaren Bereitschaft zur Zusammenarbeit protestierte Nadine gegen den plötzlichen Aufbruch. Ich wies sie unmissverständlich darauf hin, dass ich einzig und allein ihretwegen in Zürich alles im Stich gelassen hatte, nur um dann mit ihr von einem verrückten Abenteuer ins andere zu stolpern. Wie eine liebestolle Tigerkatze fauchend, trabte sie dann doch meinen schnellen Schritten hinterdrein durch den Park zur Tankstelle, wo Alaoui bereits die Wagentüre offenhielt. Sein unruhiger Blick hinter den bläulichen Sonnengläsern erinnerte mich an den Ernst der Mission. »Werden wir beschattet?«, raunte ich.

Er glaube nicht, gab er zu verstehen, und sank hinter dem Lenkrad bequem in den tiefen Sitz aus bestem englischen Leder. Der Wagen war ein alter Zwölfzylinder-Jaguar: Bestürzt dachte ich an die gewundene Landstraße, die, nach der Karte zu urteilen, irgendwann steil und ungepflastert in die Höhe führte.

»Die Gegend, in die wir fahren, wird von felsigen Hängen und engen Gräben zerfurcht«, erriet Alaoui meine Besorgnis. »In abgeschiedenen Tälern kleben vereinzelte Dörfer an Felsvorsprüngen. Die Berber leben dort seit zweitausend Jahren.«

Hupend kämpfte er sich durch das Gedränge eines Marktplatzes. Haarscharf glitt der edle Jaguar-Oldtimer an einem kunstvoll aufgeschichteten Berg Orangen vorbei. Auf einem anderen Marktkarren nebenan verkaufte ein Araber Gewürze. Er schrie um die Wette mit der bunt gekleideten Frau, die gegenüber beschwörend ihre kostbaren Wolldecken und Jacken feilbot. Um uns herum vibrierte ein unglaubliches Gewimmel: Schlangenbeschwörer, Bettler und Akrobaten vermengten sich mit Händlern, Kauflustigen und Neugierigen zu einem lärmenden, farbenfrohen Haufen. Juden, Araber, Portugiesen, Afrikaner, Berber, auch vereinzelte salopp gekleidete Touristen mischten sich darunter. Auf dem gedrängten Platz betörten Düfte, Laute, schöne Gesichter lockten.

»Hier ist Zeit noch nicht Geld«, staunte Nadine. Für sie hatte Marokko immer etwas Magisches gehabt. Die pittoresken, lebhaften, nicht ganz harmlosen Szenen, wie eben auf diesem Markt, dem Treffpunkt einer farbenfroh ungehemmten Bevölkerung, übten auf Künstler, Schriftsteller und Sänger seit je eine gewaltige Anziehungskraft aus.

Jedoch auch in Marokko waren die Islamisten nicht zur Toleranz bereit. Die vier Gruppen von Fundamentalisten machten sich weniger politisch als kulturell bemerkbar, was zur irrigen Annahme geführt hatte, dass der religiöse Radikalismus ein Problem der Algerier, Ägypter und Tunesier, nicht aber Marokkos sei. Indessen besaß Yussef bin Golem in allen Schichten der islamischen Bevölkerung einen wachsenden Kreis feuriger Anhänger, denen Marokkos lange Tradition religiöser Toleranz nichts bedeutete. Sie bildeten kleine aktive Zellen, die nur darauf warteten, dass der verehrte Führer die Losung zum Handeln ausgab.

Als wir den Markt hinter uns gelassen hatten, bot die Stadt ein zunehmend verwahrlostes Bild. Plötzlich schlug uns nackte Armut entgegen. Unsere schäbige Nobelkutsche holperte über eine Dreckpiste. Auf beiden Seiten reihten sich primitive, aus Wellblech, Plastikstücken, Holzabfällen und Pappkartonfetzen geformte Häuser. Noch nie hatte ich irgendwo schlimmere Slums gesehen als im Norden Casablancas. Beide atmeten wir erleichtert auf, als wir die Elendsviertel schließlich hinter uns gelassen hatten. Alaoui schien von der Misere seiner Landsleute völlig unberührt. Schließlich war er Berber, stammte von einem stolzen, unabhängigen Volk von Kriegern und Landbesitzern ab.

Ein Bus mit Air-Conditioning kam uns entgegen. Marokko, welche Gegensätze!

»Habe Brahim benachrichtigt. Er diente unter mir in der gleichen Einheit in Westsahara. Vielleicht wird er euch zum Hügel führen«, erklärte Alaoui vieldeutig.

»Wir nehmen die Route durch das grüne Tal, nicht?«, erkundigte sich Nadine erwartungsvoll. Alaoui nickte und warf mir einen erstaunten Blick zu.

Jetzt fuhren wir wieder auf einer besseren Straße. Die Ansiedlung lichtete sich. Die Sonne stand schon hoch. Kleine Gruppen von Männern im losen Wollkaftan, dem Djellaba, saßen vor den Häusern und schlürften Tee.

Nadine lehnte sich entspannt zurück. »Warum fürchtete sich der Taxifahrer eigentlich so vor dem Hügel«, fragte sie wie nebenbei, als wir nach einer Weile über eine breite Landstraße nach Norden brausten.

»Der Moulay-Clan kontrolliert das Gebiet«, antwortete Alaoui kurz, umklammerte das Steuerrad fester, schwieg. Nadine zwinkerte mir fast ausgelassen zu. Hier in ländlicher Umgebung gab sie sich fraulicher.

Wie ein Chamäleon passte sie ihre Stimmungsfärbungen der Umgebung an. Unbeachtet aller vorstellbaren Gefahren, wirkte sie jetzt geradezu heiter. Allerdings: seit unserem langen, heißen Kuss auf der Fahrt nach Zagreb lag nicht viel an. Hier und da eine kurze, prickelnde Berührung ihrer kleinen, festen Hand; einmal, wie zufällig, ein zerstreutes Streicheln meines Gesäßes – von so was ließ sich nur dürftig leben. Langsam aber sicher begann sich in mir etwas zu regen, das ich, wohl aus gut ausgebildetem Selbsterhaltungstrieb, immer noch zögerte, den großen Dauerbock auf Nadine Moran zu nennen. Doch so war's nun mal. *Lass die Späne fallen, wo sie mögen, Polinsky!*

## 56.

Meiner Batterie geht die Puste aus, muss mich beeilen«, schnaufte Irina und begann sofort, die aufgestauten Nachrichten herunterzurasseln:

»Als eines der letzten großen Geschäfte vor dem Tod des Korpskommandanten hatte die Magadino SA einen großen Posten *Exocet III*-Raketen an eine Firma in Oman vermittelt, und …«

»Wann?«

»Vor ungefähr zwei Monaten. Die Firma in Oman wurde liquidiert und aus dem Register gelöscht, nachdem sie den Kaufpreis von zehn Millionen Dollar bar bezahlt hatte.«

Neben der russischen *Sunburn* gehörte die *Exocet III* zu den modernsten, von den USA am meisten gefürchteten Anti-Schiffsraketen.

»Und was geschah mit den Raketen in Oman?«

Die Ware sei nicht einmal in die Nähe der omanischen Küste gelangt, quasselte sie mit einer Geschwindigkeit, als bekäme sie demnächst Redeverbot.

»Taiwan?«, rätselte ich, da Lieferungen an den aufmüpfigen Inselstaat angesichts der rotchinesischen Invasionsdrohungen verständlich gewesen wären. Ihre Anwort kam wie aus der Kugelspritze geschossen: »Der Frachtbrief stammte aus der Werkstatt einer auf Fälschung von Papieren spezialisierten südafrikanischen Firma. Gegen genügend Kohle liefern die Leute jedes Dokument dieser Welt. Wenn nötig, besorgen sie dir ein Ursprungszertifikat für einen weißen Elefanten aus Grönland, deklarieren Semtex-Sprengstoff als Schweizer Käse oder …«

»Wohin gingen …?«

»Ja doch, Schatz. Auf deine kleine, allerdings nachts sehr einsame Irina ist halt Verlass! Ein Werbespot in eigener Sache.« Sie holte Atem. Schon dachte ich, die Batterie sei leer, da feuerte sie wieder aus allen Rohren: »Ein norwegischer Frachter hatte die *Exocets* im französischen La Rochelle abgeholt. Offenbar stand dein Onkel Edouard mit dem französischen Geheimdienst auf bestem Fuß. Von dienstwilligen Damen ganz zu schweigen. Eine Angestellte der Speditionsabteilung der Raketenfabrik schob ihm eine Kopie der Warenempfangsquittung zu.«

»Wieso weißt du das alles?«, staunte ich.

Sie übertraf sich selbst im Schnellsprechen: »IchfanddenWischimArchivderMagadinoSA. Nach diesen Informationen löschte der Norwegische Frachter *Sovereign* die Ladung im iranischen Hafen Bandar Khomeiny. Dort, am nördlichsten Punkt im persischen Golf, hört die Spur auf. Mir scheint, die Iraner …«

»Gut gemacht, Liebling. Glaube mir, deine einsamen Nächte sind gezählt«, turtelte ich schamlos. »Hast du eine Ahnung vom Schiffsverkehr in Bandar Khomeiny in der fraglichen Zeit?«

»Leider nicht. Auf diese Art Verkehr steh ich nämlich nicht besonders, kapiert? Und was meine schlaflosen Nächte anbetrifft …« wie betroffen unterbrach sie sich selbst »… wart' nur, bis ich dich am Hosenlatz kriege. Also, ich forsche mal bei Lloyd's nach. Die haben sicher eine Website. Oder ich …«

»Erkundige dich bei Krall. Büro Genf.«

»Okay, mach ich. Übrigens, du kennst doch Brenton, hast mir erzählt …«

Die Verbindung brach unzeremoniell ab. Batterie leer. Gut! Dass ich Brenton kannte, war ein kleines Staatsgeheimnis aus scheinbar fernen, aber offenbar doch nicht so fernen Zeiten. *Geht niemanden was an*, dachte ich, das Handy achselzuckend wegsteckend: »Batterie hat versagt.«

»Und wie *heißt* diese Batterie?«, konterte Nadine spitz.

»Wieso? Ach so, Irina, meine Mitarbeiterin. Hilft mir mit Recherchen für mein neues Buch.«

Es war einen Versuch wert, aber sie ging mir nicht auf den Leim.

»Bandar Khomeiny? Krall? Genf? Was hat das mit Recherchieren für ein Buch zu tun?«

»Sie versorgt mich mit Daten, Nadine. Routine.«

»Erst datiert sie dich auf, dann bumst sie, oder? Jetzt sag mir nur noch sie sei lesbisch!«

»Nein, ne-ne-ne nein, lesbisch nicht. Das heißt, was weiß ich, 'n bisschen bi vielleicht schon … ich meine … ist doch heutzutage … nun … nicht unbedingt unnatürlich …«

»Spiel hier nicht das Landei, Polinsky. Was hat das Flittchen mit unserem Plan zu tun?« Klang nicht gut. Der schneidende Tonfall löste in mir ein mulmiges Gefühl aus. Magensausen. Vielleicht kam das ja auch davon, dass Alaoui plötzlich scharf bremsend abbog. Wir holperten über Schlaglöcher und schlingerten auf der zerfurchten Schotterstraße. Er streckte mir wortlos die Karte hin, deutete kurz nickend nach vorn. Konzentriert suchte ich nach Höhenkurven, dem Flusslauf, ließ arglos im Motorengebrumm entschlummern, was mir eben noch wie ein feindseliger Vorwurf im Ohr geklungen hatte. Endlich hatte Nadine etwas Farbe bekannt, und zwar eine Schattierung Eifersucht. Leider hatten wir dafür jetzt keine Zeit – Wichtigeres lag an.

*Du kennst doch Brenton* … klang es in mir nach. Ja, ich kannte Jack Brenton.

Was hatte Irina damit andeuten wollen? Sollte ich etwa den US-Präsidenten anrufen: *»Hey, Jack, eh, ich habe da ein Problem … es geht um ein Mädchen …«*

*»Es geht immer um Frauen, Stan, das wissen wir beide. Also, was …«*

*»Könnte sein, Sir, dass da etwas gegen die USA läuft …«*

Nein, Brenton würde mich nicht abwimmeln. Aber ich wusste ja eigentlich überhaupt nichts Konkretes, konnte ihn doch vor seinem Stab nicht mit vagen Vermutungen füttern … Ging doch nicht! Könnte ebenso gut Colossimo anrufen!

*Wie kommt man eigentlich zu einer Freundschaft mit dem Präsidenten der USA?* hörte ich Irinas bohrende, schon vor einiger Zeit gestellte Frage. Gibt ja schließlich jede Menge Angeber, die Brenton kennen wollen, sich mal an ihm vorbeigedrängelt, ihm vielleicht die Hand geschüttelt haben, seinen speziellen Händedruck nie vergaßen, wie er dich mit der andern Hand am Ellenbogen fasst, dir so ergreifend in die Augen schaut, als gäbe es nur gerade dich … in diesem Augenblick … im nächsten, die nächste Hand … die hohe

Kunst des Fleischdrückens … Jack Brenton war ihr unbestrittener Champion.

Bei mir war das anders. Er hielt mich für ein Wunder, einen Teil seiner Seele. Kam nämlich Familienblut ins Spiel, riss das Oberflächliche auf und quoll Menschliches hervor.

Das war in Paris passiert. Einer dieser dämlichen Empfänge. Warum ich hinging, blieb mir bis zum Schluss unklar. Wahrscheinlich um dieser bis an die Augenbrauen gelifteten Filmagentin einen Gefallen zu tun, die in West Hollywood als gesellschaftliche Kupplerin die Fäden zog. Paris war schließlich kein übler Ort, um schnell mal hinzujetten und eine Nacht im Plaza Athénée zu verbringen. Könnte ja noch was draus werden.

*Den Ausgang kennst du nie im Voraus, Polinsky. Weder im Roman noch im Leben …*

Zumal Sharon Stone auch auf dem Empfang aufkreuzen sollte. Und, eben, Billy, der Bruder des Präsidenten, der Wind für sein neues Album machen wollte. Ich saß auf einem Podium mit dem Präsidentenbruder und Buzz Aldrin, dem Astronauten. Wir ließen uns interviewen, während die Fotografen von *Paris Match*, das sich nicht lumpen ließ, die ganze Veranstaltung mitsamt Gagen zu bezahlen, exklusiv knipsen durften.

Um es vorwegzunehmen: Sharon Stone erschien ebensowenig wie Cary Grant erschienen wäre, wenn er nicht schon das Zeitliche gesegnet hätte. Trotz oder vielleicht gerade wegen seines monumentalen Nieskolbens Sharon offenbar nicht witternd, steckte Depardieu nur kurz die Nase rein. Vergeblich hielt ich nach Jeanne Moreau und Gregory Peck Ausschau. An jenem Abend gab es viele, die nicht kamen!

Derweil erläuterte Buzz anhand eines Modells seinen neuartigen Raketenantrieb, der die Betriebskosten der NASA halbieren würde, wenn die Bürokraten in Houston endlich die Vorzüge seiner bahnbrechenden Neuentwicklung begreifen würden.

Billy Brenton nickte und gaffte mit seltsam verklärtem Blick aus einem Karfreitagsgesicht in die Runde von Halbweltgrößen und Möchtegernstars. Der hat gekifft, sagte mir meine aus Angewohnheit analytisch vertiefte Betrachtung gewisser Gesichtszüge interessanter Zeitgenossen. Vielleicht war er sogar zu Härterem übergegangen. Hing der arme Teufel etwa an der Nadel? Wohl doch nur am Glas, entschied ich schließlich.

Billy zupfte dann an der Gitarre herum und sang melodiös zu einem aus gewaltigen Lautsprecherboxen quellenden Ohrwurm.

Die Bildredakteurin von *Paris Match*, ihrem Wuchs und ihren natürlich wallenden blonden Locken nach ein durchaus fulminanter Ersatz für die abwesende Stone, bot mir je später die Stunde desto glänzendere Verbindungen zu amerikanischen Fernsehstationen an, falls ich Interesse an einer Buchpromotion hätte. Mit einem Kommst-du-zu-'nem-Schlummertrunk-mit-rauf-Blick warf sie schließlich die seidene Schlinge aus. Wir könnten phantastische Bilder anschauen, so pikante, dass sie kaum je abgedruckt würden. Sehr scharf, fast so scharf wie ich, setzte sie heiß hauchend nach. In meinem Hosenstall regte sich was, stieß in Richtung Gürtel hoch. Auf dem engen Sofa im schummrigen Dämmerlicht glitt sie an mir herunter, ihre Hände waren überall, sie war im Begriff, da unten bei mir das zu tun, was seit gewissen präsidialen Aussagen vor einem gewissen Sonderstaatsanwalt nicht mehr als Sex zu betrachten ist. Nur, ich hatte Druck auf der Blase. Peinlich! Zu viel Sekt. Immer, wenn's am Schönsten wird … haderte ich mit meinem fühlbar harten Schicksal, befreite mich aus der Umklammerung und versprach vorschnell: »Bin gleich zurück, Süße.« Suchte nach dem Hinweis zum Ort der Erleichterung, fand keinen. *Was soll's. Draußen ist's am Schönsten …* Die dunkle Allee vor Augen, trat ich beschwipst schwankend ins Freie.

Billy war ein guter Junge. Unsere Zimmer lagen gegenüber auf der gleichen Etage. Ihm war ein Bodyguard zugeteilt, der sich an diesem Abend freilich irgendwo im Getümmel verfangen hatte. Gerade hatte ich mich an einen breiten Baum gestellt, eine Kastanie schien mir, wohl weil Kastanien zu meinen Lieblingsbäumen gehören, als der prominente Schützling von zwei in Schale geworfenen Stadtpinkeln durch die Drehtür gedrängt wurde. Keine zehn Pferde brächten ihn an diesem Abend aus dem Hotel, hatte er, vom Jetlag gezeichnet, mir erst kurz zuvor geschworen. Deshalb stutzte ich: Die zwei Cravate-noir-Schnäuze passten nicht in den Streifen, das Wanken in Richtung heißes Pariser Pflaster stimmte nicht. So stolperte ich einfach in die Sache hinein.

Als die Kerle auf die Limousinen zugingen, dachte ich anfangs, Billy wolle am Ende in Pigalle noch eine Nummer schieben ... da sah ich die Injektionsspritze aufblitzen und rannte plötzlich hellwach los. Bevor der Kerl, der den Wagenschlag öffnete, die Nadel ansetzen konnten, riss ihn meine Hand am Kragen zurück. Das andere ergab sich fast automatisch. Wie von Li-Li eintrainiert, schlug ich ein paarmal zu, Hieb um Hieb ... trieb die Nadel dem auf den Rücksitz torkelnden Gorilla in die Hinterbacke ... der schrie wie am Spieß, was endlich den Portier alarmierte ... Billy stand verblüfft da, zögerte ... ich zerrte ihn vom Wagen weg ... endlich trabte die Hotel Security an und glotzte den die Allee hinunter entschwindenden Rücklichtern des Wagens nach ... In der abgebrochene Spritze fanden sie später die Reste eines schnell wirkenden Betäubungsmittels von einer Stärke, die ein Pferd in Sekunden umgehauen hätte.

Zwei Tage später landete Präsident Brenton höchstpersönlich in Paris. Nicht nur um mit Präsident Chirac bei Alain Ducasse nobel zu speisen, wie die Medien berichteten. Jack holte sein Bruderherz ab, brachte es sicher mit der Air Force

One in die Staaten zurück, zurück in die Obhut der besorgten Familie. Mit Polinsky im elektronisch verstellbaren Schlafsessel der geräumigen lachsfarbenen Kabine dieser fliegenden Kommandozentrale!

In jenen acht Stunden des Überflugs hatte ein Wort das andere gegeben. Wir entdeckten Gemeinsamkeiten, ich schwelgte in meinen, er in seinen Taten. *Doppelleben, Doppelleben – wem sagst du das, Stan?* meinte Brenton in nostalgischem Tonfall, als er meine Identitätsschlingen endlich im Griff hatte. *Auf dein Privatleben, Stan!*

Vermutlich hatte ich in jener geilen Nacht im Plaza Athénée mit zwei gezielten Handkantenschlägen tatsächlich einen recht fiesen Plan durchkreuzt. Der Präsident, felsenfest davon überzeugt, ich hätte geistesgegenwärtig, uneigennützig und in geheimster Mission gehandelt, war dankbar über die heile Heimkehr des labilen Bruders. Keine Drogenaffäre, keine Giftereien in der Presse, kein weiterer Skandal ...

*Auf dein Privatleben, Stan!* Der Toast ging mir nicht aus dem Kopf. Im Eimer war's. Kaputt! *Selbst schuld? Oder hatte mich diese aufrührerische Französin kühl berechnend in ihren Schlamassel hineingezogen?*

Den Seitenblick voller Skepsis, den ich auf sie warf, quittierte sie nicht, außer vielleicht mit einem minimalen Schürzen ihrer schön geschwungenen Lippen. Und tiefem Einatmen, was die warmen Rundungen ihres revolutionären Brustkorbs vorteilhaft in Szene setzte. Meine Marianne! Eine Frau des Volkes, die eines Tages von Patriotismus erfüllt die Brust entblößen würde. Für Freiheit und Polinsky. *La vraie Comédie Française!*

# 57.

Das versteckte Tal lag weit ab von der Straße. Seine Flanken waren steil und karg. Um an den Fuß des Hügels zu gelangen, mussten wir es durchqueren. Zwischen Steinbrocken und grünen Auen plätscherte ein kühler Bach. Die klare Bergluft machte den Himmel so stahlblau, dass der Blick nach oben in den Augen schmerzte. Die Sonne brannte auf das Wagendach.

Alaoui kurbelte die Scheibe herunter, als die Straße den Talboden verließ, sich emporschlängelte und auf einem schmalen Vorsprung den Hang entlanglief.

Unter uns glitzerte der Bach. Eine Kurve um einen Felsvorsprung herum eröffnete einen guten Blick in die Umgebung. Alaoui hielt den Wagen an. Ich stieg aus, zog meine Mütze tiefer in die Stirn, spähte nach vorn, wo die Straße sich noch mehr verengte und dann wie ein staubiger Strich eine lange Geröllhalde durchquerte. Die steile Flanke fiel talwärts gut zweihundert Meter tief ab. Als ich mich umdrehte und zurückblickte, wo wir hergekommen waren, sah ich die Staubfahnen.

»Alaoui? Das sieht mir gar nicht nach deinem Freund Brahim aus.«

Alaoui hielt bereits den Feldstecher in der Hand und trat an den Rand des Abgrunds.

»Gefällt mir auch nicht«, murmelte er. Nadine schälte sich aus dem Fond des Jaguars. »Ich dachte, ihr wollt nur mal kurz das Revier markieren«, meinte sie leichthin. »Was ist?«

»Drei schwarze Autos«, raunte mir Alaoui zu. Die kurze Kolonne wand sich aufgrund der Entfernung scheinbar langsam vom Talboden hoch.

»Leute vom Moulay-Clan?«, fragte ich leise.

Alaoui zuckte die Achseln: »Schwer zu sagen.« Er drehte sich um. »Einverstanden, wir fahren!«

Schon holperten wir los. Die Räder des Jaguars knirschten auf der schmalen Dreckpiste bedrohlich nahe am Rande des Abgrunds.

»Wie weit ist es noch bis zum Dorf von Brahim?«

»Gute halbe Stunde bis zur Abzweigung«, erwiderte Alaoui, den Blick im Rückspiegel. »Die holen auf«, meinte er, während er beschleunigte. Steine schlugen gegen die Kotflügel. Der schwere Wagen schlingerte, blieb jedoch dank der geschickten Lenkmanöver unseres Fahrers hart an der Bergseite. Als wir die engste Stelle erreichten, verlangsamte Alaoui die Fahrt. Weiter vorne führte die Straße auf eine kleine, mit Gestrüpp überwucherte Plattform hinauf, um sich dann hinter einer scharfen Biegung zu verlieren.

Als wir die Zwischenhöhe erreichten, blickte ich zurück und kommandierte: »Stopp!«

Der in militärischer Disziplin trainierte Alaoui trat sofort auf die Bremse. Knirschend kam der Jaguar zum Stehen. Der Blick brachte schlechte Neuigkeiten: Eine lange Staubwolke hinter sich herziehend, näherte sich die Autokolonne der Verfolger dem Steilhang. Aloui und ich verständigten uns mit den Augen.

»Wartet hinter der Biegung«, rief er. Nach hinten deutend, machte er eine typisch lässige Gebärde und legte den Rückwärtsgang ein. Ich glaubte, seine Absicht begriffen zu haben, stieg aus. Nadine stand schon auf der Straße. Sie fasste mich unvermutet am Arm und zeigte stumm nach oben. Leicht überhöht von unserem Standort lag hinter Geäst verborgen ein Steinhaus. Sie meinte, wir hätten von dort einen besseren Überblick und winkte mir aufmunternd zu.

»Diese Typen sind hinter uns her«, keuchte ich, auf allen vieren hinter ihr durchs Gestrüpp hochkraxelnd. Aus dieser Perspektive und sicher auch weil die plötzliche Anstrengung meine Blutzirkulation anregte, schien mir plötzlich als hätte ich nie einen süßeren kleinen Po gesehen als den, der da so verführerisch vor mir den Hang emporwippte. *Klassechassis!*

»Wer weiß denn schon … von unserem Aufenthalt hier … in dieser abgeschiedenen Gegend?«, warf sie mir in abgehackten Fragmenten zu.

»Vergiss nicht, die CIA ist hinter dir her, Süße«, erwiderte ich oben angekommen und richtete mich auf, um nach Alaoui Ausschau zu halten.

»Komm schon, Polinsky«, mahnte sie und dann: »Da, das Zeichen!« Ihr Blick war starr nach vorn auf den bunkerähnlichen Bau gerichtet. Motorengeräusche echoten von der anderen Talseite herüber, vermischten sich mit dem Aufjaulen des Jaguars, als Alaoui ihn mit Vollgas schwankend in den Steilhang zurücksetzte.

»Siehst du die Lilie da?«, keuchte sie mit erhitztem Gesicht. »Hier auf dem Amulett, ein Querschnitt durch die Blüte. Und dort am Bunker? Schau hin!«

Als ich näher trat, umfing mich ein Geruch, nein, etwas, das ich eher als Ausdünstung empfand. Jetzt, hier, angestrengt, verschwitzt, erregt, sonderte ihr Körper endlich etwas ganz Rohes, ganz Fundamentales ab: ein scharfes, geradezu beizendes Odeur, das mich anfiel wie ein brünstiges Tier. Mich mit Gewalt zusammenreißend, nahm ich die Sonnenbrille ab und kniff die Augen zusammen: »Drei stilisierte Blütenblätter«, bestätigte ich. Sie hielt mir das Amulett hin: »Genau das gleiche Symbol wie hier. Schau!«

Tatsächlich! Der als Wappen aufgemalte Blütenquerschnitt am Bunker stimmte haargenau mit der Gravur auf ihrem Halsschmuck überein.

Alaoui hatte den Jaguar gute zweihundert Meter in den Hang hineingefahren. Von unserem Standort aus sahen wir, wie er anhielt, hastig ausstieg und zu uns zurücktrabte. Im Hintergrund kamen die Verfolger unaufhaltsam näher.

»Thierry-Clé ist hier irgendwo in der Nähe, glaubst du nicht?«, raunte sie fassungslos, als wir vor der schweren Betontür standen.

Ich heftete meinen Blick auf die Steinplatte mit der aufgemalten gelben Lilie. Sich umwendend rief Nadine: »Was macht Alaoui mit unserem Wagen?«

Da fiel mir ein Unterschied in der Oberfläche der Steinplatte auf. »Komm! Rasch! Hilf mir!«, kommandierte ich.

Als sie neben mir stand, befahl ich ihr, die Beine breit zu machen.

»Sagt wer?«

Nach oben deutend machte ich offenbar die richtigen Gebärden. Jedenfalls drehte sie sich um, spreizte die Beine. Ich fuhr mit Kopf und Hals dazwischen. Sie trug keine Strümpfe, nur einen leichten Jupe. Ich umfasste von außen herum ihre Knie und hob ab. Sie saß auf meinen Schultern und kreischte durchdringend spitz, als ich im Bemühen, näher an den Bunker heranzukommen, fast das Gleichgewicht verlor. Auf meinen Schultern schwankend, streckte sie sich: Ihr Venushügel schmiegte sich fühlbar in die Mulde zwischen Hals und Hinterkopf. Für eine eher zierlich gebaute Frau drückte ihr Liebeshügel fest und dick wie eine Babyfaust in meinen Nacken. Plötzlich schienen wir uns schwerer, träumerischer zu bewegen. Die Zeit verlangsamte sich, das Tageslicht vertiefte sich zu flüssigem Honig, oder zu Harz, in dem wir winzigen, hier schwankend buhlenden Lebewesen fest saßen wie zwei brünstige Fliegen im Bernstein.

War es die Anstrengung, auf dem steilen Gefälle das Gleichgewicht zu halten, das Bestreben, mich ihrem Rhythmus anzupassen, oder das süße, satte Gefühl, das in mir hoch stieg – jedenfalls begann mir der Schweiß aus allen Poren zu triefen, besonders da, wo ihr Schoß meinen Nacken umklammerte. Sich daran rieb. Ja, ihn förmlich ritt.

Jetzt begann ihre Muskulatur sich rhythmisch zusammenzuziehen, zu öffnen, wieder zusammenzuziehen. Der Druck ihrer Schenkel ließ nach: Sie hatte sie weit gespreizt, um ihrem von der Schwerkraft assistierten Mons veneris noch festeren Kontakt mit meinem Nacken zu geben. Gehorsam dem leitenden Druck ihrer Hände folgend, neigte ich den Kopf soweit nach vorn wie möglich, ohne einen Sturz ihrerseits zu riskieren.

Jetzt ritt sie mich wirklich: In kleinen, kurzen, zielbewussten Zuckungen. Die Beine leicht gewinkelt, locker im Knie, das linke fest in den Steilhang gestemmt, die rechte Schulter leicht gegen die Wand gelehnt, half ich nach, so gut es ging. Um's mal ganz prosaisch auszudrücken: Sie ruppelte sich einen ab. Kam. Wie Machos sagen: eimerweise. Ein richtiger weiblicher Erguss. Nadines warmes Nass mengte sich mit meinem Schweiß. Zitternd standen wir da. Ihr wie ein Packesel meinen Nacken als Wichsbuckel ausgeliehen zu haben, entsprach kaum meinen Vorstellungen von einer gediegenen Nummer, geschweige denn einem romantischen Schäferstündchen. Immerhin safe sex, raunte ich mir beschwichtigend zu. Frustriert aufbrausend schnauzte ich sie an: »Drück jetzt endlich auf die Platte da, die mit der verfickten Lilie drauf!«

Wortlos und schlaff meinem Befehl folgend, fummelte sie tattrig irgendwo über mir an der Wand herum und gab dann Bescheid: »Nichts bewegt sich. Was suchst du eigentlich?«

»Mach schon weiter«, stöhnte ich genervt. »Versuch's am rechten Rand.«

Unter uns kämpfte Aloui sich jetzt schwer atmend durch's Gestrüpp empor und blieb mit offenem Mund stehen, als er uns in der lächerlichen Ritterkampfposition erblickte.

»Ah, ich hab's«, rief Nadine. Ein Knirschen bestätigte meine Vermutung. Die schwere Bunkertür öffnete sich langsam. Ich ging leicht in die Hocke und ließ sie zurück auf die Erde rutschen. Unsere Blicke glitten voneinander ab: Sie schaute mich an, als hätte sie gerade ein solides, aber hastig verzehrtes Frühstück hinter sich.

*Warte nur, Süße, das große Dinner kommt noch!*

Mich keines weiteren Blickes würdigend, blickte sie wie hypnotisiert zu der Lilie auf. Verstohlen wischte ich mir mit einer Hand den Nacken und verstand nur allzu gut: *Der Mohr hat seine Schuldigkeit getan, der Mohr kann gehn.* Na und, was soll's? Ich wandte mich geschäftsmäßig an Alaoui. »Wusstest du von dieser Anlage?«

Ohne die Antwort abzuwarten, betrat ich den Bunker, öffnete drinnen die erste Tür und tappte im spärlichen Licht in einen Raum. »Donnerwetter!« entfuhr es mir.

Rasch öffnete Alaoui die Luke. Licht strömte ein und entblößte die Einrichtung eines Befehlsstandes. Schon schob Nadine, offenbar wieder voll auf Deck nach unserem verschwitzten pas-de-deux, ein Fernrohr heran, während ich die Schutzhaube von dem kleinen Kommandopult riss.

»Der Jaguar steht mitten auf der Straße«, konstatierte sie lauthals.

»Ja, die perfekte Straßensperre«, konterte ich und warf Alaoui einen Blick der Anerkennung zu. Er grinste: Unser militärischer Verstand kommunizierte ohne viele Worte.

»Die drei Autos halten an. Männer steigen aus. Zwei, drei, mit Gewehren. Jetzt geht einer langsam auf den Jaguar zu«, meldete Nadine hinter dem Fernrohr. Hier im Bunker leuchteten die Kontrolllampen giftgrün. Das Display auf dem Bildschirm zeigte an, dass im steilen Abschnitt der Geröllhalde die Straße so vermint war, dass sich ein Erdrutsch auslösen ließ. Das Gelände war in drei Sprengsektoren unterteilt, wobei der Jaguar im roten Sektor drei stand. Ich blinzelte auf den roten Knopf mit der Zahl 3 und riss die Sicherungsplombierung ab.

»Ihr verheimlicht mir doch wohl nichts?«, bellte Nadine uns plötzlich an. »Wer sind die Leute da unten?«

»Werden wir gleich sehen«, meinte Alaoui ruhig, plötzlich eine schwere automatische Pistole in der Hand.

»Ein vierter Wagen!«, verkündete Nadine so monoton rau als sei sie die Zeitansage für diese unwirtliche Gegend. »Ein Land Rover. Hält jetzt an.«

Wir sprangen zur Luke und sahen, wie eine Gestalt aus dem Geländewagen stieg.

»Er telefoniert. Kann sein Gesicht nicht erkennen«, kam pünktlich Nadines Meldung.

Walross hatte den Land Rover in sicherer Distanz angehalten. Sein Instinkt verriet ihm, dass hier was faul war. Sehr faul sogar. Der Lapsus von Nis sollte sich nicht wiederholen. Sein im Geländelesen geübtes Auge erkannte, dass seine Männer an der denkbar dümmsten Stelle auf einem Haufen versammelt waren. Er musste diese Anfänger am Zügel halten wie Rekruten in der ersten Ausbildungswoche. Den Schlapphut tief in die Stirn drückend, stieg er stöhnend aus und kommandierte ins Funkgerät: »Der Kerl in der Scheißkiste da soll subito seinen Arsch bewegen. Sonst schmeißen wir ihn den Abhang hinunter.«

Die Antwort der Männer trug wenig zu seiner Erheiterung bei. Sauer gab er zurück: »Okay. Schiebt die Karre beiseite. Dann versammelt ihr euch drüben unter dem Steinhaus.«

Innerlich fluchend trat Walross hinter den Land Rover, ruckte am Reißverschluss, griff sich in die Hose und produzierte das schlaffe Glied hervor. *Mist! Diese einheimischen Lümmel sind zweite Garnitur. Revolverhelden, die sich mieten lassen, um gegen Geld rumzuballern und irgendwen mit Blei voll zu pumpen.* Beim Wasserlassen entstand bei Walross oft eine kleine Pause von Seelenruhe, die er hoch zu schätzen wusste: Dann stand er mit geschlossenen Augen da und nichts rührte sich in seinem Kopf. Diesmal allerdings fielen ihm diese verfickten Bilder wieder ein. Er, auf den Ballen der Füße verharrend, flach atmend. Ein Lichtkegel, der ihm von der Brust hochblendend in die Augen fuhr. Sein rechter Zeigefinger … der Abzug … das trockene Knallen seiner Waffe, gefolgt von wildem Geballer. Walross riss die Augen auf, vergaß sein Geschäft und pinkelte sich einen langen keilförmigen Streifen auf die Hose, so sehr erschreckten ihn die Schüsse. Das war *richtiges* Feuer!

»Wer schießt da?«, rief ich und rannte zur Luke. Unten feuerten vier Kerle aus automatischen Waffen hemmungslos auf den Jaguar. Der schwere Wagen schüttelte sich unter dem Kugelhagel, sackte ein, als die Pneus durchsiebt wurden. Erst als alle Scheiben wie Zucker aus den Rahmen gefallen waren hielten die Männer mit ihrer Ballerei inne. Zögernd näherten sie sich dem Wrack, um plötzlich wieder wie wild loszuschießen.

»Die haben's auf uns abgesehen«, murmelte Nadine offenbar verstört, als die Garben verhallten.

Walross krümmte sich vor Frust. Der nasse Streifen Hose klebte ihm an Knie und Schienbein, ausgerechnet jetzt, wo er nach vorn stürmen wollte, um diese Deppen gotteslästerlich zusammenzuscheißen. Die hatten wohl Risse in der Birne. Aber wenn die erstmal die Hose sahen …! Außerdem hielt seine Felderfahrung ihn zurück: Hier stank's schlimmer denn je im Staate Dänemark. Während er also noch handlungsgelähmt dastand, rissen die Männer die Wagentüren auf, um allem, was sich noch rührte, den Garaus zu machen. Erstaunt wichen sie zurück und ließen die Gewehrläufe sinken.

»Komisch, das Fahrzeug ist leer, Boss«, hörte Walross eine belämmerte Stimme.

»Räumt endlich ab, ihr Idioten!«, tobte der Agent.

Während die Gangster sich anschickten, seinen Jaguar wegzuschieben, dozierte Alaoui scheinbar gleichgültig: »Der Moulay-Clan beherrscht das Drogengeschäft hier. Kif oder

Marihuana wird weiter nördlich zu Haschisch verarbeitet und nach Westeuropa verfrachtet. Zwei Milliarden Dollar werden im Jahr umgeschlagen.«

Ich hatte mich auf dem Kontrollbildschirm systematisch durch die Sprengbereitschaftsgrade durchgearbeitet und konnte jetzt Sektor 3 mit Alaouis Nobelsarg von Auto identifizieren und entschärfen. In diesem Augenblick blinkte ein rotes Dreieck über der Anweisung, wie die Sprengung auszulösen sei. Das war leicht zu begreifen! Mein juckender Zeigefinger streichelte vorsichtig die Auslösetaste.

»Ich weiß einfach nicht«, meinte Nadine stirnrunzelnd. »Der Kerl da beim Land Rover. Einem Typen wie dem bin ich doch schon mal begegnet.« *Los Alamos, Jim Watt,* soufflierte ihr Gedächtnis.

Wir standen nahe beieinander. Jener tierische Geruch an ihr hatte sich noch nicht vollends verflüchtigt. Erst jetzt, nach der Anstrengung, auf dem Steilhang das Gleichgewicht zu halten, um ihr die Freuden eines Orgasmus sozusagen aus dem Stegreif zu vermitteln, reagierte ich auf die erotische Herausforderung, indem ich hoch über meinem blöden Ständer erhaben an ihr vorbei in die Gegend spähte. Drunten auf der Straße stießen, wuchteten, zerrten, schoben die Kerle den Jaguar auf die schmale Böschung. Wie Raubtiere vor dem Kill hielten sie dort kurz inne.

»Salauds!«, knirschte Alaoui durch die Zähne, während sein stolzer Wagen unter den letzten, entschlossenen Stößen der Bande langsam kippte und dann, plötzlich der Schwerkraft folgend, vom Johlen und Grölen der Männer begleitet, krachend in die Tiefe polterte. Alaoui blickte mich an.

»Die Saubande arbeitet bestimmt für Moulay. Oder für diesen Fremden da hinten.«

Ich nickte. Wir verstanden uns.

Die Männer waren lärmend bei ihren Autos angelangt. Genervt stieg der CIA-Mann in seinen Land Rover, beugte sich vor und drückte auf den Anlasser. Natürlich hatte er keine Ahnung, dass ich in genau dergleichen Sekunde im Bunker die Sprengtaste betätigte.

Die Erde bebte leicht. Die drei Detonationen tönten dumpf, verhalten, fast schüchtern. Doch die Wirkung überstieg meine kühnsten Erwartungen. Verblüfft schauten wir zu, wie der Hang auf einer Länge von schätzungsweise dreihundert Metern lautlos wegrutschte. Die Straße kippte einfach in die Tiefe. Die drei Autos der Gangster sanken wie im Fahrstuhl hinunter. Noch während sie hilflos fuchtelnd durch die Luft wirbelten, versuchten die Männer sich zu retten.

Als Walross aufblickte, war die Straße weg. Futsch. Die Männer mit ihren Autos waren wie vom Erdboden verschlungen. Er stürzte erschrocken aus dem Wagen, stolperte und schlug lang hin, entgeistert auf die Abrissstelle nur zehn Meter vor dem Land Rover starrend. Dann entdeckten seine wilden Blicke die tiefe Wunde im Gelände. Atemlos rappelte er sich hoch und wankte zum Wagen zurück. Eine Staubwolke wirbelte hoch, nahm ihm die Sicht. Hustend gelangte er zum Wagen zurück und setzte sich hinter das Lenkrad. Langsam, ganz langsam, manövrierte er rückwärts.

»Tut mir Leid um den Wagen, Alaoui«, sagte ich, während das Gepolter und Getöse verhallte. Nadine stand an der Luke, ihr Amulett in der Faust. Ihre Stirn war blass, gefurcht.

»Ich glaube nicht an Zufälle«, verkündete sie trotzig.

»Was soll's denn sonst sein, Mädchen?«, gab ich ruppig zurück, meine Unsicherheit überspielend. War die Lilie am Ende tatsächlich eine mysteriöse Wegmarke, die uns zum Ziel führen sollte? Oder verbarg mir Nadine etwas …

»Hauen wir doch ab«, schlug Alaoui praktisch vor, als Pferdegetrampel von draußen unsere Lagebesprechung unterbrach. Nadine umfing mich überraschend leidenschaftlich von hinten.

»Wir sind nahe dran, Polinsky, lass uns zusammenbleiben.« Ihre prallen Brüste fühlten sich prickelnd an auf meinem Rücken und verscheuchten alle Rachegedanken. *Welch Teufelsweib!* Ich drückte ihre Hände gegen meinen Bauch und wünschte, sie würden tiefer gleiten. Oder schuldete sie mir etwa keinen kleinen Gegendienst?

## 58.

Das Geräusch der Hufe kam näher. Die Waffe im Anschlage kauerte Alaoui unter der Bunkertür.

*Meine Neunmillimeter liegt nutzlos im Kofferraum des im Talgrund zerquetschten Jaguars!*, fluchte ich. Nadine saß auf dem kalten Betonboden, ihr goldenes Amulett an die Brust gedrückt. Unten auf der Straße ertönte ein knurrender Laut, der Hufschlag lief aus. Stille. Plötzlich entspannte sich Aloui, richtete sich auf. Grinsend winkte er uns hinaus.

Hart und gerade wie das Gewehr in seinem rechten Arm saß Brahim auf dem Schimmel. Seinen von Wind und Sonne braun gegerbten Kopf umschlang ein weißes Kopftuch, das die gleichen Farbmuster zierten wie das kostbare Saumzeug seines Tiers.

Drei braune, gesattelte Pferde mit buntem Lederzeug rupften Blätter vom Gestrüpp.

Brahim wirkte imposant, hoch zu Ross in seinem weißen Anorak, mit zwei gekreuzten Lederriemen über der Brust, den Stiefeln aus Wildleder und der Waffe, dem stolzen Blick, mit dem er uns musterte. Wir machten uns vorsichtig auf den Weg nach unten.

»Unser Gepäck!«, rief Nadine, als wir auf der Straße auspusteten. Ich suchte gerade nach Worten, um sie über den Verlust zu trösten, als ich die Taschen schön aufgereiht an der Böschung stehen sah. Ein Stein fiel mir vom Herzen: Ich klopfte meinem zuverlässigen Gefährten auf die Schulter.

Alaoui nickte einmal kurz, ohne zu lächeln. Auch Brahim blieb wortkarg. Mit knappen Gesten wies er uns die Pferde zu. Alaoui befestigte das Gepäck. Mit einiger Mühe hievte ich mich auf den Rücken des offenbar an schwierigem Gelände erprobten Tiers. Mein letzter Ritt zu Pferd lag zwanzig Jahre zurück. Im leichten Trab ritten wir los. An der Spitze Brahim, bolzengerade und wachsam, gefolgt von Nadine, ganz sattelfest, als wäre sie auf einem Pferderücken zur Welt gekommen. Kein Wunder: sie hatte mich so fulminant geritten!

Alaoui mit dem Gepäck machte das Schlusslicht. Schon kurz nach der Biegung tat sich ein Seitental auf. Unseren Blicken boten sich sanfte, graue Hügel unter weißen Quellwolken. Wir ritten wortlos, rasch, zielstrebig. Wie lange, hätte ich nicht sagen können. Die Sonne stach mir zwar heiß in den Rücken, gab aber keinerlei Anhaltspunkte. Gerade als mein Hintern zu schmerzen begann, hielt Brahim an. Er deutete mit dem Gewehrlauf in die Höhe, wo sich ein steiler Pfad von der Straße hinweg den Berg hinaufwand. Zuoberst auf dem hohen Hügel leuchtete ein Stück weißes Gemäuer vor dem dunkelblauen Himmel. Niederes, dichtes Gestrüpp bekleidete den Abhang wie Bärenfell.

Brahim unterhielt sich mit Alaoui in der Sprache der Berber. Nadine tätschelte ihr Pferd am Hals: Ich tat es ihr nach. Als Alaoui jetzt aus dem Sattel stieg und die Taschen auf unsere zwei Pferde umschnallte, verstand ich, dass sich unsere Eskorte bald verabschieden würde.

»Verbotenes Gebiet«, erklärte mir Alaoui. Ein Helikopter schoss knatternd über die Kuppe. Nadines Pferd bäumte sich auf, doch Brahim fiel ihm geistesgegenwärtig in die Zügel und hielt es im Zaum. Mein Gaul blieb apathisch, wie während des ganzen Ritts. Hoch über uns neigte sich der Hubschrauber in eine Schlaufe und hielt auf den Hügel mit dem weißen Gebäude zu.

*Sicher hat uns der Pilot gesehen!*

Meine Freunde berieten sich. Das Pochen des Helikopters verklang, als er oben aufsetzte.

»Reiten wir!«, rief uns Alaoui zu.

Seinem Schimmel die Sporen gebend, erklomm Brahim schwungvoll die Böschung, um auf den Pfad zu gelangen, der sich als schmale helle Schneise durch das stumpfgrüne, dornige Gestrüpp aufwärts kämpfte. Mein Pferd folgte, ohne dass ich etwas dazu beitrug. Ich presste meine Schenkel zusammen und beugte mich vor, um nicht aus dem Sattel zu kippen. Hinter mir erklang Nadines helles Lachen. *Das kleine, wetterwendische Biest!* Langsam, stetig, ritten wir im Kessel aufwärts. Ich schaute mich vorsichtig nach Alaoui um, der mir einen stummen Blick zuwarf. Verbotenes Gebiet? Ich zuckte die Achseln.

## 59.

Die Szenerie änderte sich schlagartig, als wir den Pass erreichten, wo der Pfad aufhörte. Eine weite, graubraune Gebirgslandschaft öffnete sich unseren Blicken. In Schweiß gebadet stieg ich aus dem Sattel, um mir die Beine zu vertreten: Mein Hintern war bestimmt wundgeritten. Das weiße Gebäude auf der Hügelspitze blieb hinter einer hoch aufragenden Felsnase verborgen.

Ruhig blickte Nadine über das berauschende Panorama des Großen Atlas: *Ein wildes Weib!* Hier, in der Wildnis, fühlte sie sich wie zu Hause. Im Norden schimmerten die Umrisse des Rif-Gebirges im Dunst. In entgegengesetzter Himmelsrichtung deutete sich die immense dunkelblaue Fläche des Ozeans an. Alaoui reichte mir seinen Feldstecher, mit dem ich die Felsnase über uns studierte.

»Hier trennen sich unsere Wege, Polinsky«, meinte er. »Nimm diese Waffe als mein Geschenk.« Auf seiner Handfläche lag ein silberner Dolch. »Schnall ihn um's Bein.« Er hielt die schön verarbeitete Scheide mit dem Lederband hoch.

Der Berber war kein Mann vieler Worte. Sein Blick verriet die Treue und Hingabe eines echten Freundes. Mit dem Kopf in Richtung Brahim deutend, griff ich nach meiner Brieftasche. Er wehrte stolz ab: »Ihr seid Fremde in diesem Land. Wir sind Berber! Wir sind da, um euch zu helfen!«

Während wir uns umarmten, schnallte Nadine ihr Gepäck auf den Rücken. Auch ich schulterte meine unförmige Tasche. Dann machten wir uns auf das letzte Stück unseres Weges zur berüchtigten Moulay-Höhe. Als ich nach ein paar Metern zurückblickte, trotteten unsere Begleiter mit den Pferden bereits den steilen Pfad hinunter.

»Polinsky, kommen wir da oben überhaupt durch?« Da ihr Tonfall keinen Zweifel verriet, nahm ich an, sie wollte lediglich etwas Konversation machen.

»Wird schon gehen, Madame. Wir klettern das Felsband entlang«, antwortete ich, entschlossen aufwärts stapfend. »Nur lass uns diesmal die Ruhe bewahren, okay?«

»Wieso«, lachte sie, »du warst doch ruhig wie ein Lämmerschwanz.«

Ich hüllte mich in heiteres Schweigen, bis wir den höchsten Punkt erreicht hatten. Dort kauerten wir keuchend hinter einem kleinen, nicht viel mehr als mannshohen Turm aus getrocknetem Lehm und spähten zu den rechteckigen weißen Häusern mit den flachen Dächern hinüber. Hinter der Anordnung verschachtelter Würfel erstreckte sich ein längeres stattliches Gebäude.

»Das muss der Palast des Sultans gewesen sein«, flüsterte ich, schlich um den kleinen Turm herum und fand sofort die Öffnung.

»Hier geht's rein, gnädige Frau«, sagte ich.

»Das ist ein Haman, das Familienbad. Ein Schwitzkasten«, wusste Nadine.

Tatsächlich sah das Innere des mit Kalkmotiven verzierten Türmchens nach einer Sauna aus. Nur dass Saunas in der Regel keine Klapptüren am Boden aufweisen.

»Ein geheimer Ausgang«, sagte ich und hob schon die aus Brettern gezimmerte Abdeckung hoch. Scharniere quietschten gespenstisch. Eine Ratte flitzte davon. Nadine kreischte auf, dass es mir spitz in die Hoden fuhr.

»Schhhht! Spiel hier nicht die Zimperliche«, zischte ich. »Gib mir die Taschenlampe!«

Mit ihrer plötzlich hautnah dargebotenen Hilfe untersuchte ich die Eisenleiter, die in die Tiefe führte. Rasch gelangten wir an eine rostige Tür, die uns in einen schmalen Gang führte, den kein Ungeziefer bevölkerte. Schade! Ihr Kreischer hatte mich an die schönsten Augenblicke meines verschollenen Privatlebens erinnert.

Auf einem dünnen Läufer kamen wir rasch voran. Muss ein geheimer Fluchtweg gewesen sein, raunte ich Nadine zu, als wir an eine Treppe gelangten, die einen matten Lichtschein abgab.

Wir stellten das Gepäck ab und schlichen hoch. Als wir über den Rand einer Balustrade blickten, verschlug es mir den Atem.

Unter uns lag die Pracht eines mit herrlichen Fliesen ausgelegten Innenhofs. Der Raum bildete ein großes, lieblichgrünes Viereck aus Tausenden von dunkelgrünen und hellen, mit roten Tupfen durchsetzten Mosaiksteinchen. Im großen Vierreck zeichneten in der Mitte Streifen von Fliesen ein Achteck, das wiederum mit herrlichen Blumenmustern aus Mosaik ausgefüllt war. Mitten in diesem Oktagon stand, eingebettet in einen kleinen achtzackigen Stern aus schwarzen Steinen, eine große Brunnenschale aus weißem Marmor. Gerade trat barfuß eine Frau ins Bild, deren langes schwarzes Haar über ihr luftiges rosarotes Gewand fiel. Ein Knabe in einem lila Hemd hüpfte ihr nach. Sie nahm das Kind an die eine Hand, tauchte mit der andern ins Wasser und wusch sich die Stirn. Dann betupfte sie das Gesicht des Knaben. Gebannt blickten wir auf ein Ritual, das ebensogut vor zweitausend Jahren hätte statt finden können.

Plötzlich hob der Knabe den Blick und schaute uns an. Er streckte die Hand aus, rief seiner Mutter etwas zu. Erschrocken blickte die Frau zu uns empor. Nadine duckte sich. Die dunklen, samtweichen Augen der biblischen Schönen hielten mich gefangen. Wie in einem halb bösen, halb ekstatischen Traum konnte ich keinen Muskel bewegen. Lange schauten wir einander stumm an. Dann wandte sie sich ab, sagte ihrem Jungen etwas und eilte davon. Was tun? Es war zu spät. Man hatte uns entdeckt. Das Spiel war aus.

»Komm, Süße, wir gehen runter. Ich könnte auch ein bisschen Wasser vertragen.«

Am Rande des Innenhofs zogen wir die Schuhe aus und schritten barfuß über das feine Mosaik zum Brunnen. Irgendwann würde jemand auftauchen. Dann würde ich entschuldigend erklären, dass diese Dame auf der Moulay-Höhe verabredet sei und wir die unfreiwillige Gastfreundschaft der einheimischen Bevölkerung wirklich zu schätzen wüssten.

Nadine war mir ohne Widerrede gefolgt. Als sie, auf dem Fliesenboden sitzend, die Schuhe schnürte, sagte sie plötzlich: »Hier lebt mein Vater. Ich spüre es.«

Die Endgültigkeit in ihrer Stimme erstickte meinen Widerspruch im Keim. »Komm, wir suchen ihn.« Sie deutete in einen Seitengang und lief voraus. Wäre ich zehn Jahre älter gewesen und hätte eine Tochter wie sie gehabt, mir wären vor Stolz die Tränen gekommen!

# 60.

Leise stiegen wir die engen Stufen der in Stein gehauenen Wendeltreppe hoch und gelangten auf einen kleinen Zwischenboden. Geradeaus sah ich eine rote Tür, ging darauf zu und drückte die Klinge nieder. Die Tür gab nach. Wir traten in ein helles Zimmer.

Ein Bett stand neben einem Tisch, ein Spiegel hing schief an der Wand über einem bequemen, modernen Fauteuil.

Der Raum besaß nur eine Glastür; die stieß ich auf und trat auf einen kleinen Balkon hinaus. Der Blick, der sich mir öffnete, war überwältigend. Wie eine riesige Rampe, nein, wie die Seite einer Pyramide, erstreckte sich ein gleichmäßiger flacher Geländestreifen in die Tiefe und verlor sich weit unten in der Ebene. Darüber schimmerte und glänzte das Meer. Der Ozean! Ein Frachter lief als kleiner Punkt auf den Horizont zu. Der ebenmäßige Abhang war mit einer rötlichen Sandschicht bedeckt und beiderseits von sattgrünem Wald gesäumt. Eine Straße führte in regelmäßigen Serpentinen herauf.

Als ich ins Zimmer zurückkam, saß Nadine im Fauteuil und fixierte mit großen Augen die Gegenstände. »Das hier war Papas Zimmer«, flüsterte sie. »Ich fühle seine Gegenwart.« Etwas betreten rückte ich den Spiegel zurecht. Da fiel ein Briefumschlag zu Boden, der zwischen Spiegel und Wand eingeklemmt gewesen war. Nadine hob ihn blitzschnell auf und schaute hinein.

»Fotos!« Sie zog die Bilder heraus, winkte mich heran. In rascher Folge breitete sie ungefähr ein Dutzend meist alter, vergilbter Fotos auf dem Tisch aus: Ein kleines Mädchen lachte mir entgegen. Das Bild wendend murmelte ich: »Nadine.«

»Schau, hier!« Sie hielt das Foto einer *Concorde* in der Hand. Zerstreut griff ich nach einem Gruppenbild. *Moment!* Ich hielt das Foto gegen das Licht. Den lächelnden Zivilisten da, zwischen den zwei uniformierten Männern vor einem düsteren Hangar, den kannte ich doch! »Onkel Edouard!«, flüsterte ich. Nadine drehte das Bild um und las laut die Jahreszahl: »1973.«

»Papa war hier. Wo ist er hin?« Sie schaute fasziniert auf das vergilbte Bild aus ihrer Kindheit. Plötzlich streifte sie das Trageband, an dem das kleine Ledertäschchen hing, über den Kopf, öffnete es und steckte das Bild zur Diskette. »Komm, Polinsky, wir müssen ihn finden!«

»Nein! Schau!« Ich beugte mich über das Foto eines schneidigen Piloten vor seinem Kampfjet. »Eine *Mirage*«, kommentierte ich. Nadine schaute mir über die Schulter und sah den Kosenamen des Jets, der am Bug aufgemalt deutlich lesbar war: *Tacite cantat mors.*

»Verstehst du das? Tacite cantat mors?«, fragte ich.

»Tacite cantat mors? Klar. Lautlos singt der Tod!«, schoss Nadine zurück. »Warte, gib mir die rote Akte. Mach schnell. Das ist bestimmt der Entschlüsselungssatz. *Tacite cantat mors.* Ja! Lautlos singt der Tod!«

»Moment! Warum bist du so sicher?« Obschon ich mich nicht gerade für dumm hielt, wäre ich so schnell nicht darauf gekommen. Ein ernüchternder Augenblick, wenn ein Mann erkennt: die Frau, die er haben will, ist ihm intellektuell überlegen. Nun, moderner Psychologie zufolge gab es schließlich immer noch etwas, das sich emotionale Intelligenz schimpfte. Ursprünglich sicher zur Entlastung von Frauen in unserer Männerwelt geschaffen, ließ sich das Konzept Gott sei Dank auch auf Männer anwenden. Der Spieß, der sich nicht umdrehen ließ, musste erst noch erfunden werden!

»Latein, Polinsky!« Trotz meiner überlegenen emotionalen Intelligenz irritierte mich ihr Augenflackern. *Verbarg sie mir was?*

»Ich brauche nur den Text auf meinen Computer zu übernehmen. Der Rest ist dann ein Kinderspiel. Komm, hilf mir. Rück die Akte schon raus!«

Mir schien, als hörte ich Schritte, unterdrückte Rufe und drängte zum Aufbruch. Doch Nadine tat meine Besorgnis mit einer Handbewegung ab. Noch nie hatte ich sie so gierig erlebt! Was war geschehen? In der Aufregung vergaß sie sogar, ihr Halstäschchen mit der Diskette wieder umzuhängen.

*Wenn geniale Frauen den Kopf verlieren … Lautlos singt der Tod. Das hatte doch jemand gesagt, vor nicht allzu langer Zeit? Ja! Dieser Araber bei der Beerdigung: Tacite cantat mors, T C M? Das waren doch die Initialen von Thierry-Clément Moran!!*

»Komm schon! Bring deine Reisetasche her.« Nadine ging gebannten Blickes darauf zu, ihre Hand zitterte. Doch plötzlich verharrte sie wie angewurzelt. Fußtritte stießen heftig gegen die Tür. Krachend brach sie auf. Zwei schwarz gekleidete, hart aussehende Burschen polterten herein, Pistolen schwenkend, grimmig die Mienen. Sie schrien Unverständliches. Ich stand still, beobachtete. Draußen im Flur kamen Schritte näher. Einer der Burschen trat unterwürfig zur Seite, als der Mann ins Zimmer trat.

»Igor!«, krächzte Nadine. »Was machst du denn hier?«

Der eher schmächtige, kaum ein Meter siebzig große Mann in braunen Hosen und einem Jackett mit Fischgrätenmuster zeigte finster auf mich. Mit dem Rücken zum Tisch, angelte ich nach Nadines Täschchen und stopfte es in die Gesäßtasche, bevor der Wächter mich anrempelte.

»Unbewaffnet«, log ich, beide Hände hoch hebend. Er tastete rasch und professionell meinen Oberkörper ab. *Zu dumm, der Kerl ist gut! Vorsicht, Polinsky!*

»Wir haben Sie in Belgrad erwartet, Igor«, bluffte ich.

Er bedachte mich mit einem Blick abgrundtiefer Verachtung und wandte sich Nadine zu: »Zum Glück war ich verspätet. Der Zug, den ich nehmen wollte, wurde von den Alliierten versehentlich zerstört. Genauso versehentlich wie später die sudanesische Botschaft. Meine russischen Freunde und der Botschafter hatten dort auf mich gewartet. Sie sind umgekommen.«

*Für den bin ich Luft!*

Der Russe trat ans Fenster und deutete mit dem Kinn ins Freie, den Berg hinunter: »Wer nichts zu verbergen hat, reist auf dem direkten Weg an«, sagte er schroff.

»Anstatt einer Halskette könnten Sie nächstes Mal ja eine Einladung mit Karte und Routenbeschreibung schicken«, gab ich dreist zurück.

»Sei still, Polinsky!«, fuhr mich Nadine an. Und dann: »Wo ist mein Vater, Igor?«

»Sie werden ihn sehen. Ich halte mein Wort. Aber …«

»Was?«

»Monsieur hier …?«

»Polinsky? Der macht uns keine Schwierigkeiten!«

*Keine Schwierigkeiten? Da stimmt doch was nicht …*

Igor klatschte mit der Hand auf den Oberschenkel. »Ohne diesen Spitzel hier wären Sie auf direktem Weg zum Moulay-Palast gekommen, Nadine. Durch die Vordertür statt von hinten!«

*Spitzel? Sie protestiert nicht mal!*

»Wo ist Thierry-Clé Moran, Igor? Ant-wor-ten Sie! Das hier ist sein Zimmer, oder war's jedenfalls. Wo hält er sich auf?«

Der Russe hob beschwichtigend die Hand, wühlte plötzlich in meiner Tasche auf dem Fußboden, öffnete das Seitenfach und klaubte mit triumphaler Gebärde das rote Lederetui hervor. Nadine schaute unbeteiligt zu. Er fingerte daran herum, während ich mich unmerklich zur Seite schob, aber sofort gegen diesen hellwachen Riesen von Wächter stieß. Natürlich fand der Russe die Bilder, die mir der Geheimdienstchef in Zürich so vorsorglich zugeschoben hatte. Er prüfte sie mit großen Augen. Schließlich betrachtete er mich wie einen seltenen Käfer, der noch in seiner Sammlung fehlte.

*Der kennt den dritten Mann. Weiß haargenau, worum es geht!*

Igor verstand es meisterhaft, den Trumpf auszuspielen. Einen Schritt zurücktretend fächerte er die Fotos demonstrativ wie eine Kartenhand auf: »Ich befürchte, Miss Nadine«, begann er langsam, »Ihr Freund hat nicht Ihretwegen diesen Hügel erklommen. Er spioniert uns aus, ist hinter diesem Mann hier her. Schauen Sie!«

Nadine blickte gelassen auf die Bilder: »Nun, den kennen wir doch.«

»Du kennst ihn? Du, Nadine? Nein, du irrst dich«, röchelte ich.

»Dieser Gentleman hier ist ein Agent der Amerikaner«, warnte Igor. Diesmal blieb die Wirkung nicht aus. Helle Empörung überzog ihr Gesicht.

»Er führt Sie an der Nase herum. Polinsky ist einzig und allein hinter Khalid her. Nur seinetwegen kam er nach Marokko.« Igor pochte mit dem Finger auf das Foto. »Einer unserer Besten. Khalid, der Taliban-Kommandant …«

*Aha, Khalid heißt das Schwein also. Wenigstens bestätigte sich meine Vermutung. Es sah nach Fortschritt aus, obwohl unsere Lage zusehends ungemütlicher wurde …*

Nadine trat von mir zurück. Ihr Gesicht arbeitete. Ungläubigkeit mischte sich mit Enttäuschung. Einen Moment flehten ihre Augen, es möge nicht so sein. Langsam kroch Berechnung in das schöne Antlitz. Wut flackerte auf. Natürlich hatte ich Idiot ihr kein Sterbenswort über meine Vergangenheit erzählt, auch nichts von der organisierten Suche nach dem ominösen dritten Mann, der mich vor einem Justizirrtum retten sollte.

*Idiot! Wo du so nahe dran bist. Dem Rätsel auf der Spur. Noch zwei Tage bis zum Gerichtstermin. Und jetzt dieser Tiefschlag! Steinlin, Richter Righetti, Colossimo, der Geheimdienstchef … Für die bist du der Killer deines Erbonkels. Welcher Triumph für Bossandey und den Staatsanwalt …*

»Du, du hast mich betrogen«, fauchte sie mich an. »Diese Irina steckt dahinter! Warte nur, das bereust du noch!« Ein

Blick, der den ganzen Schmerz ihrer tiefen Verletzung bündeln sollte, durchbohrte mich.

»Führt ihn ab«, befahl Igor.

Die Kerle packten mich unsanft und bugsierten mich zur Tür.

»Wartet«, kommandierte Nadine. »Du begreifst nichts, Polinsky. Ich hatte gehofft, du wärst auf meiner Seite. Schade! Wirklich schade!«

Völlig Herr der Lage, griff sie nach dem Knüppel, der am Gürtel des ihr am nächsten stehenden Wächters baumelte und wog ihn einen Moment in ihrer Hand. »Du bringst mich nicht von meinem Plan ab. Zuviel steht auf dem Spiel! Viel zuviel! Bei uns zu Hause haben wir ein kleines Sprichwort, Polinsky. Man kann zwar den Bullen aus dem Stall nehmen, aber nie den Stall aus dem Bullen. Bulle bleibt Bulle. Einmal Bulle, immer Bulle, verstehst du?«

So überzeugend plädierte sie für meine Eigenschaften als eine Mischung aus Zuchttier und Polizist, dass ich nur grinsend, nickend, wie in Trance dastehen konnte. Dann machte sie eine träumerisch langsame tänzerische Bewegung mit dem Schlagstock. Das letzte, was ich hörte – ein hämisches Lachen des Russen – ging in einem roten Feuerball auf, als mich der Knüppel auf den Scheitel traf. Und meine Sinne versanken in bodenloser Schwärze.

# Dritter Teil

## 61.

Vor mir ein blühendes Feld duftender Vergissmeinnicht. Mein Kopf hämmerte wie ein Stanzwerk. Als ich meiner Betäubung trotzend mühsam die Augen öffnete, suchte der gequälte Blick immer noch nach lieblichen Blumen. Statt dessen fühlte ich weichen Stoff. Jemand beugte sich über mich, schüttelte und rüttelte an mir. War das ... Brandgeruch? Ernüchtert fuhr ich auf und schaute in die großen ängstlichen Augen eines Knaben im lila Hemd.

»Wo ist deine Mutter?« Ich konnte ihr schönes Gesicht am Brunnen nicht vergessen.

Der Junge zuckte die Schultern. *Verstand er überhaupt Englisch?*

Mich ächzend aufrichtend, frage ich ihn nach seinem Namen: Ob er mir sagen könne, wo die Leute hingegangen seien. Meine Tasche ist weg. Er nickt und zupft mich am Ärmel. *Ist der arme Kleine gar stumm?* Ich sammle die auf dem Tisch zerstreuten Fotos und Nadines Tasche ein.

Als wir durch Rauchschwaden vorsichtig ins Freie treten, sehe ich einen Soldaten aus einem alten Jeep steigen und hinter eine Mauer treten – wohl zum Wasserlassen. Ist er allein?

Der Junge nickt, wie um meinen Gedanken zu bestätigen.

»Wo sind die andern Soldaten?«

Er schüttelt den Kopf, streckt einen Finger in die Luft.

»Alle weg?«

Nickend macht er mit dem Zeigefinger kreisende Bewegungen.

»Helikopter?«

Heftiger nickend strahlt er übers ganze Gesicht.

»Los!«

Der Fahrer, der sich hinter der Mauer erleichtert, hat seine Knarre und die Ausrüstung im Jeep liegen gelassen. Wir rennen los. Bevor der gemütlich pinkelnde Kämpfer der königlich-marokkanischen Truppe begreift, was geschieht, sitzen wir im Jeep und preschen mit aufheulendem Motor den Abhang hinunter. Der Junge schüttelt begeistert die geballten Fäuste und blickt lachend auf den einen wütenden Veitstanz ausführenden Soldaten zurück. Eine gewaltige Staubwolke wirbelt hoch, gibt uns Sichtschutz. Darüber schraubt sich schwarzer Rauch in einen bedeckten Himmel. Der Palast brennt.

Nach zwanzig Minuten rasender Fahrt, die den Jeep hin und her schlägt, bremse ich scharf im Schutz einer Baumgruppe und packe den Jungen bei den Schultern: »Wo ist die Frau? Wo sind die Männer?«

Er deutet in die weite Ferne, eine Hand macht Wellenbewegungen.

»Wasser? Meer?«

Er nickt, formt mit den Handflächen einen Keil.

»Ein Schiff? Sind sie auf einem Schiff?«

Wieder nickt der blitzgescheite Bube.

»Deine Mutter? *Ta mère?*«

Er senkt den Blick, zuckt die Achseln.

»Verstehe. Wir finden sie. Wie heißt du?«

Er schaut sich um. *Sucht er einen Zettel?* Behende klettert er aus dem Jeep und lehnt sich an die verstaubte Motorhaube. Mit dem Finger zeichnet er langsam A-L-I auf das Blech.

»Ali! Guter Junge! Steig ein!«

Er schüttelt den Kopf und schreibt erneut etwas in den Staub. Mich vorbeugend entziffere ich S-H-I-R-R-A-S.

»Shirras? Was ist Shir … ein Schiff? Der Name des Schiffs, zu dem die Männer im Helikopter geflogen sind? Ali, hast du sie belauscht? Bist du ganz sicher?«

Der Junge kommt aus dem Nicken nicht mehr heraus.

An der Kreuzung mit dem Wegweiser *Casablanca* biege ich nach Süden ab und beschleunige dann auf der Asphaltstraße. Das Knie ans Lenkrad gedrückt, halte ich den Jeep in gerader Fahrt auf der Straße und tippe, das Telefon ans Ohr gepresst, Alaouis Nummer ein. Die Verbindung ist miserabel: Als schließlich jemand abnimmt, ist es diese nervende Tonbandstimme: *Leave a message after the beep!*

Frustriert reiche ich das Gerät dem Jungen, beuge mich übers Lenkrad und trete das Gaspedal bis auf die Bodenplatte durch. Plötzlich taucht eine Baracke am Straßenrand auf. Ich kurve drauf zu, bremse knirschend.

*Hoffentlich haben die ein Telefon. Ich brauche eine stabile Verbindung!*

Der Laden verkauft abgepackte Lebensmittel, Getränke, Krimskrams. In der Ecke hängt ein grauer Telefonapparat, der sicher schon vor Rommel bessere Zeiten gesehen hat. Jetzt spricht Alaoui zwar deutlicher, aber immer noch auf Band. Fluchend wähle ich die internationale Nummer. Ein Stein fällt mir vom Herzen: Irinas Stimme, so klar als stünde sie nebenan an der Verkaufstheke.

»Hör gut zu, Polinskchen. Notfall. Khalid befindet sich auf einem Schiff namens Shiraz, S-H-I-R-A-Z, verstanden?«

Mein Mädchen ist auf Draht! Kein unnötiges Gefasel diesmal. Erleichtert weise ich sie an, die Nachricht weiterzugeben, sie wisse an wen, oder? Klar, bestätigt sie. Dann notiere ich die Information, die sie mir am Schluss sorgfältig langsam diktiert: »www.rogue.gallery.gov/quantico.« *Eine Nachricht an mein geheimes Leben!*

»Und, was ist damit?«, frage ich atemlos.

Sie habe einen Zugang zum FBI bekommen, weiß sie zu berichten. Khalid, der Killer, sei in Zürich gesichtet worden. Und zwar genau am Todestag meines Onkels!

»Gutes Mädchen …«, will ich das Gespräch beenden.

»Lässt dich die Position der Shiraz etwa kalt, mein Held?«, unterbricht sie scharf. »Denk mit dem Kopf, Mann. Hier, schreib auf. Nach Lloyd's liegt der Kahn gerade irgendwo vor Casablanca.« Laut und deutlich vernehme ich die präzisen Positionsangaben, wiederhole sie und komme ins Schwärmen: »Du bist ein Goldschatz, Irina. Vergess ich dir nie ...«

»Jetzt geht's ums Geschäft«, mahnt sie kühl und legt auf.

*Na also! Endlich die Wende, es geht aufwärts. Es wird auch höchste Zeit. Noch vierundzwanzig Stunden Gnadenfrist! Dann tritt Steinlin mit saudummer Unschuldsmiene vor den Richter und bittet um Erlaubnis, eine faszinierende Geschichte erzählen zu dürfen, nicht nur von seiner und seines Klienten Unfähigkeit, dem Phantom eines dritten Mannes im de Diesbach-Fall beizukommen, sondern darüber hinaus auch noch die Räuberpistole vom hoffentlich nur vorübergehenden Verschwinden des schon immer als geradezu närrisch waghalsig bekannten Herumtreibers und Taschenbuchautors Polinsky im afrikanischen Mittelmeerraum ...*

Dem Verkäufer warf ich ein paar Scheine hin, nahm hastig zwei Flaschen Cola mit, rannte hinaus. Der Jeep stand verlassen da. Der Junge war weg. »Aliii!«

Jemand stieß mich neckisch in den Rücken. Herumfahrend blickte ich in das spitzbübisch grimassierende Antlitz des Jungen, der mir das Handy hinstreckte. Gott sei Dank! Alaoui rief zurück! *Es geht wirklich aufwärts.*

»Alaoui. Ich brauche ein paar Sachen.« Er hörte mir aufmerksam zu. Nur am Schluss wiederholte er ungläubig. »Einen Fallschirm?«

»Genau. Und ein Pony.«

»Bist du verrückt? Ein Pony?«

»Mach was ich sage. Ich brauche das Pony. Das beste, das du auftreiben kannst.«

Wir vereinbarten den Treffpunkt am Hafen.

»Auf, marsch, marsch, Ali, los geht's!« Wir gurgelten das Cola hinunter, während der Jeep mit beängstigend sinkendem Benzinstand Casablanca zu raste. Irgendwann unterwegs rief Alaoui nochmals an und änderte den Treffpunkt. Gerade noch rechtzeitig erwischte ich die Abzweigung zum Militärflugplatz, wo ich ihn schon von weitem an der Pforte winken sah, neben ihm sein Jaguar. *Jaguar? Moment mal. Hatte ich nicht mit eigenen Augen beobachtet, wie sein ganzer Stolz …*

Aloui fand die Idee des Fallschirmabsprungs nicht gerade genial. Ob ich nicht ein wenig zu alt für so einen Stunt sei? Zudem seien Sturmböen angesagt, und bei solchem Wetter ein fahrendes Schiff mit einem Fallschirm zu treffen, schaffe nicht mal ein junger, durchtrainierter Spezialist …

Okay, was *er* denn vorschlage?

Er trumpfte mit Nostalgie auf. Training im Rif-Gebirge, ob ich mich erinnerte? »Wenn's darum ging, jemanden am Seil runterzulassen oder selbst abzuseilen, warst du immer Spitze«, schloss er sein Plädoyer. Zugegeben, sein Plan war einfacher. Einfach besser.

»Wenn du Recht hast, hast du Recht, Meister! Wann starten wir?«

»Jetzt, sofort.«

Ich wollte schon los, als der Junge sich bemerkbar machte. Er stand neben dem als rennsportgrüne Variante auferstandenen Jaguar. Auf die verstaubte Scheibe hatte er mit dem Finger »Ali???« geschrieben.

Alaoui und ich flüsterten. Zunächst erfuhr ich, dass die Armee die Moulay-Bande für die Sprengung der Gebirgsstraße verantwortlich gemacht und zur Vergeltung den Palast niedergebrannt hatte. Dann klärte er mich über Brahim auf. Der hatte das Pony besorgt und wartete auf Anweisungen.

»Aber ehrlich, wozu brauchst du das Vieh?«

»Für diesen kleinen Helden hier. Für Ali. Meinen Retter!« Alaoui hörte sich meine Geschichte mit zunehmendem Stirnrunzeln an – wie der Junge sich vor den Soldaten versteckt hatte, draußen im Stall, den sie dann in Brand steckten …

Mit den Händen fuchtelnd, stampfte er entrüstet auf den Boden. »Pony, Pony! Er weint einem *Pony* nach? Bei Allah! Und seine Mutter, he?«

»Weiß nicht …«, stammelte ich …

»Komm, Ali«, rief Alaoui. »Mein Freund Brahim nimmt dich mit. Deine Mamma ist wohlauf. Sie hält sich mit einer Gruppe Frauen in Brahims Haus auf.«

Wir stiegen in den Jaguar und fuhren durch die Pforte zum kleinen Kommandogebäude, wo Alaoui seine neue Anschaffung mit einem triumphierenden Schlenker parkte.

»Okay«, beschloss ich mitzuspielen, »wo hast du den her?«

»Wieso? Den hier? Dieses Raubtier? Hast du Gedächtnisschwund, Polinsky? Den fahr ich doch schon immer. Oder behauptet irgendwer was anderes?«

*Beduinen das Stehlen zu lehren, ist wie Eulen nach Athen tragen,* dachte ich und warf meinem Freund einen bewundernden Seitenblick zu. Er hatte die unerhört praktische Gabe, immer felsenfest an das zu glauben, was er gerade sagte. Noch als Ehrfurcht gebietender alter Mann im Kreise seiner Familie würde es für ihn nur eine einzige Version der Wahrheit geben – seine! Ich wollte, ich beherrschte diese Kunst. Für Alaoui gab es nur *einen* Jaguar in seinem Leben – *seinen.*

*Was galt für mich? Nun, heute und morgen bin ich Stan Polinsky, gestern war ich's auch. Aber schon vorgestern, und wer weiß, wann in der Zukunft, lauerte meine alte Identität. Nicht wahr, Ken? Major Custer?*

## 62.

Auf Deck des Großen Knüppels, der *TR*, CVN-71 *USS Theodore Roosevelt* herrschte Hochbetrieb. Zwei Matrosen in roten, über ihre olivgrünen Uniformen gezogenen

Jerseys klinkten an zwei geparkten F-18-Kampfjets Bomben an, während andere Mannschaften Hüllen und Kanister für den Rückschub in die Munitionskammer wegkarrten.

Stapler und Traktoren fuhren zwischen Kisten und Kabeln hin und her. Die auf den ersten Blick chaotische Ordnung täuschte über äußerst straff organisierte Abläufe hinweg. Die Vorbereitungen für den Start eines Kampfjets glichen einem gut choreographierten Ballett. Die Männer und Frauen des Deckpersonals hatten ihre ganz bestimmten, leicht an ihrer Regenbogengarderobe erkennbaren Rollen. Eben entfernten sich die in Purpurrot gekleideten Tankmannschaften vom Jet. Schon von weitem am blauen Stoff erkenntlich waren Flugzeugtechniker, Einweiser, Traktorfahrer und Telefonisten. Die Leute an den vier Katapulten und an den Stoppvorrichtungen trugen alle grüne Jerseys. Die Roten gingen mit Sprengstoff und Waffen um oder waren den Crash- und Rettungsteams zugeteilt.

Die *USS Theodore Roosevelt* teilte die Wogen mit voller Fahrt voraus auf westlichem Kurs, während eine Doppelpatrouille Jagdbomber gerade zur Landung auf Deck einkurvte. Jede der weißgrauen F-14 war mit einem acht Fuß langen Schwanzhaken ausgerüstet, mit dem er eines der vier über das Deck gespannten Stahlkabel erwischen konnte. Der Flugzeugmanager am Katapult und die Offiziere an den Stoppvorrichtungen in ihren leuchtend gelben Jerseys standen bereit, das Gehör mit großen schalldämpfenden Ohrmuscheln geschützt, die zugleich als Kopfhörer dienten. Alle trugen Schutzhelme.

Um in eines der vier faustdicken Drahtseile einzufliegen, musste der Anflugwinkel genau stimmen. Der Pilot der ersten Maschine orientierte sich an den sogenannten Fleischklößen, den Meatballs, einer Reihe von in der Piste eingelassenen Blinkleuchten, die ihm halfen, die richtige Ausrichtung zu finden. Die Lampen waren mit speziellen Linsen ausgerüstet, die je nach Höhe des Flugzeugs verschiedenartige Zeichen ausstrahlten. Im Moment leuchtete ihm die Anzeige über dem grünen waagerechten Strich entgegen. Er korrigierte nach unten. Leuchteten die Meatballs unter dem Strich, flog er zu tief. Blinkten sie ihm gar rot entgegen, kam er für eine sichere Landung viel zu niedrig herein.

Traf der Pilot Seil 2 oder 3 – der ideale Winkel – gab es Bonuspunkte für die schiffsinterne Rangliste. Auch wenn das bremsende Drahtseil zuweilen verfehlt wurde: bei 300 Stundenkilometern konnte der Pilot locker wieder durchstarten.

Der von zwei Atomreaktoren über vier Schraubenwellen angetriebene Flugzeugträger der Nimitzklasse erreichte eine Spitzengeschwindigkeit von 34 Knoten oder 55 Stundenkilometern. Vom Bug zum Heck maß der Koloss 332 Meter. Die 4,5 Milliarden Dollar teure *TR* trug 85 Flugzeuge, verdrängte bei voller Last fast 100 000 Tonnen. Zur gut eingespielten Besatzung der Mission *Großer Amboss* gehörten 5600 Leute, davon 2 480 vom Luftgeschwader.

Auf der Brücke beobachtete der Deckoffizier (OOD) die beiden als zwei kleine Punkte anfliegenden *Tomcats*. Ein schwarzer *Seahawk*-Helikopter schwebte in Kabellänge vom Deck entfernt über dem marineblauen Wasser der ruhig atmenden See, zum Eingreifen bereit, sollte ein Pechvogel über Bord rutschen und baden gehen.

Im Kontrollturm erfasste der Airboss mit Späherauge die Bewegungen der Flugzeuge auf dem Flugdeck, hielt die anfliegenden Maschinen im Blickfeld und kontrollierte gleichzeitig auf dem Radarschirm die anderen Jets in Schiffsnähe. Alles sah routinemäßig aus, wie bei einem gut einstudierten Ballett. Alles würde programmgemäß verlaufen.

Die *TR* war mit vier dampfdruckgetriebenen Katapulten ausgerüstet, die ein 48 000 Pfund schweres Flugzeug in zwei Sekunden wuchtig von null auf 265 Stundenkilometern beschleunigten. An der Nase jedes Jets griff ein Bügel in die Katapultbahn, die das Flugzeug wegschleuderte. Die Katapultmannschaften konnten zwei Maschinen gleichzeitig wegbefördern und bei Tageslicht alle 37 Sekunden, nachts jede Minute einen Jet landen lassen.

Die erste F-14-*Tomcat* setzte knirschend, mit rauchenden Reifen auf. Fast gleichzeitig fasste der Stopphaken und brachte die mit 240 Sachen landende Maschine auf nur hundert Metern zum Stillstand. Noch bevor sie gänzlich zum Stehen kam, drückte der Pilot die Kabinenhaube auf und winkte dem Airboss im Tower zu, um sich sogleich auf die Handzeichen der Einweiserin im blauen Jersey zu konzentrieren, die ihn von der Piste weg dirigierte. Kaum war er an seiner angewiesenen Parkposition ausgerollt, setzte jaulend schon der zweite Jet auf.

Die großen Hangars der *TR* lagen unter Deck. Jeder der vier Aufzüge konnte zwei Flugzeuge in wenigen Sekunden auf das Flugdeck hieven. Die beiden F-14 mit ihren Doppeltriebwerken würden zunächst auf Deck gewartet, dann je nach Einsatzplan entweder neu starten oder in den Hangar versenkt.

Auf der Brücke schaute der Deckoffizier auf den elegant geformten Bug der *USS Gonzalez* hinüber. Der schnelle Raketenkreuzer für vielseitige Kampfeinsätze gegen Land- und Seeziele fuhr Seite an Seite mit der *TR*. Nach Verlassen des Mittelmeers bei Gibraltar würde er in Alleinfahrt in den Heimathafen zurückkehren.

Der Deckoffizier der *TR* war direkt Captain Fisher unterstellt und für den sicheren Betrieb des Schiffs verantwortlich. Dazu gehörten die Navigation, die Führung des Schiffs, Verbindungen, Routinetests und Inspektionen sowie auch die Einhaltung des Einsatzplanes gemäß Tagesbefehl. Ebenfalls auf der Brücke standen der Steuermann, dem die Lenkung des Schiffs oblag, und der Lee-Steuermann, der dem Maschinenraum Geschwindigkeitsanweisungen übermittelte.

Captain Fisher machte gerade einen Besuch im Briefing Room der Piloten. Der enge, mit vielen Karten und Bildschirmen ausgestattete Raum lag auf dem B-Deck, ziemlich genau über der darunterliegenden Offiziersmesse. Groß gewachsen und gut aussehend, hieß Fisher jovial die fünf einsatzbereiten Piloten, die zackig Haltung angenommen hatten, wieder Platz nehmen. Die Kaffeetasse in der Hand setzte er sich vor die ausgebreitete Karte.

»Also Leute, in einer Stunde ist Befehlsausgabe. Aber ich kann euch jetzt schon mal verraten, was uns bevorsteht«, sagte der Kapitän, indem er die Karte leicht anwinkelte, um einen besseren Blick darauf zu werfen.

»Hier, am Schnittpunkt des 36. Längen- und des 6. Breitengrads West kommt der CC an Bord.«

Die fünf kampferprobten Männer in ihren sattgrünen Fliegeranzügen ließen sich die Überraschung über den Besuch des Präsidenten und Oberbefehlshabers der Streitkräfte nicht anmerken. Hoher Besuch hatte immer eine Mischung von nervöser Aktivität und Annehmlichkeiten zur Folge. Zu letzteren gehörten die Anstrengungen der Küchenmannschaft, mit üppigen Mahlzeiten zu imponieren, oder die Verteilung von Auszeichnungen durch den Präsidenten. Man mochte Jack Brenton in der Navy nicht schlecht, aber auch nicht besonders gut leiden. Die harten Profis konnten ihm nicht verzeihen, dass er nie eine Uniform getragen hatte.

»Der Treffpunkt liegt ein paar Seemeilen südlich unseres Stützpunktes«, kommentierte der junge Major. Er tippte mit dem Zeigefinger auf Rota, im äußerten Südwesten Spaniens.

»Richtig. Der CC trifft in Begleitung seiner Majestät des Königs von Spanien ein«, verkündete der Schiffskommandant mit gespieltem Pathos.

»Ah, Don Juan …«

»Ja, der Carlos. Er wollte ums Verrecken mit dem eigenen Helikopter auf Deck eine Bruchlandung bauen. Die grauen Eminenzen vom Protokoll haben ihm die Schnapsidee ausgeredet. Sicherheitsrisiko, operationelle Zwänge, ihr kennt ja die diplomatischen Floskeln …« Der Kapitän grinste vielsagend.

»Der Treffpunkt, denke ich, liegt nur knapp außerhalb der kritischen Zone der Meerenge, ja …« bemerkte in schleppendem Texanisch der F-18-Pilot, Morse genannt, über dessen Wange sich eine lange breite Narbe zog.

Die Verletzung, eine Erinnerung an eine Rettungsübung, hatte ihm den Spott seiner Kameraden eingetragen. Er habe einen Lotsen an Bord, hänselten sie ihn in Anspielung auf die entsprechende rotweiße, senkrecht unterteilte Signalflagge der Schifffahrt. Nein, er könne morsen, gab er ihnen schlagfertig zurück. Dabei drehte er sein Gesicht zuckend hin und her: die narbige Wange bedeutete Strich, die blasse Punkt … Sie hatten sich geschüttelt vor Lachen und nannten ihn seither Morse.

»Eben«, pflichtete der Kapitän bei. Er hatte nicht im Sinn, vom Standardverhalten abzuweichen und sein Schiff unnötigen Risiken auszusetzen. Die Fahrt der Trägergruppe durch die Straße von Gibraltar erforderte höchste Bereitschaft aller Systeme, volle Konzentration der Mannschaften. Späße, um Höheren zu imponieren, lagen nicht drin.

»Business as usual, nur mehr und besser«, fasste der Kapitän seine Gedanken zusammen. Die Piloten nickten zustimmend und blickten konzentriert auf das Display der Meerenge, das ein Navigationsoffizier auf den Bildschirm gezaubert hatte.

»Wir passieren Gibraltar früher als vorgesehen«, informierte der Kapitän.

Die Flugzeugträgergruppe 8, die nach operationellen Bedürfnissen von Fall zu Fall zusammengestellt wurde, bestand aus der *Theodore Roosevelt,* den Lenkwaffenkreuzern *Ross* und *Gonzalez,* einem Zerstörer und einer Fregatte für die U-Boot-Bekämpfung sowie zwei Attack-U-Booten und einem Versorgungsschiff für Munition, Dieselöl, Material und Verpflegung.

Nach Plan von Captain Fisher würde die Gruppe die Passage durch die Meerenge von Gibraltar mit einer intensiven Phase der Luftaufklärung einleiten, besonders über den benachbarten afrikanischen Küstengebieten, sowie auch über Spanien und Portugal. Die unübersichtlichen Hügel und Buchten bildeten eine ständige Gefahr für feindliche Hinterhalte. Weil das coupierte Gelände beidseitig der Meerenge die Wirksamkeit der Radaraufklärung einschränkte, kam der Beobachtung aus der Luft erhöhte Bedeutung zu.

Erst wenn alle Signale auf grün stünden, würde er die *TR* mit voller Fahrt und massivem Begleitschutz am Felsen von Gibraltar vorbei ins offene Meer steuern. Am Treffpunkt zur Anbordnahme des Präsidenten und des Königs kam ein längeres Verweilen nicht in Frage. Die *TR* sollte so rasch wie möglich die schützende Weite des Atlantiks erreichen. Der Präsident und der spanische König würden deshalb südlich von Rota bei vollem Betrieb und höchster Fahrtgeschwindigkeit auf Deck gesetzt werden, ohne dabei viel von der erhöhten Einsatzbereitschaft zu bemerken.

»Ist ein Sonderprogramm für die Gäste vorgesehen, Sir?«, vergewisserte sich der junge Major, der die Rolle des Wortführers übernommen hatte.

»Wir empfangen mit der traditionellen Gastfreundschaft des Großen Knüppels«, entgegnete der Kapitän grimmig entschlossen. »Mein Zweiter hat ein kleines Besichtigungsprogramm für den König zusammengezimmert. Besuch der Kombüse, der Hangars, des Kontrollraums, ein paar Starts … Der Präsident wird sich wohl in die Messe stürzen, mit der Crew quasseln, anschließend auf der Brücke an einer Zigarre kauen, wie weiland …« Er ließ eine vielsagend zweideutige Pause aufkommen … »General Bradley am Ohama Beach.«

Herzhaftes Gelächter erfüllte den Briefing Room, ein guter Zeitpunkt für den Kapitän, sich mit einem jovial kollegialen Nicken zurückzuziehen. Die Bemerkung des Südstaatlers: »Der Alte ist in Ordnung«, hörte er schon nicht mehr, als er zügig über die enge Treppe der Brücke zustrebte: *Schön, gut. Und doch und doch …*

Irgendwie gefiel Fisher das Ganze nicht. Er hatte so ein mulmiges Gefühl in der Magengegend. Woran lag es? War er gar nervös, weil der Präsident zu Besuch kam? Oder lag da was in der Luft rund um Gibraltar? Fisher war keineswegs feinfühlig in solchen Dingen. Aber er verstand sich darauf, Beobachtungen zu machen, Zeichen praktisch zu deuten. Falls es handfeste Indikatoren überhaupt gab. Mit einem leichten Seufzer blickte er Larry Johnson entgegen, der gerade zielbewusst auf ihn zustrebte. *Der schon wieder!*

»Sir!« Der Radarspezialist grüßte schneidig.

»Larry?«

»Yessir!«

»Haben Sie Ihr Gerät repariert? Läuft alles?«

»Yessir, das heißt, ich musste nichts flicken. Eines der Systeme läuft zur vollsten Zufriedenheit. Ich bitte aber erneut um Erlaubnis, *beide* Kanonenbatterien anzuschließen, Sir.«

Fisher ergriff die Gelegenheit, befreit auflachen zu können: Die Beharrlichkeit seines Radartüftlers amüsierte ihn. Eigentlich gegen die Marinevorschriften hatte er Johnson erlaubt, eine der für die Raketennahabwehr bestimmten Vulcan Phalanx-Schnellfeuerkanonen direkt an seinen berühmt-berüchtigten Dopplerradar anzukuppeln. Aber beide? Das ginge zu weit.

»Leider nein, Larry. Ich habe mich ohnehin schon auf Glatteis begeben mit deinem Steckenpferd. Und für uns ist der Krieg sowieso erst einmal vorbei. Wir fahren nach Hause.«

Johnson salutierte. »Ihre Entscheidung, Sir.« Eine Spur Enttäuschung lag in seiner Stimme.

Plötzlich erkannte Fisher, was an ihm genagt hatte. Vielleicht hatte dieser sture, auf sein System fixierte Johnson ja Recht. Die Raketennahabwehr war der vielleicht heikelste

Punkt im ganzen verdammten Abwehrsystem. Die gefährliche Blöße. Besonders in Küstennähe. *Die Küsten des Maghreb, die Berge, Sättel und Buchten, die Nester der Islamisten …*

»Moment, Larry. Morgen Vormittag passieren wir Gibraltar. Also ich denke, es könnte im Grunde nichts schaden, wenn Sie auch das zweite Geschütz bereitmachen. Das bleibt vorläufig unter uns, klar?«

»Unbedingt, Sir. Aber die Zeit ist knapp. Bis Morgen dürfte kaum reichen. Mit Verlaub, wir hätten früher damit beginnen sollen.«

Der Kapitän machte eine leger entlassende Na-wenn-schon-Geste und schritt rasch davon.

»Ich tue mein Bestes, Sir«, rief ihm Larry Johnson nach.

*Ist ja wohl deine verdammte Pflicht,* dachte der Kommandant kopfschüttelnd.

In jüngster Zeit hatten die Kapitäne amerikanischer Kriegsschiffe die Tücken der Ufernähe öfter zu spüren bekommen. Im Golfkrieg mied die Navy nach der Zerstörung der *USS Stark* wenn immer möglich die Küsten von Oman und Iran, nicht zu reden von der Straße von Hormuz. Der Kommandant der *TR* hatte allen Grund, die Fahrt am Felsen von Gibraltar vorbei nicht auf die leichte Schulter zu nehmen. *Ja, die guten alten Briten wussten schon, was sie wollten,* sinnierte er, nickend die forsche Ehrenbezeugung eines vorbeihastenden Matrosen entgegennehmend. *Die schroffen Felsenwände von Gibraltar, wie geschaffen für schweres Geschütz, Bunker und … Affen. Dunkle Gedanken, Vorahnungen, alles Unsinn. Lass sie doch kommen, die alten Mauren, 'nen Affen schert mich das.* Plötzlich musste er an Pamela denken, wie straff ihre immer frisch gebügelte Uniform das umfing, was er täglich als einen gertenschlanken, durchtrainierten Hochleistungskörper definierte. *Welch kolossale Verschwendung natürlicher Ressourcen!* Beschwingten Schritts einen lächerlichen Pop-Hit der siebziger Jahre summend, beschloss der Kapitän statt dem Personallift die Treppen zur Brücke zu nutzen. Galt es doch, sich in Form zu halten. *Man weiß, nie was kommt. Nicht wahr, Pam?*

## 63.

Ungefähr zur gleichen Zeit, als der Kapitän der *TR* die paar hundert Stahlstufen zur Kommandobrücke hinauffederte, schaute bin Golem auf der *Shiraz* mit skeptischem Blick auf den Admiral. Zusammen mit Thierry-Clé Moran, Kapitän Souri und dem Leitenden Ingenieur Brabeck machte der gefürchtete islamische Freiheitskämpfer den Gefechtsstand für die bevorstehende Operation aus.

»Erklären Sie«, drängte bin Golem scharf.

Der Admiral machte seinem Namen alle Ehre. Würdevoll beugte er sich leicht über die ausgebreitete Seekarte und wartete, bis alle, auch der Großmufti, ihm volle Aufmerksamkeit schenkten. Militärisch knapp legte er sein taktisches Konzept dar, jedes Wort saß, der Plan leuchtete ein.

Die Fahrt durch eine Meerenge werde für jeden Kommandanten eines Flugzeugträgers zumindest potenziell zum Albtraum, erklärte er.

»Äußerlich merkt man ihm nichts an. Doch er fühlt sich wie einer, der auf Valium gesetzt im Halbschlaf auf glühenden Kohlen geht.« Der Admiral richtete sich auf und blickte weiterdozierend in die Runde.

»Die Straße von Gibraltar, gelegen zwischen der Südspitze der Iberischen Halbinsel und der vom Riffatlas gebildeten Nordwestspitze Afrikas, ist etwa 60 Kilometer lang. Im westlichen Abschnitt liegt 54 Meter unter dem Meeresspiegel die seichteste Stelle, Ridge genannt; an der engsten Stelle der Passage zwischen Gibraltar und Ceuta wird dagegen eine Maximaltiefe von 1181 Metern gemessen. Gibraltar liegt auf 36° 8′ nördlicher Breite und 5° 22′ westlicher Länge. An der

Südspitze Spaniens und der afrikanischen Gegenküste flankieren mächtige Felsklötze den östlichen Teil der Meerenge. Es sind die stehen gebliebenen Eckpfeiler einer Gebirgsverbindung zwischen der Betischen Kordillere und dem afrikanischen Atlas, die im Tertiär abriss, als durch einen Grabenbruch die Straße von Gibraltar entstand.«

»Genug Geographie«, schnitt ihm bin Golem ungeduldig ins Wort.

»Die Örtlichkeiten sind wichtig, Sir. Die Straße von Gibraltar ist ja bloß 14 Kilometer breit. Eine gefährliche Enge. Das taktisch richtige Verhalten einer Trägergruppe ist natürlich tausend Mal eingeübt. Trotzdem sind die Offiziere auf den Brücken und im Kampfzenturm höchst angespannt. Keiner verlässt sich auf die Routine. Wer sich zu einem nonchalanten déjà-vu versteigt, wird seinen Funktionen auf der Stelle enthoben und unter Kabinenarrest gestellt. Harte Bräuche, Sir!«

»Bei uns auch«, kommentierte der Führer, sich erinnernd, was genau dem »Admiral« zum Verhängnis geworden war. Weiber! Als Versorgungsoffizier auf der *Maréchal Foch* hatte der Schwächling zu einem festlichen Anlass Tänzerinnen des *Moulin Rouge* an Bord geladen. Der Erfolg seiner kleinen Orgie brachte ihn auf die Idee, künftig ein paar leichte Mädchen als ständiges Versorgungsgut an Bord unterzubringen. Lange ging alles gut. Aber solche Sachen kommen ja immer ans Licht. Der Puffbetrieb auf der *Foch* brachte ihn schließlich vor das Militärgericht. Der Festungshaft entzog er sich durch Flucht nach Oran, wo bin Golem ihn rekrutierte. Nicht der Mädchen, sondern seiner kühnen Einfälle und Phantasie wegen …

»Vor der Durchfahrt lässt der Kommandant weiträumig die Küstenstreifen erkunden. Die Hälfte der Geleitschiffe passiert zuerst, dann folgt, eng eskortiert, der Flugzeugträger. Liegt die Passage hinter ihm, atmet der Kommandant auf. Überlegen wir uns mal, an welcher Stelle er ausatmet?« Ohne eine Antwort aus der Runde abzuwarten, fuhr er fort:

»Hier, würde ich sagen.« Seinen abgegriffenen Bambusstab auf einen Punkt setzend, genoss er Sekunden lang die fragenden Blicke seiner Zuhörer.

»Genau hier! Im Schnittpunkt dieser Längen- und Breitengrade, am westlichen Ende der Meerenge. Nennen wir den Punkt Rota-Süd.«

»Warum Rota?«, fragte bin Golem barsch. Auch gut informierte Ungläubige wie dieser labile Schürzenjäger gehorchten der Sprache der Macht und Gewalt. Bin Golem wusste vom inneren Zittern dieses aufgeblasenen alternden Kombüsenjungen.

»Sir! Rota ist der amerikanische Stützpunkt am westlichen Eingang zur Straße von Gibraltar. Erst hier, südlich von Kap Trafalgar, fühlt der Trägerkommandant sich wieder sicher. Genau hier greifen wir an. Südlich von Trafalgar!«

Gemurmel setzte ein. Der Anführer nickte mit glühendem Blick: »Trafalgar. Ein machbares Konzept, Admiral. Dies wird die *letzte* Schlacht von Trafalgar … Wenn sich die Hochstimmung nach der Passage breitmacht, wenn alle entspannt anfangen, sich auf die Heimreise zu freuen, dann schlagen wir zu.« Der Scheich sprach als wäre es seine eigene Erkenntnis.

Der Navigationsoffizier vermaß die Stelle, die im Schnittpunkt von zwei Achsen lag. »Ein ausgezeichneter Platz für den Kill«, murmelte er zustimmend.

»Stellen Sie sich eine Schwadron US-Kavallerie vor, die in den Bergen des Wilden Westens zum Ausgang eines engen Canyon gelangt, der auf die offene Ebene führt«, schwärmte der Admiral ungeniert weiter. »Das Gebiet ist von feindseligen Indianerstämmen bevölkert. Was entscheidet der Kommandant? Er reitet nicht einfach weiter, sondern sendet Späher aus, die nach einem Hinterhalt Ausschau halten, die Höhen erklimmen, um Übersicht zu gewinnen. Danach reitet ein Voraustrupp durch die Schlucht, um auf der andern Seite einen Stützpunkt zu errichten. Erst jetzt donnert das

Gros der Schwadron durch den Canyon. Genau nach diesem Prinzip, meine Herren, führt Captain Fisher seinen schwimmenden Flugplatz durch die Meeresenge!«

Riaz, der Nachrichtenchef trat herein: »Eine Meldung von der Brücke: *Roosevelt* vor Malaga gesichtet, Sir!«

»Schneller als erwartet«, kommentierte der Admiral, die Seekarte konsultierend.

*Denen werd ich's zeigen. Ein für alle Mal!* Im Geiste sah er die Seekadetten künftiger Generationen über ihre Schulkarten gebeugt seine geniale Strategie studieren. Sein Name würde …

»Alle Systeme auf äußerste Alarmbereitschaft. Jetzt oder nie. Allah ist mit uns«, rief bin Golem flammenden Blicks. »Merkt euch die Reihenfolge: Erst räumen wir ihnen die digitalen Antennen ab, dann schießen wir! Misslingt ein Treffer, rammen wir den Protz. Dann brechen wir ihren sogenannten Großen Knüppel einfach übers Knie.« Erregt riss er seinen eigenen, schlanken, sorgfältig geschnitzten Stab aus Hartholz mit beiden Händen auf Schulterhöhe und schien ihn in der Hitze des Augenblicks tatsächlich übers Knie brechen zu wollen. Doch er besann sich eines Besseren, fixierte die Männer mit abgrundtiefem Blick. Seine Stimme war fast zum Flüstern geworden.

»Freunde, wir haben nur zwei Möglichkeiten. Sieg oder Tod!«

## 64.

Nadine Moran fühlte fast den gleichen erregenden Kitzel wie in jener Nacht in Los Alamos, als ihr gelang, ins *Aegis*-System einzuhacken. *Doch ein regelrechter Orgasmus wie dort wäre wohl …* Innerlich schmunzelnd, rückte sie näher an den Mann neben ihr. Mit ihrem Vater Thierry-Clé Moran vor dem Kontrollmonitor sitzend, empfand sie jetzt die gleiche berauschende Sensation wie nach einem guten Joint. Eine Art intellektueller Euphorie. War ihr doch tatsächlich gelungen, die Systeme der größten Seestreitkräfte dieser Welt zu manipulieren! Zusammen mit dem Mann, der die kleine Nadine einst im Stich gelassen hatte. Sie warf ihm einen Blick zu, der ebensogut vor Verehrung glühend wie hasserfüllt sein mochte. *Einen richtigen Vater hatte … habe … ich nie! Keine starke Leitfigur wie der Korpskommandant oder … Yussef, ja! Jedes Mädchen braucht einen richtigen Vater, Thierry. Du hast mich um dich selbst betrogen! Du hast Schuld an all der Kälte in mir!*

Trotz seiner körperlichen Nähe schien ihr der alte Moran merkwürdig fern, kühl. *War es die Anspannung? Wusste er, was gespielt wurde? Ach was, er konzentriert sich doch nur auf den Job! Hat nie was geahnt vom Streit in mir, von meinen Idealen, von meinen Gipfelstürmen, meinen Träumen vom großen Abenteuer. Und hier sitz ich jetzt, mitten drin in der Mutter aller Abenteuer! Auf dem Gipfel meiner Träume – ohne dich. Ohne Vater. Da kannst du so lange hier sitzen, wie du willst.*

Hinter ihr stand Khalid, den sie verabscheute, umringt von Bewaffneten. Sie hatten ihr mit der Hinrichtung ihres Vaters gedroht. Nicht nur für den Fall, dass sie sich weigerte, den Plan auszuführen, sondern auch, wenn etwas schief liefe. *Was wissen die Deppen schon!*

Sie blickte auf Thierry-Clé. Einen Herzschlag lang schauten Vater und Tochter einander in die Augen. Plötzlich tat er ihr Leid, dieser von seinem Land, von der Grande Nation im Stich gelassene Held.

Mit einem Ruck riss sie sich vom schwermütigen Sinnieren los. Heute war der Tag ihres großen Triumphs. Und die stolze Navy der überheblichen, sieggewohnten Amerikaner hatte keinen blassen Dunst, dass ihr Supersystem auch im Remote-Modus betrieben werden konnte, dass es in diesem Augenblick der Gnade ihrer über die Tastatur zuckenden Fingerspitzen ausgeliefert war. *Wunderbar!* Das Prinzip war eigentlich ganz einfach, wie alles, was schließlich funktionierte! Dem Befehl im Klartext gab Nadine einen langen Code zu, der ihn scharf machte, dann das ausgewählte Kampf-Simulationsprogramm aktivierte, das sich zu Schulungszwecken auf jedem Flugzeugträger befand. Damit die Simulation vom eigentlichen *Aegis*-Programm als authentisch akzeptiert wurde, brauchte es den ausschließlich Nadine bekannten Code, einen seitenlangen Satz mit einer 4096 Byte-Verschlüsselung. Erkannte und bestätigte das *Aegis*-System die Simulation dank Nadines raffinierter Manipulation als authentisch, war es im gleichen Augenblick schon verloren! Seine Waffen würden feuern, was die Rohre hielten, die Raketen der Begleitkreuzer würden auf die offenbar aus allen Himmelsrichtungen heranrasenden Ziele abzischen.

Um ins System einzudringen, genügte ein Telefon, das den Code übermittelte. Natürlich ging der Anruf auf den Remote Server des *Aegis*-Systems, der dann sicherheitshalber sofort auf eine vorprogrammierbare Nummer zurückrief. Der Remote Modus war als Präsidentencode entwickelt worden, damit der Oberbefehlshaber jederzeit von überall mit dem Kampfsystem Verbindung aufnehmen konnte.

*Jetzt bin ich Präsident!* Nadine kicherte wie ein Backfisch von der Dordogne, als sie die Daten eingab. *Aegis* lag ihr zu Füßen.

»Erinnern Sie sich an die Irrfahrt dieses Prototyps der Navy, wie hieß er doch gleich?«, schreckte sie des Admirals barsche Stimme auf.

»Was? Wieviel? Ach so, die *Sea Shadow*? War doch ein Milliardenflop.« Nadine strafte den Störenfried mit einem missbilligenden Blick.

*Was meinte der eigentlich damit?* Soviel sie wusste, sollte nach dem Vorbild des Tarnkappenbombers eines Tages ein Kriegsschiff wie ein Nachtschatten vom Radar unentdeckt über das Wasser gleiten können. Doch Schiffe haben Kielwasser, geben Hitze ab, machen Geräusche. Der Rumpf mag noch so schnittig, noch so niedrig konzipiert sein, am Schluss ragt die heimliche Waffe trotzdem wie ein wunder, träger Daumen aus der See. Sich dieser harten Einsicht beugend, brach die Navy vor nicht allzu langer Zeit das Experiment ab und schickte die *Sea Shadow* ehrenvoll in Pension. Immerhin: Etwas von der *Sea Shadow*-Technologie blieb haften, floss in die neue Generation der kleinen, flach profilierten Marinekampfschiffe des 21. Jahrhunderts ein.

»Nein, Madam, ich dachte an die neuen Kreuzer, die SC-21.«

»Und, was ist damit?«

»Na, also. Wissen Sie, die Amis machten doch eine Probefahrt, alles computerisiert … das Neueste vom Neuen. Ja, dann geriet ein Operateur versehentlich an eine Null …«

»Eine Null? Sie meinen eine Taste?« Nadine wirkte zerstreut.

»Ja, sicher, und der Computer auf jenem Superschiff dividierte durch Null, was nonfunktionelle Werte ergab, wirklich dumm!«

»Nur weil die Null … der Typ eine Null eintippte?«

»Ja! Das System stürzte ab, lag völlig flach am Boden!«

»Was geschah dann? Die Crew musste von Hand …?« Nadine machte ein paar nicht unbedingt computertypische Handgriffe.

»Nein, ging nicht mehr«, grinste der Admiral. »Das Schiff irrte führerlos im Ozean herum und wurde schließlich abgeschleppt. Wirklich peinlich!«

Nadine zog die Brauen zusammen. »Ach ja, jetzt fällt's mir ein. Moment, war doch alles streng geheim. Woher haben Sie denn diese Information?«

»Aus dem guten Internet, Madam. Wissen Sie, der Schaden war Faktum, für den Spott brauchte der Systemlieferant ja nicht zu sorgen. Mit Windeseile verbreitete sich die Schlappe. Windows NT legt Kriegsschiff lahm! Dafür sorgten die cleveren Burschen von der Konkurrenz. Sie brachten die

Blamage mit der nötigen Häme in Umlauf … die tanzten vor Schadenfreude.«

»Ich glaube, ich verstehe: Es gibt nichts, was es nicht gibt.«

»Eben. Genau mein Punkt. *Aegis* ist ja auch so ein Wundersystem. Ist gegen Abstürze und Hacking ebensowenig gefeit wie dieser SC-21-Kreuzer. Ja, da haben die Amis ein hochempfindliches System, eine enorm geheime Sache, und mit einer Null ist alles vorbei … einer einzigen klitzekleinen Null!« Mit ausgestreckten Armen betonte der Admiral die unberechenbare Anfälligkeit der Hochtechnologie.

»Wem sagen Sie das«, kommentierte die Französin ohne aufzublicken, bereits wieder in Gedanken versunken.

Natürlich kannte sie auch den rettenden Code, der das System wieder in den Normalzustand zurückversetzte. Beim Gedanken daran fuhr ihr freilich ein kurzer, scharfer Stich durchs Herz, hatte sie doch die blöde Diskette im Moulay-Palast liegen gelassen. Nur auf dieser Disk befand sich der Gegencode. *Scheißegal! Wen soll ich denn retten? Den Präsidenten etwa?* Zugegeben, Machtmenschen … Machtmänner imponierten ihr. Aber nach all den Skandalen würde dieser Brenton sich hüten. *Für einen Mann wie Yussef dagegen bin ich ein Kleinod, eine Trophäe. Mit ihm gibt es keine Grenzen. Mit ihm kann ich …*

Als sie Khalid den Verlust ihres kleinen Lederbeutels mit der geheimen Diskette gebeichtet hatte, hätte der Killer ihr am liebsten den Hals umgedreht, oder die Knie in den Rücken gedrückt, bis die Wirbelsäule … Der primitive Wüstling wusste natürlich nichts von ihrem klugen Schachzug in Los Alamos, wo sie in weiser Voraussicht eine Kopie von *Ödipus* in ihrem E-mailbriefkasten bei GC Tech hinterlegt hatte. So konnte sie in Sekunden die kodierten Daten abrufen, dann entschlüsseln. Von wegen Code: Die rote Akte in ihrem Gepäck harrte noch der Entschlüsselung. Wenn erst alles vorbei war, würde sie die brisanten Geheimnisse Yussef als ihre

Morgengabe überreichen. Kleine Geschenke erhielten die Freundschaft!

Trotz der Situation, oder vielleicht gerade wegen der Lage, schoss es ihr heiß in den Unterleib. *Männer! Was wissen die schon, was in Frauen vorgeht. Wozu waren die eigentlich zu gebrauchen? Ein paar Minuten lang ein warmes, festes Stück Fleisch wie einen vorgewärmten Laib Brot in unsere heißen Öfen zu schieben? Und was dann? Mein sogenannter Vater hier. Dieser sogenannte Polinsky. Was verbirgt sich eigentlich hinter diesen Machofassaden, was unter Yussefs würdevollem Bartvorhang? Nach Macht streben die alle. Macht, gut, aber wozu?* Sie zögerte keinen Augenblick mit der Antwort. *Macht, um Frauen wie mich auf Händen ans Ziel zu tragen. Und welches Ziel?* Wieder gab es kein Zögern, keinen Zweifel. *Das Ziel, Frauen wie mich dort hinzutragen, wo immer sie nun eben hingetragen werden wollen.* Ja, das war ihre Macht: die Macht einer Frau über starke … Hengste.

## 65.

Die Stimmung der Besatzung im Combat Information Center des Raketenkreuzers *USS Ross* entsprach ungefähr ihrer trostlosen Umgebung: gedämpftes grünliches Licht, eintöniger Geräuschpegel der brummenden Schiffsmotoren, ewig rauschende Bildschirmventilatoren. Das CIC, der menschenbeseelte Kommandoposten, das Kernstück von *Aegis*, verfügte über achtzehn Computerterminals, die in diesen Stunden der reduzierten Bereitschaft nur vereinzelt besetzt waren. Vor den Konsolen für die Feuerleitung der *Tomahawk*- und *Harpoon*-Raketen drehten sich die leeren anthrazitfarbenen Sessel unmerklich hin und her. Friedlich und verlassen wirkten die vier Arbeitsplätze für die U-Boot-Bekämpfung. Auch der Luftkampfkoordinator und der Supervisor des Feuerleitsystems befanden sich dem Einsatzplan entsprechend nicht auf ihren Posten.

Die drei diensthabenden Matrosen, die die Radarbilder überwachten und gelegentlich zum Sonar schielend die eigenen U-Boote im Augen behielten, lechzten förmlich nach Abwechslung.

Der überdimensionale Bildschirm des Frühwarnsystems unter den großen elektronischen Tafeln glänzte ihnen matt entgegen, ab und zu flimmerte eine Leuchtschrift über die Mattscheibe, in regelmäßigem Rhythmus leuchteten Luftbilder auf. Routine. Langeweile.

Das *Aegis*-System bestand aus Sensoren, dem Management-System und den Waffen. Der automatische, multifunktionelle SPY-1 Such- und Warnradar, der auch kleine Objekte und Tarnkappen-Flugzeuge mit schmalem Radarquerschnitt erfasste, bildete das Herzstück von *Aegis*. Ergänzt wurde SPY-1 mit elektronischen Gegenmaßnahmen (ECM). Alle Informationen der Sensoren, des Radars und des Sonars wurden ins Command Decision System (CDS) eingegeben, das die Bedrohungen analysierte, Prioritäten zuordnete und die Waffen einsetzte und überwachte.

Im automatischen Betriebssystem gingen die Daten direkt ins CDS und dann weiter zum Waffen-Control-System (WCS).

Der Einsatzleiter konnte auch den speziellen automatischen Modus einschalten. Damit ordnete er Prioritäten für bestimmte Ziele zu, zum Beispiel wenn Angriffe durch *Backfire*-Bomber befürchtet wurden.

Beim halbautomatischen Betriebssystem dagegen entschieden die Leute im Feuerleitzentrum selbst über den Einsatz von Waffen.

Radarsoldat 1 schaute gähnend auf die Armbanduhr. Nummer 2 zeigte auf die Satellitenbilder. »Schau, der Felsen von

Gibraltar mit den verführerischen Sirenen. Beantrage doch Landurlaub!«

»Bildung ist Glücksache«, spottete Nummer 2. »Auf Gibraltar tummeln sich Affen. Du kannst's ja mal versuchen mit so 'ner kleinen Affendame. Landurlaub genehmigt!«

»Ruhe«, gebot der Stellvertreter des Einsatzleiters, der die Verbindung zur *Hawkeye*, dem fliegenden »Vergrößerungsglas« des *Aegis*-Kampfsystem überwachte.

Die E-2C *Hawkeye*, ein unförmiges weißes Propellerflugzeug mit der Nummer 600 in roten Ziffern am Bug, kreiste hoch über dem Mittelmeer: ein Allwetterauge, das die Kommando- und Überwachungsfunktionen der Trägergruppe sicherstellte. Im Augenblick zeigten die aus der Luft übermittelten Bilder über den Azoren eine Sturmfront, die nach Spanien unterwegs war. Der Luftdruck war rapide abgesackt. Böen mit Windstärke 8 standen an. Die E-2C Aufklärer überwachen als Rückgrat des *Aegis*-Kampfsystems Bewegungen zu Land und auf See, koordinieren Angriffs- und Abfangaktionen, Such- und Rettungseinsätze. Sie waren ein unerlässliches Verbindungsrelais für alle von der Trägergruppe eingesetzten Waffensysteme.

»Da unten liegt Marokko. Casablanca, da kannte ich mal eine arabische Schönheit, Souad hieß sie …« begann der Funker.

»Nein, nicht schon wieder«, protestierte der Radaroperateur. »Schwächling, haste nur Weiber im Kopf? Casablanca ist Kultur, Menschen. Schon gehört vom Filmklassiker mit Humphrey Bogart und Ingrid Bergmann?«

»Und die Stadt schrieb Geschichte«, mischte sich der Navigationsoffizier ein: »1943 stritten sich auf der Konferenz von Casablanca Präsident Roosevelt und Winston Churchill über die zweite Front gegen die Achsenmächte.«

»*Theodore* Roosevelt?«

»Nein, *Franklin Delano*, natürlich!«

»Hatte der auch 'nen großen Knüppel?«, flachste der Radaroperateur.

»Ah … Casablanca ist die größte Stadt, der Haupthafen Marokkos, über zwei Millionen Einwohner, meine Souad hat mir …« Der Funker brach ab, als der kommandierende Pilot, Major Adler, seine Routinemeldung durchgab: »Alle Systeme laufen okay. Keine besonderen Vorkommnisse.« Der Navigationsoffizier wiederholte vorschriftsgemäß und drückte eine Taste, die die Meldung automatisch niederschrieb und dann an Bord der *USS Ross* über den Bildschirm ticken ließ.

»Kein Kick, null Bock«, quittierte der stellvertretende Einsatzleiter. Seine Kollegen nickten stumm. Das *Aegis*-System lief im vollautomatischen Betriebsmodus.

*Aegis* war eine supersmarte, für den Kampf gegen sowjetische *Backfire*-Bomber, hinterlistig anpirschende U-Boote und Schwärme von Anti-Schiffsraketen eines hochgerüsteten Gegners konzipierte Höllenmaschine. Seit dem Zerfall der Sowjetunion waren Herausforderer von *Aegis* allerdings von der Bildfläche verschwunden. Eben darin lag das Problem der Besatzung im Kontrollraum der *USS Ross*: der Feind hatte sich wie eine düstere Nebelbank aufgelöst. Weit und breit leuchtete nur noch ein virtuell klarer Himmel. Keine Sturmzeichen. Die Supersysteme drehten sich umsonst, und zwar rund um die Uhr. Wer wollte der Trägergruppe 8 schon etwas anhaben?

Die Übung im Ionischen Meer gegen das, was vom ehemaligen Jugoslawien übriggeblieben war, hatte den Männern etwas Abwechslung geboten. Sie konnten die Flugbahnen der abgeschossenen *Tomahawks* verfolgen und Treffer bejubeln. Die Starts und Landungen der Kampfjets, auch die Luftraumüberwachung, sorgten schon mal für Hektik. Doch von einer echten Bedrohung konnte keine Rede sein. Keine anfliegenden Raketen, kein nicht identifiziertes U-Boot. Nichts. Dabei war *Aegis* dafür gewappnet, gleichzeitig hundert Angriffe abzuwehren. Alles Schrott mangels Bedrohung?

Wenn abends bei Bierrunden die frisch von der Marineakademie Abkommandierten das *Aegis*-System in höchsten Tönen priesen, blieben die Golfkriegsveteranen an Bord sonderbar still. Die Ausnahme war Potato, ein Waffenmeister, der jetzt in der Abteilung G-2 des Weapons-Department die Sicherheitssysteme betreute und seinen Spitznamen der lustigen Knollennase verdankte, die dem Wahrzeichen seines Heimatstaats Idaho alle Ehre machte.

»*Aegis* ist nur ein Schild, merkt euch das«, pflegte er den Grünschnäbeln vorzurechnen. »Eine Schutzwaffe gegen Stoß, Stich und Hieb, wie im finsteren Mittelalter. Und wie damals kannst du jeden Schild durchlöchern, überlisten, umgehen … Es ist eine Frage der Zeit. Ein dummer Zufall genügt, ein perfider Angriff auf die Elektronik, kapisch?«

Sie hörten Potato bei seinen Reden gerne zu: Jeder Schutzschild versage einmal, so etwas liege in der Natur der Abwehr oder in der Abwehr der Natur. Das Kräftemessen zwischen Aggressor und Verteidiger sei ein uraltes Spiel. David und Goliath, die Maginot-Linie, das DEW System – man erinnere sich nur des großen Wildgansangriffs auf strategische Schlüsselziele im Herzland Amerikas im Jahre 1977… *Aegis* bilde da keine Ausnahme. Das System sei anfällig gegen elektronische Störmaßnahmen, in Küstennähe verenge sich der Schild, wie im Golf, *Aegis* könne abstürzen, eine Störung lege es flach und lahm.

»Kein Schild ist dagegen gefeit, niedergerungen oder unterlaufen zu werden«, pflichtete Larry Johnson der Kartoffel bei.

»Eben«, nickte der Veteran.

»Diese Kritik gilt doch für alle komplexen Waffensysteme …« wandte einer der Jungen ein.

Potato war anderer Meinung: »Sicher, da magst du Recht haben, aber bedenke mal: Das Versagen einer Offensivwaffe vereitelt nur den Angriff, zerstört aber nicht die Schießplattform mit Mann, Maus und Waffe. Im Gegensatz dazu bedeutet das Scheitern eines Abwehrsystems fast immer die Zerstörung der Waffenstellungen selber, verstehst du? Es ist doch so: misslingt uns ein Treffer mit einer *Tomahawk*, überlebt der Gegner im Zielgebiet und kann ein, zwei Tage weiterkämpfen. Was soll's? Fällt hingegen *Aegis* aus, mein Freund, kann dieses Versagen des Schutzschilds die Zerstörung einer ganzen Flugzeugträgergruppe bedeuten. Das ist der kleine Unterschied ...«

An diesem Punkt kam Larry Johnson meistens so richtig auf Touren. Er schimpfte zum Ärger seiner Vorgesetzten lauthals über die ihm auferlegten Beschränkungen. Das neu entwickelte, äußerst kompakte Doppler-Radar konnte locker ein fliegendes Insekt auf 65 Kilometer Entfernung orten. Es wurde bereits für die Tornado-Forschung benutzt. Larry hatte eine Version entwickelt, die bereits einsatzbereit war und mit Hilfe einer High-Speed-Datenbank genau erkennen konnte, was da heranflog. Er hatte das System an einem der beiden Schnellfeuergeschütze installiert. »Die Phalanx Geschütze für die Raketennahabwehr müssen auf eigenen Füßen stehen«, lautete sein inständigst vertretenes Credo. Er meinte damit sein von *Aegis* unabhängiges Warn-, Such- und Feuerleitsystem. »Wenn alle Stricke reißen, zum Beispiel ein von einer kleinen Plutoniumbombenexplosion ausgehender elektromagnetischer Impuls *Aegis* lahmlegt, funktionieren meine zwei Superkanonen immer noch, Sir«, plädierte er wöchentlich in der Stabsbesprechung mit dem Kapitän und dem Chef der Kampfsysteme – umsonst. Er durfte gerade mal mit einem einzigen Geschütz experimentieren und dabei nicht einmal beim scharfen Schuss die Probe aufs Exempel machen ...

»Bastelt Larry Johnson drüben immer noch an seinem Legobaukasten?«, fragte Radarsoldat 1 gähnend.

»Der wurstelt doch andauernd an seinem Radar rum«, meinte Nummer 2. »Ist doch verrückt, wenn du dir vorstellst, dass er damit auf riesige Entfernungen feststellen kann, ob eine Möwe oder eine dieser kleinen Anti-Schiffsraketen oder gar 'ne fliegende Untertasse daherschwirrt.«

»Hör auf, du machst mich fertig mit all der Aufregung«, stöhnte Nummer 1.

»Okay. Die Yankees haben wieder gewonnen«, meldete Nummer 2, der auf einem winzigen Monitor den Sportbericht von CNS verfolgte.

»Also das macht nun wirklich meinen Tag« grimassierte Nummer 1, während der stellvertretende Einsatzleiter eine Meldung an die *Hawkeye* eintippte: »Ersuche um Bericht über Schiffsbewegungen.«

»Warum? Was läuft ab?«, fragte Nummer 2.

»Anordnung vom Kommandanten, eben eingetroffen«, erklärte der SE achselzuckend.

»Der Alte kann das Exerzieren nun mal nicht lassen«, motzte Nummer 2. »Das liegt dem einfach im Blut.«

## 66.

Im Fitnessraum auf dem A-Deck der *Shiraz* saßen die dreißig Geiseln zusammengekauert am Boden, als Khalid hereinplatzte. Bei seinen unverständlichen Schreien sprangen sie erschrocken auf und rückten verstört näher zusammen. In der Tür erschien jetzt der weiß gekleidete Anführer mit dem Heiligenbart. Wie ein Messias breitete er die Arme aus.

»Yussef bin Golem«, verkündete Khalid feierlich. Augenblicklich herrschte Stille, in die bin Golem seine Worte salbungsvoll wie ein geübter Prediger einfließen ließ: »Freunde! Armut und Unterdrückung sollen aus der Welt verschwinden. Befreien will ich die Welt des Islams von amerikanischer Dominanz. Ausbeutung seitens des Westen zerstört des wahren Glaubens Seele. Das Schwert des Islam nach alter Tradition führe ich, auf dass Gottes Reich rein bleibe und mächtig im Herzen des Islam. Wenn es Gottes Ratschluss ist, dass Blut fließen soll, dann fließe es. Heilig ist uns der Krieg für das Gute und die Macht Gottes im Staat, in der Familie, in jedem Herzen.«

»Warum töten Sie dann überall auf der Welt unschuldige Amerikaner, wenn Sie vorgeben, so gut und edel zu sein«, fragte Sophie, zum blanken Entsetzen ihres Vaters.

Bin Golem wandte sich dem Blondschopf zu. Mit gütigem Blick beschied er: »Euer Präsident tötet Menschen überall auf der Erde. Amerika bringt Tod und Verderben nach Bagdad, Belgrad, Novi Sad und nach Tripolis. Tausende, ja, hunderttausende von Unschuldigen habt ihr geschlachtet. In Kandahar, in den Mohnfeldern von Herat. Amerika hat die Wälder in Vietnam entlaubt, Dörfer samt Frauen und Kindern mit Napalm verbrannt, tausende von unschuldigen Menschen vergiftet. Wozu? Ich sage es dir, törichtes Kind: Für das Vaterland! Dein Volk, dein Präsident, lügt, tötet, stiehlt im Namen der Freiheit und der Gesetze, die ihr euch selber gegeben habt. Im Namen Gottes, an den ihr glaubt, auf den ihr baut, wie es auf euren Geldscheinen steht. Ja, für dieses schmutzige amerikanische Gottesgeld seid ihr zu sterben bereit.«

Eine Frau schluchzte auf. Sam hielt seinen Kopf trotzig hoch. Quintus schielte auf die Hanteln am Boden und arbeitete an seinem Befreiungsplan.

»Wir Muslime tun nichts anderes. Wir kämpfen für unsere Überzeugung«, fuhr der Scheich fort. »Wir sind eine uralte Kultur mit starkem Glauben. Wir sind Menschen wie ihr, mit Kopf und Seele. Ich kämpfe für diese Menschen, nach den Gesetzen des Korans, der seit vierzehn Jahrhunderten das Buch aller Bücher ist, ein kostbarer Erinnerungsschatz, der die Einbildungskraft anregt, den Charakter formt und uns Mut einflößt. Treue ist kein leerer Wahn. Für Araber ist das Treuegebot keine leere Floskel. Meinem Volke treu, kämpfe ich gegen das Böse, das der Eindringling Amerika in unseren Ländern verkörpert.«

»Ihr seid Imperialisten«, hielt Doktor Yale mutig dagegen, sich schützend vor seine Tochter stellend. »Die Eroberung und Bekehrung des halben Mittelmeerraumes durch islamische Eindringlinge von der arabischen Halbinsel war der größte Raubzug der mittelalterlichen Geschichte!«

Bis jetzt hatte der weiß gekleidete Moslem ruhig und besonnen gesprochen. Nun ließ der Zorn seine Gesichtsadern anschwellen. Dr. Yale fühlte die vorwurfsvollen Blicke der anderen Geiseln in seinem Nacken. Bin Golem gelang es, seine Erregung zu zügeln. Mit entwaffnendem Lächeln verzieh er scheinbar die freche Rede des Amerikaners, dem die Reue ohnehin schon im Gesicht stand.

»Genug der Worte! Wenn eure Navy sich für einen Angriff auf unser Schiff entscheidet, sterbt ihr alle. Nicht durch das Schwert des Islam, sondern durch eure eigenen Bomben. Wie heißt das doch so schön bei euch – freundliches Feuer? Oder törichte, unbedachte Leute wie dieser Mensch da verursachen euren Tod …« Er deutete verächtlich auf Yale. »Übrigens, sollten eure Landsleute uns Schwierigkeiten machen, ist er der erste, den wir erschießen. Und zwar keineswegs unfreundlich. Einfach zweckmäßig! Heiliges Feuer nennen *wir* das.«

## 67.

Großer Gott!« ruft Radarsoldat 1. Im gleichen Augenblick blinkt die Leuchtschrift EAM – Emergency Action Message – an der Wand auf.

»Was zum Teufel …!« Der stellvertretende Einsatzleiter im Kampfzentrum der *USS Ross* starrt entgeistert auf den großen CIC-Monitor, wo offensichtlich die Hölle los ist. Gleichzeitig heult eine Sirene in kurzen Abständen den

Gefechtsalarm durch den ganzen Schiffsleib, während die automatische Bereitschaftsanzeige ALLE WAFFEN AUF 1 SQ meldet.

»Russische Raketen, Mensch!« Der Radarsoldat ist aufgesprungen.

»Holt den Captain!«

»Ist drüben auf der *TR* beim Alten. Was zum Teufel läuft da ab?«, keucht der stellvertretende Einsatzleiter.

»Alarmstufe 1, vier Raketen, schnell näher kommend, Sir!«

»Zieldaten bestätigen!«

»Der STV ist auch an Bord der *TR*. Wer ist der dienstälteste Offizier? Wo zum Teufel stecken die Ordonnanzen und Telefonisten?«

Die schwere Metalltür kreischt auf: Ein Offizier, die Uniformjacke zuknöpfend, stürmt herein. Im fahlen Licht des Gefechtsstands sieht Radarspezialist 1 nur ein schwarzes Gesicht mit zwei weiß leuchtenden Punkten. Er späht nach dem Namensschild: *Major Black,* der Sicherheitsoffizier.

»Ist das eine Scheißalarmübung oder was?«, schimpft Black.

»Negativ, Sir. Sechs Raketen im Anflug, 5000 Yards, schnell näher kommend. Gegenmaßnahmen eingeleitet, Sir.«

»Gut. Betriebsmodus?«

»Automatisch, Sir.«

Major Black nickt, wischt sich die Augen. Kein Zweifel. Da erlaubt sich irgendein Verrückter, die US-Navy unter Beschuss zu nehmen. *Ich glaub's nicht! Ein Ernstfall! Feuertaufe!*

»Die Rechnung haben die ohne uns gemacht«, meint er ruhig.

»3000 Yards, näher kommend!«

»Weiter mit Standardgeschwindigkeit. Kurs halten«, befiehlt Black. Der stellvertretende Einsatzleiter wiederholt den Befehl vorschriftsgemäß.

»Ich übernehme den Gefechtsstand!«

»Aye aye, Sir, Sie übernehmen.«

»Raketensystem fertig zum Abschuss«, meldet Radarsoldat 1. *Denen werden wir's zeigen!*

»Sir, der Kommandant!«

Major Black reißt den entgegengestreckten Hörer an sich. »Sir?« Lauscht. Dann: »Sechs feindliche Raketen, zweitausend Yards. Abfangraketen gestartet. Kontakt in wenigen Sekunden. Jetzt, Sir. Volltreffer, Volltreffer ... Abwehrmaßnahmen erfolgreich. Ah, Sie sehen es auch?« *Warum fragt er mich dann?*

»Alle sechs Raketen vernichtet«, meldet Nummer 1.

Ohrenbetäubendes Gegröle setzt ein, bricht ebenso plötzlich ab: Das Bild der Gefechtslage gleicht auf ein Mal einem mikroskopisch vergrößerten, von Mikroben und quirlenden Bakterien belagerten Zellkern. Von allen Seiten nähern sich heimlich und lautlos Killerviren. Das *Aegis*-Informationssystem übersetzt die erkannten Objekte fortlaufend in Klartext. Nummer 1 kommt nicht mehr nach mit dem Identifizieren: »Bombengeschwader östlich über Mazedonien, zehn, nein ... mein Gott ... zwanzig Raketenabschüsse südlich ... was ist das? ... feindliches U-Boot an der Südwestspitze Portugals ... Kap San Vincente ... mindesten ein Dutzend Raketen, schnell näher kommend ... Wer hat uns den Krieg erklärt? Die verfickten Russen? Weiß jemand was?«

»Elektronische Gegenmaßnahmen eingeleitet«, brüllt Nummer 2.

»Nicht die Nerven verlieren, Jungs«, dröhnt Major Black als sei er der Feldmanager der New York Yankees, dem er tatsächlich ähnelt. »Geben Sie mir Verbindung mit Adlerauge!«

»Aye aye, Sir. Verbindung steht, Sir!«

Hoch über der winzigen Alboraninsel östlich Gibraltars, auf sechstausend Meter blickt sich die sechsköpfige Crew der *Hawkeye* fassungslos an. Wie ein Hammerschlag hat Alarmstufe 1 sie aus der Lethargie eines Routineflugs gerüttelt. Die gleichen Anzeigen eines Großangriffs wie auf der *USS Ross* flimmern über die Bildschirme an Bord des mit Elektronik vollbepackten Aufklärungsflugzeuges.

»Hat jemand 'ne Erklärung für diesen Haufen Rührei da unten? Meldung vom CO?«

»Negativ Sir. Keine Nachricht von der *TR*.«

»Die *Ross* und die *Gonzalez* feuern Raketen ab. Rund dreißig Stück bis jetzt, Sir.«

»Leute, sowas nennt sich Krieg.« Die Stimme des Navigationsoffiziers zittert geradezu ergriffen ob des historischen Augenblicks.

»Wer … wer zum Teufel greift uns denn an? Kann doch nicht wahr sein!«

»Fürchte das sieht böse aus!«

»Ruhe. Sind die Objekte identifiziert«, ruft der Captain. Sein verschwitztes Hemd klebt ihm klatschnass auf der Haut. Die Maschine ist auf Autopilot, fliegt eine gleichmäßige Schleife.

»Alle Tests zur Identifikation durchgeführt. Kein Zweifel. Feindlicher Beschuss, Sir.«

»Das Raketenfeuer geht weiter, Sir.«

»Was?«

Die Verbindungsanzeige zur *TR* leuchtet auf. Der Captain kippt den Schalter herunter: »Adler hier.«

Der Kommandant der *TR* orientiert über die Lage: Eine große feindliche Streitmacht greife die Trägergruppe 8 an. Abwehrmaßnahmen seien erfolgreich im Gang.

»Wie bitte, Sir?«, unterbricht Captain Adler in der *Hawkeye* die Meldung. Er glaubt, nicht richtig gehört zu haben.

»Der CC und der spanische König werden in Kürze an Bord erwartet«, wiederholt die *TR*.

Die Besatzung der *Hawkeye* hört mit. Die Männer schütteln ungläubig die Köpfe.

»Die Raketen, Sir«, meldet sich der Radaroperateur erneut.

Abwehrend die Hand hebend, schaltet der Captain den Lautsprecher aus. »Alle Systeme funktionieren, Sir. Wir sehen, was abläuft. Was macht Washington … ich meine … was entscheidet der CC, Sir?«

»Wir haben Radaraktivität westlich der Meerenge, Sir«, meldet der zweite Radaroperateur.

»Genauer Standort!«

»Augenblick … ein Schiff, sieht aus wie 'n Supertanker.«

Der Captain winkt erleichtert ab.

»Keine zivile Radarfrequenz, Sir«, beharrt der Operateur.

»Was?«

»Zielradar, wenn Sie mich fragen, Sir.«

*Ich frage dich, zum Teufel, Junge. Bau mir besser keinen Mist. Ich will verdammt noch mal nicht schuld an der Versenkung eines Tankers mit Tausenden von Tonnen Öl sein.*

»Gib die Meldung sofort ins CIC auf der *Ross* durch!«

»Aye aye, Sir!«

Wenige Minuten später katapultiert die F-14-*Tomcat* von Leutnant Kahn, alias Morse, über das Deck der *TR* und schießt in langer Kurve in den grauen Himmel hinauf. Die Position des als *Shiraz* identifizierten Tankers mit der vermuteten Radaraktivität blinkt automatisch auf dem Map-up-System des Kampfflugzeugs. Morse schwenkt auf Angriffskurs. Seine Gedanken passen sich automatisch den Angriffsfunktionen seiner Maschine an, kommen kurz, abgehackt: *So … mal sehen, wer ihr seid … wer auch immer … wäre ja noch schöner … den Großen Knüppel beschießen … euch schon zeigen … linke Brüder … gleich schmilzt euch die Unterwäsche …* Und dann tut er das, was niemand sieht, niemand je gesehen hat, niemand je sehen darf oder wird – macht aus seinem Gesicht eine Morseflagge, zuckt es in Wahnsinnsschnelle hin und her, sich und der Welt die megalomanische Schreckensnachricht zublinkend: *Hier kommt Morse der Rächer … hier kommt Morse der Rächer … Hier kommt Morse der Rächer …*

## 68.

Die martialischen Bilder, die auf dem CIC-Monitor einen umfassenden Großangriff auf die *USS Theodore Roosevelt* im Mittelmeer zeigen, flimmern auch über die Bildschirme des Strategischen Luftwaffenkommandos in der chronisch feuchten Tiefe des unterirdischen Command Centers in den Rocky Mountains in Colorado sowie im Lageraum des Weißen Hauses, wo es im Augenblick wie in einem Taubenschlag zugeht. Gehetzte Gehilfen schwirren hektisch durcheinander, Schreibstubenhengste wiehern verstört, Rede und Widerrede, genervte Ausrufe übertönen das Summen der Telefonapparate, verängstigte Blicke huschen umher. Erst als der Sicherheitsberater mit dem hochdekorierten Chef des Vereinigten Generalstabs den Raum betritt, glätten sich die Wogen der Erregung.

»Wer hat den Überblick?«, feuert der Viersternegeneral scharf in die sich ausbreitende Ruhe. Totenstille im Raum.

»Oookay. Dann wollen wir mal rasch die Lage analysieren. Zuerst die letzten Meldungen. Na los! Pronto, pronto, ihr Faultiere!« *Endlich Action,* zuckt es ihm durch den Kopf. *Endlich mal was, in das man reinbeißen kann. Endlich mal Schluss mit dem verfickten Papier!*

Nicht weit von Catanzaro, in den Hügeln des kalabresischen Apennins am Fuße des italienischen Stiefels drehen sich auch an diesem Tag wie seit Jahrzehnten die Parabolantennen der Beobachtungsstation. Die Frühwarnanlage, von den Amerikanern im Rahmen der NATO betrieben, kontrolliert den Zugang zum östlichen Mittelmeer und zur Adria, richtet ein wachsames Auge auf das südlich am Golf von Sirte gelegene Libyen.

Sergeant Taranto kennt mittlerweile die Formationen der 8. Trägergruppe mit der *USS Theodore Roosevelt* fast auswendig. Seit Beginn der NATO-Intervention gegen Jugoslawien hat er mit steigender Faszination auf dem Radarbildschirm die Schiffs- und Flugbewegungen im Ionischen Meer verfolgt. Wie ein Kriegsberichterstatter begann er eine Art Tagebuch zu führen, zählte die Raketenabschüsse, verfolgte die Flugbahnen und versuchte, aus den ständig wechselnden Formationen der Trägergruppe auf ein taktisches Muster zu schließen. Auf den Satellitenbildern, die er anfänglich bloß als Wetterkarten begriff, entdeckte er mit fortdauernder Kampftätigkeit der Alliierten die Bewegungen der einzelnen Schiffe der Trägergruppe und lernte mit dem Zoom die Bilder so zu vergrößern, dass es ihm sogar gelang, den Moment der Einschläge der Cruise Missiles auf Ziele in Novi Sad, Nis und Belgrad festzuhalten.

»Wie geht es unserem Seekriegsstrategen?«, dröhnt jetzt hinter Taranto die wohlmeinende Stimme des amerikanischen Oberstleutnants. »La guerra è finita, caro mio!«

»Kaum, Sir«, widerspricht ein verblüffter Taranto, seinen Blick keine Sekunde vom Bildschirm lassend.

»Schauen Sie doch, Sir, die schießen Raketen ab. Da, von der *USS Ross*! Und vorhin von der *USS Gonzalez*!« Auf dem anderen Monitor lässt Taranto den Film zurücklaufen, bis der Raketenkreuzer ins Bild kommt.

»Tatsächlich! Was in Gottes Namen! Die Jungs machen Schießübungen mitten … kann doch nicht sein. Moment, ich glaube, ich hänge mich mal an den Draht und finde raus, was der Unsinn soll.«

»Die Raketen verpuffen«, ruft Taranto ihm nach.

## 69.

Weiß der Teufel, was da gespielt wird«, stöhnt Captain Fisher auf der *Theodore Roosevelt*. Er steht auf der Brücke und starrt mit besorgtem Blick auf das Deck hinunter, als fände sich dort im organisierten Wirrwarr des Flugbetriebs die Lösung. *Aegis* hat feindliche Geschosse, Bomber und U-Boote geortet und automatisch den Abwehrkampf aufgenommen. Doch irgendwelche optischen Anzeichen von Luftkämpfen oder explodierenden Raketen gibt es nicht. Das Strategische Luftwaffenkommando beharrt darauf, dass keine Feindtätigkeit erkennbar sei. Anfliegende Bombergeschwader? Die Satelliten wissen nichts davon. Liegt es am schlechten Wetter?

Doch im Kampfraum (CIC) der *USS Ross* verdichten sich die Angriffe. Immer wieder fallen neue Raketenschwärme an. So etwas hat es in den kühnsten Übungsanlagen und Simulationen noch nicht gegeben. Im Waffenkontrollzentrum grassiert Bestürzung. Die Abwehrraketen erfassen die Ziele automatisch. Dutzendweise. Doch die von den AWACS hereinkommenden Meldungen besagen, dass die Raketen wirkungslos irgendwo in der Atmosphäre verschwinden, ohne Ziele zu treffen. Eine Rakete sei im Yachthafen von Marbella eingeschlagen. Der Verzweiflung nahe, raufen sich die Leute an den Geräten die Haare. Was für ein Irrsinn läuft hier eigentlich ab?

Vom seinem anfänglichen, stressbedingten Morserausch ernüchtert, rauscht Leutnant Kahn mit seiner *Tomcat* im Tiefflug über den Koloss eines Tankers, schräg hinunter auf das lange Deck blickend: Er erkennt einen großen Helikopter, einzelne Menschen in gelben Schwimmwesten und … was ist denn das? Er zieht zu einer Schlaufe hoch und entschließt sich zu einem zweiten Tiefflug. Gleichzeitig schaltet er die Kamera unter dem Rumpf ein, die ihre Aufnahmen automatisch ins CIC auf der *Ross* übermitteln würde. Einen Augenblick fährt ihm blanker Schrecken in die Knochen, als das Warnsignal im Cockpit feindliche Radarortung meldet. Zum Glück gilt die Peilung nicht seiner Maschine. Sicherheitshalber lässt Morse ein paar Leuchtkörper ab, die verfolgende

Raketen ablenken sollen und setzt dann zum zweiten Überflug an.

Auf der *Shiraz* verursacht die *Tomcat* Aufregung. Schon das Auftauchen des US-Kreuzers, obschon in respektvoller Entfernung, hat Alarm ausgelöst. Khalid hatte die Geiseln aufs Deck getrieben und sie eiligst mit gelben Westen ausgerüstet, um sie als menschliche Schutzschilde einem eventuellen Luftangriff entgegenzustellen.

»Jetzt befreien uns die Marines, wartet nur ab«, murmelt Snell zwischen knirschenden Zähnen. Quintus nutzt die Verwirrung, um allen die Standorte der Rettungsboote zuzuraunen. Sam, Senator Strong und Yale steckt er je eine kleine Dreikilo-Hantel zu, die er unter seinen großzügig geschnittenen Hosen versteckt hat, während die F-14 ohrenbetäubend über das Schiff brauste.

Morse sieht die Anlagen jetzt deutlich und erkennt klar mit bloßem Auge: Raketenstellungen! Kein Zweifel. Er erstattet hastig Meldung und fordert die sofortige Auswertung der Luftaufnahmen seiner Superkamera. Am liebsten würde er gleich losballern, doch das könnte mehr Unheil als Nutzen bringen. *Und wenn die da unten Raketen haben, dann … ja dann … höchste Zeit, den Brüdern ein bisschen Kondens zu zeigen …*

## 70.

»Ein Anruf von Catanzaro, Sir?«

»Wer ist Catanzaro?«

»Die Frühwarnradarstation in Kalabrien, Sir.«

»Geben Sie her!« Kapitän Fisher lauscht angestrengt, sein Blick verfinstert sich unter zusammengezogenen Brauen. »Schießübungen? Sind Sie verrückt, Oberstleutnant? Mein

Schiff wird angegriffen, nehmen Sie das gefälligst zur Kenntnis! Wie bitte?« Langsam schüttelt er den Kopf. »Sind Sie sicher? Bleiben Sie dran. Danke, Oberstleutnant.« Captain Fisher legt auf.

»Was machen wir, Sir?«, fragt der Versorgungsoffizier.

»Weitermachen, alle Angriffe bekämpfen. Alarmstufe 1.«

»Aye aye, Sir!«

»Helikopter des Präsidenten im Anflug, Sir«, meldet ein Bootsmann mit blauem Jersey über der Gefechtsjacke.

Doch Fisher redet bereits über das Bordtelefon angespannt mit Larry Johnson.

»Was sagst du, Larry? Die räumen uns die Antennen ab?«

Der Feind treibe das *Aegis*-System an den Rand der Leistungsfähigkeit, vermutet Johnson. Wenn es durch Manipulationen lahmgelegt sei, ohne Antennen gewissermaßen, dann erst kämen vermutlich die richtigen Raketen, erklärt der Radarspezialist mit Grabesstimme.

Ob er konkrete Anzeichen seiner Theorie habe, will der Kapitän wissen. Johnson weicht aus: Nein, aber seine zwei *Vulcan Phalanx*-Geschütze seien einsatzbereit, allerdings könne nur eines der Systeme eine *Exocet* rechtzeitig identifizieren …

»Kann mir den Luxus Ihrer Hypothesen jetzt nicht leisten, Johnson.« Sichtlich genervt bricht Fisher ab. Der Sicherheitsoffizier überbringt die Meldung, dass sich der Kreuzer, mit Marineinfanteristen und dem Seals-Kommando an Bord, der *Shiraz* genähert habe. Plötzlich überschlagen sich die Hiobsbotschaften. Das CIC auf der *Ross* bestätigt die Raketenabschussvorrichtungen auf Deck der *Shiraz*. Dann wird eine weitere Befürchtung zur Gewissheit: Senator Strong und die dreißig entführten Amerikaner befinden sich an Bord des Tankers, einem mit Raketen bestückten Terroristenschiff.

»Unsere Männer stehen bereit, die *Shiraz* zu stürmen«, funkt der Chef des kombinierten Seals-Kommandos herüber.

»Abwarten, Washington oder der Präsident selbst entscheidet«, befiehlt Fisher. »Wir verlassen uns auf *Aegis*. Der Abwehrkampf geht weiter. Alle Systeme bleiben in Betrieb!« Er sprintet zu der an der Außenwand der Brücke angeklebten Offizierslatrine. Diese Art Kampfstress macht Druck. Einen Moment lang schließt er die Augen. Pam! Er sieht sie klar, völlig entkleidet, von vorn: der durchtrainierte Körper, die kleinen, hoch ansetzenden Brüste, das dichte, schwarze Venusdreieck, alles in grellem Licht … zu grellem Licht. Captain Fisher reißt die Augen auf. War das das schmerzhaft weiße Licht im Zentrum einer Explosion? Oder bloß der pure Schrecken? Er seufzt auf, schüttelt ab. Muss plötzlich lächeln: Zum Abschütteln ist immer Zeit, hat sein Vater ihm einmal in späten Jahren anvertraut.

## 71.

Nadine Moran starrt mit heißen Augen und heißem Schoß aufs Kampfgetümmel. Die Luftkampfsimulation mit über hundert parallel stattfindenden Angriffsaktionen überfordert *Aegis* glatt. Seit einer guten Stunde verschießen die Raketenkreuzer ununterbrochen Abwehrraketen in alle Himmelsrichtungen, bekämpfen Schwärme von Phantombombern und Anti-Schiffsraketen, die schimärisch auf den Kontrollbildschirmen des Gefechtszentrums auftauchen.

»Jetzt muss es sein! Genau jetzt«, ruft sie.

Bin Golem breitet die Arme aus, seine Ungeduld wird offenbar. Der alte Moran nickt, die Hand auf der Abschusstaste. Mit professioneller Kälte meldet er Feuerbereitschaft der Systeme 1 bis 6.

Die Armbanduhr vor Augen, gibt Nadine das Handzeichen. Thierry-Clé drückt die Taste, befiehlt: »Raketen eins bis sechs. Feuer!«

Der Islamistenführer steht vor Khalid und dem Kapitän, den Blick auf die Teufelsdinger gerichtet, die da wegzischen.

Auf dem Bildschirm seines Dopplerradars sieht Larry Johnson die tödliche Gefahr mit aller Deutlichkeit.

Die Raketen der *Shiraz* rasen knapp über der Wasseroberfläche direkt auf die *TR* zu. Diesmal ist das kein virtueller Angriff! *Die hier sind echt. Verdammt echt!*

Während er Captain Fisher sofort die Alarmmeldung übermittelt, bleibt sein Blick wie gebannt auf den Symbolen der R2D2 Geschützbatterien haften. Werden sie rechtzeitig ballern?

Die zwei *Vulcan Phalanx*-Geschütze sollen als letztes Bollwerk Raketen stoppen, die eventuell den *Aegis*-Abwehrschild durchbrechen. Der Haken ist, dass die mit Mach 4 heranrasenden Dinger zuerst erfasst, identifiziert und von eventuellen virtuellen Ködern, die den Warnradar täuschen können, unterschieden werden müssen.

Die den R2D2 Robotern aus dem *Krieg der Sterne* nachgebauten Schnellfeuerkanonen können einer tödlichen Bedrohung pro Sekunde bis zu 900 Zwanzigmillimeter-Geschosse als unüberwindliche Stahlwand entgegenschleudern. Ihren Schwenkbereich von –25 bis +85 Grad durchmessen die Rohre blitzschnell in etwas über einer Sekunde. Mit eigenem internen Radar ausgerüstet, der sowohl anfliegende Ziele wie eigene Kugeln verfolgt, sind die R2D2 *Phalanx*-Kanonen so etwas wie eine Rückversicherung oder letzte Hoffnung für den Fall, dass die schweren SM-2-Abwehrraketen der *Gonzalez* und der *Ross* gegen den Schwarm anfliegender Mach 4-Pfeile wie die *Exocets* nicht mehr aufkommen.

Der wunde Punkt der R2D2 besteht in dem beim Winkel von 85 Grad anschlagenden Höhenschwenkbereich. Fällt eines der gefürchteten Pfeilgeschosse senkrecht vom Himmel, wozu es theoretisch fähig ist, bleibt es locker außerhalb des tödlichen Wirkungsbereichs des vernichtenden R2D2-Kugelhagels.

Zu Larrys Entsetzen schnellt ausgerechnet in diesem Moment eine der heranschwirrenden, klar identifizierten *Exocets* abrupt hoch, startet zum senkrechten Fallflug und …

*Nein! Das ist er, der befürchtete Steilangriff von oben!*

Der Albtraum eines 90 Grad-Beschusses ist plötzlich schrille Wirklichkeit. Larry fährt wie von der Tarantel gestochen hoch. *Welcher Teufelskerl … welch geniales Hackerschwein sitzt da an der Konsole … den … den? … wieso den … das hier, das kenn ich doch … das ist doch wie ein Fingerabdruck … diese rasante Geschwindigkeit … diese geradezu perverse Fingerfertigkeit … diese … Eleganz …*

Im Kontrollraum der *USS Ross* breitet sich Panik aus. Mit einer derart massierten Angriffswelle unzähliger Geschosse hat niemand gerechnet. Auch in den härtesten Schulungen mussten die Besatzungen sich nie einem solchen fast unerträglichen Stress aussetzen.

»Scheiße, wir sind am Limit! Über hundert Abwehraktionen … und wieder sechs, nein zwölf Raketen auf Zielkurs *TR* … eine schwenkt hoch … zum vertikalen Angriff neunzig Grad … Allmächtiger Vater …!« Wie ein mutiger Delinquent vor dem Exekutionskommando kneift Major Black die Augen zu engen Schlitzen zusammen. *Dagegen ist kein Kraut gewachsen! Das hier matscht die Eier!*

Das Fernglas hochreißend stürzt Johnson an Deck. Entgeistert blickt er zur *Roosevelt* hinüber. *Der Stolz der Flotte, dem Untergang geweiht!*

Jeden Augenblick muss die Rakete auf Deck einschlagen! Durch ultrastarke Vergrößerung blinzelt er in den verhängten Himmel. *Das kann doch … darf doch nicht sein!*

Für einen Sekundenbruchteil meint er, die herunterrauschende Rakete als schwarzen, verwischten Strich die Luft teilen zu sehen. Ihm ist, als höre er schon die furchtbare Detonation. *Treffer! Einschlag!* Er wirft sich instinktiv zu Boden, wartet auf den grellen Blitz, schließt wie ein im Voraus vom Placebo der Angst getroffenes Kind betäubt die Augen. Doch nichts dergleichen geschieht! Er blinzelt in den hellen Tag, rappelt sich zögernd hoch, wankt rückwärts in den Kontrollraum zurück, die Augen aufgerissen, wild den Bildschirm suchend, wo die Treffermeldung gleich aufblinken wird. Keiner schenkt ihm Beachtung. Wie fernes Murmeln hört er aufgeregtes Rufen, ein Telefonist am äußersten Rand der langen Kontrolltische winkt. *Galt das Zeichen mir, Larry? Ja, jemand verlangt mich am Telefon!*

Es ist die sich überschlagende Fistelstimme des CEO der *TR*. Ob die zweite Phalanx nun endlich schießt …?

»Nein, kein Einschlag auf der *TR* … doch Moment … Der Lee-Steuermann meldet Stabilisationsflügel … sie stecken im flachen Dach des … des … ein Blindgänger … die Rakete ist nicht explodiert … hat das Dach durchschlagen … im Scheißhaus gelandet! Die kleine Latrine backbord neben der Brücke … der Captain mit dem Schrecken davongekommen …

Larry kommt aus dem Staunen nicht heraus, aber sein Verstand liefert bereits die Erklärung: *Sprengsicherung aktiviert, zu steiler Einfallswinkel! Kaltes Stück Kacke, das! Auf nichts mehr ist Verlass! Warum sollen diese Frösche von Franzosen mit ihrer Exocet da 'ne Ausnahme sein!*

Auf der *USS Ross* stöhnt Radarsoldat 1: »Nischt läuft mehr. Nur Johnson mit seinem gesteckten Legobaukasten kann uns noch retten!«

»Wieder Sechs *Exocets*«, antwortet der Einsatzleiter tonlos, blass wie ein Leichentuch. Gebannt blicken alle auf den Bildschirm: Der Doppler-Radar hat die auf praktisch Nullhöhe heranrauschenden Raketen identifiziert. Die R2D2-Schnellfeuerkanonen sind herumgefahren, haben eine Stahlwand von Millionen von Geschossen gegen die anfliegenden Raketen abgefeuert. Auf den zur Trägergruppe gehörenden Schiffen starren hunderte von Augenpaaren auf jeden zugänglichen Monitor. Dann löst sich die bis zum Brechen gespannte Stimmung: Alle *Exocets* wurden vollständig zerstört, geradezu pulverisiert!

»Larry! Wumm. Treffer! Wumm … Larry! Super! Lar-ry, Lar-ry, Lar-ry«, ein ekstatischer Chor rauer Stimmen. »Tref-fer, Tref-fer, Tref-fer … das Scheißlego funktioniert«, grölen die Boys im Kampfzentrum auf der *Ross* wie berauscht.

»Halt! Da kommt noch eine …!«

Im Nu stürzt die euphorische Stimmung auf den Gefrierpunkt.

»Noch eine …« murmelt Major Black wie betäubt.

Völlig machtlos sitzen sie da. Und die Wunderwaffe aus *Star Wars* bleibt stumm. Kein Schuss geht los. Nicht ein einziger. Die verdammte Raumattrappe läuft nicht! »Ladehemmung. Kaputt«, flüstert einer.

»Die zweite R2D2 will nicht. Keine Zielidentifikation!« Major Blacks Stimme bebt. »Hätte der Alte den Johnson doch bloß machen lassen!«

Black fasst zusammen, was die meisten denken, wissen. Von *Aegis* abgekoppelt, erfasste und identifizierte der Autosteuer-Radar der *Phalanx* die Ziele selbständig. Leider hatten die Marinebürokraten Larry verboten, seinen Dopplerradar mit beiden Kanonensystemen zu integrieren. Jetzt hatten sie die Bescherung. Während das eine Geschütz präzise, blitzartig auf die Ziele reagierte, bis zum Limit feuerte, empfing das andere die manipulierten Daten des *Aegis*-System, blieb inaktiv… konnte nicht anders.

Auf der *TR* heult elektronischer Alarm, während eine Doppelpatrouille F-18 wegkatapultiert. Larry blickt verzweifelt auf den

Bildschirm. Keine Raketen zischen mehr von der *USS Ross* weg ... Auf dem Monitor nebenan sieht er den Helikopter mit dem Präsidenten der Vereinigten Staaten vor dem Tower auf Deck der *TR* landen. *Grotesk! Der geht an Bord eines sinkenden Schiffs! War Fisher wahnsinnig, den Präsidenten ausgerechnet jetzt landen zu lassen? Oder hatte Brenton selbst etwa drauf bestanden?*

Als einer der wenigen auf der *TR* kennt Captain Fisher die hochgeheime Sättigungsschwelle des *Aegis*-Abwehrsystems. Nach seiner hastigen Faustrechnung hat der Gegner mehr Projektile abgefeuert, als *Aegis* bewältigen kann. Wer hätte gedacht, die Grenze der Leistungsfähigkeit könne je erreicht werden! Ein Raketenkreuzer war mit 122 SM-2 Raketen mit einer Reichweite bis zu 70 Meilen ausgerüstet ... und jetzt sollte alles vorbei sein? Jemand hatte offensichtlich das ganze ausgeklügelte Milliarden-Dollar-System zu Fall gebracht. Oder eine unglaubliche elektronische Funktionsstörung war eingetreten! Eigentlich musste längst damit gerechnet werden. *Nur, Totschweigen ist eben bequemer als Reagieren. Also, ist Aegis lahmgelegt? Hat dieser undurchdringliche Schild letztendlich doch versagt?*

Genau danach sieht es aus, denn in diesem Moment geht eine heftige Erschütterung durch den Schiffsleib der *Roosevelt*. Der Koloss zittert. Eine gewaltige Detonation übertönt spielend allen anderen Lärm.

»Treffer im Heck, Sir«, schreit der Steuermann auf der Brücke.

»Schadensmeldung!« Die heisere Stimme des Kapitäns überschlägt sich.

»Ruderanlage zerstört, Sir. *TR* manövrierunfähig.«

»Den Teufel, nein!«

Jetzt folgen in Abständen präzise Angaben über den angerichteten Schaden: Die Heckklappe, eine große mobile Plattform für die Warenanlieferung und das Anlegen von Beibooten ist geborsten, zerstört. Die *TR* nimmt tonnenweise Wasser auf.

»Schotten!« brüllt der als CEO angesprochene Schiffsmanager, obwohl die Automatik längst die Abdichtung der Warenbucht vom übrigen Schiffsraum achtern unter Deck besorgt.

»Feuerbekämpfung in Gang. Verletztenzahl unbestimmt …«

Auf der Brücke meldet der Lee-Steuermann den Ausfall der vier Antriebswellen. Schwere bis schwerste Beschädigung.

»Reaktor?«, bellt der Kapitän mit leichenblassem Gesicht.

»Reaktor fährt runter, Sir!«

»Wir sind manövrierunfähig. Zwei schwere Treffer von Anti-Schiffsraketen im Heck, Ruder und Antrieb ausgefallen, Wassereinbruch unter Kontrolle. Feuer breitet sich weiter aus. Zwölf Verletzte bis jetzt …« fasst der CEO zusammen.

»Tödliche Verluste?«

»Unbekannt, Sir.«

*Mein stolzes Schiff ist eine lahme Ente in einem großen Teich!* denkt Fisher. Und der nächste tödliche Pfeil ist mit Sicherheit schon unterwegs, um das wehrlose Opfer endgültig zu zerfetzen.

»Ich hab die Hunde unterschätzt«, knirscht Kapitän Fisher. Er presst die Lippen zusammen, als er den Präsidenten auf die Brücke stürmen sieht. *Geschieht dem recht, warum wollte er auch unbedingt landen!*

»Lage, Captain«, keucht der Oberbefehlshaber aller amerikanischen Streitkräfte. Kapitän Fisher nimmt kurz Haltung an, salutiert. Mit einem eigentümlich hohlen, leichten Gefühl im Kopf zwingt er sich zu einem kurzen, sachlichen Lagebericht und schließt mit ihm selbst gekünstelt klingender Forschheit: »Erlaubnis, die *Shiraz* zu versenken, Sir.«

Der Präsident bleibt stumm. Die Lippen formen einen schmalen, blassen Strich in seinem Gesicht, blaurote Kapillaren verdunkeln die Wangen. *Wie bei den Verhören vor'm Untersuchungsausschuss des Sonderanklägers,* denkt sich Fisher.

Im kleinen Kreis der Männer breitet sich ein groteskes Schweigen aus. Ringsherum tobt das Gefecht: Explosionen, Sirenen, dröhnende Triebwerke.

»Wir haben keine Wahl, Mister President. Ein Treffer mittschiffs und wir sinken«, drängt der Kapitän, dem die Verantwortung für seine fünftausend Mann ungeahnte Kraft gibt, neuen Atem, eine kräftige Stimme. *Von diesem Clown hier ganz zu schweigen!*

Präsident Brenton bewegt nachdenklich den Kopf. Trotz der enormen Aufregung schleicht sich ein leichtes Lächeln in seine Züge. Jetzt, wo er wieder einmal tief im Dreck steckt, zeigt er, aus welchem Holz er geschnitzt ist, warum die Leute ihn unterstützen wie noch nie einen amerikanischen Präsidenten vor ihm. Mit diesem Lächeln, fühlen alle um ihn herum, geht der ans Ende der Welt, fährt zur Hölle, wenn's sein muss. Und zwar für uns!

Brenton denkt an all die Verwandten, Freunde und Bekannten der Geiseln auf der *Shiraz*. Ganz zu schweigen von den Wählern des populären Senator Strong. Sie alle, weiß er, beschwören das Weiße Haus, nichts zu unternehmen, das die Geiseln in Lebensgefahr bringen könnte. Der menschliche, moralische Druck ist enorm. Und doch muss es einen Ausweg geben. *Den Forderungen der Terroristen nachgeben? Was verlangen denn diese Gangster?* Der Präsident blickt auf und stellt die einfache Frage.

»Die Terroristen stellen keine Forderungen, Sir!«

Doch der Gefechtsbildschirm straft die Behauptung in der gleichen Sekunde Lügen. »Da!« ruft ein entsetzter Versorgungsoffizier. Auf dem eben noch von Raketenbahnen, Bombersignalen, Zahlen und bunten Farbflecken übersäten Kontrollbildschirm erscheint ein langbärtiger Mann: Yussef bin Golem!

»Söhne des Satans, wir haben euch die Antennen abgeräumt. Ich, Yussef bin Golem, kontrolliere jetzt die *USS Theodore Roosevelt*«, beginnt er mit durchdringendem Blick, sanfter

Stimme. Was er auch über die Lippen bringt, geht fast unter im Stimmengewirr der heftig aufwallenden Empörung. Präsident Brenton hebt die Hand. »Meine Herren, bitte!« Augenblicklich herrscht betretene Stille. Brenton versucht dem Blick bin Golems vom Schirm her zu begegnen, den Mann einzuschätzen. Der Scheich gibt sich ruhig, ja geradezu gelassen. *Ein guter Schauspieler,* urteilt Brenton. *Ein harter Gegner.*

»Das Ziel der Qaida ist … Vereinigung aller Muslime … die Errichtung einer Regierung nach den Prinzipien der Kalifen. … Ziel nur mit Gewalt zu erreichen … solange die Vereinigten Staaten von Amerika ihre Truppen in unseren Länder stationieren … solange sie mit … Kriegsschiffen unsere Häfen kontrollieren … werden wir … arabische Regierungen stürzen, die als korrupt gelten … vom Einfluss des Westens befreien … zur Schaffung eines einzigen, geeinten Gottesstaates.«

»Der hat doch 'n Rad ab«, stöhnt der Hauptbootsmann neben dem Lee-Steuermann auf der Brücke.

Stimmengewirr brandet auf. Wie konnte der Terrorist ins System gelangen. *Wahnsinn! Spionage! Jemand hat uns verraten! Ein riesiger elektronischer Flop ist das doch … schlimmer als das China Syndrom von Los Alamos …*

Sich an sein Gespräch mit Joe Roselli erinnernd, entscheidet der Präsident ruhig: »Der Saudi hat den Präsidentencode. Wer kennt sich in Kryptografie aus?«

Einen Augenblick lang starrt Fisher ihn an als wolle er sagen: *Jetzt gibst du auch noch deinen Senf dazu!* Da dämmert ihm die Bedeutung von Brentons Worten. *Präsidentencode mit Zugang von außerhalb des Systems! Ein Anruf genügt …*

»Larry Johnson auf die Brücke!« donnert er. »Und der Chef Operationen. Und der Chef Kampfsysteme. Wir brauchen alle Daten der Module für den Luftkampf. Los, los, Jungs, *bewegt gefälligst die faulen Ärsche!*« Fisher beißt sich auf die Zunge, doch das Lächeln um Brentons Lippen beruhigt ihn. Eine neue Meldung erlöst den Kapitän: »Reaktor intakt.

Ruderanlage bleibt nonfunktionell. Abschleppen durch Oiler veranlasst.«

Fisher zuckt die Achseln. Bis der Versorgungskahn herankommt, vergehen Stunden!

»Der verdammte Kameltreiber macht weiter!«, ruft der für den Computerunterhalt zuständige Offizier. Demütigend ist das, beschämend, unglaublich dreist: »Bevor wir dem Symbol amerikanischer Arroganz den Gnadenstoß versetzen, vergnügt euch noch ein wenig mit nutzlosen Gedankenspielen«, lächelt bin Golem mokant. Sein Bild erlischt, eine Videoaufzeichnung läuft an.

»Die Geiseln!«, raunt der Präsident. Aus der Gruppe von Leuten, die alle gelbe Rettungswesten tragen, tritt jetzt ein distinguierter älterer Herr mit grauem Haar. Die Kamera fängt sein Gesicht groß ein: »Ich bin Senator Strong. Mit mir befinden sich dreißig Amerikaner an Bord dieses Schiffes. Wir sind bereit ...« Der Videoclip bricht ab. Mit offenem Mund starren die Besatzungen auf den Großbildschirm, wo ein rotfleckiger Vorspann abläuft, dann kommen Pluto und Mickey Mouse, die sich balgend mit anderen lustigen Figuren zum Blindekuhspielen versammeln.

Mit einer so schroffen wie höflichen Handbewegung dirigiert Präsident Brenton Captain Fisher zur Seite und legt ihm eine Hand auf die Schulter.

»David, Sie sollen wissen, dass ich nicht die geringsten Zweifel an ihrer Arbeit hege, besonders was die Sicherheitsvorkehrungen um meine Person anbelangen. Im Augenblick sind wir alle Geiseln.«

*Aha, deswegen also, du willst also Geisel spielen,* braust Fisher innerlich auf, als Brentons Blick in seinen taucht.

»Yessir, Mister President«, bringt er wie ein Schuljunge vor dem Rektor mit belegter Stimme hervor.

»Gut, Captain. Dann machen wir weiter.«

»Aye aye, Sir, Commander.«

Inmitten all des Gefechtslärms, all des Stresses, hat Fisher noch Zeit zu denken: Das hier, das mit dem Präsidenten, das war die wirkliche Feuertaufe!

## 72.

Weißt du noch, wie es geht«, brüllte Alaoui in den Lärm. Ich zuckte die Achseln. Die *Seahawk* preschte im Tiefflug über die Schaumkronen eines aufgewühlten Atlantiks. Mir war kotzübel hinten im Mannschaftsraum, am Morgen dieses letzten Tages vor meinem Gerichtstermin. Wäre ich die Kiste selbst geflogen, hätte mich vermutlich ein Hochgefühl gepackt. Neidisch spähte ich nach vorn, als sich der Pilot umdrehte und voraus deutete. Die Umrisse eines Schiffsrumpfs tauchten aus dem Dunst auf.

»Bereit?«, schrie Alaoui. Zustimmung brüllend, packte ich mit beiden Händen das faustdicke Seil. Vor mir öffnete sich die Luke. Kalter, mit Gischt vermischter Wind schlug mir ins Gesicht. Die Kufen der *Seahawk* berührten fast die Wellenkämme. Jetzt tauchte das schwarze Heck des Riesentankers auf. Der Pilot flog direkt darauf zu. Wollte er die *Shiraz* rammen? Doch plötzlich hob er steil ab, das Schwarz des Hecks rutschte unten weg, der Schriftzug *SHIRAZ* blitzte vorbei. Unser Kopter schob die schwarze Nase über die obersten Deckaufbauten mit dem Radar.

»Jetzt!«, rief der Pilot über Funk.

»Jetzt, Polinsky!«, schrie Alaoui und warf das Seil durch die Luke in die Tiefe. Ich schaute hinunter. Die *Seahawk* hing gut drei Meter über einem kleinen Deck. Ich umklammerte das Seil. Sprang. Die Kunst bestand darin, rasch, doch kontrolliert zu gleiten. Mein letzter Absprung dieser Art lag Jahre zurück. *Wo war das eigentlich gewesen,* dachte ich in Zeitlupe, *damals in Libyen, war das wirklich in Libyen gewesen? Noch als Colonel Custer? Oder …*

Ich hielt mich gut, dann warf mich eine Bö gegen einen Antennenmast: Ich ließ zu früh los, sauste hinunter, schlug im Wasser auf. Mit den Armen rudernd kam ich an die Oberfläche, fasste nach einem Griff, zog mich hoch. Hustend Wasser spuckend, blickte ich himmelwärts. Meine *Seahawk* war weg. Dann erfasste ich meine Situation. Es hätte schlimmer sein können. Zum Glück war ich in das Schwimmbecken gefallen, nicht auf den kantigen Rand. Jetzt galt Schnelligkeit. Triefend nass sprintete ich um den Sprungturm herum und lehnte gegen eine Kabinenwand. Die Handschuhe weg! Ich streifte den dünnen Taucheranzug ab, fühlte die trockenen Kleider, tastete nach der Pistole im Gurt, den Taschen mit den Sprengladungen am Oberschenkel. Über den Rand des Schwimmbads schielte ich runter auf das große Hauptdeck der *Shiraz*. Dort herrschte Hochbetrieb. Männer rannten herum. Kabel und Leinen lagen kreuz und quer über den Planken. In der Mitte der chaotischen Szene, auf einem Gestell, zielten vier schlanke Flugkörper mit Schwanzflossen in den verhangenen Himmel hinauf.

Ein halbwegs bewanderter Beobachter brauchte weder Waffenlexikon noch Feldstecher, um die *Exocet III* an ihren typischen Stabilisationsflügeln und den drei farbigen, hinter dem gewölbten Sprengkopf aufgemalten Ringen zu erkennen.

*Ein Wunder, dass die lieben Franzmänner nicht gleich noch die Trikolore draufgemalt haben!*

Mein Schießeisen durchladend, haste ich zur Tür, die zu den Garderoben führt. Den Rücken gegen die Wand gedrückt, überblicke ich die Raketenstellung, die auf einer aus dem Schiffsinneren hochgeschobenen Rampe befestigt ist: Ich zucke zusammen, als zwei Geschosse plötzlich wegzischen. Ihre glutroten Strahlen mit weißem Schweif verglimmen, als sich die *Exocets* im Nichts aus Dunst, Gischt und Wolken verlieren. Mich nach Zielen am Himmel umschauend, entdecke ich über mir den großen weißen, unermüdlich rotierenden Radarschirm. Eine Serviceleiter führt über die Kabinenwand auf die kleine Plattform. Ich spurte darauf zu, klettere hoch und werfe mich unter dem gut vier Meter langen halbkreisförmigen Schirm zu Boden.

Unten auf dem Hauptdeck schreit ein Matrose, gestikuliert, als zeige er zu mir hinauf. Mit fliegenden Fingern bringe ich die Haftsprengladung an, stelle den eingebauten Timer auf eine Minute und rolle mich zu einem Rettungsboot hinunter. Ein offenes Bullauge. Daneben scheppert eine Tür im Wind.

Im Nu stehe ich in einem langen, mit Holzplanken ausgelegten Gang, der sich weiter vorne, wo ich die Treppe vermute, abwinkelt. Los! Eine dumpfe Explosion über mir. Ich hoffe, wenigstens der Such- und Warnradar, der das *Exocet*-Lenkwaffensystem bedient, ist ausgeschaltet.

Ich muss herausfinden, was, wo und wie auf diesem Teufelskahn abläuft. Mehr braucht's nicht! Nur eben dieses klitzekleine bisschen. Am idealsten wäre, ich schnappe mir jemand, der über die technischen Anlagen Bescheid weiß. Wie verabredet gibt Alaoui sicher gerade von der *Seahawk* einen Bericht an seinen Stützpunktkommandanten in Casablanca durch, der wiederum dauernd mit der US-Botschaft in Rabat in Verbindung steht. Alaoui hat mir zudem hoch und heilig versprochen, Irina laufend über alles zu unterrichten.

Mit eingezogenem Kopf biege ich im Sturmlauf um die Ecke, mit der vollen Wucht meiner dreiundachtzig Kilo in den Mann rein, der gerade in entgegengesetzter Richtung die Kurve nimmt: *Rrrommmmpf!* krachen unsere Schädel aufeinander. Zitternd ächzt das Geländer. Knochengetöse, mir schwindelt. Sterne funkeln am helllichten Tage, ich fasse nach dem Geländer. Es gibt nach ... in leeres, schwarzes Nichts ...

Als ich benommen die Augen aufschlage, erblicke ich meine himmeltraurige Miene im Spiegel und sehe, wie ich mir mit einer aus Wut geschnittenen Grimasse den Schädel reibe. *Moment!* Das ist gar kein Spiegel. Was ich als mein verschwommenes Ebenbild vermutet habe, gehört dem anderen Kerl. Wir hocken nebeneinander am Boden, blicken einander belämmert an. Was tun? Befreiendes Gelächter, das aber urplötzlich erstirbt, als die praktische Vernunft *Feind* signalisiert. Ich federe hoch, zeige dem massigen Typ die Pistole und deute zur Kabinentür hinter mir. Der Mann misst mich mit prüfendem Blick, schreitet dann voran, öffnet die Tür. Ich folge. Drinnen schließt er das Bullauge und dreht sich um.

»Ums kurz zu machen, ich bin Brabeck, Bordingenieur. Und Sie? Spezialkommando der Amerikaner?«

Vom britischen Akzent des Ingenieurs ermutigt, nicke ich, packe ihn am Kragen, drücke den Lauf der Pistole hart gegen seine Schläfe: »Sie geben mir jetzt einen verdammt genauen Bericht, Brabeck. Ich will präzise Informationen. Subito!« Er rümpft die Nase.

»Ist ihre Pistole am Verfaulen oder stinken Sie nur aus dem Mund?«

Ungerührt drücke ich ihm die Waffe noch härter ins Gesicht. Seine Wange beginnt zu bluten.

»Okay, Mister Bond, wenn Sie nicht subito aufhören, stehen wir hier noch rum, wenn alles vorbei ist«, ächzt Brabeck. Ich lasse ihn los.

»Tut mir Leid. Mein Name ist Polinsky. Was läuft ab auf diesem Schiff, Brabeck?«

Rasch gibt er mir einen professionellen, aufs Wesentliche beschränkten Überblick. Auf einem Plan markiert er die wichtigsten Stellen wie den Fitnessraum mit den Geiseln, den Raketen-Kontrollraum, die Brücke, den Pumpenraum, Khalids Kabine. Und die des TT.

»Wer ist TT?«

»Der Top-Terrorist: Scheich Yussef bin Golem höchstpersönlich.«

Während der Erklärungen wirft er mir einen seiner Overalls zu, nimmt aus einem Geheimfach eine schwere Pistole und steckt sie ein. Es klopft an der Tür.

»Kontrolle, Sir!«, ruft eine autoritäre Stimme.

Wir verständigen uns mit Zeichen. Brabeck öffnet und fragt, was anliegt. Ein Helikopter sei gesichtet worden, habe ein Kommando an Bord abgesetzt, keuchen die beiden Wächter, ahnungslos eintretend. Der Radar sei ausgefallen.

Dem ersten haue ich von hinter der Tür meine Waffe über den Schädel, der zweite fällt Brabecks gewaltiger Soho-Kopfnuss samt Kinnhaken zum Opfer. Wir fesseln sie und nehmen ihnen die Funkgeräte und die Badges mit den Magnetschlüsseln ab.

»Guter Start«, keucht Brabeck.

»Wieso helfen Sie mir?« Wir stürmen durch den Gang zu den Treppen.

»Allein war ich machtlos. Jetzt sind wir eine kleine Armee, nein?« Er fügt gleich grimmig hinzu: »Ich schaue mich auf Deck um, gebe Ihnen Bescheid, wenn ...«

»Keine faulen Tricks, Brabeck! Wir gehen *zusammen* runter, klar?«

»Yessir, Boss, wie sie wollen.« Mit reumütiger Miene massiert er grinsend den Schädel, ungefähr dort, wo sich auch bei mir eine riesige, pochende Beule breit macht. Dann: »Mit ihrem Charakterkopf sind Sie doch wie geboren zum Kommandieren.«

## 73.

Jetzt schicken wir sie in die Tiefe«, triumphiert bin Golem. »Radar ausgefallen, Sir«, meldet der Navigator nervös.

Des großen Patrioten Halsadern schwellen an. Die Augen zeigen das Weiße. Die Meldung erzeugt gleichzeitig Wut und innere Ruhe bei dem Araber. *Kurz vor dem Gnadenstoß eine Panne? Aber nicht auf der Shiraz. Der Franzose muss für solche Fälle gewappnet sein. Besonders mit meiner genialen Nedella zur*

*Seite!* Bin Golem packt Thierry-Clé am Ärmel, Khalid zieht die Waffe.

»Lasst ihn«, schreit Nadine mit blitzenden Augen. »Ich bring's in Ordnung! Ein Suchradar ist in die Raketen eingebaut. Den aktiviere ich manuell!«

Sie springt hinaus. Regen peitscht über das Deck, klatscht gegen die großen Scheiben der Brücke. Bin Golem schreitet auf und ab, den Blick immer wieder auf die schussbereiten Raketen geheftet, die mit dem Aufzug auf Deck gehievt worden sind.

»Ich gebe ihr per Funk die Zieldaten durch, Sir«, raunte Thierry-Clé. »Dann kann sie den Abschuss manuell auslösen.«

»Welch' räudiger Hund hat den Radar zerstört? Ein Kommando schleicht wohl an Bord herum«, sagt bin Golem, unnatürlich ruhig. »Funkt der amerikanischen Satansbrut, dass sie alle Aktionen augenblicklich einstellen! Löscht zehn Geiseln aus! Jetzt, sofort! Wir statuieren ein Exempel. Werft sie über Bord!«

Bin Golems Schergen nicken, starren ihn entsetzt an. Khalid tritt mit der Pistole in der Hand hinter den Kapitän. Das schöne kalte Kribbeln wie vor jedem Kill steigt in ihm auf. *Leider dauert es nicht lange an,* weiß Khalid. Die Vorfreude ist fast immer besser. Fast immer.

## 74.

Wir rammen!«, schreit Brabeck mir von weitem entgegen. Verblüfft schaue ich mich um: Weit und breit kein Schiff in Sicht, mit dem wir kollidieren könnten. Atemlos kommt der Ingenieur auf mich zu. Strähnig fällt sein wirres Haar ins nasse Gesicht. Der Regen hat zugenommen. Es gießt, rauscht in Kübeln aufs Deck herunter. Ich habe Mühe, mich im böigen Wind aufrecht zu halten. Als er mich, sichtlich erregt, stellt, rutscht Brabeck auf dem schlüpfrigen Deck beinahe aus. »Der Kapitän ist tot«, keucht er, aschfahl. Der Autopilot sei blockiert. Die *Shiraz* nehme Kurs auf die *Roosevelt*. Schnurgerade. Eine Kollision sei unvermeidlich. Das GPS füttere den Autopiloten laufend mit den Positionsdaten des Flugzeugträgers … lasse die *Shiraz* wie … einen … Rammbock draufzuwuchten.

Ich packe ihn an den Schultern, schüttele ihn: »Brabeck, verdammt. Reißen Sie sich zusammen! Was genau ist passiert?«

»Maschinen stoppen. Volle Fahrt rückwärts«, stammelt er.

Ich ohrfeige ihn. Zweimal. Kurz und scharf. *»Brabeck!* Wach auf!« Er starrt mich entgeistert an. Regenwasser läuft ihm über die Wangen, als weine er. Endlich findet sein Blick zurück in die Wirklichkeit. Kopfschüttelnd berichtet er, der Kapitän habe sich auf der Brücke erschossen, nachdem ihn Khalid gezwungen habe, die *Shiraz* mit voller Fahrt auf Rammkurs zu legen und dann die Steuerung zu blockieren. Selbst wenn es gelinge, die Maschinen mit voller Kraft rückwärts laufen zu lassen, reiche die Stoppstrecke nicht mehr aus. Zudem sei der Zugang zum Maschinenraum verbarrikadiert, die Steuerung der Turbinen von der Brücke abgekoppelt. »Wir stehen auf einem Geisterschiff. Wir sind nicht mehr steuerbar.« Er wendet den Kopf und blickt wild umher. »Alle Mann von Bord. Wir müssen in die Rettungsboote.«

Er will weg. Ich kriege ihn gerade noch zu fassen und schreie gegen den Wind an: »Mensch, wo sind die Geiseln?«

Er rennt zum kleinen Deckhaus mittschiffs, ich keuche hinterdrein. Unter Deck geht es durch Korridore und zwei Treppen wieder hinauf. »Im Fitnessraum«, wiederholt er immer wieder, als sei das ein rettendes Mantra.

An der Tür vor der nächsten Treppe steht *Pumpenraum*. »Brabeck, stopp, hierher!«, schreie ich.

Mit seiner elektronischen Zutrittskarte öffnet er die verschlossene Tür. Die Neonröhren an der Decke flackern auf und erhellen die kleine Kommandozentrale, von wo aus die riesigen Ballasttanks der *Shiraz* überwacht werden. Auf einer elektronischen Tafel über einem schmalen Schaltpult sind die Tanks als Leuchtflächen in einem schematisch aufgezeichneten Schiffsrumpf angeordnet. Alle Anzeigen flimmern hell in Grün, spiegeln sich gespenstisch auf der glatten Schaltfläche mit den roten Tasten.

Brabeck scheint sich gefasst zu haben: Jedenfalls geht sein Atem ruhiger. Im vertrauten technischen Umfeld hat professionelle Routine die Oberhand gewonnen über seinen morbiden Gemütszustand. In knappen Worten, mit jetzt wieder scharfem Blick, erklärt er mir die Funktion der Ballasttanks: Nach dem Umbau verfüge die *Shiraz* noch über zwölf große Tanks im Bug und Heck, sechs auf Steuerbord und sechs backbord. Da das Schiff kein Öl mehr transportiert, blieben die Tanks zur Stabilisierung des Schiffs ständig bis zum Rand gefüllt.

»Und was geschieht, wenn wir die Tanks entleeren?«, frage ich.

»Die absolute Katastrophe«, entsetzt sich Brabeck wild gestikulierend. Das Schiff verliere die Tonnage, schwimme oben auf wie eine Luftmatratze, ein Spielball von Wind und Wellen, unmöglich …

Trotzdem schaue ich auf die gleichmäßig beiderseits des langen Schiffsleibs angeordneten Lichter. *Es müsste klappen!* Ein Riesentanker wie die *Shiraz* musste genau ausbalanciert sein. Werden im Bug und Heck die Ballasttanks gefüllt, in der Schiffsmitte aber nicht, bricht sich der Kahn das Rückgrat. Entleeren sich die großen Tanks auf nur einer Seite, aber nicht auf der anderen, kentert das Schiff, wie wenn es einseitig Wasser aufnimmt! Damit lässt sich immerhin kalkulieren, denke ich mir. Das muss doch klappen! Eine Kindheitsszene zuckt mir durch den Kopf: Seeschlachten in der Badewanne, kleine Holzschiffchen, die kippten, wenn wir sie einseitig zu stark mit Munition befrachteten: Wumm, umgekippt waren sie, gluckgluckgluck machte die winzige, bleierne Munition …

»Wie schnell können wir einen Tank entleeren, Brabeck?«

Er wehrt entschieden ab. »Antworte, Brabeck!«, schreie ich ihn an.

Die Hochleistungspumpen seien so beschaffen und konstruiert, dass Entleerung und Flutung eine Frage von zwanzig Minuten sei, es komme drauf an …

Mit von unserem Zusammenprall immer noch brummendem Schädel versuche ich blitzschnell zu rechnen. Der Fitnessraum liegt backbord. Kippt das Schiff gegen Steuerbord …

»Brabeck. Wir entleeren alle Ballasttanks auf der Backbordseite. *Backbord!* Kapiert?«

»Das Schiff kentert, Polinsky. Kippt der Länge nach gegen Steuerbord. Wir gehen unter!« Blankes Entsetzen furcht sein kreideweißes Gesicht. Hier hilft nur Routine, Rangordnung, Kadavergehorsam …

»Los, Ingenieur Brabeck«, belle ich ihn an, »machen Sie schon. Entleerung backbord sofort einleiten!«

Der scharfe Kommandoton verfehlt seine Wirkung nicht. Brabeck zuckt zusammen, tritt an die Schalttafel und hämmert wie in Trance auf die roten Tasten. Flackernd erwacht die elektronische Tafel über ihm zum Leben. In kurzen Abständen heult durchdringend ein Summton auf. *Schlimmer als Samstagabend auf Manhattans Upper West Side.* Auf Backbord verfärben sich die grünen Felder, die die Ballasttanks darstellen, zu einem alarmierend orangenen Farbton: Die riesigen Hochleistungspumpen saugen das Wasser rasend schnell ab.

»Das ist Wahnsinn, Polinsky«, stöhnt Brabeck. »Wir sind verloren!«

»Schnauze, Mann! Reißen Sie sich gefälligst zusammen. Wie lange dauert es, bis wir … kippen?« Erklärend simulieren meine Arme eine schräge Kenterbewegung. Brabeck fuchtelt verzweifelt. Plötzlich hellt sich sein Gesicht auf: »Die *Estonia*!«

»Die *Estonia*?«

»Sank innerhalb dreißig Minuten. Legte sich auf die Seite ... die Leute rannten um ihr Leben ... nach oben ... klammerten sich an der Bordwand fest ... rutschten ins Meer ... eine einmalige Situation!«

Aha, jetzt begreife ich. Das ist tatsächlich unsere einzige Chance. Bleibt nur inständigst zu hoffen, die *Shiraz* kommt während des Kenterns von ihrem tödlichen Rammkurs ab und verfehlt dann den manövrierunfähigen Flugzeugträger.

»Brabeck. Wie stoppen wir die Maschinen? Wir müssen Fahrt wegnehmen!«

Der Leitende Ingenieur atmet aus: Offenbar geht eine Veränderung in seinem Innern vor. Langsam kommt Ruhe in das angespannte Gesicht. Seine Haltung entspannt sich. *Ist das die Stille vor dem Kollaps?*

»Brabeck, die Maschinen!«

»Yes, Sir, die Motoren stoppen automatisch, wenn das Schiff über dreißig Grad zur Seite neigt«, erklärt er ruhig und lässt dabei die Kontrolllampen nicht aus den Augen.

»Dann nichts wie los, in den Fitnessraum. Die Geiseln!«

Brabeck verharrt wie angewurzelt an Ort und Stelle. »Ich bleibe hier«, verkündet er feierlich. Ein verklärter Glanz umflort seinen Blick. *Jetzt hat der doch noch den Verstand verloren!* Dabei ist er mein einziger Verbündeter an Bord. Nein, so läuft nichts. Irgendwie muss ich ihn zur Besinnung bringen. Kurz entschlossen ziehe ich meinen Knallmacher und feure drei Schüsse auf das elektronische Tableau über dem Schaltpult ab: Glas und Metall splittern weg, die Lichter erlöschen, weißer Rauch quillt aus der durchlöcherten Mattscheibe. Nervend heult die Sirene auf, klingt aus, heult auf ... Brabeck stiert mich an, als hätte ich ihm die Hände weggeschossen. Der braucht externen Druck! Die Pistole auf seinen offenen Mund gerichtet, schubse ich ihn in Richtung Tür. »Dalli,

dalli, Brabeck, die Geiseln. Dreißig unschuldige Touristen brauchen deine Hilfe. Mach schon, Mensch, oder du rutscht hier jetzt gleich auf deinem eigenen Gehirn aus.«

Auf dem Weg zum A-Deck frage ich ihn keuchend nach dem Standort der Rettungsinseln und Boote. Er gibt ein Handzeichen, das bedeuten mag, er habe die Frage begriffen. Reißt die Tür zum Fitnessraum auf.

»Okay, Brabeck. Du organisierst jetzt die Evakuierung der Touristen. Lass mich nicht im Stich! Das heißt, wenn dir dein Kopf was wert ist.«

Im Fitnessraum gähnende Leere: weit und breit keine Menschenseele. »Rauf auf Deck!« schreie ich und sprinte in entgegengesetzter Richtung davon. Auf Deck sehe ich Nadine: Gegen den Wind gebückt kämpft sie sich auf die Raketenabschussrampen zu. Backbord liegt die verschwommen graue Silhouette des amerikanischen Zerstörers. Ich kann mir gut die finsteren Mienen der in voller Tarnbemalung auf ihren Einsatz wartenden Marines und Seals vorstellen. Wäre ich der Einsatzleiter, schießt's mir durch den Kopf, würde ich jetzt, genau in diesem Augenblick angreifen. *Nur,* signalisieren mir Verstand und Erfahrung, *die da drüben haben keine Ahnung was hier los ist… das fehlte Brenton gerade noch im Abenddämmern seiner spektakulären Karriere: die dicken Schlagzeilen weltweit – US Präsident kommandiert Mordangriff auf harmlosen Tanker bei Gibraltar. Und kleingedruckt darunter: Polnischer Thrillerautor unter den Opfern. Geschähe mir schon recht, bei diesem Namen!*

## 75.

Nadine tritt hinter dem niedrigen Deckhaus hervor und bleibt breitbeinig stehen.

*Verspätet hast du dich auch noch,* will ich schon scherzen, *uns Schweizern liegt die Präzision halt im Blut.* Doch ihr Blick ist dazu angetan, jedweden Spaß im Keim zu ersticken: Blinder Hass flackert jetzt in diesen oft so samtweichen goldbraunen Augen. Was ist geschehen?

»Ton père?«

Sie tritt kühl an die noch intakte Rakete heran.

»Was machst du?«, schreie ich. Selbst mir klingt diese Stimme wie die eines Wahnsinnigen.

»Na was wohl? Ich lass das Ding zischen. Alles nach Plan!«

Das werde sie ja wohl kaum tun, stammle ich und taste auf jeden Fall nach meinem Schießeisen, das immer noch entsichert ist.

Doch, das Werk sei zu vollenden, ruft sie wild entschlossen. Die *USS Theodore Roosevelt* werde diesen letzten Treffer mittschiffs, knapp über der Wasserlinie, mit Sicherheit nicht überleben. Ob ich denn nichts gemerkt habe. Warum sie mir denn so bereitwillig nach Casablanca gefolgt sei? Doch nicht aus Nostalgie für Humphrey Bogart.

»Auch nicht deiner blauen Augen wegen, Polinsky!« Rasch eine Zahlenfolge eintippend, nickt sie befriedigt.

»Herrgott nochmal, warum dann?« Mein Blick streift ihre rechte Hand, die leger neben der Abschusstaste ruht. Tippen mit links, feuern mit rechts. Die rechte Hirnhälfte steuert die künstlerische Arbeit der Linken, die Linke die praktische der Rechten. Ein raues Flintenweib aus den Schluchten der Dordogne hab ich vor mir. Je älter man wird, desto naiver. Als französische Marianne habe ich sie gesehen, die runden Brüste stolz entblößt im Wind, rauf auf die Barrikaden: *Allons enfants de la patri-i-e, le jour de gloire* … So sieht also ein glorreicher Tag im Revoluzzerleben meiner Möchtegern-Marianne aus!

»Macht. Polinsky. Kontrolle …«, geifert sie förmlich.

»Du bist krank, Nadine. Besinn dich, noch ist Zeit!«

»Denk nicht dran. Meggido, Baby! Lautlos singt der Tod!«

*Lautlos singt der Tod. Tacite cantat mors. Die Lilie?*

»Und dein Vater? Gehört er auch zur Qaida? Wo ist Thierry-Clé?«

»Thierry-Clé Moran ist nichts als eine gehörnte Attrappe«, schnauft sie. »Mein richtiger Vater ist tot, Polinsky. Korpskommandeur de Diesbach war viele Jahre der glühende Verehrer und Liebhaber meiner Mutter. Damals in der Kronenhalle in Zürich hat er mich über alles aufgeklärt. Ich bin Onkel Edouards Tochter.« Einen Augenblick schweift ihr Blick sehnsüchtig in die Weite.

Ich schlucke, muss das Ganze erst mal verdauen.

*Nadine, meine ... Cousine? Igor? Die rote Akte? Casablanca?*

Eine Regenböe klatscht mir wie eine Ohrfeige ins Gesicht.

»Edouard hat mich auf bin Golem angesetzt. Alles war sorgfältig geplant. Igor hatte keine Ahnung, dass er als Köder diente. Ich wusste fast mit Sicherheit, dass der Korpskommandeur im verschlüsselten Text der roten Akte alles niedergeschrieben hatte. Deshalb musste ich das Dokument sicherstellen.«

»Du wusstest die ganze Zeit, dass Khalid ...?« Mir verschlägt es den Atem. Meine Faust umklammert krampfhaft die Waffe. »Warum, Nadine? Warum?«

»Das fragst du? Mach dich nicht lächerlich, Polinsky. Macht, Reichtum, *das* regiert die Welt. Wir sind der neue Gegenpol der Amerikaner. Na, dämmert's jetzt? An der Seite Yussefs führe ich den Siegeszug der Qaida an! Wir sind die Erneuerer! Ich habe alle Codes. Er hat die Freiheitskämpfer. Zusammen sind wir unschlagbar.«

»Der Bunker mit der Lilie? Du wusstest die ganze Zeit davon?«

»Na was glaubst du denn? Edouard hat mir auch von den verschlüsselten Aufzeichnungen in einer Akte erzählt. Der Code hinge mit Thierry-Clément Moran zusammen, verriet er mir. Als ich gestern auf dem Foto die Aufschrift auf der *Mirage* sah, oben auf der Moulay-Höhe, fiel's mir wie Schuppen von den Augen. Bingo. *Tacite cantat mors.* Der Schlüsselsatz. Thierry-Clé war der Schlüssel! Es ging ja darum, dich mit der roten Akte sicher auf die Moulay-Höhe zu locken. In der Akte stehen alle Daten über die Lieferanten der neuesten Raketen, *Exocets, Sunburn, SQ-99*. Die Namen der Vermittler, Finanziers, Politiker, Regierungsbeamten. Alle die von der Lilie bezahlt wurden. Edouard war pedantisch genau …! Die Akte ist hochbrisant. Wir haben damit die Mächtigen in der Hand, die hinten herum bin Golem die modernsten Waffensysteme zuschieben … die französische Regierung, die Bosse der Rüstungsindustrie, sogar der CIA-Direktor … die Liste ist ellenlang, Polinsky!«

»Also willst du dich rächen. Und dein Hass frisst dich auf.«

»Na und? Was frisst dich denn auf, Polinsky? Die Amis haben mich gedemütigt. Verschaukelt. Dich etwa nicht? Wollten mich bestehlen. Meine Entdeckung, die Früchte meiner harten Arbeit klauen … aber genug Gequassel.«

Das Schiff krängt bereits stark nach rechts. Nadine hat die Lage erkannt.

»Du fliegst uns sofort mit dem Helikopter raus! Mich und Yussef.« Keinen Augenblick an meinem Gehorsam zweifelnd, tut sie die paar Schritte zur Abschussrampe und betätigt den Schalter.

»Stopp, Nadine!«

Meine Pistole liegt beidhändig im Anschlag.

»Hier trennen sich unsere Wege! Dein Spiel ist aus.«

»Polinsky, du Trottel. Du begreifst es nie. Wir kämpfen für die neue Weltordnung. Die Macht des Islams, die Zukunft …«

»Diesem Wahnsinn willst du fünftausend Menschen opfern? Ohne mich. Nimm die Hände weg vom Schalter!«

Sie schaut spöttisch auf meine Waffe. Die goldbraunen Augen glänzen verführerisch. Provozierend wogt der Mariannebusen, den ich am liebsten mit ein paar Griffen entblößen würde.

»Come on, Stan! Das tust du nie!«

Mokant lächelnd legt sie die Hand auf die Taste. *Quelle femme!* Ich könnte nicht sagen wo meine Hand aufhört und die Pistole anfängt, so warm ist das Eisen.

»Mir ist's todernst, Nadine, ich warne dich. Tritt zurück!«

Sie schiebt die Sicherungskappe weg. Nicht ich, meine Hand drückt ab. Der Schuss klatscht in den Oberarm, durchschlägt ihn, wühlt tiefer in ihren Körper hinein. Die Wucht des Aufpralls schleudert sie gegen die Rakete. Noch im Fallen tastet sie nach dem Knopf. Ich weiß nicht, wo der zweite Schuss trifft. Blut spritzt. Sie sackt zusammen. Ein gewaltiger Sprung vorwärts, und die schöne Französin hängt leblos in meinen Armen. *Die Rakete!* Ich lasse Nadine zu Boden sinken, fasse nach einer Leine und wickele sie um die Stabilisationsflügel der letzten *Exocet.* Schnappe den Haken ein und suche fieberhaft nach einer Verankerung auf Deck, wo ich das lose Ende befestigen kann. Achtern jetzt die Umrisse von zwei Gestalten, die wild mit den Armen rudernd auf mich zusprinten. Keuchend hebe ich den noch trügerisch warmen Körper an und trage ihn in den Schutz des Deckhauses. Lege ihn vorsichtig nieder. *Tacite cantat mors.* Nein, eher: *In pace requiescat.* Mein rassiges Flintenweib ist tot. Hell sickert Blut aus dem trotzig geschwungenen Mund, verdickt sich, gerinnt dunkel schon auf der blassen Wange. Laute Stimmen. Brabeck? *Die Leine!* Ist mir entglitten, futsch. Wie Nadine. Wie wir alle?

## 76.

Ich halte mich am Türrahmen fest. Das Deck neigt sich seitlich immer stärker nach Steuerbord. Den Kopf nach Hilfe wendend, blicke ich in eine Pistolenmündung. Dahinter grinst Igor verbissen und packt meinen Arm. Den Lauf schmerzhaft gegen meinen Hals pressend, dreht er mir den Arm auf den Rücken. Da! Bin Golem! Er läuft auf die Raketenabschussrampe zu und hält sich breitbeinig im Gleichgewicht.

»Alles Scheiße, Golem«, schreie ich ihm zu. »Du bist alt und morsch. Heute zählt die Jugend, die pragmatische Generation. Die ist anders programmiert als sture Ideologen wie du, Golem. Du bist ein verstaubter Revoluzzer, ein dreckiger Grufti. Da helfen auch die Pluderhosen nichts …« Entweder der Araber hört mich nicht, oder er kümmert sich nicht darum, was ich da gröle. Das heizt mich noch mehr an. »Keine Ahnung von der Spaßguerilla der 90er Jahre hast du. Amerika ist nicht dein Feind. Du bist doch jetzt ein Medienstar. Hässlich, aber telegen. Ein, zwei Jahre geb ich dir, dann fängst auch du mit Zahnzwirn und Deo an. Dagegen ist der Islam nicht gefeit. Hitler stank wie die Pest aus dem Mund. Die Kinder der Mediengesellschaft sind sanft, sie wollen diese Zahnseide, dieses Deo, nicht Gewalt. Deine blöde Gewalt ist sowieso veraltet Golem. Die Jugend will ihr Handy, ihren iMac, noch vor dem ersten Zungenkuss … auch bei euch. Freiheitshelden laufen nicht mehr!« Jetzt bin ich nahe genug bei ihm, nicht mehr schreien zu müssen und verstehe auch jedes Wort, das er spricht. Er kanzelt mich verächtlich ab.

»Das war deine eigene Grabrede, Amerikaner. Besseres habe ich schon gehört. Du bist ein Träumer. Ein verblendeter Träumer. Und das hier ist dein letzter Traum.«

Igor drückte die Waffe tiefer in meinen Hals. Ich hatte Mühe zu atmen. Bin Golem zückte eine Plastik-Karte und tat die paar Schritte zur Raketenanlage, wo er sich über den grauen Kasten beugte. Da die Radarführung ausgefallen sei, werde er jetzt die Zieldaten eingeben, informierte er mich. Die letzte Rakete werde die *Roosevelt* versenken.

Ich bäumte mich auf vor Wut. Igor presste mir den Pistolenlauf mit solcher Wucht in den Hals, dass es mir ein paar Herzschläge lang schwarz vor Augen wurde.

Dann machte er den folgenschweren Fehler, den Druck nochmals zu verstärken, wobei er sich nur noch auf die Waffe an meiner Kehle verließ. Blitzschnell in die Knie sackend, hieb ich mit der freien Hand die Pistole weg. Der Schuss krachte ins Leere. Schon hielt ich Alaouis Klappmesser in der Hand. Bevor der Mann sein Gleichgewicht wiederfand, kam mein kurzer Stoß gegen seine Kehle und traf den offenen Mund. Metall knirschte auf Zähne, Blut spritzte. Igor ließ die Waffe fallen. Er torkelte rückwärts über den nassglatten Boden, krachte mit dem Schädel gegen eine stählerne Winde und rutschte langsam auf dem schrägen nassen Deck ab, blieb reglos liegen.

Wie ein Tiger sprang bin Golem mich an. Zäh und wendig war der Bursche. Zwar hievte ich ihn hoch und schleuderte ihn seitlich zu Boden, aber er kam behende auf die Beine und zückte einen Dolch aus den bauschigen Hosen. Die lange Klinge blitzte tödlich. Zurückweichend stolperte ich über die Stränge von Kabeln, Leinen und Ketten, mit denen die Raketen auf die Rampen gehoben wurden. Schon lag er auf mir und drückte mir die Klinge an die Kehle. Immer näher kam die schneidend scharfe Spitze, ritzte gleich meine Haut.

»Sie ist tot, Golem. Nadine ist tot!« schrie ich mit letzter Kraft in das leichenblasse Antlitz mit den vor Hass glühenden Augen. Einen Augenblick ließ sein Druck nach. »Du lügst! Nadina, Nedella … *meine* Nadina … nein, sie lebt …« Verblüffung und Zweifel kämpften in seinem Gesicht. Die blauen Adern an der Schläfe schwollen an. Mit letzter Kraft aufbäumend, schüttelte ich ihn ruckartig ab und fasste nach einem Schraubenschlüssel, der zwischen zwei Kabelsträngen lag. Zu langsam! Schon hatte er das Werkzeug in der Faust, holte aus. »Niemand … entreißt mir … Nedella!«

Das harte Metall trifft mich seitlich am Kopf. Benommen falle ich zur Seite: *Jetzt kommt der alles beendende Messerstich!* Doch bin Golem hält inne, rappelt sich hoch. Hat sich eines Besseren besonnen. Steht jetzt neben dem Kontrollkasten, wie besessen die Tasten betätigend. Eines der Seile hat sich um seinen Fuß gewickelt. Nylon. Zäh. Nein, da schlüpft er schon leichtfüßig aus der Schlinge! Meine Hände tasten vorsichtig nach der Leine, die nach wie vor fest um die Stabilisationsflügel der Rakete verknotet ist. Sachte, sachte, ziehe ich das lose Ende näher, knüpfe eine Schlinge. Vor Konzentration flimmert es mir vor Augen: *Himmel, lass Golem die Leine übersehen, die den Abschuss der Exocet vereiteln soll!*

Der Wind peitscht das Deck. Mit einer pathetisch triumphierenden Gebärde drückt der Scheich auf die rote Taste am Kasten. »Zehn Sekunden!« brüllt er, scheint die Welt um sich herum vergessen zu haben. Mich vorsichtig halbwegs aufrichtend, ziehe ich die Leine ein. Muss Spielraum zum Ausholen haben. Die gerade weit genug geöffnete Schlinge in der Hand, schwinge ich mein improvisiertes Lasso. Ein hoffnungsloser Versuch. Er hat schon Recht, ich bin ein Träumer.

»Fünf, vier …« zählt bin Golem, mit loderndem Blick die Rakete fixierend. Mir kommt in den Sinn, dass dies wahrscheinlich das erste Mal in seinem Leben ist, dass er sein schmutziges Werk mit eigenen Händen vollendet.

»Zwei …!«

Meine Schlinge fliegt wie in Zeitlupe … viel zu weit! Das zähe Nylonseil segelt an seinem Kopf vorbei. Bin Golem fährt hoch. Ein Windstoß packt mein Lasso, schiebt es zurück. Die Schlaufe legt sich als herrliches Oval über das schwarz behaarte Haupt des Islamistenführers und rutscht auf seine Schultern hinunter. Ich ziehe ruckartig zu: In gleicher Sekunde löst sich die Rakete heulend aus dem Gestell. Die Leine zischt heiß durch meine Hand. Im letzten Moment werfe ich mich zur Seite.

Momentan verwirrt, verharrt bin Golem wie betäubt, vom tosenden Abschuss gebannt. Mit enormer Beschleunigung schießt der schmale, lange Pfeil mit seiner tödlichen Sprengladung in die Höhe. Die Schlinge zieht sich blitzschnell zu. Bin Golem erwacht aus seiner Trance, die Hände fahren an den Hals. So gewaltig ist der Zug des Seils, dass er den plötzlich riesenhaft groß scheinenden Kopf einfach vom Körper trennt! *Rrrrtschhhh* ... ein grauenhafter Anblick. Eine Blutfontäne schießt aus dem kopflosen Rumpf des Anführers der mächtigen Qaida. Im Nu ist aus seiner stolzen Gestalt eine leblose Masse von in weißes Leichentuch gehülltem Fleisch geworden. Der Rumpf rollt gegen das Raketengestell, keilt sich fest. Immer noch pulsiert Blut aus dem gräßlich faserigen Loch zwischen den Schultern und verfärbt das regennasse Deck. Der Kopf ...?

Jener ekelhafte, von bin Golems starkem Hals zeugende Ruck gab der Rakete Linksdrall. In sinnlosen Korkenzieherspiralen schoss sie in den Himmel und stürzte, schwänzelnd eine irre ballistische Kurve beschreibend, schließlich in die aufschäumende See.

Völlig benommen rappelte ich mich hoch. Übelkeit zog meine Eingeweide zusammen. Als ich schließlich aufstand, verlor ich den Halt, klammerte mich an das Deckhaus. Kotzte mir den bitteren Ekel aus Bauch und Seele.

Die *Shiraz* hatte jetzt eine beängstigende Schräglage. Brecher spritzten über die Reling. Ich beugte mich über Igor und nahm seine Waffe an mich, wankte ums Deckhaus herum in Richtung Deckaufbauten. Das permanente schwache Vibrieren hatte aufgehört: Die Schiffsmotoren standen still. *Also lief mein Plan!* Ich torkelte gegen einen Kasten mit Rettungsgeräten, hob den Deckel, fand die Signalraketen. In Unkenntnis der maritimen Zeichensprache wählte ich eine mit der grünen Aufschrift »*All clear!*« Sie hoch über den Kopf haltend, riss ich die kurze Zündschnur weg. Ein Knall wie ein Böllerschuss folgte. Weißer Lärm rauschte in meinen Ohren. Im trüben Himmel trieben drei leuchtend grüne Sterne an kleinen weißen Fallschirmen sachte auf die See nieder. Meine linke Hand sah aus, als hätte sie ein paar Minuten im Mikrowellenherd gesteckt: Außen kalt, drinnen kein Gefühl …

## 77.

Wenn wir bin Golem nach seinem Einfluss beurteilen, dann ist er ein Gigant der Geschichte um die Jahrtausendwende. Ein Reformer, der sein Volk aus dem kargen Wüstenleben an fruchtbare Ufer geleiten will«, dozierte der junge, drahtige Kommandant der Seals auf dem US-Zerstörer, ohne das Fernglas auch nur eine Sekunde von der *Shiraz* abzuwenden. »Er bedient sich der Religion als Mittel zum Zweck. Innerhalb eines Jahrhunderts sind die Araber zu einem weltpolitisch bedeutenden Machtfaktor geworden. Sie stellen eine Kraft dar; ihr stolzes, männliches Auftreten nötigt uns Bewunderung ab. Geschickt nutzt bin Golem diesen Stolz für seine Zwecke. Leider kennt er keine Grenzen, wie alle Fanatiker … Da! Die Signalrakete! Ein Zeichen von der *Shiraz*! Jetzt wird's ernst. Wir gehen rüber!«

»Haben wir denn Befehl?«, fragte ein Marineinfanterist mit zum Kampf geschwärztem Gesicht. Der Kommandant stieß ihm das Fernglas in die Hand.

»Brauchen wir nicht mehr, Ben. Schau hin. Der Kahn kentert. Die *Shiraz* ist in Seenot. Los, Leute!«

Der Wind war abgeflaut. Ein Sonnenloch riss die graue Wolkenschicht auf. Gut hundert Seals hasteten im Laufschritt an die Laderampen.

# 78.

So stark war die *Shiraz* um ihre Längsachse rotiert, dass aufrechtes Gehen an Bord nicht mehr möglich war. In der Messe kippten Flaschen und Gläser aus den Regalen, zerschellten am Boden. Der panisch flüchtende Steward torkelte gegen einen Pfeiler und blieb jammernd liegen. In seiner Kabine fiel der betrunkene Koch aus seiner Koje. Brabeck arbeitete sich keuchend durch das Chaos umgekippter Gestelle der Shopping-Zeile, kroch und kletterte eine ächzende Metalltreppe zu den Davits der Rettungsboote auf der Backbordseite hoch.

Als Landratte hatte ich keinen blassen Schimmer, wie man ein kenterndes Schiff verlässt: *Vermutlich über die Bordwand ins Wasser hinunterrutschen*, überlegte ich, durch Gänge torkelnd, mich gegen Wände stützend. Die Treppe, auf die ich zulief, lag bereits gefährlich schräg. Wasser stürzte mir entgegen und gurgelte in eine dunkle Tiefe. Wo kam es her? Machte doch keinen Sinn, denn der Kahn ragte ja backbord in die Luft. Schreie führten mich endlich in die richtige Richtung.

Die Außenhaut eines Riesentankers ist leider keine glatte Rutschbahn, fiel mir ein, sondern vermutlich eine mit Nieten und Kanten versehene, ziemlich raue Angelegenheit, an der sich ein abrutschender Passagier buchstäblich den Hintern aufreißen konnte.

Aufwärts durch die erstbeste in den Angeln scheppernde Tür kriechend, blickte ich zu meiner Verwunderung auf das sich rasch entleerende Schwimmbad, wo – so schien mir – meine brutale Odyssee auf der *Shiraz* erst vor Minuten begonnen hatte. Ich kämpfte mich, den Wasserstrom meidend, kraxelnd an herabrutschenden Deckstühlen vorbei und erreichte die kleine Reling des Pooldecks.

Die Schreie kamen aus den drei Rettungsbooten, die sich langsam, beängstigend schief, über die Bordwand absenkten. Weil die *Shiraz* immer weiter nach Steuerbord krängte, kletterten die amerikanischen Touristen in ihren gelben Rettungswesten über die Reling. Auf dem Rumpf fanden sie besseren Halt.

Eine grellrote Rettungsinsel schaukelte in den vom Wind aufgepeitschten meterhohen Wellen. Ein Boot trieb Kiel oben im Wasser, Menschen in Schwimmwesten klammerten sich daran.

Zwei Männer dirigierten die Evakuierung. Sicherlich Brabeck, dachte ich, sah ihn aber nirgends. Ich arbeitete mich weiter aufwärts. Bereits gut zwei Drittel der rostbraun gefärbten Haut des riesigen Schiffsleibs ragte aus dem Wasser. Steuerbord lag das Deck schon tief unter Wasser.

Mich an die Messingstange der Reling klammernd, lugte ich nach vorn zum Bug. Der Anblick war verblüffend. Gewaltig. Mein Herz pochte so laut, dass ich mitzählen konnte: Ein Dutzend Hammerschläge lang mochte ich reglos so verharrt haben. Nur fünfhundert Meter entfernt, schätzte ich, lag die *Theodore Roosevelt*, ein mächtiges, graues, wehrloses Ungetüm. Und die *Shiraz* – mit dem Träumer Polinsky an der Reling – zielte mit der Bugspitze mitten drauf zu.

Quintus half den letzten zehn Touristen in ein Rettungsboot und schrie dem großen, stämmigen Mann neben ihm etwas zu.

*Da, Brabeck!* Ich wollte ihm zurufen. Der Schrei blieb mir im Hals stecken. Mit einer Maschinenpistole unter dem Arm kroch Khalid aus dem großen Bullauge einer Kabine, ließ die langen Beine herunterbaumeln, legte, heiser grölend, an, um auf die wehrlosen Amerikaner im Rettungsboot zu feuern. Vom B-Deck her ließ sich Brabeck hastig an einer Serviceleiter hinunter. Plötzlich kauerte er nur einen Meter über dem wie irrsinnig ballernden Vollstrecker. Von Brabecks Hand geführt, sauste ein Bootshaken auf Khalids Schädel nieder, hatte aber infolge des steilen Deckwinkels nicht genügend Schwung. Zwar streifte er den Kopf des Killers, der die Waffe fallen ließ, aber er war nur momentan benommen. Bevor der Ingenieur ein zweites Mal ausholen konnte, hatte der Unhold sich wieder hochgerappelt.

»Brabeck, stopp!« brüllte ich.

»Das Schwein gehört mir«, schrie der Ingenieur wütend zurück. Er ging auf Khalid los, mir das freie Schussfeld abschneidend. Sie kämpften, suchten Halt, landeten Schläge, torkelten. Khalid war härter im Nehmen, auch im Geben. Als ich mich endlich herangehangelt hatte, war es zu spät. »Khalid, keine Bewegung!«, brüllte ich und schoss. *Daneben!* Khalids Tritt traf Brabeck am Kopf. Es knackte wie ein gefrorener Ast unter einem Stiefel, Brabecks Nacken brach. Der schwere Körper des Ingenieurs schnellte nach hinten, prallte rücklings auf die Bordwand und rutschte, mehrmals aufschlagend, in die aufgewühlte See. Khalid schwang herum, zu mir. Sein böses Grinsen machte aus dem ohnehin schon widerwärtig hässlichen Gesicht eine diabolische Fratze. Blitzschnell fand und packte er seine in einem Tau hängende Maschinenpistole.

»Ah, endlich, der große Polinsky!« Er hob die Waffe, legte an. Nicht altmodisch präzise an der Schulter, sondern auf Brusthöhe. Deckung suchend, rutschte ich aus, fasste reflexartig nach Halt. Die Pistole entglitt mir und kollerte über die Schiffswand in die Tiefe. *Futsch!*

»Pech, Polinsky. Alias Ken Custer alias ...« Ruhig, fast gelassen zielt er auf mich. Als ob das auf diese Entfernung nötig gewesen wäre! Da sackt sein Schädel vorwärts, seine Zunge verbeißt sich zwischen den Vorderzähnen. Sein Grinsen gefriert zur grotesken Maske. Das heranfliegende glänzende Stück Metall hat ihn präzise am Hinterkopf erwischt. Khalid fällt in sich zusammen. Das Geschoss war eine Hantel: Zwei, drei Kilo schätzte ich. Am Hinterkopf des Killers klaffte eine hässliche Wunde. Etwas, das ihm endlich etwas Menschliches gab, schien mir, als ich erschöpft auf ihn hinunterstarrte.

»Helfen Sie mir, statt zu glotzen«, dröhnte Sams Stimme. Er hatte Khalids schlaffen Körper am Arm gepackt. »Hielt nie viel von Bodybuilding«, keuchte er. »Aber mit diesen Dingern lässt sich ein Body ganz schön zurichten! Xaver, Mister Snell, hierher!«

Zwei flache, schwarze Schnellboote mit aufgebauten schweren Maschinengewehren preschten heran, und zwei *Seahawk*-Helikopter kreisten über den sich bereits fast waagerecht neigenden Deckaufbauten der *Shiraz*. In den geöffneten Luken der Kampfhelikopter standen grimmig dreinblickende Soldaten bereit. Begeisterte Schreie brandeten auf.

»Die Marines, die Marines!«

»Halt!«, brüllte Sam mir zu, offenbar von meinem Gesichtsausdruck erschreckt. »Diesen Hundesohn wollen wir lebend, damit wir ihn vierteilen und den Kojoten zum Fraß vorwerfen können.« Er selbst sah aus, als ob er diese Vierteilung an Ort und Stelle persönlich besorgen wollte. Der Ex-Polizist Snell und Xaver fesselten Khalid an Händen und Füßen. Mich hatte es tatsächlich durchzuckt: Einen Augenblick lang sah ich die Hantel in meiner Faust, noch einmal, das letzte Mal, auf Khalids Schädel krachen. Aber Sam hatte Recht, er nützte uns, nein, besonders mir, lebend mehr als tot. Steinlin würde außer sich sein vor Freude. Endlich hatten wir unseren dritten Mann, wie er leibte und lebte – wenn auch auf dem absteigenden Ast!

Erschrocken zu mir kommend, hielt ich Ausschau nach der riesigen Silhouette der *Theodore Roosevelt*. Im selben Augenblick erhob sich, zum Greifen nahe, der Kontrollturm des Flugzeugträgers über der kenternden *Shiraz*. »Wir rammen«, röhrte ich. »Runter vom Schiff!«

Ich kroch zu den Tauen, an denen die Rettungsboote gehangen hatten und wartete auf den Aufprall. Dabei verlor ich den Halt. Stand plötzlich, mit den Armen rudernd, auf der schrägen Schiffswand: Zwanzig Meter unter mir die raue See! Hektisch arbeitend, waren die Männer in den Schnellbooten dabei, die Schiffbrüchigen zu bergen. Die Füße rutschten mir weg! Irre tänzelnd rannte ich die schräge Wand hinunter, bekam immer mehr Fahrt und konnte mich nicht mehr halten. Endlich sprang ich hinaus, so weit ich konnte. Hoch hinaus hechtete ich, den Rücken konkav gewölbt: Erst im letzten Moment abkippen und eintauchen. *Theorie, verdammte Theorie!* Das Fallen schien nicht enden zu wollen. Mitten in der Luft drehte mich ein Windstoß. Rudernd, zappelnd, schlug ich gegen die schwarze Masse mit den kleinen weißen Schaumkrönchen. Der harte Aufprall im Wasser machte mich besinnungslos. Den Schmerz im Rücken spürte ich schon nicht mehr. Wasser füllte meine Lungen … Dunkles Nichts umfing mich …

Als ihr Rettungsboot schräg ins Wasser klatschte, schnürte Zoe mit zitternden, eiskalten Fingern ihre Rettungsweste und suchte gerade nach den losen Enden. Verzweifelt stemmte sie die Beine gegen die Planken. Die Strömung trieb das Boot rasch von der bedrohlich krängenden *Shiraz* weg. Staunend starrte sie zu dem schiefen, mächtig aufragenden Schiffsrumpf hinauf. *Dass sie es geschafft hatten, da runterzukommen!*

Dann sah sie einen Mann abspringen und durch die Luft schweben. Ein desperater Hechter, der ihn … *Nein! Es verschlägt ihn!* Im unbewussten Versuch, dem mit den Armen rudernden Springer wieder auf eine gerade Flugbahn zu helfen, begann auch sie sich zu winden, zu fuchteln. Es half nichts. Der fallende Körper überdrehte. Unendlich lange schien er verdreht in der Luft zu hängen, bevor er mit dem Rücken voran hart ins Wasser schlug. Emphatisch den Schmerz miterlebend, schrie sie auf. Dass sei er, rief jemand. Wer denn? Der Unbekannte. Der mit Sam oben stand, Hand anlegte, half …

Zoe zögerte nicht. Mit ausgebreiteten Armen Gleichgewicht haltend, stieg sie auf die Ruderbank. Sprang. Die dicke Schwimmweste bremste den Schwung ihrer kräftigen

Kraulschläge. Sie riss das unförmige Zeug vorne auf, streifte es ab. *So, und jetzt los!* Rasch kam sie vorwärts.

Die Crew-Männer in der AWAC 600 hielten den Atem an. Aus der Vogelperspektive in dreitausend Fuß Höhe bot sich eine atemberaubend dramatische Szene: Der Rammbock des schief liegenden Riesentankers trieb auf den Großen Knüppel zu. Im Hintergrund dräuten die dunklen Felsen von Gibraltar.

»Das gibt Kleinholz«, bemerkte der Wetterspezialist fachmännisch.

»Nein, sie dreht ab, sie dreht ab …«

Eine riesige Schaumfontäne schoss hoch: Die einst so stolze *Shiraz* legte sich vollends auf die Seite. Die bläulichen Deckaufbauten klatschten ins Meer. Durch das Eintauchen der von dem großen schwarzen Kamin überragten Oberbauten wurde die *Shiraz* abrupt einseitig gebremst und drehte augenblicklich nach Steuerbord ab.

*Wie wenn ein Bootsmann mit aller Kraft sein Ruder steuerbord ins Wasser haut,* dachte Captain Adler in der *Hawkeye*. Ein einmaliger Anblick. Trotz des Ernstes der Lage, war Adler froh, das Schauspiel miterleben zu können. Er erkannte, dass die Abweichung vom Kurs in sprichwörtlich letzter Minute geschehen war. Gischt sprühend, Wellen schlagend, verfehlte der wuchtig treibende Rumpf der *Shiraz* das lädierte Heck der *TR* nur um Meter. Der ehemalige Supertanker drehte sich plötzlich vollends um die Längsachse, wobei er sich, Kiel oben, wie ein Torpedo haarscharf an dem Flugzeugträger vorbeischob.

»Kinder, haben die Weihnachten«, stöhnte Captain Adler.

Nicht nur in der AWAC 600, sondern auch im Kontrollraum der *TR*, im CIC der *Ross*, im Lageraum des Weißen Hauses und in der Führungszentrale des Strategischen Luftwaffenkommandos in Colorado hielten die Männer und Frauen den Atem an. Das Luftbild kam gestochen scharf herein. Dann plötzlich die wunderbare Erleichterung. Wie ein riesiger, rostroter, von Engelshand gesteuerter Wal glitt der wüste, hässliche Schiffsleib an der *TR* vorbei. Und welche Geschwindigkeit dieser verkrüppelte Koloss eines Rammbocks immer noch hatte! Wasser schäumte auf. Gischtfahnen zerfaserten im Wind. In wenigen Augenblicken war die tödliche Gefahr für die über fünftausend Mann Besatzung vorüber. Kiel oben trieb die *Shiraz* auf die Felsen von Gibraltar zu … dann plötzlich … wie ein Vulkan … barst sie. Aus dem Rumpf schossen mit donnerndem Krachen nicht enden wollende Stichflammen. Ein hässlicher schwarzer Qualm schraubte sich in den düsteren Himmel über der Straße von Gibraltar. Ein Raub der Flammen auch die rote Akte. Zu Asche reduziert, Fischen als Futter zuwider, nie erträumt von Edouard de Diesbach, dem alten Knacker. Oder doch? War dies die letzte Hand des alten Spielers?

## 79.

Als Zoe keuchend zu der Stelle gelangt, wo sie den fallenden Körper einschlagen sah, holt sie tief Luft, taucht ab. Krampfhaft versucht sie, sich die Regeln des Rettungsschwimmens ins Bewusstsein zurückzurufen. *Der Kurs … lag lange zurück!*

Im dunkelgrünen Wasser schimmert ein heller Fleck auf. Zoe schwimmt darauf zu, greift danach, packt … *ein Hemd!* An einem Körper, der leblos aufwärts treibt.

Sie sieht das blasse Gesicht, rudert und stampft mit ihrem Fund aufwärts. *Nur nicht loslassen!* Die Lungen wollen schier bersten. Sie taucht hustend, spuckend, um Atem ringend auf. Schreit. Eine Bugwelle überrollt sie. Der Körper entgleitet ihr. *Wo bleibt das Rettungsboot?*

Als sie den plötzlichen harten Klammergriff spürt, will sie reflexartig wegtauchen. Der Mann umschlingt ihre Oberschenkel, zieht sie in die Tiefe. Panik erfasst sie. Bilder schießen ihr in rascher Folge durch den Kopf: Der Schwimmlehrer am Rande des Bassins. Wie er gestikuliert! Die Kursteilnehmer, die ihr zurufen. *Dann der Befreiungsschlag.* Glasklar schießen ihr die Regeln ins Gedächtnis zurück, während sie tiefer absackt, fast … ohne … Luft. Zoe krümmt sich nach vorn, reißt den gegen ihren Schoß gepressten Kopf am Haarschopf weg. Beide Hände fahren unter sein Kinn, schlagen in einer Aufwärtsbewegung hart zu. Der Kopf, das blasse Gesicht, die weit geöffneten Augen weichen zurück, Luftblasen gurgeln aus dem Mund. Die Umklammerung lockert sich. Ihre Knie heftig anziehend, kämpft sie sich frei. Die Lungen brennen wie Höllenfeuer. Sie zerrt den Körper am Haarschopf hoch, sieht endlich Helle, Licht, durchstößt das Nass, sie taucht auf. Gierig ringt sie nach Atem. *Luft, Luft, Kraft!* Sie dreht den Körper um, fasst mit beiden Händen von hinten nach dem Kinn. Hält, auf dem Rücken treibend, den Kopf des Mannes über Wasser. *Was jetzt?*

Ein Schatten verdunkelt ihre Sicht. Ein massiger schwarzer Leib schiebt sich über sie. *Fliegende Fische, gut, aber fliegende Wale?*

Knapp über der Oberfläche schwebt dröhnend ein *Seahawk*-Helikopter der Seals. Ein Seil klatscht ins Wasser. Ein Taucher ganz in hauteng glänzendem schwarzen Gummi seilt sich ab. An einem zweiten Seil baumelt Rettungsgerät.

»Mensch, komm schon. Gib uns 'n Lebenszeichen!« keucht Zoe. Sie beugt sich über den schlaffen, offenen Mund Polinskys, pumpt kräftig ausatmend Luft hinein.

# *Epilog*

Ja, das wärs fast gewesen. Dank Zoe überlebte ich meinen olympiareifen Sprung von der kenternden *Shiraz* in die Meerenge von Gibraltar. Die Wassertemperaturen am Zusammenfluss von Mittelmeer und Atlantik hielten sich zu jener Jahreszeit in erträglichen Grenzen, was die Bergung der Schiffbrüchigen durch die Kommandos der Marines und Seals, unterstützt von Rettungsmannschaften der *Theodore Roosevelt*, erleichterte.

Irgendwann war ich aus der Bewusstlosigkeit erwacht, hatte die Decken abgeschüttelt und ließ mir dann von einer adretten jungen Hilfskrankenschwester den gebeutelten Rücken und die klammen Beine massieren. Hätte nicht Zoe, an einer Tasse heißen Tees nippend, wachsam auf einem Stuhl gekauert, wer weiß, was die flinken Hände der freiwilligen Samariterin sonst noch angestellt hätten. Nach ein paar Minuten musste ich mich wirklich zusammenreißen, dass ihre kraftvollen Berührungen das Faltengebirge meines Lendentuchs nicht zum Spitzhorn verwandelten.

Mensch, tat das gut! Zwei junge Frauen in nächster Nähe. Trockene Luft, unbehindertes Atmen. Nichts erotisiert so wie Erfolg! Schließlich wollten sie mir noch liebevoll in die, mir als Major Custer wohl zukommende Uniform eines Commanders der US Navy helfen. Ich wehrte ab. Nur kein Aufsehen, bitte. Irina, Steinlin, Waldi, Mario, die zackige Adjutantin ... für sie alle war ich Polinsky, der leicht suspekte Knüllerschreiber. Einer der ihren – zumindest peripher. So sollte es bleiben. Also machten meine beiden Engel sich auf die Suche nach ein paar unauffälligeren Klamotten.

Ein Schatten verdunkelte mein Dahinträumen. Die Augen öffnend, sah ich einen sich zu imposanter Größe aufrichtenden Mann, dessen kantiges Gesicht zu einem warmen, breiten Lächeln verschmolz.

»Nachricht vom Captain, Mister Polinsky, der Mann ist auf dem fünften Unterdeck hinter Schloss und Riegel sicher eingebuchtet.«

»Khalid?«

»Scharf bewacht, die Matrosen haben eine Stinkwut auf den Kerl.«

*Hoffentlich auch die Geschworenen im Bundesgericht des Distrikts Manhattan Süd. Schuldig! Todeszelle …* Mich halb aufrichtend, las ich des Mannes Funktion an seiner Uniform ab: Schiffskaplan. *Ein Seelsorger! Und ich hatte geglaubt, ich sei über'n Berg …*

»Möge Gott seiner Seele gnädig sein«, frömmelte ich. »Je schneller, desto besser.«

Sich bekreuzigend, lächelte der Gottesmann zustimmend. »Gerechtigkeit wird walten! Wie geht es dir, mein Sohn?«

»Glänzend. Körper und Seele im Einklang, keine Probleme …«

*Welch gutes Gefühl. No problems, Stan!*

»So soll's sein, mein Sohn. Ein guter Stern steht über dir.« Der Kaplan bewegte eine Hand wie segnend und hinkte ein paar Schritte auf den Ausgang zu. Auf meinen fragenden Blick hin beklopfte er sein linkes Bein. »Kriegsverletzung. Flog dem Tod fast in den Rachen. Seither arbeite ich für den Big Boss da oben! Das war *meine* Wende.« Grinsend verzog er sich.

*Wende gut, alles gut! Wird auch Richter Righetti zu Steinlin sagen müssen und die Akte Polinsky schließen. Ziel erreicht, Stan. No hay problemas! Ich war diesmal aber verdammt knapp an einem Treffen mit dem Big Boss vorbei geschlittert. Meinem guten Stern sei dank …*

Als ich dann in der behelfsmäßig zum Notlazarett umgestauchten Messe der *USS Gonzalez* auftauchte, hatten mich die befreiten Geiseln gleich in Beschlag genommen, will sagen stürmisch gefeiert. »Kommst du von Krypton?«, flötete Sophie, mich anhimmelnd als wäre ich Superman. Während der mutige Teenager mich um ein Autogramm bat, half ein sichtlich erleichterter Doktor Yale einem Sanitäter, Quintus das Bein einzuschienen. Der hünenhafte Sam drehte eine Henkeltasse voll heißer Kraftbrühe und redete auf Senator Strong ein, der im dunkelroten Chestersofa des Kapitäns zusammengekauert an einem Drink schlürfte. Mit der freien Hand fuhr er durch die wirr zu Berge stehende graue Mähne seines Charakterkopfs und reckte das markante Kinn bedeutungsvoll in meine Richtung. Sah fast aus, als lästerten die gerade über mich. Später stellte sich heraus, dass dieser schlaue Fuchs von einem Politiker mich für die Ehrenmedaille des Kongresses vorgeschlagen hatte. Das hätte ihm wohl so gepasst, sich in meinem Glanz zu sonnen! Gott sei Dank bekam ich rechtzeitig Wind davon und konnte im letzten Augenblick noch gegensteuern. Die Congressional Medal of Honor ist ein wenig wie der Nobelpreis für Literatur – ein Ticket zu deiner Beerdigung als normaler Mensch. Nicht dass ich glaube, je auf der kurzen Liste für den Nobelpreis zu landen…

Und dann… ja dann ist da eigentlich nur noch die Sache mit dem Oberbefehlshaber der amerikanischen Streitkräfte. Nichts Offizielles, Gott sei Dank. Ein weißhaariger Haudegen in Zivil namens Merritt, der aussah wie Sean Connerys Onkel, nein, wie der Großonkel von Clint Eastwood, tauchte auf und bat mich höflich, aber bestimmt, ihm zu folgen. Draußen auf Deck dunkelte es bereits, die steife Brise schnitt erbarmungslos durch meine marineblaue Windjacke. Wir liefen auf die verschwommenen Umrisse des *Chinook*-Helikopters zu. Merritt deutete auf die breite Falltreppe: Ich versuchte so leicht hinaufzufedern, wie es mir meine bleiernen Beine erlaubten, das heißt, ich zog mich schwerfällig am Aluminiumgeländer hoch. Im matt erleuchteten Innern kein Mensch, nicht mal der Pilot. Rechts eine offene Tür, in der jetzt eine irgendwie bekannt wirkende Silhouette auftauchte.

»Major… ich meine *Mister* Polinsky«, lächelte Jack Brenton.

*Ach, diese ewigen Andeutungen,* fluchte ich innerlich. *Die Vergangenheit gehörte in einen finsteren, abgeschlossenen Kellerraum. Aus den Augen, aus dem Sinn. Natürlich war ich mal Ken Custer, bin es eigentlich immer noch. Erinnern Sie sich an Philadelphia? Gstaad? Libyen? Parsenn? Die Burschen in der CIA wissen Bescheid, meine Fans kennen die Geschichten… Doch jetzt bin ich Stan Polinsky. Ich glaube, ihr habt's längst mitbekommen, oder nicht? Also lasst mich in Ruhe mit den Anspielungen auf eine abgeschlossene, vergessene Vergangenheit, bitte!*

Der Präsident ergriff meine Rechte. Seine Linke übte kurz über dem Ellbogen meines rechten Arms einen herzlichen Druck aus. Brenton war so bekannt wie berüchtigt für die Unzahl locker intimer Variationen, über die sein Begrüßungsregister verfügte. Trotz steifen Nackens, steifer Schultern und steifer Arme gelang es mir, eine halbwegs akzeptable Ehrenbezeugung zu produzieren.

»Mister President, Sir!«

»Also… Stan«, kam er direkt zur Sache. »Was haben Sie für ein Handicap?«

*Ein* Handicap? Weiß auch nicht, was in mich flog. Eine Art Euphorie?

»Das wird eine lange Liste, Sir«, sagte ich. »Wieviel Zeit haben wir?« Brentons Lächeln blieb unverändert locker.

»Im *Golf* meine ich.«

»Keine Ahnung, Sir. Ich schreibe nie was auf.«

Er nickte als wäre dies genau die Antwort, die er erwartet hatte.

»Es ist nämlich so … nun, Joe … das heißt Joe Roselli und ich, wir brauchen … ja … einen Partner. Einen unparteiischen Partner. Da dachte ich …«

Präsident Brentons Feinde hatten oft am eigenen Leibe erfahren müssen, wie trügerisch diese charmant gespielte lausbubenhafte Schüchternheit des Südstaatlers sein konnte. Man sagte Brenton nach, er ginge politisch nicht nur über Leichen, manchmal ließe er sich auch noch mit seinem vollen Gewicht zu einem kleinen Picknick auf ihnen nieder. Wie schon viele andere vor mir, hatte ich keine Zeit mich zu fassen. Ich konnte nur murmeln: »Sir, ich weiß nicht …«

»Gut«, grinste er, »dann sind sie unser Mann. Ein richtiger Unparteiischer weiß nämlich *immer* nichts. Sie verschnaufen ein paar Wochen, dann rufen Sie mich an. Das ist ein Befehl, Major … ich meine *Mister* Polinsky.«

»Yes, Sir, Mister President«, gelang es mir salutierend noch hervorzubringen, da machte er schon kehrt, meinen Gruß so übertrieben locker erwidernd, wie das eben nur ein zum mächtigsten Mann der Welt aufgestiegener Ziviler kann. Ja, und so kam es dann, dass ich auf zittrigen Beinen eine Woche später am frühen Morgen eines schon fast stürmisch regnerischen Tages auf einem Golfplatz in der Nähe von Zürich mutterseelenallein am Abschlag zum ersten Loch stand und mir zum zigsten Male sagte, Onkel Edouard hätte nie in seinem Leben einem Golfschläger auch nur aus weiter Entfernung Beachtung geschenkt. Endlich war ich … nein … leider war ich endlich ganz und gar Herr meiner selbst.

Etwas sei ganz am Schluss noch angemerkt: Während ich diese Erzählung zu Ende schrieb, machte bereits das Gerücht die Runde, Polinsky stecke wieder in Schwierigkeiten.

Dabei erfreute ich mich wirklich einer ausgezeichneten Stimmung. »No hay problemas«, hätte ich jedem, der es gar nicht wissen wollte, mit einem neckischen Faustschlag auf die Brust zu verstehen gegeben. Aufgekratzt hatte ich mit dem Präsidenten eines Tages Golf gespielt und ihm scherzhaft den Vorschlag gemacht, ein witziges Video über »Die letzten Tage der lahmen Ente« zu drehen. Er fand zu meiner Verblüffung die Idee genial und wollte sie sogleich in die Tat umgesetzt sehen. Die Sache lief gut an. Mein Konzept schwirrte bei Tony Robbin, Deepak und ein paar andern herum, die daraus schließlich das berühmt gewordene Präsidentenvideo machten: Brenton beim Autowaschen, Rasenmähen … Sie wissen schon. Das Pressecorps hatte seine Gaudi. Zuerst beim Video und später beim Essen im Weißen Haus. Und ich hatte meine Probleme. Robbin behauptete nämlich nach dem dritten Glas Champagner unvorsichtigerweise, ich hätte die Idee des Videos von ihm gestohlen. Er machte noch den unverzeihlichen Fehler, mich während seiner Verbalattacke am Revers zu packen, worauf ich dann den ein Meter neunzig messenden Kleiderschrank – meiner Kung-Fu Trainerin Li-Li sei Dank – flach auf das noble Parkett legte. Gelernt ist gelernt …

Der Präsident krümmte sich vor Lachen, während mich zwei grimmig dreinblickende Marinesoldaten – um den Anschein von Recht und Ordnung zu wahren – unter dem Applaus der Gäste nach hinten abführten. Am nächsten Morgen berichtete die Boulevardpresse über den Zwischenfall als gelungene Showeinlage.